# 国土资源经济形势分析与展望 2012

GUOTU ZIYUAN JINGJI XINGSHI FENXI YU ZHANWANG

中国国土资源经济研究院 编著

地质出版社
·北 京·

**图书在版编目（CIP）数据**

国土资源经济形势分析与展望：2012/ 中国国土资源经济研究院编著 .—北京：地质出版社，2012.4

ISBN 978-7-116-07649-5

Ⅰ.①国… Ⅱ.①中… Ⅲ.①国土资源－资源经济－经济分析－中国－2012 ②国土资源－资源经济－经济预测－中国－2012 Ⅳ.① F129.9

中国版本图书馆 CIP 数据核字（2012）第 077853 号

责任编辑：赵　芳　刘雯芳

责任校对：韦海军

出版发行：地质出版社

社址邮编：北京海淀区学院路 31 号，100083

咨询电话：(010) 82324508 (邮购部)；(010) 82329120 (编辑室)

网　　址：http://www.gph.com.cn

电子邮箱：zbs@gph.com.cn

传　　真：(010) 82310759

印　　刷：北京天成印务有限责任公司

开　　本：787mm×1092mm　1/16

印　　张：17.75

字　　数：350千字

版　　次：2012年4月北京第1版

印　　次：2012年4月北京第1次印刷

印　　数：1－800册

定　　价：98.00元

书　　号：ISBN 978-7-116-07649-5

# 《国土资源经济形势分析与展望》

## 2012

### 编 委 会

# 前言

# Foreword

2011年是“十二五”的开局之年。一年来，国土资源系统深入学习贯彻中央领导关于国土资源工作重要讲话精神，落实节约优先战略，加强依法行政，深化改革创新，勇于攻坚克难，统筹谋篇布局，为“十二五”时期国土资源事业发展奠定了坚实基础。

一年来，宏观经济继续朝着调控的预期方向发展。土地刚性需求上升，供给平稳，提前完成1000万套保障性住房用地供应年度计划，地价增速回落，新增耕地呈现连续三年净增长的良好态势。国内地质勘查经济健康运行，地质勘查投入持续增长，找矿成果显示度提升，地质勘查行业发展前景持续向好。矿业投资持续增长，大宗能源及基本金属需求增速有所回落，矿山产量稳步提升，供需基本保持平衡，矿产品价格高位震荡加剧，行业结构深度调整。

2012年是“十二五”的关键之年，宏观经济环境面临的不确定因素增加，国土资源工作面临的形势更加复杂，任务愈加繁重。为了更好地服务国土资源管理，落实中央领导关于落实节约优先战略、构建国土资源管理新格局、以资源可持续利用促进经济社会可持续发展等指示精神，在2011年形势分析工作的基础上，我们组织编写了这本《国土资源经济形势分析与展望（2012）》。

全书由姚华军、付英同志统筹策划和审稿。各部分执笔人如下：综合管理部分，杨德栋；土地部分，谭文兵、张所续；矿产部分，王海军、王世虎、孙婧；地质勘查部分，高兵、孟昌；地质环境部分，郑娟尔；基础建设部分，李慧；宏观经济部分，邓锋、靳利飞；专题一，贺冰清；专题二，中国地质大学（北京）专题组；专题三，薛亚洲、邓锋；专题四，刘伯恩、毛良祥、史登峰、余良晖、高兵。贺冰清、薛亚洲、邓锋承担书稿总编纂工作。

按照国土资源部部长徐绍史关于深化国土资源经济形势分析的要求，本书认真学习吸收了中央有关重要文件和讲话精神，参阅了全国国土资源工作会议等相关重要文献资料，充分吸收借鉴了各方面的最新研究成果。在研究编写的过程中，得到了国土资源部有关领导和有关司局的协调指导、中国国土资源经济研究院与中国地质大学（北京）共建的资源环境承载力与规划开放实验室提供的技术支持，在此对为本书的编写和出版提供指导与帮助的单位及领导、专家表示诚挚的感谢。

本书可供从事国土资源管理和研究的有关人员及大中专院校学生参考。由于资料掌握程度和分析水平有限，书中恐有不足之处，敬请各位领导、专家和读者批评指正。

**中国国土资源经济研究院**

**国土资源形势分析研究组**

**2012 年 2 月**

# 目录

前言

## 上篇 国土资源工作年度盘点

## 中篇 当前国土资源经济形势

## 下篇 展望与建议

## 专题篇 重点·热点

# 上篇

## 国土资源工作年度盘点

# 综合管理

2011 年，深入学习贯彻中央领导关于国土资源工作讲话精神，落实资源节约优先战略，大力推进国土资源节约集约和综合利用管理；《国土资源“十二五”规划纲要》、国土规划、《国土资源调查评价“十二五”规划》等系列规划绘制未来国土资源工作蓝图；加强国土资源依法行政，系统推进政策法规评估和清理，以“五注重”❶为抓手提升依法行政能力。

## 【盘点 1】 学习贯彻中央领导有关国土资源重要讲话

2011 年是国土资源工作受到中央领导高度重视的一年。一年来，中共中央总书记胡锦涛、国务院总理温家宝、中共中央副主席习近平、国务院副总理李克强等中央领导

### 2011 年中央领导关于当前和今后一个时期国土资源工作的要求

- 8 月 23 日，胡锦涛总书记在中共中央政治局第 31 次集体学习时强调：加强土地资源节约和管理工作，切实坚持和完善最严格的耕地保护制度，切实实行最严格的节约用地制度，切实维护群众土地合法权益，切实推进土地管理制度改革；加强和改善对土地管理工作的领导。
- 9 月 2 日，温家宝总理考察国土资源部时强调：要大力推进资源节约集约利用，注重资源保护和合理开发；要统筹利用国际国内两个市场、两种资源，坚持立足国内，夯实资源保障基础；要大力推进科技创新，加强科技支撑；要加快完善体制机制，为国土资源事业发展注入新的活力与动力。

### 7 月 20 日国务院第 164 次常务会议部署近期加强土地管理五项重点工作

- 切实加强耕地保护，确保耕地保有量不减少、质量有提高。
- 严格依法依规管地用地，坚决防止违法违规用地反弹。
- 认真落实《国有土地上房屋征收与补偿条例》，加快规范农村集体建设用地管理。
- 做好保障性安居工程用地供应。
- 加强和改善土地调控，促进结构调整和发展方式转变。

---

❶ “五注重”为注重运用法律方式推进改革、注重增强领导干部依法行政意识和能力、注重规范权力运行、注重创新制度建设和注重发挥“制度 + 科技”优势。

就国土资源工作密集作出重要指示。国土资源部积极组织传达学习中央领导讲话精神，将讲话精神贯彻到国土资源管理各项工作中。

## 【盘点 2】 国土资源领域改革不断深化

2011 年，国土资源领域的改革得到不断深化，特别是在国土资源管理改革顶层设计、管理制度建设、土地管理、矿产资源管理、国土资源综合管理，以及国土资源领域改革前沿等方面开展了深入研究，取得了积极的进展，成效显著。同时，开展了相关国土资源管理改革方面的系列研究和调研工作，为国土资源领域改革的深入推进发挥了助推器的作用。

### 2011 年国土资源综合管理改革动态

- 推进集中统一管理。成都市积极探索包括土地产权在内的跨部门产权管理运行机制。
- 综改区配套制度改革。辽宁省分别在大连市、盘锦市设立综合改革试验区；天津市滨海新区土地管理改革专项方案获批准；浙江省义乌市出台《义乌市人民政府关于推进国土资源管理综合改革的若干意见》(义政发〔2011〕1 号)。

“十二五”时期国土资源领域改革顶层设计研究进一步明确了“十二五”时期国土资源领域改革的目标、方向、路径和步骤。对统筹谋划、整体推进“十二五”时期国土资源重点领域和关键环节改革、加快构建保障和促进科学发展的国土资源体制机制、推进管理职能转变、促进国土资源管理从重行政审批和微观管理转向重市场监督与宏观管理等发挥了重要作用。

### 2011 年土地管理改革动态

- 积极探索土地产权制度改革。安徽省宁国市、广东省广州市、河南省郑州市等地积极探索农村集体土地产权制度改革，允许农村集体用地流转。
- 不断推进征地制度改革。甘肃省将征地拆迁工作纳入各市（州）年终考核；浙江省乐清市实行征地增值收益分享。
- 试点土地审批制度改革。选择了 35 个城市，部署开展改进和加强城市建设用地审查报批工作试点。四川省成都市实行国有经营性建设用地使用权“持证准用”制度。
- 逐步完善耕地保护制度。广州市探索建立耕地保护经济补偿机制；成都市耕保基金将进入常态化管理；海南省将新增建设用地土地有偿使用费提成用于基本农田建设保护、土地整理和耕地开发。

- 深化国有建设用地有偿使用制度。甘肃省调整城镇土地使用税税额标准，江苏省苏州市地下空间建设用地实行“招拍挂”出让。
- 完善节约集约用地激励和约束机制。河南省提出建立节约集约用地专项奖励基金；浙江省杭州市将对主城区范围内的工业用地项目全面实施评价考核；浙江省淳安县加强农村闲置宅基地管理。
- 构建总量控制供需双向调节、差别化管理的土地调控机制。宁夏回族自治区规范新能源建设项目用地标准；云南省出台差别化土地政策；新疆维吾尔自治区对于利用戈壁荒滩的建设项目实行地价优惠政策；海南省按照耕地保护贡献差别化分配新增建设用地土地有偿使用费；广西壮族自治区施行用地指标分配与土地管理绩效挂钩的政策。

“国土资源（地矿）改革总体设计”是2011年国土资源领域改革的重大研究之一，形成了《地质矿产资源管理改革顶层设计》、《地质矿产资源管理改革“十二五”规划》、《地质矿产资源管理改革“十二五”规划文本说明》、《地质矿产资源管理改革“十二五”规划前期研究》四大重要研究成果。在《地质矿产资源管理改革“十二五”规划前期研究》的基础上，分别提出了地质矿产资源管理改革的总体框架，《地质矿产资源管理改革“十二五”规划》的指导思想、总体要求和目标任务。

开展了国土资源领域改革前沿问题跟踪研究，并编制完成了12期《国土资源改革动态》，总结了地方改革经验，反映了地方的改革呼声，提炼了专家的改革观点，对我国国土资源领域改革起到了重要的推动作用。

国土资源管理改革调研是2011年国土资源领域改革的一大亮点，为全年及以后国土资源领域改革的顺利推进提供了经验总结和合理化建议。2011年深入开展了浙江（义乌）、山西等省的国土资源管理改革调研工作，对地方国土资源管理改革进行了经验总结和根源分析。

### 2011年矿产资源管理改革动态

- 完善矿产资源有偿使用制度改革。内蒙古自治区规定建设项目压覆矿业权补偿；陕西省榆林市要求资源开发企业与当地实现利益共享。
- 不断探索完善宏观调控的途径和管理方法。国务院发布《关于促进稀土行业持续健康发展的若干意见》（国发〔2011〕12号）。内蒙古自治区计划在今后几年加快推进煤炭企业兼并重组，出台《内蒙古自治区稀土上游企业整合淘汰工作方案》。
- 探索构建地质找矿新机制。青海省在全国率先出台探矿权合同管理办法并全面推行合同管理，出台《青海省探矿权合同管理暂行办法》与《关于鼓励商业性矿产资源勘查有关规定》，同时规定有实力的大型企业可到9个整装勘查区和31个重点勘查区投资找矿。
- 深化地质勘查体制改革。陕西省政府明确要求各地质勘查单位在2011年6月底前实现事企分离、管办分开，人员、资产划开。

## 地质矿产资源管理改革研究主要结论

- 《地质矿产资源管理改革顶层设计》提出了地质矿产资源管理改革的体系框架。
  - 完善和创新宏观管理体系；
  - 构建和完善地质找矿新机制，深化地质勘查单位改革；
  - 构建矿产资源开发管理基础；
  - 构建矿业开发运行新机制；
  - 深化地质环境保护与地质灾害防治体制改革；
  - 推进地质工作社会化服务。
- 《地质矿产资源管理改革“十二五”规划》提出了规划指导思想、规划目标和规划任务。
  - 一个指导思想：要高举中国特色社会主义伟大旗帜，以邓小平理论和“三个代表”重要思想为指导，围绕科学发展主题，以资源利用方式转变促进经济发展方式转变为主线，以创新和完善体制机制为着力点，大力推进地质矿产资源管理体制和运行机制转变，在重点领域和关键环节的改革上取得突破性进展，加快构建与社会主义市场经济体制相适应的充满活力、富有效率、有利于科学发展的地质矿产资源管理新格局，提高矿产资源对经济社会可持续发展的保障能力。
  - 五大规划目标：从单纯的数量管理走向数量、质量、生态的综合管理；从单纯的资源管理走向资源、资产、资本三位一体的综合管理；从单纯的满足需求走向供给和需求双向调节的差别化管理；从资源投入拉动经济社会发展转变为资源利用效率拉动经济社会发展；从专业技术管理向宏观调控、市场监管、社会管理、公共服务转变。
  - 八大规划任务：深化地质勘查单位改革；推进矿产资源开发管理改革；深化矿业权审批制度改革；深化地质环境保护与地质灾害防治体制改革；推进地质工作社会化服务制度改革；构建和完善地质找矿新机制；加强矿业权市场建设与管理，构建矿业开发运行新机制；夯实资源管理基础。
- 总结了“十一五”时期改革成效。
  - 逐步建立完善地质矿产资源宏观管理体系；
  - 建立了矿业开发运行新机制；
  - 探索建立地质找矿新机制，形成了“公益先行、基金衔接、商业跟进、整装勘查、快速突破”的地质找矿总体思路；
  - 推进了矿产资源合理开发和综合利用；
  - 加强了矿山地质环境的保护治理；
  - 丰富了行业管理方式，推动了地质勘查单位改革发展
- 分析了地质矿产管理“十二五”改革面临的问题。
  - 工业化和城镇化双轮驱动下，矿产资源供需矛盾将进一步加剧；
  - 经济发展方式的转变倒逼资源管理方式的变革；
  - 改革步入深水区，改革的风险和难度加大。

### 浙江省、江苏省、山西省国土资源管理改革小结

- 浙江省义乌市国土资源综合改革试点。
  - 四条改革经验：探索建立保障市场发展和加快外贸发展方式转变的国土资源管理机制；提升土地资源节约集约利用水平；采取规划控制、前置审批、批后监管、耕地垦造、联合执法等措施严格保护耕地；探索工业用地弹性出让，创新工业用地出让年限分阶段实施制度。
  - 四条对策建议：加快建立健全促进产业结构升级和发展方式转变的国土资源支撑保障政策；进一步完善节约集约用地机制；开展农村集体建设用地流转试点；开展耕地异地占补平衡和区域补偿试点。
- 浙江省义乌市地下空间开发利用情况。
  - 三条改革经验：科学规划、合理引导地下空间的利用；紧密协作、规范管理地下空间项目；市场运作、多渠道投入加快地下空间开发。
  - 三点对策建议：完善地下空间开发利用相关政策；加强政府在地下空间开发利用中的统筹协调作用；探索建设用地范围外地下空间利用。
- 山西省国家资源型经济转型综合配套改革实验区创新矿业用地管理情况。
  - 两条改革经验：创新露天采矿用地机制，建立“占地—采矿—复垦—还地”新模式；创新矿业存量建设用地整合利用机制，即将关闭矿山、废弃工矿拟整理复垦的建设用地，与整合保留矿山企业需要新增的建设用地组成项目区，由拟用地的矿山企业负责对复垦区的废弃土地进行复垦，复垦出的耕地通过矿业用地复垦利用周转指标，等量安排到建设区，用于整合保留矿山企业改造升级。
  - 三点对策建议：法规明确界定“矿业用地”；试点跟踪，总结经验；完善矿业用地的退出机制。
- 江苏省国有地质勘查单位改革发展情况。
  - 四点基本共识：推进事企分离改革是促进地质勘查行业持续、健康发展的必然选择；地质勘查单位改革时机已基本成熟；推进地质勘查单位改革需要部省联合推动；区别不同情况、做好调查分类是当务之急。
  - 五条对策建议：将行业管理的对象限于“取得勘查资质的地勘单位”；尽快开展行业调查摸底和分类准备工作，为做好分类指导改革奠定基础；加强部省合作协议，指导地方开展地质勘查单位改革试点；加强协调与督促，积极落实支持政策；进一步完善行业管理制度，打破行政区域界限，促进整个地质勘查行业共同健康发展。

## 【盘点3】 部省联合开展“破两难促转变”调研活动

2011年是“十二五”的开局之年，各地发展愿望强烈、势头强劲，新一轮的发展

预期将带来资源需求刚性上升和供给刚性约束并存的局面，国土资源工作保障发展、保护资源两难局面和双重压力更为突出。为此，国土资源部在2011年全国“两会”期间，组织部机关、直属事业单位、督察机构及各省（自治区、直辖市）国土资源部门的369名干部，分31个调查组，深入全国31个省（自治区、直辖市）的179个市、县，深入开展了“破两难促转变”部省联合调研活动；并于4月7日在北京市举行“破两难促转变”部省联合调研汇报交流会，来自调研组的有关负责人分六大区域、6个专题、4个省的典型报告进行了汇报。

此次调研对国土资源工作面临的形势、取得的经验和存在的问题作了系统梳理和交流。通过调研，一些地方典型做法和好经验被挖掘出来，使决策层对地方改革探索的进度有了更近距离的感知。例如：在耕地保护方面，江苏省苏州市建立了生态补偿机制并将耕地和基本农田纳入其中；在节约用地方面，有江苏省江阴市全面实施的节约用地“十八法”，以及广东省、福建省的“三旧”改造；在积极开辟用地新空间方面，江苏省昆山市出台地下空间开发利用及产权管理政策；在地质找矿新机制方面，有安徽省“泥河模式”、河南省“嵩县模式”、湖南省“锡田模式”、宁夏回族自治区“固原模式”；在地质环境保护方面，有云南省“矿村共建”模式。

### 2011年“破两难促转变”部省联合新疆维吾尔自治区调研主要成果

- 6点基本认识：
  - 用地需求“井喷式”增长，差别化政策亟待细化落实；
  - 特殊经济开发区面临特殊难题，需从国家层面系统设计政策；
  - 未利用地是破“两难”重要抓手，亟须规范差别化管理；
  - 农村建设用地整治潜力大，要加强政策创新与扶持；
  - 实现地质找矿突破，必须强化组织协调和人才队伍建设；
  - 资源税费改革逐步推进，需要提供配套政策支持。
- 17条对策建议：
  - 研究制定分类管理、鼓励引导合理有序开发未利用地政策；
  - 分解细化国土资源部对口援疆22条，制定实施细则；
  - 优化年度土地供应时序、节奏，分批分次审批和供地，确保重点工程和民生工程用地；
  - 进一步规范先期用地，研究制定“井喷式”用地情况下卫片执法预案；
  - 研究制定对口援疆省市支持计划，提高业务管理和节约集约水平；
  - 支持兵团加快实施“三化”战略，在建设用地指标、矿产开发等方面予以政策倾斜，推进优惠政策落地；
  - 加强与相关部委协调，明确特殊开发区特殊政策，做好开发区规划与土地规划的衔接；
  - 研究编制未利用地开发利用专项规划；

- 简化未利用地审批手续，规范用地审批中环境评估、地质灾害评估等管理；
- 减免相关税费，以“以奖代补”等优惠政策支持未利用地的耕地开发和生态建设；
- 总结推广使用未利用地的先进典型和成功经验；
- 将喀什特殊经济区列入城乡建设用地增减挂钩试点，封闭运行，做好土地确权等基础工作；
- 将“358”项目办公室确定为常设管理机构，对项目资金、立项、部署、实施、监管实施统一管理；
- 加强行业管理指导，推进历史遗留问题解决，落实相关支持政策；
- 调整油气产地对资源税的分配比例，保证改革成果惠及资源地居民、用于集约高效开发利用资源和保护资源地生态环境；
- 调整石油特别收益金起征点，以收益金让渡给属于地方的资源税，实现中央对地方的转移支付；
- 跟踪研究新疆维吾尔自治区煤炭资源有偿使用制度改革，尽快完善矿产资源补偿费和资源税的征收管理办法。

## 【盘点4】 系列规划绘制未来五年国土资源工作蓝图

国土资源“十二五”规划编制完成。2011年是国土资源五年规划“布局年”。国土资源“十二五”规划研究和编制工作圆满完成，形成《国土资源“十二五”规划编制研究》等系列研究成果，发布实施《国土资源“十二五”规划纲要》。该纲要清晰绘制了我国国土资源管理未来五年蓝图，确定了未来五年我国国土资源管理的指导思想、主要目标、重点任务和重大举措，凝聚成国土资源管理强大合力，成为我国未来五年国土资源改革发展的行动纲领。

### 《国土资源“十二五”规划纲要》明确六项主要任务

- 提升国土资源保障和服务能力；
- 大力推进资源节约集约利用；
- 深化国土资源管理制度改革；
- 强化国土资源保护；
- 加强地质灾害防治与国土综合整治；
- 加强国土资源科技创新与国际合作。

**探索推进全国国土规划工作。**2010～2011年，全国国土规划纲要编制领导小组办公室先后召开10余次领导成员会议，确定了规划重大专题、纲要主要内容和纲要编制相关技术；部署开展了重大专题研究和纲要编制工作；组织开展了22项重大专题和6项综合课题对接研讨会；第5次部长办公会审议通过了《全国国土规划纲要编制重大专题承担单位、领衔专家和经费分配方案》；进一步梳理和研讨了全国国土规划纲要需解决的重大问题，形成了目标导向型和问题导向型相结合的规划纲要基本思路；确定了全国国土规划纲要的研究框架和主要任务；拟定了国土规划工作进度倒计时表。

同时，全国国土规划编制研究专题也深入推进，形成了阶段性研究成果，特别是国土资源环境承载力与国土规划关系研究、重要矿产资源保障能力建设研究和国土生态屏障研究成果尤为丰硕，为全国国土规划纲要编制提供了重要的基础支撑。

### 《中华人民共和国国民经济和社会发展第十二个五年规划纲要（2011—2015年）》对国土空间的有关规定

- 实施区域发展总体战略。从五个方面将整个国家版图划出八大区域，即推进新一轮西部大开发，全面振兴东北地区等老工业基地，大力促进中部地区崛起，积极支持东部地区率先发展，加大对革命老区、民族地区、边疆地区和贫困地区扶持力度。
- 实施主体功能区战略。优化国土空间开发格局，实施分类管理的区域政策，实行各有侧重的绩效评价，建立健全衔接协调机制。
- 积极稳妥推进城镇化。构建城市化战略格局，稳步推进农业转移人口转为城镇居民，增强城镇综合承载能力。

### 《全国主体功能区规划》助推国土规划工作

- 首个全国性国土空间开发规划，填补全国性国土空间开发规划的空白。
- 确定国土空间开发三大战略格局：
  - “两横三纵”为主体的城市化战略格局；
  - “七区二十三带”为主体的农业战略格局；
  - “两屏三带”为主体的生态安全战略格局。
- 提出“推进环渤海、长江三角洲、珠江三角洲地区的优化开发，形成3个特大城市群”。
- 以解决区域间局部差距为突破口。在解决区域差距方面，绕过整体缩小区域差距的难题，放弃整体，着眼局部，以解决区域间局部差距为突破口。

### 全国国土规划编制专题研究

- 国土资源环境承载力与国土规划关系研究。
  - 建立常设机构，整合国土资源部系统内资源环境承载力研究的多支力量和研究成果，长期从事基于承载力的空间格局变化监测与评价研究；
  - 建立合理的评价监测国土规划指标体系；
  - 与欧盟ESPON（欧洲空间规划观察网）等建立合作关系，开展学术交流，提高研究成果的水平和标准；

- 逐步树立“大国土、大资源、大地质”理念；
- 加强已有数据的整合；
- 注重遥感、GIS（地理信息系统）等高新技术在承载力研究中的应用；
- 科学理解并合理应用评价成果。

◆ 重要矿产资源保障能力建设研究。

- 找矿增储，拓展新领域、践行新机制，新增一批资源量；
- 高效利用，通过应用低品位、难利用、复杂多金属共伴生资源综合利用技术，提高利用效率，释放一批资源量；
- 回收替代，依靠金融、财政、土地和税收制度安排，加快二次资源回收利用和低级资源对高级资源的替代进程，促进资源替代技术进步，可以抵消一批资源量；
- 境外补充，通过谋划布局，协同跟进，多元发展，互利合作，争取在境外补充一批资源量。

◆ 国土生态屏障研究。

- 国土生态屏障体系建设重要结论：建设十大屏障，即东北森林屏障、北方防风固沙屏障、东部沿海防护林屏障、西部高原生态屏障、长江流域生态屏障、黄河流域生态屏障、珠江流域生态屏障、中小河流及库区生态屏障、平原农区生态屏障、城市森林生态屏障；建设十一大工程，即天然林保护工程、防护林体系建设工程、天然草地保护工程、荒漠化防治工程、水土流失综合治理工程、绿化工程、退耕还林工程、湿地保护与恢复工程、野生动植物保护及保护区建设工程、森林防火及有害生物防治工程、生态安全屏障监测体系建设工程。
- 国土生态屏障体系建设重要建议：完善国土生态屏障体系建设投入机制；建立健全生态环境建设的补偿机制；加强领导，认真做好国土生态屏障建设方案的实施工作；加强重点项目和重点工程的建设与管理；加强法制建设，夯实生态环境建设的法制保障；建立全国动员、全民动手、全社会参与的新机制。
- 防灾减灾体系建设重要结论：建设四大防灾减灾专项工程，即防洪防涝工程、抗旱及水资源保障能力建设工程、山洪地质气象地震灾害防治工程、生态防灾减灾建设工程；建设七大防灾减灾综合工程，即全国自然灾害综合风险和减灾能力调查工程，国家综合减灾与风险管理信息平台建设工程，国家、省、市、县四级灾害应急救助指挥系统建设工程，国家救灾物资储备工程，环境减灾卫星建设工程，国家重特大自然灾害防范仿真系统建设工程，防灾减灾宣传教育与综合减灾示范社区建设工程。
- 防灾减灾体系建设重要建议：加强建设方案的实施监督；完善防灾减灾法律法规和预案体系；加大防灾减灾资金投入力度；抓好重大项目重点工程管理；加强防灾减灾人才队伍培养和建设；广泛开展防灾减灾国际合作与交流。

**地方（区域）国土规划编制工作快速推进。**2010～2011年，在开展大量调查和研讨的基础上，形成了福建省国土规划顶层设计、福建省国土规划编制研究、重庆市国土规划编制前期研究、广西壮族自治区北部湾经济区国土规划顶层设计等系列研究成果。

特别是广西壮族自治区北部湾经济区国土规划编制工作，在对北部湾地区进行深入细致调研的基础上，先后完成了北部湾经济区国土规划专题研究和编制工作，并于10月全部通过评审验收。另外，湖南省长株潭城市群国土规划方案已初步编制完成；安徽省皖江城市带国土规划编制工作进入筹备阶段；海南等省也在酝酿推进国土规划编制工作。

**《广西北部湾经济区国土规划（2011～2030年）》主要任务**

- 国土发展空间布局；
- 城镇与乡村建设空间统筹与发展；
- 新农村建设与居民点建设空间统筹；
- 农业、林业、旅游业发展与空间配置；
- 国土开发基础设施支撑体系部署；
- 生态空间保护与重大国土整治部署；
- 区域合作与边境国土安全建设；
- 规划实施保障措施。

**《广西北部湾经济区国土规划（2011～2030年）》总体思路**

- 规划主线：建立国家重点开发区域国土综合发展空间类型体系。
- 规划目标：实现国土空间开发保护格局最优化、效率最大化、资源配置“一体化”。促进北部湾经济区实现跨越式发展。
- 主要抓手：土地等重要国土资源配置和不同类型国土空间开发利用管控。
- 重要措施：
  - 统筹海陆开发；
  - 平衡工业发展、农业提升、城镇拓展、交通完善、生态保护等不同类型国土空间规模与布局；
  - 引导国土资源开发利用管理制度相关政策先行先试；
  - 构建广西壮族自治区北部湾经济区国土发展新格局。

**《国土资源调查评价“十二五”规划》发布实施。**经过两年努力，《国土资源调查评价“十二五”规划》经国土资源部第17次部长办公会审议，于2011年7月19日发布实施。该规划是在国土资源大调查取得丰硕成果的基础上，清晰绘制出新时期国土资源调查评价工作五年蓝图。“十二五”期间，国土资源调查评价将进一步拓展工作领域，大幅提高工作精度，全面加强综合调查，建立动态监管体系。

### 《国土资源调查评价“十二五”规划》确定八项重点任务

- 重要矿产资源调查评价；
- 基础地质调查；
- 地质环境与地质灾害调查监测；
- 调查评价技术研究与应用；
- 土地资源调查监测；
- 国土资源保护与利用综合调查；
- 数字国土；
- 海洋地质调查。

### 《国土资源调查评价“十二五”规划》确定八大目标

- 地质找矿实现重大突破，评价一批新的能源和重要矿产资源战略接续区，稳步增强重要矿产资源国内保障能力；
- 实施土地资源数量、质量、生态的综合调查与监测，全面落实耕地保护目标，及时服务于国家宏观调控；
- 大幅度提高重要经济区等重点地区中大比例尺基础地质调查程度，保障经济社会发展对地质工作的需求；
- 实现对国土资源保护与利用状况的全面调查与监测，落实资源节约优先战略；
- 建立完整的国土资源数据库体系；
- 健全地质灾害调查、监测、预警体系，显著提高防灾减灾与突发性地质灾害的应急反应能力；
- 建立完善国土资源调查评价技术支撑体系；
- 显著提高海洋地质工作程度。

## 【盘点5】 大力推进国土资源节约集约工作

**开展2010年度国土资源节约集约模范县（市）评选**。2011年5月23日，国土资源部办公厅发布《关于开展2010年度国土资源节约集约模范县（市）评选工作的通知》（国土资厅发〔2011〕33号），开展评选活动。并连续举办两期国土资源的集约模范县（市）创建活动培训班，面向全国征集、评选国土资源节约集约宣传口号，构建考核指标标准体系，包括核心指标、一般性指标和综合性指标三大类。12月7日，召开国土资源节约集约模范县（市）创建活动经验交流会，选择河南省、江苏省、辽宁省沈阳市铁西区、江苏省无锡市和江阴市等地方代表作了典型经验发言。

通过专家评议和实地考核，全国共有101个县（市）获得“国土资源节约集约模范县（市）”荣誉称号，这些县（市）将获得荣誉奖励、用地指标奖励和项目支持等方面的奖励。

**切实推进矿产资源节约与综合利用工作**。2010～2011年，国家共安排80.16亿元资金。其中，示范工程37.18亿元，以奖代补42.98亿元。2011年矿产资源节约与综合利用专项实施成效显著。一是设立408个矿产资源节约与综合利用示范工程，在“三率”（开采回采率、选矿回收率和综合利用率）水平较高、矿产资源节约与综合利用工作取得突出成绩的矿山企业设立示范工程；二是审批启动了首批40个矿产资源综合利用示范基地建设。分别与河北、山东、湖北等21个省（自治区、直辖市）的省级人民政府以及中石油、神华集团等6个中央矿业企业签署合作协议，共同推动这40个示范基地建设工作。这是深入贯彻党中央、国务院领导指示精神和国务院176次常务会议精神，落实科学发展观和资源节约优先战略，实施找矿突破战略行动的一项重要工作部署。

同时重点加强了尾矿资源综合利用研究和矿产资源战略储备研究，并取得了丰硕成果。

**倡导循环矿业经济和绿色矿山建设**。转变矿业经济发展方式，提高资源合理利用水平，按照《国土资源部关于贯彻落实全国矿产资源规划发展绿色矿业建设绿色矿山工作的指导意见》（国土资发〔2010〕119号）的要求，国土资源部先后确立了首批37家国家级绿色矿山试点。

对获选国家级绿色矿山的企业或项目，国土资源部将在资源配置和矿业用地等方面向示范基地实行倾斜政策，依法优先配置资源和提供用地，鼓励矿山企业使用先进适用技术，指导地方政府建立健全矿产资源综合利用监管体系；财政部将给予示范基地建设一定的资金扶持，同时加大矿产资源节约与综合利用、矿山环境治理等中央财政专项资金向示范基地的倾斜和支持力度。

### 首批矿产资源综合利用示范基地

2011年10月，按照《国土资源部财政部关于开展矿产资源综合利用示范基地建设工作的通知》（国土资发〔2011〕88号）的要求，确定长庆油田公司姬塬油田特低渗透油藏综合利用示范基地等40家为首批矿产资源综合利用示范基地，其中油气类6家、煤炭类5家、黑色金属类4家、有色金属类14家、稀有稀土类4家、非金属类6家、铀矿1家。

### 首批国家级绿色矿山试点单位

2011年3月，按照《国土资源部关于贯彻落实全国矿产资源规划发展绿色矿业建设绿色矿山工作的指导意见》（国土资发〔2010〕119号）的要求，经矿山企业自愿申请、协会推荐、专家评估和社会公示，确定同煤大唐塔山煤矿等37家单位为首批国家级绿色矿山试点单位，其中煤炭企业11家、黑色金属企业5家、有色金属企业5家、黄金企业6家、化工企业7家、建材企业3家。

## 矿产资源节约与综合利用专项

◆ 总体目标

- 实施600余项矿产资源节约与综合利用示范，开采回采率提高3%～5%，矿产综合利用率提高5%～8%。
- 建立一批技术先进、管理科学的矿产资源节约与综合利用示范基地和示范矿山。
- 推动科技进步，推广一批先进适用的资源节约与综合利用技术。
- 确立行业和企业标准，充分发挥综合效益。
- 盘活资源储量，显著增加资源供给能力。

◆ 专项实施成效

首先，对704家矿山企业进行了奖励。获得奖励的矿山企业最近三年用于提高"三率"水平的直接投资合计超过600亿元，因"三率"水平高于规定或设计标准增加的销售收入近2000亿元，充分体现了专项以绩论奖的原则。其次，确定示范工程408个（含续作）。示范工程重点支持开展了低品位、共伴生、难选冶矿产资源及尾矿资源等综合利用示范，推广应用一大批先进适用技术和工艺。通过示范工程，带动矿山企业投入资金近500亿元，充分发挥了中央财政资金的拉动作用。

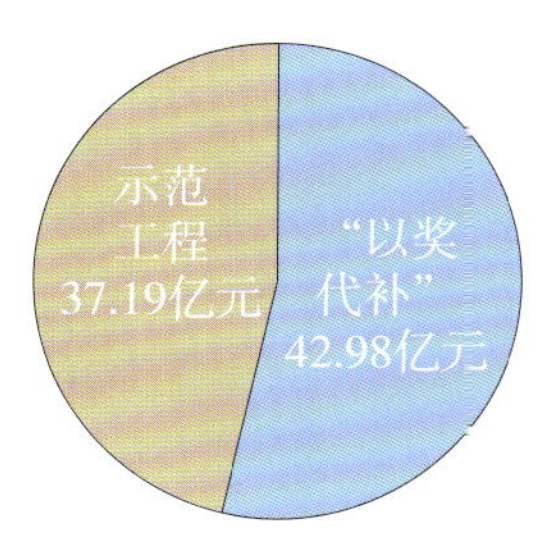


2010～2011年矿产资源节约与综合利用专项资金结构

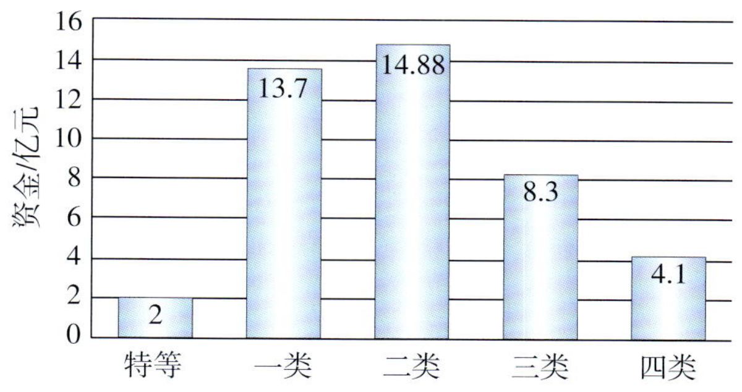


2010～2011年"以奖代补"类别结构

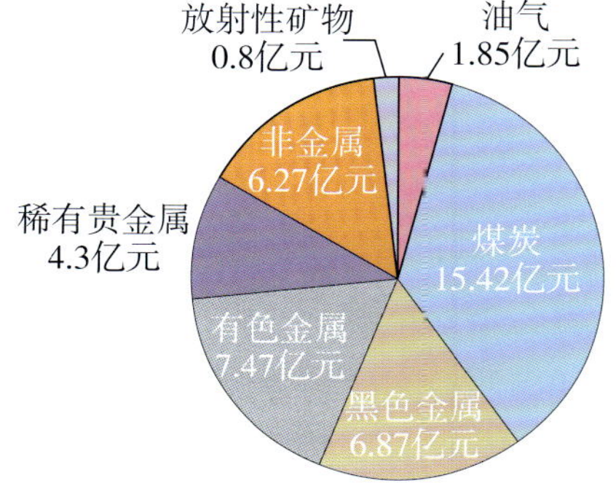


2010～2011年分矿种"以奖代补"结构

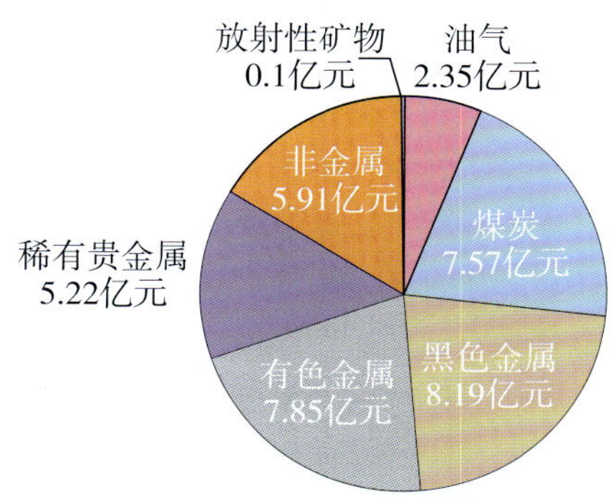


2010～2011年分矿种示范工程结构

## 铁、铜等重要矿产尾矿资源研究

- 尾矿现状调查：
  - 构建尾矿资源总量调查推算原理：尾矿量 = 原矿处理量 × $\left(1-\dfrac{1}{\text{实际选矿比}}\right)$= 精矿量 ×（实际选矿比 −1）。

    测算结果：截至 2006 年，全国铁尾矿排放量大致为 46 亿吨，铁尾矿平均品位约 10.50%；截至 2007 年，铜尾矿排放量大致为 13.7 亿吨，铜尾矿平均品位约 0.077%。
  - 系统聚类分析发现铁、铜尾矿主要分布空间如下：全国铁尾矿主要分布在河北省、辽宁省等地，其次是内蒙古自治区、四川省、北京市和山西省；全国铜尾矿主要分布江西省和云南省，其次是安徽省、甘肃省和湖北省等地。
- 尾矿开发利用模式：

  尾矿再选、井下采空区充填和尾矿制砖等是尾矿资源利用的主要模式。
- 尾矿资源管理政策：
  - 科技管理：承担尾矿资源科技成果管理工作，组织制定并管理尾矿资源技术标准和规程、规范，组织实施尾矿资源开发利用重大科技攻关计划，组织编制和实施尾矿资源科技发展战略、规划。
  - 规划管理：研究尾矿资源综合利用和循环经济政策措施，组织编制尾矿资源调查、勘查和开发专项规划，编制实施尾矿资源综合规划。
  - 储量管理：承担尾矿矿业权评估和地质资料汇交管理工作，管理尾矿资源储量评审登记统计，拟定尾矿资源储量管理办法、标准和规程。
  - 勘查管理：编制尾矿地质勘查规划并监督检查执行情况，组织尾矿资源调查评价。
  - 开发管理：管理尾矿矿业权市场，编制实施矿业权设置方案，组织划定有重要资源开发利用价值尾矿区，承担尾矿资源矿业权登记发证管理工作。
  - 政策法规：承担尾矿开发管理中行政复议和行政应诉工作，承担尾矿资源开发管理规范性文件审核工作，协调尾矿资源相关法律法规和规章的起草工作，组织起草尾矿资源管理的法律法规草案。
- 推进尾矿利用的政策措施：
  - 完善制度，加强管理；
  - 制度优惠经济政策，鼓励尾矿再选和整体利用；
  - 加强技术攻关，回收尾矿中的有价元素和推进整体利用；
  - 做好空间布局，有序开发尾矿资源；
  - 加大宣传，树立尾矿循环利用的新观念。

## 《中华人民共和国国民经济和社会发展第十二个五年规划纲要（2011—2015 年）》关于资源节约与管理的重要内容

- 落实节约优先战略，全面实行资源利用总量控制、供需双向调节、差别化管理，大幅度提高能源资源利用效率，提升各类资源保障程度。
- 实施地下水工程监测，严格控制地下水开采。
- 实行最严格的节约用地制度，从严控制建设用地总规模。
- 提高土地保有成本，盘活存量建设用地，加大闲置土地清理处置力度，鼓励深度开发利用地上地下空间。
- 严格用途管制，健全节约土地标准，加强用地节地责任和考核。
- 实施地质找矿战略工程，加大勘查力度，实现地质找矿重大突破。
- 建立重要矿产资源储备体系。
- 加强重要优势矿产保护和开采管理，完善矿产资源有偿使用制度，严格执行矿产资源规划分区管理制度，促进矿业权合理设置和勘查开发布局优化。
- 实行矿山最低开采规模标准，推进规模化开采。
- 发展绿色矿业，强化矿产资源节约与综合利用，提高矿产资源开采回采率、选矿回收率和综合利用率。
- 推进矿山地质环境恢复治理和矿区土地复垦，完善矿山环境恢复治理保证金制度。
- 加强矿产资源和地质环境保护执法监察，坚决制止乱挖滥采。
- 推进生产、流通、消费各环节循环经济发展，加快构建覆盖全社会的资源循环利用体系。
- 加强共伴生矿产及尾矿综合利用，提高资源综合利用水平。
- 按照循环经济要求规划、建设和改造各类产业园区，实现土地集约利用、废物交换利用、能量梯级利用、废水循环利用和污染物集中处理。
- 推动产业循环式组合，构筑链接循环的产业体系。
- 推进甘肃省和青海柴达木循环经济示范区等循环经济示范试点、山西资源型经济转型综合配套改革试验区建设。
- 健全资源循环利用回收体系，完善再生资源回收体系，推进再生资源规模化利用。
- 提高山洪、地质灾害防治能力，加快建立灾害调查评价体系、监测预警体系、防治体系、应急体系，加快实施搬迁避让和重点治理。
- 加强重点时段、重点地区山洪地质灾害防治，对滑坡、泥石流等重点突发性地质灾害隐患实施监测预警和综合治理示范，开展重要城市和地区地面沉降、地裂缝等缓变性地质灾害的综合治理。

### 矿产地战略储备研究结论

- 储备原则。保障优先，量力而行，合理布局，统筹兼顾，适度超前。
- 储备功能。收益代际分享，时空均衡配置；宏观调控的手段；提高资源开发利用效益；缓解资源约束；把资源优势转换为经济优势等。
- 储备矿种、规模及布局。采用 AHP 法（层次分析法）确定了首批储备矿种，建立模型确定储备规模。提出“洼地”（当前开发成本较高但利于储备的区位）布局思想。包括市场“洼地”（远离产品的主要消费市场）、经济增长“洼地”（远离经济增长的点或轴）、环境“洼地”（储备地周边生态环境脆弱）。
- 储备地形式。包括国家安全型储备地、资源型储备地和规划开发型储备地。
- 储备运行。包括储备地收储、动用、轮换等机制。
- 储备地轮换决定条件。拟储备矿产地规模达到或者超出规划目标；拟储备矿产地具备区位比较优势；拟储备矿产资源具备稳定供给的替代资源。国家产业结构调整和经济发展方式转变。将复杂的影响因素抽象成储备指数，以此动态调整矿产地储备规模和布局。
- 依据研究成果，提出矿产地储备管理暂行办法及试点方案。

## 【盘点 6】 不断完善拓展国土资源工作部省合作机制

2010 ～ 2011 年，部省合作协议在改革中深入推进。2011 年初，国土资源部第 4 次部长办公会听取了 2010 年度部省合作协议落实情况的评估工作汇报，原则通过部省合作协议 2010 年评估总报告，研究进一步推进部省合作工作措施。会议在对以往部省合作工作成效充分肯定的基础上，提出了四点不足和九个方面的要求，为进一步深入推进部省合作奠定了坚实的基础。

### 以往部省合作协议工作的四点不足

- 部分省（自治区、直辖市）未完全按照程序、预案、封闭和可控的要求履行协议，或分工尚不明确，对协议履行和评估不够重视，各方面协议有待加强；
- 协议履行程度不平衡，西部地区履行协议和积极性相对较高，主题鲜明、内容专一的协议履行情况明显好于内容综合的协议；
- 改革探索压力倍增，由于一些重点领域和关键环节的改革备受各方关注，一些地方或裹足不前，或盲目推进，不利于国土资源事业发展；
- 随着内外部环境的变化，部分协议有待修改调整。

## 进一步做好部省合作协议工作的九个要求

- 部省双方加强沟通互动，商定详细实施方案，推进合作协议履行；
- 要妥善处理依法行政和改革探索的关系，确保做到“先行试点、封闭运行、局部试验、结果可控”；
- 要遵循“一省一策”的原则，变协议内容“大而全”为“小而专”，调整早期签署的综合类协议的内容，进一步提高协议内容的针对性，凸显各地特色和亮点；
- 要充分利用部省合作平台，将国土资源部中心工作与部省合作协议的履行结合起来，推动改革创新，为面上改革提供示范经验；
- 要推进协议履行的常态化，加强督促检查和沟通协调；
- 要明确评估工作要求，进一步规范评估方式和评估的内容，使协议履行的评估工作贯穿于日常工作中；
- 要以双方会商和评估促进协议的全面履行，避免重签署、轻落实的情况出现；
- 要进一步提高评估报告质量，评估前要充分调研协议履行情况，明确履行中需要注意、调整和纠正的问题；
- 要做好评估工作组织保障，及时反馈落实评估意见，树立起国土资源部负责任、干实事的形象。

## 2011年部分部省合作协议评估结论

- 湖南省：国土资源部与湖南省人民政府签订了《关于共同推进湖南省国土资源工作促进长株潭城市群“两型”社会建设合作备忘录》。

  建议：深入推进规划编制工作；探索推动耕地保护方式创新；进一步总结推广新型节地模式；全面实施找矿突破战略行动；修改和补充合作内容；建立健全部省合作机制。
- 福建省：国土资源部与福建省人民政府签订《关于共同推进国土资源工作促进海峡西岸经济区发展的合作协议》。

  建议：继续加大对台海合作的相关政策支持；加强对国土资源管理改革创新的指导和规范；支持福建省建立东南丘陵山地地质灾害防治重点实验室；继续支持福建省广义地质工作和重点矿种勘查开发。
- 宁夏回族自治区：国土资源部与宁夏回族自治区人民政府签订《共同促进沿黄经济区建设和生态移民战略实施推进国土资源工作的合作协议》。

  建议：进一步支持指导和关心宁夏回族自治区在土地利用规划和计划管理模式上的创新、《宁夏沿黄经济区土地利用总体规划》、探索用地总量控制和空间管制制度等；深入推进国土资源节约集约用地制度构建和探索创新，全面推进节约集约用地制度建设；创新耕地保护方式，鼓励因地制宜、多种形式开展耕地保护补偿试点；进一步支持、指导和关心宁夏回族自治区加快构建地质找矿新机制建设，继续在具体项目安排、资金匹配和技术指导上给予帮助和倾斜；继续在矿山地质环境、勘查找水、地质遗迹保护、浅层地温能开发利用和地质灾害防治方面给予资金倾斜和技术指导。

◆ 河南省：国土资源部与河南省签订《共同推进中原城市群国土规划编制暨开展豫西地区地质找矿工作合作备忘录》。

建议：加快推进中原经济区国土规划编制工作；扎实推进地质找矿工作；协同推进其他国土资源管理重点工作。

◆ 陕西省：国土资源部与陕西省人民政府签订《共同推进陕西省国土资源工作促进经济社会又好又快发展合作协议书》。

建议：加强土地利用规划实施管理；加快推进黄河三角洲未利用地开发起步区建设；夯实黄河三角洲土地高效利用的各项基础工作；探索建立高效运转的土地开发机制；探索构建部省合作的新机制；推进规划编制；开展国土资源管理改革创新；创新耕地保护方式；加快找矿突破；加强执法监察。

通过对部省合作机制的改革，拓展了服务领域，迈出了向经济区、向企业和地方政府延伸的第一步，实现了部省协议的多样化。从2007年启动部省合作协议起，截至2011年11月15日，国土资源部已与26个省（自治区、直辖市。除北京市、黑龙江省、内蒙古自治区、江苏省、海南省5个省（自治区、直辖市）外）签署30份部省协议。在改革完善部省合作机制的基础上，2011年分别与山东省、福建省、浙江省、宁夏回族自治区人民政府，以及中国广东核电集团有限公司、人民日报社签订了合作协议。尤其是山西省国土资源厅和长治市人民政府签订的《关于创新节约集约用地管理机制合作协议》，更是部省合作机制向纵深发展的有力见证。

**2011年部省合作协议签订及拓展情况**

| 序号 | 时间 | 签署方 | 协议名称 |
|---|---|---|---|
| 1 | 2011年2月13日 | 山东省人民政府 | 关于创新国土资源管理体制机制共同推进黄河三角洲高效生态经济区发展及地质找矿合作协议 |
| 2 | 2011年6月13日 | 福建省人民政府 | 关于共同推进国土资源工作促进海峡西岸经济区发展的合作协议 |
| 3 | 2011年6月27日 | 浙江省人民政府 | 关于创新国土资源管理机制共同推进浙江海洋经济发展示范区建设的合作协议 |
| 4 | 2011年9月18日 | 宁夏回族自治区人民政府 | 促进沿黄经济区建设和生态移民战略实施推进国土资源工作的合作协议 |
| 5 | 2011年6月16日 | 中国广东核电集团有限公司 | 铀资源勘查合作框架协议 |
| 6 | 2011年9月8日 | 国家开发银行 | 规划合作备忘录 |
| 7 | 2011年11月15日 | 人民日报社 | 提升国土资源节约集约宣传工作合作框架协议 |
| 8 | 2011年6月17日 | 山西省国土资源厅与长治市人民政府 | 关于创新节约集约用地管理机制合作协议 |

值得一提的是，国土资源部与国家开发银行签署规划合作备忘录，以规划工作为平台，充分发挥国土资源部的政府组织协调优势和国家开发银行服务国家中长期战略的开发性金融优势，通过政策引导和金融支持，围绕土地资源、矿产资源、海洋资源等重点领域开展长期、全面的合作。

## 【盘点 7】 以强化法治理念提升国土资源依法行政能力

在深入贯彻落实《国务院关于加强法治政府建设的意见》（国发〔2010〕33 号）的大背景下，2011 年 6 月 27 ~ 28 日，全国国土资源依法行政工作会议和全国国土资源法制宣传教育工作会议在江苏省南京市召开，对未来五年国土资源依法行政和法制宣传工作进行了总动员、总部署。会议的召开标志着国土资源管理依法行政开始全面实现由单纯制度建设向改革国土资源管理机制的提升，国土资源法制宣传教育开始由注重传播法律知识向更加注重弘扬法治精神、树立法治理念、培育法治文化的提升，具有国土资源特色的依法行政体系框架已初步形成，国土资源管理正逐渐进入良性发展的轨道。

### 国土资源系统“五五”普法❶工作成效

- 投入普法经费 4 亿余元；
- 编写、购买教材 500 余万册；
- 发放宣传材料 2100 余万册；
- 张贴标语 60 余万条；
- 举办普法培训班 9800 余期；
- 培训人员 198 万人；
- 表彰了国土资源系统 77 个“五五”普法先进单位、140 个“五五”普法先进个人。

**以“五注重”为抓手全面提升依法行政能力和水平。**近年来，国土资源管理系统认真贯彻落实科学发展观，全面贯彻《国土资源管理系统全面推进依法行政规划（2006 年—2010 年）》，以注重运用法律方式推进改革、注重增强领导干部依法行政意识和能力、注重规范权力运行、注重创新制度建设和注重发挥“制度 + 科技”优势的“五注重”为抓手，使国土资源依法行政工作取得重要进展，国土资源法律体系基本建立，科学民主决策机制初步形成，领导干部学法用法意识显著增强，依法行政能力和水平不断提升。国务院法制办公室对国土资源部依法行政工作给予高度肯定，评价国土资源部依法行政工作有规划、有部署、有落实，具有典型性、示范性。

**推进“法治国土”建设，树立法治理念。**2011 年 9 月 16 日，国土资源部发布《国土资源管理系统开展法制宣传教育的第六个五年规划（2011 年—2015 年）》，明确了国土资源法制宣传教育九个方面的重要任务：继续深入学习宪法；继续深入学习行政基本法律；进一步提高依法行政意识；提高依法科学民主决策水平；完善依法行政制

❶“五五”普法是开展法制宣传教育第五个五年规划的简称。

度和程序；增强驾驭复杂局面的能力；深入学习社会主义法律体系；进一步加强廉政勤政和惩防体系建设；在全社会营造遵守国土资源法律法规氛围。该规划明确提出以“法治国土”为目标，紧紧围绕加快转变经济增长方式这条主线，紧紧围绕中国特色社会主义法律体系形成后对普法工作的新要求，紧紧围绕国土资源管理中心工作，牢固树立法治理念，大力弘扬法治精神，努力培育法治文化，实现国土资源普法工作的新提升。

11 月 22 日，国土资源部在广东省肇庆市端州区睦岗镇举行以“弘扬法治精神、培育法治文化”为主题的全国“法制宣传日”送法活动。时任国土资源部党组成员、时任国家土地副总督察甘藏春在讲话中强调，要通过培育有特色的国土资源法治文化，加强“软实力”，锻造“硬功夫”，保障经济社会科学发展。

## 【盘点 8】“立、改、废”整体推进国土资源法律体系建设

**两法修改稳步推进**。2011 年 4 月，《中华人民共和国土地管理法》修订工作再次启动，国务院法制办公室组织国土资源部等部门组成了联合工作组，开展《中华人民共和国土地管理法》调研，并抓紧修改草案的起草工作。《中华人民共和国矿产资源法》的修改已列入十一届全国人大常委会立法规划，国土资源部正在抓紧进行《中华人民共和国矿产资源法》的修改工作。2003 年至今，《中华人民共和国矿产资源法》修改工作历时 8 年多，起草完成了 12 稿，广泛征求了各方面意见，基本理清了《中华人民共和国矿产资源法》修改的基本思路、主要框架和基本问题。

**规章和规范性文件后评估工作系统推行**。2011 年 10 月 16 ～ 17 日，国土资源规章和规范性文件后评估工作座谈会在山西省忻州市召开。会议总结了近年国土资源规章和规范性文件后评估工作的经验，研究部署在国土资源系统推行后评估制度。会议提出，各省级国土资源管理部门要选取对经济社会发展影响较大、群众意见较为集中的规章和规范性文件启动后评估工作，从 2011 年起制定实施第一个后评估年度计划，将支撑修改《中华人民共和国土地管理法》和《中华人民共和国矿产资源法》、加强国土资源管理部门自身建设和服务民生等领域的三大类八项内容列入后评估工作项目，并开展了后评估工作规程、计量模型和指标体系的研究等。

- 矿产资源法修改的基本理念：要充分体现民商、经济（资源）和行政法的三重属性，融入相应的民法、经济法、行政法的一些基本原则；充分体现矿产资源经济管理、行政管理、技术管理和公共服务。
- 矿产资源法修改的基本思路：全面修改、突出重点。体现矿产资源法的实体性、程序性、保障条款的完整性，重新设计矿产资源法的框架结构和条目。构建以矿产资源宏观管理、勘查开发、资源配置（矿业权市场建设）、权益保护、利益调整、法律责任等基本制度为核心的矿产资源法律制度。

- "一法三令"[1]修订统筹设计：统筹协调、整体设计矿产资源法、行政法规各项制度措施，使矿产资源法律体系完整、边界清晰、相互协调，尤其是 1998 年发布与《中华人民共和国矿产资源法》配套的，确立了社会主义市场经济下的矿业权管理的基本制度框架，体现我国矿产资源管理法律制度的核心的"三令"的修订，要统筹设计。通过"三令"的修改完善，支撑矿产资源法的完善。
- "一法三令"修改重点：一是将多年来改革创新的成功经验上升到法律层面；二是配合"一法三令"的修改，开展中央与地方政策法规一致性、协调性清理。重点是审查各级法规、文件的统一性、协调性，推动各级立法部门协调联动，实现中央与地方矿产资源管理法律法规的统一、协调；三是明确"一法三令"修改重点。主要包括：《中华人民共和国矿产资源法》与相关法律的关系协调，明确各部门审批手续间的关系；删除《中华人民共和国矿产资源法》中"集体矿山企业"一章；明确税费的概念；明确矿业权转让形式和条件；合理划分分类分级审批权限等。同时要结合社会经济发展，突出重视财产权保护、社会管理、矿山生态环境补偿、中介组织的规范等内容。

——国土资源经济参考，2011 年第 21 期

**建立法规清理新机制。** 2010 ~ 2011 年，按照《国务院办公厅关于做好规章清理工作有关问题的通知》(国办发〔2010〕28 号) 的要求，开展了规章和规范性文件的全面清理。2011 年 7 月 20 日，国土资源部召开新闻发布会，发布了规章和规范性文件清理结果及后续行动情况。2010 年，共清理规章和规范性文件 906 件（其中规章 54 件、规范性文件 852 件)；废止规章 1 件，修改规章 6 件；废止和宣布失效规范性文件 152 件，修改规范性文件 24 件。清理后，国土资源部现行有效的规章有 53 件（含修改后的 6 件)、继续有效的规范性文件有 700 件（含修改后的 24 件)。清理工作完成后，国土资源部的清理结果已经通过规章、公告等规范性文件形式在门户网站和《中国国土资源报》陆续发布。

## 【盘点 9】 国土资源调查评价取得辉煌成果

2011 年 7 月 5 日，由国土资源部、国家发展和改革委员会、财政部联合举办的"基础先行——国土资源调查评价成果展"在国家博物馆隆重开幕。展览通过文字、图片、实物标本、模型和多媒体等形式展示了 1998 年实施国土资源调查评价专项以来取得的重大成果。本次展览共展示了 31 个省（自治区、直辖市）在土地资源、矿产资源、地质调查与地灾防治等方面的重要成果，展示了地质勘查单位、矿业企业在地质找矿方面的辉煌成就。本次成果展受到国家领导一致认可和社会广泛赞誉。截至 7 月 26 日，先后接受了 9 位中央领导的检阅，同时吸引了专家、媒体记者、社会观众等共 30 余万人前往参观。

[1] "三令"指《矿产资源勘查区块登记管理办法》、《矿产资源开采登记管理办法》和《探矿权采矿权转让管理办法》。

**国土资源调查评价实施前后基础地质工作程度对比**

| 基础工作类别 | 比例尺 | 调查评价前覆盖区域面积 % | 调查评价后覆盖区域面积 % |
|---|---|---|---|
| 区域地质调查 | 1：25万 | — | 100 |
| | 1：25万新一轮修测 | — | 50 |
| | 1：5万 | 18 | 21 |
| 航空磁力测量 | 1：100万 | — | 100 |
| | 1：20万 | 49 | 56 |
| | 1：5万 | 30 | 39 |
| 区域重力测量 | 1：100万 | — | 100 |
| | 1：20万 | 31 | 45 |

**国土资源调查评价实施后基础地质工作取得的成果**

| 工作类别 | 发现异常点 个 | 检查异常点 个 | 验证异常点 个 | 见矿异常点 个 | 探明成果 |
|---|---|---|---|---|---|
| 化探 | 10234 | 3558 | 1301 | 1215 | 90%以上贵金属和有色金属 |
| 物探 | 10466 | 2340 | — | 554 | 80%铁矿 |

## 国土资源调查评价的实施背景

国土资源是经济社会发展的重要物质基础，国土资源调查评价是支撑经济社会发展的先行性、基础性工作。1998年以来，国土资源部会同国家发展改革委、财政部，按照党中央、国务院的决策部署，组织开展了历时12年的国土资源调查评价工作。先后实施了国土资源大调查、青藏高原地质矿产调查、新疆维吾尔自治区“358”地质矿产调查、油气资源战略调查、危机矿山接替资源勘查、海洋资源调查和第二次全国土地调查、全国耕地后备资源和农用地分等定级调查等重大调查专项，累计完成中央财政投入400余亿元，带动地方财政和社会资金投入3000余亿元，每年投入技术力量10余万人，采用“地质、物探、化探、遥感、钻探、测绘”等手段，通过“上天、入地、下海、攀峰、登极”，对国土资源进行了多方位、多层次立体调查和探测，在土地资源、矿产资源、海洋资源、地质调查、地质灾害调查预警与防治、国土基础测绘等方面取得具有宏观意义的重大系列成果，为保障国民经济社会又好又快发展提供了坚实的国土资源支撑与服务。

| 新发现矿产地和新增资源量统计表 | | | | | |
|---|---|---|---|---|---|
| 矿产品种 | 新发现矿产地 个 | 新增资源量（333+3341）/吨 | 矿产品种 | 新发现矿产地 个 | 新增资源量（333+3341）/吨 |
| 铁矿石 | 32 | 50亿 | 金 | 162 | 1830 |
| 锰 | 40 | 1.8亿 | 银 | 90 | 8万 |
| 铜 | 121 | 3851万 | 煤炭 | 13 | 1300亿 |
| 铅锌 | 191 | 8355万 | 钾盐 | 8 | 4.6亿 |
| 铝土矿 | 13 | 4.5亿 | 其他 | 179 | |
| 钨 | 17 | 106万 | 合计 | 907 | |
| 锡 | 35 | 264万 | | | |

**基础地质调查程度较大幅度提高。**全国区域基础地质调查程度有较大幅度提高，区域基础地质调查动态更新系统基本完成。同时区域基础地质资料为矿产勘查提供了重要支撑，重大区域地质问题研究取得重要进展。

矿产勘查工作取得一批具有宏观影响的大成果。新发现一批大型矿产地，新增一批重要矿产资源量。

截至 2010 年，全国重点成矿区带扩充到 19 个，为全面部署“十二五”时期矿产勘查工作奠定了基础。

| 重要成矿区带找矿成果与前景 | | | | |
|---|---|---|---|---|
| 序号 | 成矿带名称 | 新发现大中型矿产地/处 | 新增资源量 | 资源远景 |
| 1 | 冈底斯 | 39 | 铜 1100 余万吨、铅锌990 余万吨、银 16951吨、铬 42 万吨 | 已形成我国最大的千万吨级铜矿基地 |
| 2 | 西南三江 | 75 | 铜 728 万吨、铅锌 1660万吨、银 19379 吨、金253 吨 | 有望形成千万吨级铜矿基地 |
| 3 | 南岭 | 56 | 锡 182 万吨、钨 31 万吨、铅锌 253 万吨、银1479 吨、铋 10 万吨 | 新发现矿产地 36 处，新增铅锌 970 万吨、钨锡 236万吨、铜 100 万吨 |
| 4 | 天山—北山 | 27 | 铜 634 万吨，镍 53 万吨，铅锌 835 万吨，金93 吨，银 3000 吨，钾盐 2.5 亿吨 | 有望形成千万吨级铜矿基地 |
| 5 | 班公湖—怒江 | 60 | 铜 700 万吨、铁矿石 1.5 亿吨、金 173 吨 | 新增资源量铜 1000 万吨、金 200 吨以上 |
| 6 | 昆仑—阿尔金 | 30 | 铜 121 万吨、银 1225.6吨、铁矿石 21481 万吨、铅锌 160 万吨、钨锡14.78 万吨、钾盐 2579 万吨 | 新发现矿产地 25 处，新增铜 200 万吨、铁矿石 5 亿吨、钨锡20 万吨 |
| 7 | 川滇黔相邻 | 57 | 铜 49.1 万吨、铅锌1665.4 万吨、银 2242.7吨、锰 6581.5 万吨、金 232.4 吨、铂族 59吨、铝土矿 6647.7 万吨 | 新发现矿产地 200 处，新增铅锌 1900 万吨、铜 356万吨、铁矿石 13.55 亿吨、铝土矿 2.9 亿吨 |

续表

| 序号 | 成矿带名称 | 新发现大中型矿产地/处 | 新增资源量 | 资源远景 |
|---|---|---|---|---|
| 8 | 湘西—鄂西 | 41 | 金138吨、铅锌697万吨、铜25.73万吨 | 新发现矿产地38处，新增铅锌1450万吨、铜30万吨、铁矿石2.2亿吨、金100吨、银2500吨 |
| 9 | 长江中下游 | 29 | 铁矿石1.8亿吨、金40.7吨、铜15.8万吨 | 新发现矿产地10处，新增铜250万吨、铁矿石6亿吨、铅锌150万吨、金30吨 |
| 10 | 豫西 | 19 | 金15.63吨、铅锌960.67万吨、银1.1万吨 | 新发现矿产地20处，新增铁矿石13亿吨、铝土矿2亿吨、铅锌1000万吨、钼100万吨 |
| 11 | 武夷山 | 17 | 铅锌257.4万吨、锡21万吨 | 新发现矿产地10处，新增铜165万吨、铅锌430万吨、铁矿石1亿吨、钨锡16万吨、金26吨 |
| 12 | 秦岭 | 18 | 铅锌1236万吨、铜39.3万吨、金95.3吨、银22881吨 | 新发现矿产地20处，新增铅锌1200万吨、金170吨、钼40万吨、银1000吨、铜180万吨 |
| 13 | 辽东吉南 | 10 | 铁矿石30亿吨、金212吨、银1022吨、铅锌18万吨、钴22591吨、镍25010吨、硼84.86万吨 | 新增铁矿石50亿吨、金125吨、铜125万吨、铅锌250万吨、钼60万吨、硼30万吨 |
| 14 | 大兴安岭 | 12 | 金7.858吨（内蒙古自治区额尔古纳市虎拉林）、钼4239吨、银铅锌14.3万吨（新巴儿虎右旗） | 新发现矿产地30处，新增铜100万吨、铅锌100万吨、银5000吨、钼22万吨 |
| 15 | 祁连山 | 9 | 钨12.1万吨、钼11.2万吨、铜1.6万吨、铅锌7.9万吨 | 新发现矿产地25处，新增铁矿石2亿吨、铜50万吨、镍20万吨、铅锌50万吨、钨30万吨、钼10万吨 |
| 16 | 阿尔泰 | 5 | 金8.78吨、铅锌924.9万吨、铁矿石4.4亿吨、铜74.5万吨 | 新发现矿产地25处，新增铜300万吨、金500吨、银2000吨 |

# 地政管理

2011 年是保经济发展保耕地红线工程（简称“双保工程”）的延续之年，继续推进了土地管理制度建设与宏观调控。贯彻落实中央精神，保障安居性工程建设用地供应；积极推进农村土地整治，规范土地管理；严格土地执法，首次实现土地卫片执法检查问责，加大了对高尔夫球场等违法用地的查处力度。

## 【盘点 1】 国务院发布实施《土地复垦条例》

截至 2009 年，因历史遗留问题及自然灾害而被损毁的土地，在全国共有约 1.3 亿亩[1]，每年还在以 400 余万亩的速度增加。为了更好地推动土地复垦工作，增加耕地面积，2011 年 3 月 5 日，国务院公布《土地复垦条例》（国务院令第 592 号），主要包括以下五个方面内容：

(1) 明确了土地复垦的责任主体。对于生产建设活动损毁的土地，按照“谁损毁，谁复垦”的原则确定责任主体。对于历史原因、灾害损毁土地等情况，由县级以上人民政府复垦。

(2) 促进土地复垦义务人自觉履行土地复垦义务。明确规定了土地复垦方案的编制与审查、实施环节监管、复垦资金保障、复垦验收等要求。

(3) 加强对历史遗留损毁土地和自然灾害损毁土地的复垦。规定了编制土地复垦专项规划、明确投资渠道、规范土地复垦项目的管理方式和要求等。

(4) 建立开展土地复垦的激励机制。明确规定对土地复垦义务人、社会投资者、土

### 当前土地复垦面临的三个突出问题

- 每年生产建设活动新损毁的土地不断增加，需要进一步强化土地复垦义务人的复垦责任；
- 相当数量的历史遗留损毁土地和自然灾害损毁土地尚未能及时得到复垦，需要明确其复垦主体、资金渠道，规范其复垦管理等；
- 土地复垦需要巨大的资金投入，需要进一步完善土地复垦激励等措施。

---

[1] 1 亩 = 666.7 平方米。

地权利人、地方政府开展土地复垦的激励措施。

(5) 规定了土地复垦中违法行为的法律责任。针对监管部门及其工作人员、土地复垦义务人在复垦工作中违法行为，明确了其法律责任。

## 【盘点 2】 落实国务院要求，严格规范城乡建设用地“增减挂钩”

2011 年 1 月 4 日，国土资源部召开部长办公会，讨论了《关于学习贯彻〈国务院关于严格规范城乡建设用地增减挂钩试点切实做好农村土地整治工作的通知〉（国发〔2010〕47 号）的工作方案》。会议指出，严格规范城乡建设用地增减挂钩试点、切实做好农村土地整治工作是国务院作出的重要部署，是国土资源部 2011 年的一项重要工作，也是推动“三化同步”[1]的重要举措。

2 月 16 日，国土资源部召开城乡建设用地增减挂钩试点和农村土地整治清理检查工作视频会议，并会同国务院有关部门研究制定了《城乡建设用地增减挂钩试点和农村土地整治清理检查工作方案》，经国务院批准，城乡建设用地增减挂钩试点和农村土地整治清理检查工作正式启动。

7 月 20 ~ 28 日，国土资源部、中央农村工作领导小组办公室、国家发展改革委、财政部、环境保护部、农业部、住房和城乡建设部组成 7 个联合检查组，赴天津、河北、辽宁等 14 个省（自治区、直辖市），开展城乡建设用地增减挂钩试点和农村土地整治清理检查抽查工作。抽查工作主要采取召开座谈会、查阅资料、实地调查等方式。抽查内容包括工作组织情况、自查清理情况和自纠整改情况。

### “破两难促转变”部省联合调研反馈的“增减挂钩”情况

- 根据各组入户调查数据，挂钩项目农民普遍受益，满意度高，大部分地区 100% 的受访农户对搬迁定居表示“十分满意”或“满意”。从与农户的座谈和入户调查结果看，调查户的住房条件均得到很好的改善，搬迁后促进了农业生产方式的转变，农业生产条件得到改善，家庭收入得到提高，农民积极性高，试点工作较规范。
- 节约用地。以山东省为例，各地使用的挂钩试点节余指标占到了实际用地需求的一半以上。
- 四条经验：一是所选试点在城市近郊，区位较好，能够有效解决农民就业问题，并通过农用地流转组织规模化经营，农民可以、也愿意脱离农居；二是真拆真建，群众基础工作做得比较扎实；三是做到财产界定清晰，房屋、宅院和农用地分别进行补偿，保护了农民利益；四是探索“先安置后

---

[1] “三化同步”指在工业化、城镇化深入发展中同步推进农业现代化。

拆迁”模式。

- 五个问题：一是有的地方执行政策走样，主要是借机推进新城建设甚至搞商品房开发，谋取不当利益，侵害农民合法权益。二是与《国务院关于严格规范城乡建设用地增减挂钩试点切实做好农村土地整治工作的通知》（国发〔2010〕47 号）的有关要求不一致，主要是没有全面纳入国家增减挂钩试点，批准规模过大。三是与增减挂钩管理的有关规定不一致，主要是“拆旧建新”未严格按项目区管理、周转指标内涵和审批管理方式有差异。四是某些地区已批准建设用地置换规模过大，一旦停止建设用地置换工作；带来的问题不容忽视。五是增减挂钩存在激励机制不健全、项目区选址前期组织论证不够、拆旧区拆迁难度预计不足、建设启动资金落实难等问题。

## “土地财政”问题受到广泛关注

2011 年 3 月“两会”期间，“土地财政”问题受到代表们的热议，有针对性地开展的“土地财政专题研究”项目及其报告及时反映了相关问题。报告中对我国“土地财政”现状、“土地财政”机制运行的理论、现有“土地财政”产生的制度背景与变迁过程、“土地财政”机制绩效分析、“土地财政”产生的风险进行了详细的解析，在此基础上针对“土地财政”制度改革提出了系列建议。

- “土地财政”绩效
  - “土地财政”与土地供应制度相辅相成，加速了我国城镇化、工业化进展；
  - 现行“土地财政”模式为城镇化与工业化互动发展提供支撑；
  - “土地财政”为城市建设和社会事业发展贡献了力量。
- “土地财政”风险
  - 财政运行的可持续性风险。包括土地收入的不可持续性，以及由于财政收入、支出的不确定性扩大相应导致的财政运行波动性和不确定性的扩大。
  - 经济增长的可持续性风险。经济增长的影响主要源于地方政府过于依赖经营性土地出让收入来支撑公共开支，把“土地财政”变为目的而不是手段，造成产业结构上过于依赖房地产业和建筑业。
  - 社会发展的可持续性风险。主要表现为影响社会事业的发展，农民、市民、企业、政府之间的利益矛盾加剧，公众对政府的信任度降低，以及行政腐败等方面。
- “土地财政”改革建议
  - 实施主动引导“土地财政”转型的扁平化战略；
  - 改革完善国有土地资产经营管理制度；
  - 均衡控制土地资本化进程，控制土地融资的规模和速度；
  - 规范和完善土地出让收益分配与监管制度；
  - 改革和完善财税制度，扩大地方财源。

12月24日，国土资源部发布《关于严格规范城乡建设用地增减挂钩试点工作的通知》（国土资发〔2011〕224号）。该通知对充分认识严格规范增减挂钩试点工作的重要性、统筹安排增减挂钩试点、严格把握增减挂钩试点条件、切实维护农民土地合法权益、规范增减挂钩试点管理五个方面作了具体的要求和部署。

## 【盘点3】2011年“双保工程”突出科学管地、惠及民生

2011年3月2日，国土资源部发布《国土资源部保发展保红线工程2011年行动方案》。该方案指出，“双保工程”2011年行动要围绕大局、顺应形势，行动主题为“惠民生促进科学发展，守红线坚持数质并重”，使“双保”内涵深化为“从民生视角保障发展，从质量层面保护‘红线’”。以科学管地为手段，以普惠民生为目标，是“双保工程”2011年行动的重要特征。

2011年“双保工程”行动有五大目标：一是保证中央调控政策的实施，做到保障性安居工程用地应保尽保；二是积极推进农村土地整治，实现耕地面积净增长，质量有提高；三是完善节约集约用地的政策和工作机制，推进国土资源节约集约县（市）达标建设，为三年实现全国达标奠定基础；四是土地督察和执法工作得到加强，土地执法形势继续好转；五是构建保障和促进科学发展新机制，在土地征收、建设用地审批等关键环节改革形成法制、政策成果。

### 贯彻中央精神，组织编写“国土资源管理”系列培训材料

在《国土资源管理概论》中，对我国国土资源管理形势进行了客观分析，提出了未来我国的可持续发展国土资源战略。对城市化、工业化发展过程中的“经济发展建设”与“国土资源保护”之间的关系进行了剖析和阐述。对快速城镇化过程中的土地资源保护与合理利用问题进行了探讨，探索构建土地节约集约利用新机制，提出了我国在经济建设与统筹城乡发展过程中，以构建和谐社会为目标的国土资源管理改革创新的新思路。该书主要包括以下内容：

- 科学发展观指导下的国土资源管理；
- 适应市场经济要求的国土资源管理与改革；
- 宏观调控与国土资源管理职能转变；
- 快速城镇化进程中的土地资源保护与合理利用；
- 工业化进程中的能源资源保障与安全；
- 全球化进程中的国土资源管理形势与挑战；
- 以构建和谐社会为目标的国土资源经济关系调整；
- 科技信息化支撑的国土资源管理创新；
- 敢于担当的国土资源管理队伍建设。

### 制度搭台，地方创新政策，推进“双保工程”

湖北省将“双保”作为经济发展转型升级的重要抓手。省政府与市（州）政府签订了耕地保护目标责任书，明确省长、市（州）长是耕地保护的第一责任人。探索建立耕地保护领导干部离任审计制度；建立土地利用计划使用考核制度；开展土地利用绩效考核，将土地节约集约利用作为考核主要内容。

湖南省将“地耗”列入重要考核指标，开展单位GDP（国内生产总值）和固定资产投资新增建设用地的“地耗”考核，对各市、州节约用地水平进行排序。严格执行《市州政府土地管理和耕地保护责任目标考核办法》，将责任目标完成情况作为政府年度目标考核、干部政绩考核和离任审计的重要方面。

贵州省对照国土资源部“双保工程”重点任务表，制定了贵州省“双保工程”重点任务表，并将各项重点任务分解下达。贵州省还印发《贵州省单位GDP和固定资产投资规模增长的新增建设用地消耗考核办法》，从制度上要求各地从用地结构调整、容积率、建筑密度、固定资产投入产出强度等方面，不断提高土地利用效率；探索精细化、差别化管理，改革建设用地计划供给方式，对重点工业项目用地计划实行“点供”。

## 【盘点4】编制保障性住房建设土地供应计划，服务民生

2011年初，按照《国务院办公厅关于进一步做好房地产市场调控工作有关问题的通知》（国办发〔2011〕1号）的要求，国土资源部积极行动，要确保全年1000万套保障性安居工程建设任务落地。为了将这项惠民生工程做好做实，主要开展了以下四个方面工作：

（1）科学编制保障性住房用地计划。按照“应保尽保”的原则，在住房用地计划中，细化保障性安居工程用地供应计划，从宽安排土地。

（2）对保障性安居工程用地实行计划指标单列。专门下发《关于切实做好2011年城市住房用地管理和调控重点工作的通知》（国土资发〔2011〕2号），首次提出对1000万套保障性安居工程实行新增建设用地计划指标单列，并在《2011年全国土地利用计划》中再次明确要求。

（3）实行月调度制度和实地督导。对保障性安居工程用地落实工作推进情况实行月调度，先后召开四次全国推进保障性安居工程用地落实视频会，详细了解各省（自治区、直辖市）的工作进度、存在问题和原因、措施建议，对共性问题进一步明确政策、加强指导，对新情况、新问题心中有数、及时指导。

（4）协调配合发挥政策合力。如在住房和城乡建设部代拟《关于保障性安居工程建设和管理的指导意见》过程中，国土资源部提出公共租赁住房单套建设面积以40平方米左右的小户型为主、经济适用房单套建筑面积控制在60平方米以内等重要意见和建议；

### 保障性住房用地做到了“应保尽保”

2011 年 11 月 2 日国土资源部发布的《2011 年中央下达保障性安居工程任务用地落实情况公告》显示，截至 2011 年 10 月 14 日，全国 31 个省（自治区、直辖市，含新疆生产建设兵团，西藏自治区除外）* 2011 年落实中央下达 1000 万套保障性安居工程建设任务测算用地 41983 公顷，实际已用地 42614 公顷，用地落实率超过 100%。

*本数据未包括我国台湾、香港和澳门地区。

主动与住房和城乡建设部沟通协调，结合 1000 万套建设任务分解下达情况，指导各地认真开展用地需求测算，及时把握全国总体情况。

与此同时，各地高度重视保障性安居工程建设，国土资源管理部门积极推进，确保用地落实：一是实行计划单列；二是加快审批效率，进一步简化程序；三是多渠道落实用地，北京市、上海市将储备土地优先安排用于保障性住房用地，浙江省、海南省积极利用存量、闲置、“批而未用”土地进行保障性住房建设；四是开展检查督办，安徽省、山东省、湖北省对保障性安居工程用地供应和建设进度跟踪督察，河北省、陕西省、黑龙江省将保障性安居工程用地供应纳入目标考核。

## 【盘点 5】 五年土地督察保红线促经济平稳较快发展

**完成了国家土地督察制度实施五周年绩效评估报告。** 2011 年是国家土地督察制度实施五周年，为准确、客观评价土地督察制度建设和实施五年的总体情况，组织成立了国家土地督察制度实施五周年绩效评估课题组，对国家土地督察制度实施五年来的情况进行第三方评估。经过对工作制度建设、职责履行、实施效果、社会影响四个方面的评估，认为国家土地督察制度实施五年来取得了明显成效，具有重要意义，并对这一制度的发展提出了积极建议。

### 国家土地督察制度实施五年来取得了八大成效

- 初步形成国家土地督察制度框架体系；
- 促进了最严格的耕地保护制度的落实；
- 促进了监督国家土地调控政策的规范执行；
- 追缴国家土地收益，有效防止了国有资产流失；
- 维护了被征地农民的合法权益；
- 维护了土地管理的法治秩序；
- 规范了地方政府土地利用和管理行为；
- 推进了土地管理制度的完善。

### 国家土地督察制度实施五年重大意义

- 开创了我国土地监管的新模式和新格局，已成为国家土地监管体系中不可或缺的重要组成部分；
- 国家土地督察制度的实施，有力促进了土地管理秩序总体向好，取得了凝聚社会共识、规范管理秩序、威慑土地违法等良好效果；
- 国家土地督察制度的实施，保障中央政令畅通，为深化我国行政体制改革积累了有益经验。

### 对国家土地督察制度提出四条建议

- 持续提升国家土地督察制度的实施绩效；
- 进一步完善这项制度本身；
- 加强队伍建设；
- 加快土地、财税、金融、地方政府及官员政绩考核等相关制度的综合配套改革。

**发布2010年国家土地督察公告**。2011年4月14日，《国家土地督察公告（2010）》向社会公开发布。公告总结了土地督察工作，分析了土地利用和管理总体形势及土地违法用地主要问题。并在此基础上，提出了2011年土地督察工作的总体目标：一是耕地"占补平衡"要实现补充大于占用，实现耕地的净增加；二是督促地方政府执行国家的土地调控政策，对保障性安居工程的用地要应保尽保，同时要加大住宅用地的供应量，向民生倾斜；三是保证土地管理秩序基本稳定。

### 国家土地督察实践工作总结和机制建设研究报告

长期跟踪研究土地督察成效及问题，并从2008年开始对一些地方进行了实地调研，在此基础上形成了《关于报送国家土地督察实践工作总结和机制建设研究成果的报告》。报告中详细介绍了我国土地督察制度实施以来，土地督察在一些地方取得的成效与经验、在实践中存在的问题，并提出了一些改进建议。

## 【盘点6】 节地技术政策体系助推节约集约用地

为落实节约优先战略，全面提升土地节约集约利用技术（以下简称节地技术）创新能力，把节约集约用地纳入科学发展轨道，国土资源部开展了节地技术政策体系研究，力求做好节地技术方法体系研究构建工作，尽快推进土地节约集约利用工作向更加有效的方向发展。开展节地技术政策体系研究，是全面树立科学发展观、促进国民经济可持续发展的重要内容。

国土资源部加快节地技术标准研发，形成了《建设用地节约集约利用评价规程》(TD/T 1018—2008)、《开发区土地集约利用评价规程（试行）》、《开发区土地集约利用评价数据库标准（试行）》三项行业标准，研制形成五套针对开发区、城市、区域建设用地节约集约利用评价和管理的技术软件。

一些地方已经开始积极探索土地节约集约利用模式。浙江省推进“365”节约集约用地行动计划，云南省推动城镇和工业企业“上山”，江苏省无锡市自创“节地八法”，湖南省长沙市着力推进“高层安置”、“人车分流”等措施。

### 开展《土地节约集约利用技术方法体系发展纲要》前期研究

2011年11月，国土资源部开展了《土地节约集约利用技术方法体系发展纲要》的前期研究工作，纲要的主要内容为土地节约集约利用技术方法理论基础，土地节约集约利用技术方法体系目标、主要任务及构成要素，土地节约集约利用技术（标准）框架体系、土地节约集约利用模式框架体系、土地节约集约利用评价框架体系、土地节约集约利用机制框架体系及保障措施等。

## 【盘点7】 土地卫片执法检查首次问责

2011年5月10日，2010年度土地矿产卫片执法检查卫片数据发布会在北京市召开，标志着2010年度土地矿产卫片执法检查进入全面核查阶段。土地卫片执法检查数据已下发到2552个县级行政单元。2010年度卫片执法检查的主要特点：一是首次开展土地矿产全覆盖检查；二是首次与年度土地变更调查和163个全国重点矿区遥感监测工作相衔接；三是首次利用“批、供、用、补、查”综合监管信息平台提取疑似违法图斑。

7月7日，在国土资源部和监察部联合召开的2010年度土地矿产卫片执法检查电视电话会议上，监察部通报了2009年度土地卫片执法检查问责落实情况，依据《违反土地管理规定行为处分办法》(监察部、人力资源和社会保障部、国土资源部令第15号)有关规定，4个设区市、55个县（市、区）共44名政府主要负责人或分管负责人及29名国土资源管理部门负责人受到纪律处分。包括该73人的土地问责名单的首次公布，标志着我国土地管理事业实现了意义深远的重大跨越，同时发出了十分重要的信号。

### 土地问责释放了怎样的信号?

土地问责从提出到落地，走过了艰苦挺进而又成绩斐然的5年多时间。2006年，《国务院关于加强土地调控有关问题的通知》首次提出违法用地严重地区的地方政府负责人将被追究行政责任；2008年，《违反土地管理规定行为处分办法》明确了责任追究的具体办法；2010 年，部署开展首次覆盖全国的 2009 年度土地卫片执法检查，为启动问责提供了扎实的数据支撑；2011 年，监察部、国土资源部公布 73 人问责名单，问责正式落地。5 年多历程，因为头顶问责利剑，一些地方党委、政府负责人“因公违法不算违法”的观念得以逐步扭转，在土地管理中的主体地位得以逐步确立，土地执法监管的力度明显加大。

——中国国土资源报

### 报告《土地和矿产违纪案件案例汇编及分析》

2011 年编写的《土地和矿产违纪案件案例汇编及分析》中，对近年来我国土地违法的典型案例进行了研究，对我国土地违法现象进行了概述，包括土地违法的范围、导火索、产生的风险等；对其中存在的土地管理体制、机制等方面问题进行了解析，在此基础上提出了相关建议。

## 【盘点 8】“农村土地整治万里行”全面启动

为了认真贯彻落实中央关于通过土地整治建设高标准基本农田的要求，集中宣传土地整治工作成效，2011 年 4 月 15 日，以“农村土地整治，利民利乡利城”为主题的“农村土地整治万里行”宣传活动在北京市拉开帷幕。农村土地整治包括土地整理、复垦、开发，是按照土地利用总体规划，对田、水、路、林、村进行综合整治，增加有效耕地面积，建设高标准基本农田，提高耕地质量，改善农村生产、生活条件和生态环境的土地利用活动。“农村土地整治万里行”是统筹城乡发展，推进新农村建设的重要平台和抓手。

### “农村土地整治万里行”社会反响强烈

“农村土地整治万里行”宣传活动引起各省（自治区、直辖市）政府的高度重视，截至 2011 年第三季度，已有 13 个省（自治区）启动了“农村土地整治万里行”宣传活动。活动得到媒体广泛关注、地方政府高度重视和群众衷心欢迎，营造了良好舆论氛围，极大助力农村土地整治工作的推进。

## 【盘点 9】农村集体土地确权登记发证加快推进

2011 年 4 月 13 日，全国宗地统一编码试点工作部署研讨会在天津市召开，国土资源部将为全国每一块土地设置唯一的“身份证”编号。在开展全国宗地编码研究的基础上，已完成国家标准的立项、宗地编码方案论证工作，形成了《宗地编码规则》初稿，并完成了试点方案的编制。相关试点工作已在天津市、辽宁省、上海市、四川省、广西壮族自治区、海南省、宁夏回族自治区及广东省深圳市展开。

5 月 6 日，国土资源部、财政部、农业部联合下发《关于加快推进农村集体土地确权登记发证工作的通知》（国土资发〔2011〕60 号），从夯实农业农村发展基础、促进城乡统筹发展和农村社会和谐稳定的高度，提出加快农村集体土地所有权、宅基地使用权、集体建设用地使用权等确权登记颁证工作，要求力争到 2012 年底，把全国范围内的农村集体土地所有权证确认到每个具有所有权的集体经济组织，做到农村集体土地确权登记发证全覆盖。通知要求各地坚持依法依规、便民高效、因地制宜、急需优先和全面覆盖的原则，按照土地总登记模式，集中人员、时间和地点开展工作，注重解决六大难点问题：①围绕地籍调查、争议调处、登记发证工作中存在的问题，细化和完善相关政策；②加快地籍调查，查清农村每一宗土地的权属、界址、面积和用途等基本情况；③加强土地权属争议调处，建立争议调处信息库；④规范已有成果；⑤加强信息化建设，建设全国土地登记信息动态监管查询系统，逐步实现土地登记资料网上实时更新，动态管理，建立共享机制；⑥强化证书应用，实行凭证管地用地制度。

农村集体土地确权登记发证工作，对于维护农民权益、夯实农业农村发展基础、促进城乡统筹发展和农村社会和谐稳定具有重要意义。

### 土地“身份证号”应接受社会监督

为全国每一块土地设唯一的“身份证”编号，是确保国家通过对每一块土地的“身份”编号，做到对土地实时全程监管，实现地籍管理的信息化、社会化、产业化。作为社会共有资源，土地“身份证号”应接受社会监督。

土地“身份证号”接受监督源于现实存在的严重的土地使用不公或腐败，这种不公或腐败也是房价高涨的重要推手。只有让土地“身份证号”接受社会的监督，设置“身份证号”才能发挥更大作用。

——北京青年报，2011 年 4 月 15 日

## 【盘点 10】 开展第 21 个全国“土地日”主题宣传活动

2011 年 6 月 25 日，第 21 个全国“土地日”主题宣传活动在江苏省南京市举行。2011 年全国“土地日”的主题是“土地与转变发展方式——促节约、守红线、惠民生”。 主题旨在深入贯彻落实《中华人民共和国国民经济和社会发展第十二个五年规划纲要（2011—2015 年）》提出的“落实科学发展观、加快转变经济发展方式的新要求，大力推进节约集约用地，切实保护耕地，更好地保障和改善民生。宣传党中央、国务

> **土地与转变发展方式——促节约、守红线、惠民生**
>
> 当前，我国已进入以科学发展为主题、以转变经济发展方式为主线的新的阶段，土地管理面临着时代赋予的新的历史使命。以“促节约”为手段，加快推进土地利用方式转变；以“守红线”为硬任务，全面落实最严格的耕地保护制度和最严格的节约用地制度；以“惠民生”为出发点和落脚点，调整理顺土地利益关系，是新形势下土地管理贯彻落实科学发展观的重要举措，是土地管理实现经济发展方式转变与保障和服务科学发展目标的重要抓手和途径。
>
> ——中国国土资源报，2011 年 6 月 25 日

院对资源管理工作提出“落实节约优先战略”的指导方针和战略举措，促进全社会充分认识土地国情国策、倍加珍惜和合理利用土地资源，在全社会营造节约集约用地的良好氛围。

## 【盘点 11】 省级政府耕地保护责任目标首次大考

2011 年 7 月 13 日，国土资源部、农业部、监察部、审计署、国家统计局联合发布《关于开展 2006—2010 年省级政府耕地保护责任目标考核工作的通知》(国土资发〔2011〕101 号)。此次考核结果将作为领导班子和领导干部年度考核、换届考察实绩分析的参考依据。考核内容为 2006 ~ 2010 年省级政府耕地保护责任目标履行情况，包括耕地保有量及变化情况、基本农田保护面积及变化情况、耕地“占补平衡”与基本农田占用补划落实情况、耕地保护责任落实和制度建设情况、耕地等级与耕地质量建设情况五项内容。

12 月 7 日，国土资源部部长徐绍史主持召开第 36 次部长办公会，听取关于 2006 ~ 2010 年省级政府耕地保护责任目标履行情况核查工作情况的汇报。会议认为，从总体上看，全国耕地保护成效比较明显，齐抓共管的工作格局初步形成，耕地保护、管理和利用秩序总体向好，耕地保护机制创新不断加强，耕地“稳量、提质、增效”成效明显，耕地保护水平逐步提高。

## 【盘点 12】 构建共同责任机制，严查违法违规用地显成效

国务院自 2004 年开始，陆续叫停新高尔夫球场建设。然而 2004 ~ 2011 年，全国高尔夫球场从 170 家增至 600 家，意味着在禁令发布后全国又建了 400 余家。2011 年 4 月 11 日，由国家发展改革委、监察部、国土资源部、环境保护部、住房和城乡建设部、水利部、农业部、国家工商行政管理总局、国家体育总局、国家林业局、国家旅游局联合发布《关于开展全国高尔夫球场综合清理整治工作的通知》(发改社会

### 媒体声音："零容忍"对待违规高尔夫球场

禁令之下，各地高尔夫球场项目仍然争先恐后地顶风上马……给高尔夫球场披上乡村体育俱乐部、体育休闲俱乐部、群众体育中心等"马甲"，就可以"明修栈道，暗渡陈仓"，明正言顺地开展"贵族运动"了……不拿地方保护主义开刀，不砸碎管理部门与经营者之间的利益链条，高尔夫球场仍会有禁不止……对禁令之下顶风上马的高尔夫球场，应坚决实行"零容忍"，一律予以取缔，别再给其预留"整改、规范"之类的灵活操作空间，放虎归山。否则，惩戒手段不硬，便有更多的高尔夫球场顶风上马，去挑战国家法令的公信力。

——法律日报，2011 年 6 月 21 日

〔2011〕741 号)。要求各地方政府坚决制止违规建设高尔夫球场的现象，重点督办严重违法违规项目，从严处理瞒报项目，并追究相关单位和人员的责任。

针对近年来重点工程项目违法用地总量大、比例高，未报即用、边报边用等违法问题突出的现象，3 月，国土资源部、交通部和铁道部联合加强和改进对公路、铁路项目建设用地服务监管，严查项目建设违法用地。

## 【盘点 13】《闲置土地处置办法（修订草案）》向社会公开征求意见

为加大闲置土地处置力度，促进土地节约集约利用，国土资源部起草了《闲置土地处置办法（修订草案）》(征求意见稿)。于 2011 年 12 月 21 日将全文公布，征求社会各界意见。草案中对闲置土地的调查和认定、处置和利用、预防和监管，以及相关法律责任作了详细的解释与说明。

# 矿政管理

2011年，矿产资源管理在三个方面取得多项重要成果：一是矿产资源参与宏观调控的手段多样化和灵活化，矿产资源规划在矿业发展实践中的指导意义趋于强化，矿业权设置方案从源头上保障矿产勘查高效化，整合工作和专项整治行动转入管理常态化；二是落实节约优先战略有了新举措，资源税改革首先在能源领域获得新突破，更加注重资源节约集约利用和绿色矿山建设；三是矿产资源三项调查（全国矿产资源潜力评价、全国矿业权实地核查和全国矿产资源利用现状调查。以下简称“三项调查”）和危机矿山找矿专项的实施初步查明了矿产资源家底。

## 【盘点1】进一步加强和改进矿产资源管理工作

2011年，矿产资源管理工作受到中央领导高度重视。国土资源部先后4次召开党组会和办公会，传达和贯彻学习中央领导同志重要批示精神。针对矿产资源开发和管理中存在的典型问题，为掌握第一手资料，国土资源部组织11个联合调研组，徐绍史部长亲自带队，分赴江西、广东和广西等15个省（自治区）开展了部省两个层面的专题调研。通过系统的实地调查，召开座谈会听取国土资源厅（局）、大型矿山企业和部分地质勘查单位的意见和建议，对矿产资源开发和管理现状有了更客观的认识和更深刻的思考，使矿产资源管理改革有了清晰脉络。

今后一段时期，国土资源部将着力构建保障和促进矿产资源领域科学发展新机制，全面提升矿产资源保障能力，持续优化矿产开发结构布局，推进资源节约集约高效利用，加强矿山地质环境治理恢复，深化矿产资源管理改革。要紧密围绕“保障发展、保护资源”的“双保”目标不改变，一手抓制度建设，一手抓专项整治，采取“两个强化、两项行动、两类试点”六项措施。

### 国土资源部矿政管理联合调研行动

- 专题调研
  - 河南省小煤矿兼并重组中存在的问题调研；
  - 山西省煤炭和煤层气矿业权重叠问题调研；
  - 河北省超贫磁铁矿开发利用情况调研；
  - 湖南省郴州市有色金属矿山开发及其重金属污染情况调查；

- 新疆维吾尔自治区煤炭资源配置和矿业权审批有关问题调研；
- 云南省矿业权管理中经济手段调节作用调研；
- 江西、广东和广西等15个省（自治区）矿产资源管理相关问题调研。

◆ 五个问题

- 供需矛盾不断加剧；
- 矿产资源集中统一管理落实不到位；
- 矿产资源违法违规行为反弹压力大；
- 矿业开发造成的环境问题严重；
- 矿产开发与当地群众利益纠纷不断。

◆ 四个根源

- 特殊的资源国情和特定的发展阶段决定了我国正处于资源开发的矛盾凸显期；
- 经济调节和利益分配机制不合理；
- 矿产资源管理体制和机制仍存在薄弱环节；
- 需要厘清资源和环境管理部门对矿业开发造成的环境问题的监管职责。

## 矿政管理改革重要举措——“两个强化、两项行动、两类试点”

◆ 两个强化

进一步强化中央调控。全面清理各地出台的矿产资源管理政策，严格执行规划和矿业权设置方案制度，完善勘查开采准入退出制度，规范矿业权管理，强化国家规划矿区等重点矿区管理。

进一步强化秩序监管。实行全国矿产资源卫片执法全覆盖，推广应用视频监控、无人机巡查等科技手段，构建“天上看、地上查、群众报、网上管”的立体监管网络。对勘查开采热点地区，加强监控；对秩序混乱、管理松弛的地区，实行矿业权区域限批。

◆ 两项行动

实施找矿突破战略行动。发挥市场机制，打造制度平台，调动全社会找矿力量，力争三年有重大进展、五年有重大突破、八到十年重塑矿产勘查开发格局，切实增强矿产资源对经济社会发展的保障能力。

实施“矿山复绿”行动。对历史上矿产开发遗留的环境污染、地质环境破坏、土地损毁问题，逐步加以治理。到2020年，大中型矿山基本达到绿色矿山标准，小型矿山企业按照绿色矿山条件严格规范管理，基本形成全国绿色矿山格局。

◆ 两类试点

开展经济调节手段综合改革试点。配合资源税改革，选择部分矿产资源丰富的地区，开展资源补偿费、矿业权使用费、最低勘查投入等经济调节手段综合改革试点。改进资源收益分配机制，将资源收益进一步向地方和基层倾斜。

开展和谐矿区综合改革试点。重点实施矿产开发项目社会风险评估和听证制度，强化矿山企业履行社会责任意识，落实矿山地质环境治理恢复保证金和土地复垦制度，加强矿山开发生态环境保护。

## 【盘点 2】 矿产资源规划编制实施取得新突破

2011 年，全国矿产资源规划编制实施工作取得新突破。经过多年努力，第二轮矿产资源规划工作完成了市县级矿产资源规划、区域矿产资源规划、专项矿产资源规划的编制与实施。

矿产资源规划在矿政管理中的实际指导意义逐步显现。完成第二轮矿产资源规划编制与实施情况快速评估，全面清理规划发布实施后不合规划的矿业权设置问题，并提出措施建议；今后着重从规划实施年度计划、信息系统建设、重大工程落实、动态调整机制建设等方面完善和推进规划管理工作。

矿产资源区域规划和专项规划取得新进展，在资源勘查、开发与保护中的指导、协调和综合管控作用得到强化。2011 年，《天津市浅层地热能资源开发利用规划》、《北京市“十二五”时期地质勘查发展规划》等专项规划相继完成，《拉萨市矿产资源总体规划（2009—2015 年）》获得拉萨市政府验收。全国性单矿种规划——《全国铝土矿资源规划》编制完成。特别值得一提的是，编制完成的《鄂尔多斯盆地矿产勘查开采专项规划（2011—2015）》是我国首个以盆地为管理对象的矿产资源区域性规划，迈出了矿产资源规划向精细化管理的重要一步。

全面贯彻落实资源节约优先战略有了新抓手。2011 年 11 月 25 日，《矿产资源节约与综合利用“十二五”规划》正式发布实施。规划勾勒出未来五年我国矿产资源节约与综合利用工作的蓝图，是国土资源部贯彻落实《中华人民共和国国民经济和社会发展第十二个五年规划纲要（2011—2015 年）》的重大举措。

### 《矿产资源节约与综合利用“十二五”规划》明确五大目标和四大任务

- 五大目标
  - 用三年时间基本查清我国石油、煤炭、铁、铜、铝等 20 余个重要矿种资源开发利用效率现状，完成大中型矿山资源综合利用潜力评估；
  - 全面提高矿产资源高效开发和节约利用水平；
  - 矿产资源综合利用水平和规模显著提高；
  - 建设 60 个以上矿产资源综合利用示范基地，实施 600 个左右示范工程，带动矿产资源节约与综合利用水平整体提高；
  - 建立资源节约与综合利用长效机制。

◆ 四大任务

- 全面调查资源节约与综合利用现状和潜力；
- 开展先进适用关键技术研发和推广；
- 建设综合利用示范基地和示范工程；
- 构建资源节约与综合利用长效机制。

## 【盘点3】 矿产资源税费改革进入重要阶段

我国矿产资源税费主要包括资源税、矿产资源补偿费、矿业权使用费、矿业权价款等。近年，随着经济发展和矿产品价格的高涨，原来的矿产资源税和矿产资源补偿费已经不适应当前的情况，于是改革呼声很高，并引起了全社会的广泛关注。

2011年，国务院修改了涉及资源税费的三个条例，资源税改革有了实质性突破。首先，资源税改革由从量定额到从价定率，且从试点推广至全国。9月21日，国务院第173次常务会议决定对《中华人民共和国资源税暂行条例》（国务院令第605号）作出修改，在现有资源税从量定额计征的基础上增加从价定率的计征办法，调整原油、天然气等品目资源税税率，同时提高了稀土、焦炭等矿产税率水平，新修改条例于11月1日起实施。

**资源税税目税率表**

| 税目 | | 税率 |
|---|---|---|
| 一、原油 | | 销售额的5%～10% |
| 二、天然气 | | 销售额的5%～10% |
| 三、煤炭 | 焦煤 | 8～20元/吨 |
| | 其他煤炭 | 0.3～5元/吨 |
| 四、其他非金属矿原矿 | 普通非金属矿原矿 | 0.5～20元/（吨·米$^3$） |
| | 贵重非金属矿原矿 | 0.5～20元/千克（克拉） |
| 五、黑色金属矿原矿 | | 2～30元/吨 |
| 六、有色金属矿原矿 | 稀土矿 | 0.4～60元/吨 |
| | 其他有色金属矿原矿 | 0.4～30元/吨 |
| 七、盐 | 固体盐 | 10～60元/吨 |
| | 液体盐 | 2～10元/吨 |

其次，国务院修改《中华人民共和国对外合作开采海洋石油资源条例》和《中华人民共和国对外合作开采陆上石油资源条例》，也于2011年11月1日施行。修改后的条例明确规定，从修改决定施行之日起，对外合作开采海洋和陆上油气资源不再缴纳矿区使用费，统一依法缴纳资源税。

| 资源税改革历程 | | | |
|---|---|---|---|
| 从量定额 | | 从价定率 | |
| 时间 | 事件 | 时间 | 事件 |
| 1984年 | 只对原油、天然气、煤炭、铁矿石征收，其他矿产品暂缓征收。 | 2010年6月1日 | 新疆维吾尔自治区率先进行资源税费改革，将原油、天然气资源税由从量计征改为从价计征，将原油、天然气税率定为5%。 |
| 1986年 | 财政部发布《关于对煤炭实行从量定额征收资源税的通知》（财税〔1986〕291号）。 | 2010年12月1日 | 石油、天然气资源税改革推广到西部地区的12个省（自治区、直辖市）。 |
| 1994年1月1日 | 《中华人民共和国资源税暂行条例》（国务院令〔1993〕第139号）施行，扩大了矿产资源的征税范围，但对其他非金属矿原矿征收范围仍然有限，有百种以上的非金属矿原矿未纳入征税范围。 | 2011年8月31日 | 《“十二五”节能减排综合性工作方案》要求积极推进资源税费改革，将原油、天然气和煤炭资源税计征办法由从量征收改为从价征收，并适当提高税负水平。 |
| 2011年4月1日 | 上调稀土矿原矿资源税税额标准。调整后的税额标准为：轻稀土（包括氟碳铈矿、独居石矿）60元/吨；中重稀土（包括磷钇矿、离子型稀土矿）30元/吨。 | 2011年9月21日 | 国务院第173次常务会议决定对《中华人民共和国资源税暂行条例》作出修改，在现有资源税从量定额计征基础上增加从价定率的计征办法，调整原油、天然气等资源税税率。 |

## 我国矿产资源补偿费政策评价及费率调整研究

- 资源税和资源补偿费无法相互替代
  - 资源税：体现矿产资源开发的外部成本和代际成本，是环境税的重要组成部分；
  - 矿产资源补偿费：体现国家所有者财产权益，包括绝对地租和级差地租，相当于国外的权利金；两者无法相互替代。
- 现行制度存在的问题
  - 补偿费费率过低，国家资源性资产的收益没有得到有效维护。
  - 调整机制不灵活，没有与资源利用水平相挂钩，不能有效地保护资源。
  - 收益分配不合理，不利于矿业健康发展与和谐矿区的建设。
- 矿产资源补偿费调整要考虑的因素
  - 从鼓励选冶下游企业加大投入，延长产业链角度考虑。
  - 针对原矿和矿产品征收差别费率。
  - 考虑企业规模和经济效益。
  - 还要考虑矿产品成本地区差异，包括运输、水力、电力设施等因素。
- 改革方案思考
  - 费率浮动：矿产资源补偿费改为从量权利金，费率随着价格进行浮动。
  - 普遍征收、从量计征：这是矿产资源补偿费征收的目的。“普遍征收”体现的是绝对地租或资源补偿原则。“从量计征”可考虑与储量消耗挂钩，从量征收的矿产资源补偿费费率可随着价格变化进行浮动调整，即逐步建立与资源利用水平相关联的浮动费率制度。

### 江西省铜矿资源补偿费细化征收调研报告

◆ 德兴铜矿资源补偿费征收方式

采用计价系数从价计征，有以下三种方式：

*对于自产自销铜矿企业，按照铜精矿销售收入计征补偿费。

*对于采选冶一体化企业，可依据电解铜的销售收入，通过评估、推算等方法，计算这些成本占销售收入的比例，然后换算成一定的系数或比例，折算为矿产品的销售收入。

*对于无实际销售收入或难以获取实际销售收入数据的矿山企业，按照电解铜的计价系数核定，公式为：矿产资源补偿费金额＝冶炼（加工）产品销售收入 × 补偿费计征调整系数（计价系数）× 费率 × 开采回采率系数。

◆ 存在的问题

- 计价依据已不适应当前发展要求；
- 采选冶一体化企业内部核算导致销售收入难以核定；
- 补偿费收益分配不合理；
- 开采回采率系数的确定受人为因素影响大；
- 补偿费费率偏低；
- 征收管理队伍力量不足。

◆ 建议

- 征收采选冶一体化企业矿产资源补偿费，采取合理的计价系数；
- 加强补偿费减免的可操作性，规范补偿费减免程序；
- 调整收益分配格局，向地方政府和资源所在地适当倾斜；
- 加强储量动态监管，强化开采回采率系数核定；
- 强化征收主体，稳定征收队伍；
- 矿管部门与财政部门形成合力，共同推进补偿费征收管理。

——国土资源经济参考，2011 年第 22 期

为了更好地保护资源，体现矿产资源的稀缺性和价值，有必要对现行矿产资源补偿费征收标准开展评价研究，加快矿产资源补偿费改革进程，并动态监测，适时调整，以适应经济社会发展的需要。同时，改进资源收益分配机制，将资源收益进一步向地方和基层倾斜。

## 【盘点 4】 矿产资源“三项调查”基本摸清资源家底

自 2007 年以来启动的矿产资源“三项调查”全面完成并取得重要成果，初步查明我国矿产资源的家底。

截至2010年底，基本完成了煤、铀、铁、铜、铝、铅、锌、钨、锑、稀土、金、钾、磷13类重要矿种的潜力评价。2011年6月至2011年底，重点矿种矿产资源利用现状调查省级汇总成果相继通过国土资源部组织的评审验收。我国矿产资源总体探明率平均为36%，待查明矿产资源潜力巨大。新一轮全国油气资源评价表明，中国石油地质探明率为26%，勘探处于中期阶段；天然气探明率为15%，勘探处于早期阶段。按照“边工作，边出成果，边推广应用”的理念，2011年底，铜、金等资源潜力评价的部分成果已被国土资源部整装勘查、地方找矿行动计划、地方“十二五”经济社会发展规划直接采用。

| 资源潜力评价取得的重要成果 | | |
|---|---|---|
| 铁矿找矿远景区393处 | 铜找矿远景区372处 | 锑找矿远景区154处 |
| 铝土矿找矿远景区101处 | 铅锌找矿远景区97处 | 金找矿远景区366处 |
| 煤炭最小预测区2947处 | 钨找矿远景区118处 | 钾盐找矿远景区45处 |

全国矿业权实地核查工作启动以来，各级国土资源管理部门精心组织实施，实地核查承担单位和技术支撑单位积极支持配合，全国共有各级管理人员5000余人、1081个承担单位的2.3万名技术人员参加了工作，累计投入经费22.6亿元。经过2007～2010年的努力，对全国36755个探矿权和110493个采矿权进行了实地核查，圆满完成了工作任务，实现了预期目标。通过矿业权实地核查，及时发现和解决了矿业权存在的矿界位移、交叉重叠、越界、信息遗漏等问题，获得了全面、真实、可靠的矿业权基本数据，为推进矿产资源科学规范管理，依法维护矿业权人权益奠定了坚实的基础。

### 矿产资源“三项调查”取得的重要成果

- 矿业权实地核查累计投入2.8万人，野外实测累计投入设备1.2万台套，中央、地方和企业累计投入经费22.6亿元。核实了36755个探矿权和110493个采矿权的登记数据，取得了全国14.9万个矿业权的拐点坐标数据。
- 实测编制了1.8万张重要探矿权勘查工程实际材料图和11万张采矿权开拓采掘工程分布图，积累了价值4亿元的基础测绘信息数据。
- 建立测量加密控制点4万余个，向矿区引入测量控制点16.5万个，露天采矿权埋设界桩24.3万个。
- 发现问题10.8万个，并逐一纠正，其中属于矿界位置方面的问题有6.6万个。

## 【盘点5】 矿业权科学规范管理得到加强

矿业权管理从源头和流通环节得到进一步强化和规范，使得矿产勘查秩序更加规范，保障矿业权交易更加公开透明。

**在源头上控制好矿业权证发放**。2011年，国土资源部加大了矿产资源管理力度，明确规定在矿产资源整装勘查区暂停受理新立探矿权采矿权申请；2012年6月30日前，

### 我国矿业权审批制度改革

◆ 需要解决的难题

- 审批管理权限“上收”或“下放”争议；
- “采矿许可证”混淆采矿权人的财产权益和采矿资质；
- “申请在先”是否保留存争议，招标、拍卖、挂牌出让及协议出让中政府拥有过多自由决定权；
- 矿产勘查投资人与作业人是否坚持分立存在不同的认识；
- 矿业权转让审批制度明显与现实情况脱节，监管作用难发挥。

◆ 改革总体思路

坚持市场配置资源的基础性作用，尊重地质规律和矿产资源商品的特殊属性，明确矿业权的财产权性质，通过深化矿业权审批制度改革，加强宏观调控，完善“分区管理、分级审批、分类出让”格局，明确审批要件，简化审批程序，充分调动和发挥各级国土资源部门和管理人员的积极性，优化矿产资源配置，促进矿产资源勘查、合理开发利用，提高资源保障能力。

◆ 改革措施

- 适宜勘查开采区域，实行分区管理，科学布局，有序投放。

  按照整装勘查区、重点勘查区、一般勘查区和国家规划矿区、重点开采区、一般开采区等情况实行区别化管理，在符合条件的区域编制和实施矿业权设置方案及投放计划，改变目前矿业权审批中“随到随批”的被动局面，科学布局，有序投放。
- 完善分级审批，合理划分部省审批权限。

  石油、天然气、煤层气和放射性矿产（可根据管理需要动态调整），由国土资源部审批发证；煤炭、保护性开采特定矿产等（包括国家规划矿区）（可根据管理需要动态调整）需要国家统一调控的，采用审批业务授权、国土资源部备案的方式；对于其他矿产，原由国土资源部审批发证的项目下放到省级国土资源厅依据批准的矿业权设置方案、投放计划审批发证。
- 加强重点环节审批，优化管理手段。

  厘清采矿许可内涵，简化审批程序，减少审批要件，严格协议出让审批，按照“谁批准发证，谁批准转让”，做到责权统一。适度配置矿业权，推动地质勘查单位改革发展。公开矿业权审批信息，细化审批程序。

◆ 尚需深入研究的问题

- 理顺矿业权财产权利与行政许可的关系，解决深层次制度设计问题；
- 明晰股权转让与矿业权转让的关系，完善矿业权市场审批监管体系；
- 更多地运用经济调节手段调控，为审批管理解压。

原则上继续暂停受理新的钨矿、锑矿、稀土矿、高铝粘土、萤石矿的勘查、开采登记申请；2013 年 12 月 31 日前，继续在全国范围内暂停受理新的煤炭探矿权申请。

**从源头上完善和规范采矿权登记管理，有利于促进矿产资源合理开发利用。**2011 年 2 月，国土资源部印发《关于进一步完善采矿权登记管理有关问题的通知》(国土资发〔2011〕14 号)，对采矿权登记管理工作作出新规定：①规范了划定矿区范围管理；②进一步规范采矿权新立、延续和审批管理；③严格采矿权转让、变更条件和审批管理。

### 矿业权设置方案制度研究

◆ 研究背景

2006 ~ 2011 年，全国 45 个煤炭国家规划矿区编制实施矿业权设置方案，合理布局和优化了煤炭矿业权，有效增强了中央对煤炭开发的调控和监管能力。

其后，一些地区在磷矿、铁矿等矿产管理中试点实施矿业权设置方案制度。但管理思路和技术路线的差异，导致不同的实践结果。

◆ 核心内容

- 全面实施矿业权设置方案制度。建议研究制订统一的方案编制技术规程。
- 要统筹安排编制区域。国家规划矿区、整装勘查区和部省确定的重点勘查开采区，应优先编制矿业权设置方案。
- 矿业权设置方案原则上应委托具有相应资质的单位编制。
- 严格按照依据矿业权设置方案制定的年度投放计划和方案规定的矿业权出让方式出让矿业权。
- 矿业权设置方案应统筹考虑区内各矿产矿业权布局；应兼顾矿业权投放次序和出让方式；应重点保障整合常态化管理、紧缺矿产和保护性开采特定矿产管理等中央调控力。
- 矿业权设置方案制度从低风险单一矿产全面推开，并在高风险矿产为主攻矿种的整装勘查区率先实施。以此为基础，指导 22 个省（自治区、直辖市）基本编制并审查完成了第一批 47 个整装勘查区和第一批两个铁矿国家规划矿区矿业权设置方案。

**矿业权设置方案有力保障矿产勘查秩序。**2011 年国土资源部在全国设立首批 47 片找矿突破战略行动整装勘查区，并印发《关于进一步完善矿业权管理促进整装勘查的通知》(国土资发〔2011〕55 号)，细化完善勘查风险分类，规范完善矿业权出让，全面实行矿业权设置方案制度。云南省首先提交第一批整装勘查区矿业权设置方案并通过国土资源部组织的专家审查。截至 2011 年 11 月底，全国 38 个整装勘查区矿业权设置方案通过专家审查，超过整装勘查区总数的 80%。以整装勘查区为标志，矿业权设置方案制度迅速落地，促进找矿突破战略行动加速部署推进。

**矿业权市场全面建成，将有力保障矿权交易更加公开透明。** 2011年，国土资源部办公厅印发《关于做好矿业权有形市场出让转让信息公示公开有关工作的通知》（国土资厅发〔2011〕19号），要求新的矿业权出让、转让申请必须通过公示系统公开。并下发了《关于加强矿业权评估行业管理的通知》（国土资发〔2011〕40号），要求重点加强对矿业权评估机构、评估师执业行为的监管。6月，正式开通全国矿业权市场网（www.mlr.gov.cn/kyqsc/），实现全国矿业权出让转让公示公告信息及时发布，所有非涉密探矿权、采矿权登记信息的滚动公告及探矿权、采矿权登记信息公开查验。截至10月底，全国各省（自治区、直辖市）基本建成省级和地市级矿业权交易机构，将有力保障矿业权出让转让信息“五公开”。

## 【盘点6】 矿产资源开发整合转入常态化管理

2011年，整合工作确定的1528个矿区整合任务基本完成，并通过国土资源部等12个部门联合抽查验收，取得明显的资源效益、经济效益、环境效益和社会效益。11月1日，国土资源部等12个部门联合召开电视电话会议，总结整合工作，对第一批47个全国整合先进矿山进行授牌表彰，矿产资源开发整合转入常态化管理。

**矿产开发结构和布局明显优化。** 在多年持续整顿开发秩序的基础上，河南、内蒙古、辽宁、山西、陕西、云南等省（自治区）先后对布局不合理矿业权进行调整整合，规范矿产资源开发秩序。整合矿区的矿业权明显减少，矿山总数明显下降，矿业集中度明显提升，初步形成了以大型矿业集团为主体，大、中、小型矿山协调发展的矿产开发格局。

### 矿产资源开发整合工作取得明显成效

- 2005～2011年，全国共完成铁、铜、铝等重要矿种6574个矿区整合，涉及矿业权58809个，占全国矿业权总数的40%，整合矿区矿业权减少了44%。其中，进一步推进整合工作确定的1528个矿区，参与整合的8809个矿业权减少了3885个。
- 全国矿山数量从2005年的12.7万座减少到2010年的11.3万座，净减少11%。大型矿山从3331座增加到4684座，净增长40.6%。
- 全国固体矿山产量从2005年的52亿吨增加至2010年的90亿吨。
- 2011年，全国矿业权市场呈现“两减两增一稳”的势头，即采矿权和探矿权数量在减少，但勘探投资和开采设计规模在增加，而矿区面积保持稳定的状态。

**矿产资源开发利用水平不断提高。** 整合推动矿产资源向开采技术先进、开发利用水平高的优势企业集聚，释放了一批呆滞资源，有效提升了资源开发的规模化和集约化水平。一大批矿山采用科学的采矿方法和选矿工艺，开采回采率、选矿回收率和综合利用率明显提高。2010 年全国矿产资源综合利用产值超过千亿元，比 2005 年增长了 209%。内蒙古自治区煤炭最低开采规模标准提高到 90 万吨 / 年，回采率总体提高了 30% 以上；山西省煤矿总数压减 60% 以上，山西省煤矿平均单井规模由 33 万吨 / 年提高到 100 万吨 / 年。

**用先进典型引领资源整合。**通过历时 6 年的整合工作，一批重点矿山资源开发利用水平显著提高，安全生产条件和生态环境状况明显改善，矿山所在地经济持续发展、社会和谐稳定，在带动周边矿山进一步开展整合工作方面发挥了积极作用。全国涌现出山西省传统煤炭整合、内蒙古自治区鄂尔多斯市跨越式发展整合、辽宁省鞍山市胡家庙子铁矿、云南省安宁县街磷矿、云南省麻栗坡县钨矿等一批先进整合模式和典型。

## 【盘点 7】 多管齐下加强稀土行业调控管理

鉴于稀土金属的特殊性和战略性，稀土行业成为近年我国矿产资源管控的重点领域。针对当前我国稀土行业中存在的开采和生产方式粗放、产品高端化和成品化程度不够、市场秩序混乱、违法违规开采严重、污染排放缺乏标准制约、出口监管方式粗放、部门管理协同性差、法律法规不健全等问题，国家的管控力度不断升级。

为有效保护和合理开发稀土资源，促进稀土产业持续、健康、有序发展，2011 年 5 月，国务院发布《关于促进稀土行业持续健康发展的若干意见》（国发〔2011〕12 号），明确了稀土行业发展的指导思想、基本原则、发展目标和任务。

### 国务院《关于促进稀土行业持续健康发展的若干意见》部分内容

◆ 发展目标

- 用 1 ~ 2 年时间，建立起规范有序的稀土资源开发、冶炼分离和市场流通秩序，资源无序开采、生态环境恶化、生产盲目扩张和出口走私猖獗的状况得到有效遏制；
- 基本形成以大型企业为主导的稀土行业格局，南方离子型稀土行业排名前三位的企业集团产业集中度达到 80% 以上；
- 新产品开发和新技术推广应用步伐加快，稀土新材料对下游产业的支撑和保障作用得到明显发挥；
- 初步建立统一、规范、高效的稀土行业管理体系，有关政策和法律法规进一步完善。
- 再用 3 年左右时间，进一步完善体制机制，形成合理开发、有序生产、高效利用、技术先进、集约发展的稀土行业持续健康发展格局。

◆ 主要任务

- 建立健全行业监管体系，加强和改善行业管理；
- 依法开展稀土专项整治，切实维护良好的行业秩序；
- 加快稀土行业整合，调整优化产业结构；
- 加强稀土资源储备，大力发展稀土应用产业；
- 加强组织领导，营造良好的发展环境。

稀土行业政策法规密集出台，稀土专项整治行动持续深化，有效保障稀土行业持续健康发展。2011 年 7 月到年底，工业和信息化部会同监察部、环境保护部、国家工商行政管理总局、国家税务总局、国家安全生产监督管理总局组织开展了全国稀土生产秩序专项整治行动。11 月中旬，稀有金属部际协调机制成员单位及科技部、国务院法制办公室、国务院新闻办公室、中国证券监督管理委员会等部门组成联合检查组，赴内蒙古、江西、四川等 10 个省（自治区）进行稀土专项整治行动联合检查。内容包括稀土矿山开采、生产、环境保护、安全和出口等领域的现状、存在的问题和整改措

**2011 年稀土行业相关政策法规**

| 颁布时间 | 相关政策法规 |
|---|---|
| 1月 | 国土资源部在离子型稀土资源集中分布的江西省赣州市划定首批 11 个稀土矿产国家规划矿区。 |
| 1月 | 环境保护部发布《稀土工业污染物排放标准》(GB 26451—2011)。 |
| 2月 | 国务院常务会议研究部署促进稀土行业持续健康发展的政策措施。 |
| 2月 | 财政部、国土资源部发布《中央地质勘查基金管理办法》。稀土矿产勘查项目由地勘基金全额投资。 |
| 3月 | 财政部、国家税务总局通知从 4 月 1 日起将稀土矿产资源税税额标准调整为：轻稀土（包括氟碳铈矿、独居石矿）60 元 / 吨；中重稀土（包括磷钇矿、离子型稀土矿）30 元 / 吨。 |
| 3月 | 国家发展改革委发布《产业结构调整指导目录（2011 年本）》。自 2011 年 6 月 1 日起淘汰落后的稀土生产工艺，限制稀土开采，鼓励稀土高端制造。 |
| 4月 | 环境保护部办公厅发布《关于开展稀土企业环保核查工作的通知》(环办函〔2011〕362 号）和《2011 年全国污染防治工作要点》，对于未列入环保企业公告名单的稀土企业，采取最严格的环境监管措施，从严处罚环境违法行为。 |
| 5月 | 国务院发布《关于促进稀土行业持续健康发展的若干意见》(国发〔2011〕12 号)。 |
| 5月 | 商务部和海关总署将海关商品编号为 72029100“其他按重量计稀土元素总含量 10% 的铁合金”纳入稀土出口配额许可证管理。 |
| 7月 | 工业和信息化部等六部委联合发布《关于开展全国稀土生产秩序专项整治行动的通知》(工信部联原〔2011〕352 号)。 |
| 7月 | 环境保护部发布《关于加强稀土矿山生态保护与治理恢复的意见》(环发〔2011〕48 号)。 |
| 11月 | 相关部门组成 5 个联合检查组，赴内蒙古、江西等 10 个省（自治区）对稀土专项整治工作进行联合检查。 |
| 12月 | 国家关税税则委员会公布了《2012 年出口关税实施方案》，宣布：2012 年将对镨、钇金属以及氧化镨新征收 25% 的出口关税；对钕、镨、钇的氟化物、氯化物、碳酸盐类新征收 15% 的出口关税；对镧、镨、钕、镝、铽、钇的其他化合物新征收 25% 的出口关税；对钕铁硼速凝永磁片新征收 20% 的出口关税；其他产品关税不变。 |
| 12月 | 商务部发布《关于公布 2012 年稀土出口企业名单并下达第一批出口配额的通知》(商贸函〔2011〕1133 号)，公布了 2012 年稀土出口企业名单，并下达了第一批稀土出口配额。 |

施。通过打击各类无计划、超计划生产及非法开采和买卖矿产品等违法违规行为，进一步规范市场秩序，稀土生产秩序专项整治工作取得明显成效。

## 【盘点 8】 清洁能源页岩气成为能源勘查开发的重要矿种

**页岩气将按单独矿种进行投资管理。**根据《中华人民共和国矿产资源法实施细则》的有关规定，经国务院批准，2011 年 12 月 31 日，国土资源部公告将页岩气列为新发现矿种，正式成为我国第 172 种矿产。国土资源部将对页岩气按单独矿种进行投资管理，有序推进页岩气资源的勘探开发工作。

**页岩气首次完成探矿权出让招标，积极探索油气矿业权市场化改革。**2011 年 6 月 27 日，国土资源部对渝黔南川页岩气勘查、贵州绥阳页岩气勘查、贵州凤冈页岩气勘查、渝黔湘秀山页岩气勘查四个区块进行探矿权公开出让招标。这是国土资源部首次针对油气探矿权开展公开招标，是油气资源管理引入竞争机制、探索管理制度创新的重要举措。

**页岩气勘探开发有了政策保障。**当前，国内页岩气产业仍处于资源调查阶段，勘探开发工作刚刚起步，页岩气专项规划、技术标准、规范和相关政策正在研究和制定中。2011 年 3 月公布的《中华人民共和国国民经济和社会发展第十二个五年规划纲要(2011—2015 年)》明确要求推进“页岩气等非常规油气资源开发利用”。2011 年 2 月 9 日国务院发布的《找矿突破战略行动纲要（2011—2020 年)》中，将页岩气作为重点能源矿产，进行重点部署，要求全面推进页岩气战略调查和重点地区的勘查开发。页岩气产业已摆到国家能源安全战略的重要位置，有了政策指导和保障，我国页岩气勘探开发进程正在加快。

**页岩气资源潜力初步查明。**为了查明我国页岩气资源潜力，优选出有利区，推动我国页岩气勘探开发，增强页岩气资源可持续供应能力，国土资源部于 2011 年组织开展全国页岩气资源潜力调查评价及有利区优选工作。通过对我国陆域五大区、41 个盆地和地区、87 个评价单元、57 个含气页岩层段的页岩气资源潜力，按照地质单元、地层层系、沉积环境、埋深、地表环境和省份进行评价，优选了有利区。初步评价结果表明，我国页岩气资源潜力大，分布面积广、发育层系多。全国陆域页岩气地质资源潜力为 134.42 万亿立方米，可采资源潜力为 25.08 万亿立方米（不含青藏区)。其中，已获工业气流或有页岩气发现的评价单元，面积约 88 万平方千米，地质资源为 93.01 万亿立方米，可采资源为 15.95 万亿立方米，是目前页岩气资源落实程度高的勘探开发地区。优选出页岩气有利区 180 个。其中：上扬子及滇黔桂区有利区 60 个，占全国总数的 33%；华北及东北区 57 个，占 32%；西北区 38 个，占 21%；中下扬子及东南区 25 个，占 14%。

## 【盘点 9】 2011 中国国际矿业大会进一步凸显品牌影响力

第十三届中国国际矿业大会于 2011 年 11 月在天津市成功召开。与以往相比，

| 中国国际矿业大会历年主题 | | | | |
|---|---|---|---|---|
| 年份 | 届次 | 主　题 | 参会人数/人 | 来自国家和地区数/个 |
| 2007年 | 第9届 | 落实科学发展，推进绿色矿业 | 2000 | 30 |
| 2008年 | 第10届 | 迎接新挑战，推动矿业持续繁荣 | 3200 | 45 |
| 2009年 | 第11届 | 抓住机遇，共同发展 | 3500 | 55 |
| 2010年 | 第12届 | 合作、责任、发展 | 4500 | 57 |
| 2011年 | 第13届 | 加强国际合作，加快找矿突破 | 4800 | 50余 |

2011 年的大会呈现出许多变化。

**大会在国际国内新形势下召开。**本届矿业大会是在全球经济复苏持续乏力，前景不确定性增大，矿业资本市场和矿产品市场波动加剧的背景下召开的，仍然吸引了国际矿业界的高度关注和积极参与。

**本届主题更具针对性和现实意义。**本届矿业大会以“加强国际合作，加快找矿突破”为主题，“一外一内”的定位为业界代表创造良好的平台。

**参会人数和展位规模均创历史新高。**本次盛会共吸引来自 50 余个国家和地区的政府官员、专家学者，矿业企业、金融机构的代表，共计 4800 余人参会、参展。

**大会专题呈现新变化。**大会仍然分主题论坛、矿业发展高层论坛，推出了 21 个专题、23 场论坛、7 场矿业合作项目推介会，分别就矿业政策实务、矿业行业发展、矿业与资本市场、国内外投资机会、矿业与可持续发展、矿产品专题、地质勘查、矿业技术与设备等议题进行深入研讨。矿产资源综合利用现状和政策首次单独成为一个专题，各界人士就该领域相关经验和问题进行了学习和交流。

**大会取得成果再创新佳绩。**共达成 55 个项目的合作协议，合计签约额高达 157 亿元人民币。其中：境内项目 12 项，合计金额 55 亿元；境外项目 43 项，合计金额 102 亿元。与 2010 年中国国际矿业大会组织的项目对接成果比，本届现场签约项目虽然少了 7 个，但签约金额高出 40 亿元，体现了国际矿业合作向规模化发展的趋势。

## 中国铟资源形势与政策转型

◆ 资源形势

我国铟资源在世界处于绝对的优势地位，并成为国际市场原生铟的主要供应者，原生铟产量占世界的比例基本稳定在 50% ~ 60% 之间。当前，铟国内消费水平很低，大量的初级原生铟流失严重。由于铟具有很好的再生性，规模持续出口原生铟必然会造成大量的二次铟原料在国外循环利用，结果是相当于增加了国外的铟资源储量，可能产生国内外铟资源优势地位的更替，并延缓或扼杀我国现代高新技术产业发展。

◆ 大量出口但缺乏话语权

国外通过进口我国的粗铟和铟锭，并利用在铟加工方面绝对的技术垄断优势，控制着产业链的下游技术与市场，逐渐掌握了市场“话语权”；同时，在铟金属采购上，采取联合采购的做法，使得我国铟产业低端化问题突出。为了避免“拼资源、比消耗”等不良现象，我国对铟资源的管理先后进行了系列的政策实践，其中加强出口环节管理是政策工作的重心之一。出口管理政策虽然在实践中取得了一定的成效，但是政策风险也明显增加。

◆ 政策建议

铟属于伴生矿产，它随着其他主矿产的开发而回收，封存矿山的办法在我国不切合实际。建议我国铟资源的管理政策应逐步向储备制度转型，而且原生铟年度储备规模应该提高到200吨以上比较合理。

## 国家矿产资源能力系统

研究表明，为了在市场经济、新技术革命和全球化背景下有效地保证我国战略矿产的稳定供应，需要建设国家矿产资源能力系统。

◆ 综合利用子系统

利用科技提高综合回收率和共伴生元素利用率，近期需要设计矿山效率指标统计制度与季度报告制度，十年回收率提高5%，综合率达到60%，尾矿再回收率达到80%。

◆ 回收替代子系统

利用技术和制度创新解决短缺、贵重矿产供应问题，近期需要建立循环回收制度体系、激励制度、替代途径，以实现铝代铜10%、光纤替代铜铝、贵金属回收90%、有色金属回收50%的中期目标。

◆ 境外补充子系统

利用资金、技术、外交等综合手段，有效结合与发挥资本、技术优势，建立适合经济发展的由亚洲走向全球的矿业资本市场体系，保障战略矿产的境外供应。近期目标是建立矿产品进出口指导制度、境外矿产勘查开发指导制度、境外勘查风险基金，预计实现境外份额石油达到总进口70%、境外份额铁矿石达到总进口60%、境外份额铜（金属）占进口总量50%的中期目标。

◆ 找矿增储子系统

加强技术、制度和管理创新，加大地质勘查投入，加强资源储量技术标准等的研发与推广，以我为主保障矿产供应。近期任务是建立规范的矿山及矿产地统计制度，建立规范的储量分级、评审及发布制度，建立需求—产量—储量监测预警系统、矿产资源需求调控模式，建立长效的勘查投入、储量增长机制、战略矿产勘查专项等，以实现建立高效的资源利用激励模式、全面提升战略矿产自保率、确保优势资源利益、确定资源开发战略区和接替区、建立有效的勘查投入—储量增长机制的中期目标。

# 地质勘查管理

2011年我国地质勘查新机制落地取得突破性进展。《找矿突破战略行动纲要（2011—2020年）》获国务院通过，纳入国家战略行动；中央地质勘查基金正式运行，形成中央和地方两级基金联动新格局；国家事业单位改革政策趋于明朗，地质勘查单位分类改革方向明确；基础地质工作取得多项新进展，国土资源调查评价、危机矿产接替资源专项和全国油气资源动态评价等工作成果丰硕。

## 【盘点1】《找矿突破战略行动纲要（2011—2020年）》纳入国家战略行动

**国务院常务会议讨论通过《找矿突破战略行动纲要（2011—2020年）》。**随着我国工业化、城镇化进程的加快和经济社会的不断发展，矿产资源供需矛盾愈发显现。为切实提高我国矿产资源保障能力，2011年2～11月，国土资源部多次组织召开专题会议，研究部署找矿突破战略行动，力争实现“三年有重大进展，五年有重大突破，八到十年重塑矿产勘查开发格局”目标。10月19日，国务院第176次常务会议讨论通过了《找矿突破战略行动纲要（2011—2020年）》（以下简称《纲要》）。

《纲要》明确了今后十年我国地质矿产勘查工作的目标任务：用八到十年的时间，实现重要能源资源整装勘查区、老矿山深部和外围以及成矿远景区找矿发现，密切结合国家区域产业规划布局和重大基础设施建设，推进资源产业战略西移、海域与境外拓展，形成一批能源资源战略接替区，建立能源资源储备体系，促进能源资源可持续利用。实现能源资源综合勘查评价，促进节约集约与综合利用。推进地质矿产勘查开发体制机制改革。

### 国土资源部部长徐绍史提出六点要求

为贯彻落实国务院第176次常务会议精神，组织实施好找矿突破战略行动，国土资源部部长徐绍史要求：

- 要扎实推进找矿突破战略行动；
- 要采取多种手段，利用好各方资金，做好规划，促进矿产资源勘查开发；
- 筹备好找矿突破战略行动动员部署电视电话会议，同时要调动全系统、地勘行业、矿山企业等各方的积极性；
- 突出亮点，从制度创新，用市场机制推动找矿突破战略行动，从国土资源系统和地勘行业文化建设等新角度做好宣传，营造良好的社会舆论氛围；

- 尽快考虑明年工作的具体部署；
- 尽快研究建立健全实施找矿突破战略行动的组织机构。

**青海省积极贯彻落实《纲要》**。2011年11月28日，青海省在西宁市召开地质勘查大会，就认真贯彻落实《纲要》，切实加强当前和未来十年全省地勘工作，推动地质找矿实现重大突破，进行全面安排部署。下一步，青海省将积极稳妥推进地质勘查单位企业化改革，建立和完善公益性地勘工作机制，加强矿业权制度改革，积极探索资源开发利益共享的有效模式。强化地质勘查企业和矿山企业的社会责任，提高地方在矿产资源税费收入分配中的分成比例，推广农民、牧民以土地、房屋、现金转为矿山入股资本金等模式，多渠道增加当地农民、牧民收入，切实支持矿产探采地的可持续发展。

### 青海省找矿突破重点工作任务

- 多元化投资形成大规模投入；
- 聚集多方力量促成大兵团作战；
- 科技创新支撑地勘突破；
- 基础先行提供后续勘查依据；
- 拓展领域提升综合服务功能。

**2011年各地找矿突破效果显著**。内蒙古自治区新发现矿产地71处，新增煤炭资源储量174亿吨；辽宁省新增铁矿石资源量27.7亿吨，新增煤炭资源量20.7亿吨；山东省新增资源储量金56吨、铁11.4亿吨；贵州省新增铝土矿资源量2.2亿吨、煤44.45亿吨、磷8.9亿吨。陕西省新增煤炭资源储量148.7亿吨。同时，大多数省份基础地质工作程度大幅提升，地质勘查信息进一步充实，地质工作服务领域全面拓展，取得了一大批重要找矿信息，为下一阶段实现新的找矿突破奠定了坚实基础。

**西藏自治区甲玛实践经验**。甲玛矿发现较早，前期公益性地质工作为甲玛矿区实现地质找矿突破奠定了基础，但商业性地质工作进展缓慢，政府通过积极引导整合、择优配置资源，整合后新主体充分尊重成矿规律，统一部署、整体推进、快速突破。甲玛矿区在资源开发过程实施节约优先战略，营造高原绿色精神，加强和谐矿区建设。

### “甲玛经验”的几点启示

长期困扰矿政管理思路的一些问题在甲玛项目实践中得到验证或解决。包括处理好五个方面的关系。

- 依法行政与制度创新的关系。以往我们过多地纠结于矿业权出让方式，特别是对高风险矿种的出让争论激烈，而实际上更为重要的是保持一个良好的法制环境。
- 矿产规划与投放计划的关系。以往我们过多地纠结于审批权下放到哪一级以及下放后如何控制的问题，而实际上更为重要的是资源、产业和经济三者的有效衔接与优势转化。

- 资源开发与资本运作的关系。以往我们过多地纠结于风险勘查市场的缺失，并通过两级地质勘查基金加以弥补，而实际上更为重要的是“走出去”，实施资源、资产、资本的一体化运作。
- “国进民退”和“民进国退”的关系。以往我们过多地纠结于国家所有的矿产资源究竟应当配置给国企还是民企的问题，而实际上更为重要的是优质资源要优先配置给有实力、讲诚信、负责任的大企业。
- 找矿增储和提高产能的关系。以往我们过多地纠结于公益性地质工作、商业性地质工作、两级地质勘查基金的定位和作用及其找矿效果，而实际上更为重要的是找到了能不能开出来和多长时间开出来的问题。

——《西藏自治区甲玛铜多金属矿勘查开发情况调查报告》

**安徽省主要实践**。近年，安徽省以省地质勘查基金为抓手，以调动地质勘查单位的积极性为基点，以实现找矿重大突破为目标，通过科学决策、协同行动、分层激励和强化监管，探索出了一条地质工作预查、普查阶段的“圈内人找矿”的新路子。

### “安徽经验”的几点启示

安徽省的找矿突破，得益于省地质勘查基金的建立和基金管理办法及配套制度的建立与执行。以较小的地质勘查基金规模起到了“播种机”、“指向仪”和“避险器”的杠杆作用，调动了地质勘查单位——找矿突破主力军（承担者和实施者）的积极性和创造性。

- 基金纽带：勘查引导与避险保障。省地质勘查基金投资于省内确定的重点矿种和重点成矿区带的前期勘查工作；在高风险勘查区，基金先行；采取全额投资、合作投资的方式进行。
- 队伍关键：主力回归与积极创造。安徽省地质勘查基金制度充分调动了地质勘查单位的积极性，使地质勘查主力军主动回归地质勘查主战场，形成了“投资有保障、找矿有功劳、成果有褒奖”的地质勘查工作良性发展局面。
- 制度创新：一步勘查与探采一体。探索适合市场经济和国际惯例的工作机制，通过“一步勘查”，将原来的四个阶段“缩短”为一体勘查，最终提交勘探报告，极大地缩短了工作周期和人力、物力投资成本。安徽省在执行“一步勘查”的实践中，也在有意识地培育探采一体化企业。
- 科技发力：理论突破与技术组合。安徽省对省地质勘查基金的使用重视基础和成矿规律的研究，并利用前期的研究成果和专家的力量来确定重点勘查区域，提高找矿成功率。

## 【盘点 2】 基础地质工作取得多项新进展

**基础地质工作力度不断加大。**在重点成矿区带、重要经济区、重大工程建设区和重大地质问题区，特别是在工作程度低、找矿潜力大的西部重要成矿带，如冈底斯、昆仑—阿尔金、西南三江地区、大兴安岭等，加大了区域地质填图、区域航磁测量、区域重力测量、区域地球化学测量工作力度。2011 年，完成 1∶5 万区调 17 万平方千米、1∶25 万区调修测 42.5 万平方千米、1∶5 万航磁调查 60 万平方千米、1∶20 万区域重力 24 万平方千米、1∶20 万水系沉积物测量 16 万平方千米。

**获得一大批新的重要找矿线索。**据不完全统计，2010 ~ 2011 年区域地质调查工作共发现矿化点 187 处，其中铜 84 处、铁 36 处；新圈定航磁异常 3600 处，其中重点成矿异常 530 处，经少量验证见矿 40 处；新发现化探综合异常 450 处。在黑龙江省大兴安岭，1∶5 万高精度航空物探共圈定航磁异常 1025 处、航放异常 36 处。对其中的 168 处进行了查证，共有 10 余处见矿；河北省冀东地区通过 1∶5 万重力调查，新推断了青坨营断裂、长凝断裂、胡各庄凹陷、姚王庄断裂、新寨断裂、乐亭断裂和大相各庄凹中隆、中堡王庄凹中隆等，经初步验证，发现 20 ~ 115 米铁矿体，其中 ZK7 钻孔见厚达 86.08 米品位较高的磁铁矿；昆仑—阿尔金成矿带区域地球化学调查共发现综合异常 392 个，查证异常 55 个，经查证确认异常 21 个，发现铜多金属矿点、矿化点 22 处。进一步工作后，新发现卡子勒铜银矿、维宝铅锌矿、黄羊岭锑矿、俘虏沟铜矿、长山沟汞矿，有力推动了新疆维吾尔自治区祁曼塔格地区和西昆仑地区地质找矿。

**加速推进重要经济区地质环境调查。**近年来，重要经济区和城市群地质环境调查评价工作取得重要进展，主动服务经济社会发展成效初显。环渤海经济区地质环境调查评价先行先试，成功地探索了“3+1”项目工作模式和大项目运行机制。环渤海、长江三角洲、珠江三角洲、海峡西岸、北部湾五大经济区和长江中游城市群全面完成了 1∶25 万地质环境系列图件编制，梳理了重大环境地质问题，提出了对策建议。曹妃甸、天津市滨海新区等重点地区地质环境调查，活动断裂、海岸带侵蚀淤积、岩溶塌陷等重大环境地质问题专项调查取得积极成效。武汉城市圈和曹妃甸工业区三维地质环境信息系统建设试点完成，为重要经济区地质环境信息平台建设提供了经验。

**地下水动态调查评价取得重要进展。**为实时掌握我国重点地区区域地下水宏观动态变化特征，从 2006 年开始，先后启动华北平原、松嫩平原、下辽河平原、鄂尔多斯盆地、银川平原、河西走廊和准噶尔盆地七大平原盆地的地下水动态调查评价项目，截至 2011 年底，累计完成 1∶10 万水文地质调查 13 万平方千米，水文地质钻探 3.3 万米，建成区域地下水骨干监测剖面 52 条，监控面积达 67 万平方千米，新建和修复自动监测井 824 眼，在北京市建立了深度为 311 米、监测层位达 18 层的一孔多层地下水监测示范井，初步实现了华北平原、鄂尔多斯盆地等重点地区地下水的动态评价。

**公益性地质调查队伍建设不断推进。**当前和今后一个时期，是地质调查事业发展的关键时期，地质调查工作保障经济社会全面、协调、可持续发展，促进经济结构调整，服务民生和生态文明建设的任务更加艰巨和繁重。面对严峻复杂的资源环境形势和新任务、新要求，中央和地方公益性地质调查人才队伍总体水平还不能适应国家公益性地质调查工作，不能满足国家经济社会发展的需要。为适应地质调查事业发展的需要，中国地质调查局积极开展中央与地方公益性地质调查人才队伍建设研究，评估省级公益性地质调查队伍能力建设，加快推进中央公益性地质调查人才队伍建设，促进地质调查事业科学发展。

### 2011 年地质调查工作成就

- 积极推进新机制，地质找矿取得重大进展；
- 主动服务民生，地质灾害和环境调查作出新贡献；
- 强化业务支撑，服务国土资源管理能力进一步提高；
- 加强科技创新，取得一批重大成果；
- 完善服务体系，信息资料服务水平稳步提高；
- 扩大国际交流与合作，国际影响力不断提升。
- 加强业务管理体系建设，地质调查能力显著增强。

### 2011 年地质调查工作十大进展

- 公益性地质工作推动整装勘查区找矿取得重大突破；
- “海洋六号”船首航深海大洋成果丰硕；
- 地质理论创新取得重大突破；
- 应急抗旱找水解决 260 万人饮水困难；
- 我国成为世界上建立“金钉子”最多的国家；
- 矿产资源“三项国情调查”为找矿突破战略行动提供重要支撑；
- 科技基础条件平台建设取得突破性进展；
- 首次实现全国陆域矿山遥感调查、监测全覆盖；
- 天、空、地一体化勘查技术取得重大进展；
- 地质调查信息化建设与信息服务实现新跨越。

## 【盘点 3】 中央、地方两级地质勘查基金联动效果明显

2006年底，中央地质勘查基金试点启动，截至2011年6月，先后在26个省（自治区）投入近20亿元，实施188个重要矿种风险勘查项目，发现大中型矿产地50处。与此同时，全国有24个省（自治区、直辖市）设立了省级地质勘查基金，投入超过180亿元。中央和地方两级地质勘查基金累计投资矿产勘查项目2500余个，新发现大中型矿产地156处。

2011年5月，国土资源部、财政部相继联合印发《中央地质勘查基金管理办法》、《关于建立中央地质勘查基金与省级地质勘查基金协调联动机制的指导意见》（国土资发〔2011〕56号）等重要文件，以此为标志，地质勘查基金结束试点并全面步入正轨运行。今后两级地质勘查基金将协调资金投入，共同推进重点矿产资源勘查工作，形成财政投资合力，引导和拉动社会资金更好地服务于经济发展。

| 中央地质勘查基金大事记 | |
|---|---|
| 颁布时间 | 相关政策 |
| 2006年5月 | 《国务院关于加强地质工作的决定》（国发〔2006〕4号） |
| 2006年7月 | 《中央地质勘查基金（周转金）管理暂行办法》 |
| 2006年10月 | 《地勘基金管理机构“三定方案”建议稿》、《2006年中央地质勘查基金（周转金）试点项目立项指南》、《地勘基金领导小组工作规则》 |
| 2006年10月 | 《关于发布“2006年中央地质勘查基金试点项目立项指南”的通知》（地勘基金公告第一号） |
| 2006年11月 | 2006年中央地勘基金试点项目启动会议 |
| 2007年9月 | 国土资源部中央地质勘查基金管理中心成立 |
| 2008年9月 | 《中央地质勘查基金（周转金）项目监理暂行办法》 |
| 2008年10月 | 《中央地质勘查基金合作勘查投资合同书》、《中央地质勘查基金合作勘查追加投资合同书》 |
| 2009年10月 | 《中央地勘基金持有探矿权采矿权价款折股股权管理暂行办法》 |
| 2009年11月 | 《中央地质勘查基金项目收益分配股权比例确定暂行办法》 |
| 2010年12月 | 《中央地质勘查基金项目预算标准》 |
| 2011年1月 | 《2011年国外矿产资源风险勘查专项资金项目申报指南》 |
| 2011年1月 | 《中央地质勘查基金项目立项指南》 |
| 2011年3月 | 《中央地质勘查基金管理办法》 |
| 2011年4月 | 《中央地质勘查基金项目权益管理暂行办法》 |
| 2011年5月 | 《关于建立中央地质勘查基金与省级地质勘查基金协调联动机制的指导意见》（国土资发〔2011〕56号） |

## 【盘点4】 部分省（自治区）启动推进国有地质勘查单位分类改革

2011年3月，《中共中央国务院关于分类推进事业单位改革的指导意见》（中发〔2011〕5号）发布，明确国家事业单位分类改革时间表。为了衔接国家事业单位改革，进一步指导国有地质勘查单位分类改革工作，6～8月，中国地质矿产经济学会等组织相关地质勘查会员单位，在北京市、兰州市、银川市和大连市等地连续召开专题会议。与会代表研判形势，总结经验，厘清改革发展中的问题，探讨推进地质勘查单位分类改革的思路。

与此同时，各地质勘查单位积极探索实践，推进体制机制改革。2011年，陕西省积极探索地质勘查体制改革，陕西省政府明确要求各地质勘查单位在6月底前实现事企分离、管办分开，人员、资产划开。各地质（勘）局在实行企业化经营的基础上，剥离事业管理职能。同时组建省公益地调机构。2011年，有色金属华东地质勘查局率先在全行业主动提出作为地质勘查单位企业化改革试点，已经获得国土资源部与江苏省政府批准。

### 陕西省国有地质勘查单位改革进入实质阶段

- 陕西省政府明确要求，各地质勘查单位在2011年6月底前全面实现事企分离、管办分开，人员、资产划开，领导班子不再事企相互兼职。
- 改革要点：改革管理体制，建立现代企业制度，改革人事和劳动制度，剥离办社会职能，组建陕西省地质调查院等；坚持事业单位的牌子等四项不变政策；出台矿业权处置政策等五项扶持措施。
- 值得关注的问题：政府各部门间协调不够，地勘单位的经营性资产质量较差，改制后单位数量大幅增多，部分政策缺乏衔接等。
- 建议及时跟进，总结改革中的经验与问题，与国家事业单位分类改革做好衔接，加强各政府部门间协调力度，加强分类指导，创造良好的地勘行业发展环境。

——《陕西省国有地勘单位企业化改革进行实质阶段——赴陕西省地勘单位改革发展调研报告》

### 有色金属华东地质勘查局积极推进企业化改革试点

- 几点认识：推进事企分离改革是促进地勘行业持续健康发展的必然选择。地质勘查单位改革时机已基本成熟。推进地质勘查单位改革需要部省联合推动。区别不同情况、做好调查分类是当务之急。
- 总体原则：区别对待、分类指导；争取政策、要足条件；顺应形势、稳步推进。
- 思考建议：认清形势任务，明确职责定位；开展调查摸底、指导分类改革；部省合作联动、推动改革试点；加强协调督促、落实支持政策；评估改革影响、完善行业管理。

### 专家评述国有地质勘查单位分类改革

- 地质勘查单位分类改革要厘清四大关系：改革与发展的关系；主动与被动的关系；改革与稳定的关系；属地与行业的关系。
- 改革不仅要着眼于地质勘查单位自身的发展，更要着眼于整个地质勘查行业的发展，要更加紧密地与社会发展相结合，要更加主动地为经济社会发展服务，要与践行地质找矿新机制、推进找矿突破战略行动紧密结合在一起。
- 地质勘查单位改革应分区域、分专业制定实施意见，分阶段、循序渐进推进；国土资源部应加快研究并出台解决遗留问题、优先配置矿业权、完善勘查成果处置分配、支持现有土地变性利用等方面的具体实施办法，促使相关改革优惠政策落地；加强省部合作，加快开展地质勘查单位企业化改制试点工作。

◆ 地质勘查单位改革发展必须坚持地质勘查主业地位不动摇，不断提高地质勘查主业核心竞争力；在改革期间或改革过渡期间要持之以恒抓经济发展，增强地质勘查单位经济实力，夯实改革发展基础。

——中国国土资源报，2011 年 8 月 1 日

## 【盘点 5】 危机矿山找矿专项探获 48 个大型以上矿床

2011 年 11 月 16 日，国土资源部、国家发展和改革委员会、财政部在北京联合举行危机矿山接替资源找矿专项新闻发布会。

《全国危机矿山接替资源找矿规划纲要（2004—2010 年）》实施至今，对我国千余座大中型矿山开展资源潜力现状调查，新增资源储量静态工业总产值达万亿元。潜在利润数千亿元。危机矿山专项查明了煤、铁、铜等 30 个矿种 1010 座大中型矿山的资源潜力现状调查，通过危机矿山接替资源找矿项目的实施，重新探获一批大中型矿床，使得 230 个矿山平均延长开采年限 15 年，稳定矿山职工 60 余万人，一大批老矿山重新焕发生机。

21 世纪初，国内许多大中型矿山面临资源枯竭危机，影响国家资源保障和矿山企业生存，导致矿山职工失业、生活困难等社会问题。党中央、国务院对此十分重视，2004 年国务院常务会议审议通过《全国危机矿山接替资源找矿规划纲要（2004—2010 年）》。危机矿山接替资源找矿专项实施以来，取得积极成效：一是找矿实现重大突破。探获 48 个大型以上矿床，多个矿山新增资源量数倍于原有储量。二是综合效益显著。为大批老矿山注入新活力，促进矿山企业找矿良性循环。三是理论方法实现创新。深部矿床成矿规律取得新认识，关键勘查技术应用效果突出。

## 【盘点 6】 通过树典型、提技能、抓质量，促进地质勘查行业服务与管理

**浙江省第七地质大队获得部省表彰**。2011 年 8 月 30 日，国土资源部发出《关于表彰浙江省第七地质大队的决定》（国土资发〔2011〕120 号），授予浙江省第七地质大队“全国模范地质队”荣誉称号。8 月 26 日，中共浙江省委下发《关于授予省第七地质大队党委“地勘先锋”荣誉称号的决定》（浙委〔2011〕87 号），并号召全省基层党组织和广大党员干部向七队党委学习。

**第一届全国地勘钻探职业技能大赛顺利闭幕**。2011 年 11 月 22 日，由国土资源部、人力资源和社会保障部、中华全国总工会主办的第一届全国地质勘查钻探职业技能大赛在云南省昆明市精彩落幕，作为迄今我国地质勘查行业规格最高、规模最大的一次全国性技能大赛，第一届全国地勘钻探职业技能大赛以“提高钻探技能，促进找矿突

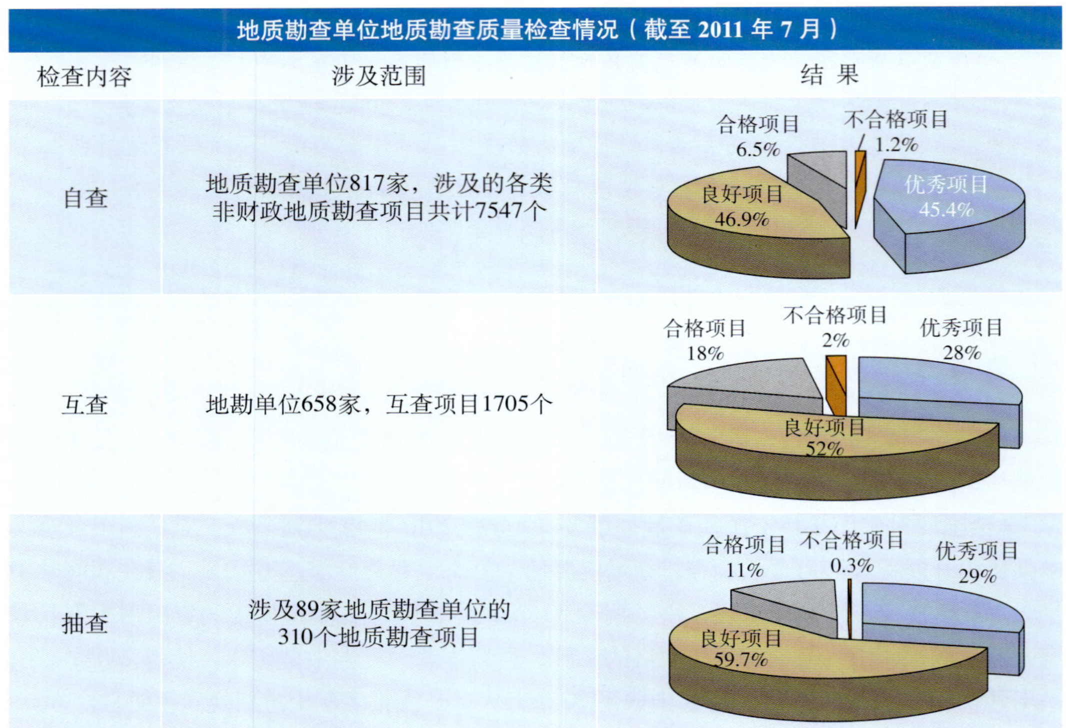

**地质勘查单位地质勘查质量检查情况（截至 2011 年 7 月）**

| 检查内容 | 涉及范围 | 结果 |
|---|---|---|
| 自查 | 地质勘查单位817家，涉及的各类非财政地质勘查项目共计7547个 | 合格项目 6.5%；不合格项目 1.2%；良好项目 46.9%；优秀项目 45.4% |
| 互查 | 地勘单位658家，互查项目1705个 | 合格项目 18%；不合格项目 2%；优秀项目 28%；良好项目 52% |
| 抽查 | 涉及89家地质勘查单位的310个地质勘查项目 | 合格项目 11%；不合格项目 0.3%；优秀项目 29%；良好项目 59.7% |

破”为主题，共吸引了来自 31 个省（自治区、直辖市）、5 个中央地勘行业部门约 400 名选手参加决赛，共评选出 15 名金牌、24 名银牌、36 名铜牌获得者。10 个单位获“技能人才培育突出贡献奖”，10 个赛区获“优秀组织奖”，两所院校获“特殊贡献奖”。

**全国地勘质量检查工作顺利完成。**2011 年 1 ~ 5 月，国土资源部地质勘查司联合中国矿业联合会地质勘查协会，在全国范围内组织开展地质勘查单位地质勘查质量检查工作。通过地质勘查质量检查工作，初步摸清了当前全行业工作质量的总体情况，在全行业营造了守信用、重质量的良好氛围，有利于促进地质勘查行业健康发展，保障地质找矿“358”目标[1]顺利实现。

### 2011 年十大地质科技进展

- 提出冰期—间冰期印度夏季风动力学；
- 大油气区成藏理论、物探技术创新与储量快速增长；
- 时间域固定翼航空电磁勘查系统研发；
- 长江三角洲地区地下水污染调查评价；
- 山东省胶西北金矿集中区深部大型—超大型金矿找矿与成矿模式研究；
- 我国钾盐找矿规律新认识和进展；
- 全国铀矿资源潜力评价；

---

[1] “358”指地质找矿工作三年取得新进展，五年实现重大突破，八年重塑矿产资源勘查开发格局。

◆ 埃迪卡拉纪早期“蓝田生物群”；
◆ 中国海相碳酸盐岩层系油气富集规律与分布预测；
◆ 华南中生代构造变形序列与动力学分析。

### 2011年十大地质找矿成果

◆ 西藏自治区山南地区泽当矿田铜多金属矿普查；
◆ 云南省鹤庆北衙多金属矿详查（四期）；
◆ 内蒙古自治区二连盆地努和廷铀矿床详查及外围评价；
◆ 贵州省开阳磷矿洋水矿区东翼深部普查；
◆ 鄂尔多斯盆地姬塬油田勘探新突破；
◆ 川东北海相勘探元坝勘探子项目；
◆ 内蒙古自治区东胜煤田车家渠—五连寨子—杭东地段煤炭普查；
◆ 辽宁省辽阳市弓长岭铁矿接替资源勘查；
◆ 安徽省金寨县沙坪沟斑岩型钼矿详查；
◆ 中电投几内亚共和国3650号矿区铝土矿勘探项目。

## 【盘点7】“全国油气资源动态评价”成果发布

2011年11月24日，国土资源部发布《全国油气资源动态评价2010》（以下简称《评价》），该成果全面反映我国油气资源评价最新成果，包括油气资源基本情况、勘探开发进展、评价结果、储量产量增长趋势、勘探领域及政策建议等。“十一五”期间，全国油气勘探累计投资2788亿元，比“十五”期间翻一番。新增探明石油地质储量57.5亿吨，天然气3.1万亿立方米，分别比“十五”期间增长15.4%和14.8%，相继探明6个亿吨级油田和10个千亿立方米气田，石油年产量跃上2亿吨、天然气年产量942亿立方米，分别位居世界第4位和第6位。这是国土资源部首次向公众发布油气资源年度动态评价成果。

### 全国油气资源动态评价

◆ 为及时掌握油气资源潜力变化情况，反映重点盆地油气勘探进展，2008～2010年，国土资源部组织开展了全国油气资源动态评价工作，选择了渤海湾、鄂尔多斯、四川、珠江口、琼东南及北部湾六个勘探获得重大突破或进展的地区和盆地作为动态评价区，系统完成了全国油气资源动态评价工作。
◆ “全国油气资源动态评价”是新一轮全国油气资源评价的拓展、延伸，是政府层面一项重要的国情调查评价工作，是积极应对国际原油价格高位运行、满足低碳经济对清洁能源的强劲需求、缓解我国逐年攀升的油气对外依存度的重要举措；同时还为我国编制国民经济和社会发展规划，制定能源及油气资源发展战略，以及调查评价、规划、管理、保护和合理利用油气资源提供了重要依据。

# 地质环境管理

紧密结合经济社会发展，深入落实《国务院关于加强地质灾害防治工作的决定》（国发〔2011〕20号）；积极避灾、主动服务，地质灾害较2010年显著减少；设计平台抓手，创新地质环境管理机制，推进地热和浅层地温能资源开发，不断开创地质环境管理工作新局面。

## 【盘点1】《国务院关于加强地质灾害防治工作的决定》开创地质灾害防治新局面

2011年6月1日，国务院第157次常务会议审议通过了《国务院关于加强地质灾害防治工作的决定》（国发〔2011〕20号。以下简称《决定》），并于6月13日正式印发。其主要内容可以概括为“一个核心、五项原则、两期目标、四大体系、六大举措、二十六条具体措施”。同以往的地质灾害防治工作相比，《决定》在理念、体制机制、手段措施上都有所创新。

**理念创新**。①将“以人为本”理念贯穿于地质灾害防治工作的各个环节，以保护人民群众生命财产安全为根本；②体现了综合生态系统管理（Integrated Ecosystem Management）的理念，强调地质灾害防治与其他灾害防治及生态环境治理的协调推进，强调综合运用行政的、经济的、社会的手段来防治地质灾害。这是对自然规律的尊重和运用。

**体制机制创新**。《决定》在体制机制上主要有五个方面的创新：①明确了地方政府的防灾主体责任和相关部门的职责，建立“政府组织领导、部门分工协作、全社会共同参与”的地质灾害防治新格局。②要求地质灾害易发区的地方政府建立健全与本地区地质灾害防治需要相适应的专业监测、应急管理和技术保障队伍，加大资源整合和经费保障力度；③设立国家特大型地质灾害防治专项资金，要求将地质灾害防治费用和群测群防员补助资金纳入地方财政保障范围、鼓励和吸引社会资金投入地质灾害防治工作；④提出将地质灾害防治与扶贫开发、生态移民、新农村建设、小城镇建设、土地整治等有机结合起来，加快搬迁避让；⑤提出“统筹各方资源抓好地质灾害防治、矿山地质环境治理恢复、水土保持、山洪灾害防治、中小河流治理和病险水库除险加固、尾矿库隐患治理、易灾地区生态环境治理等各项工作，切实提高地质灾害综合治理水平”。

### 《国务院关于加强地质灾害防治工作的决定》的主要内容

- 一个核心和四大体系

以建立健全地质灾害调查评价体系、监测预警体系、防治体系、应急体系为核心。

- 五项原则

属地管理、分级负责；预防为主、防治结合；专群结合、群测群防；谁引发、谁治理；统筹规划、综合治理。

- 两期目标

“十二五”期间，完成地质灾害重点防治区灾害调查任务，全面查清地质灾害隐患的基本情况；基本完成三峡库区、汶川和玉树地震灾区、地质灾害高易发区重大地质灾害隐患点的工程治理或搬迁避让；对其他隐患点，积极开展专群结合的监测预警，灾情、险情得到及时监控和有效处置。

到2020年，全面建成地质灾害调查评价体系、监测预警体系、防治体系和应急体系，基本消除特大型地质灾害隐患点的威胁，使灾害造成的人员伤亡和财产损失明显减少。

- 六大举措

全面开展隐患调查和动态巡查，加强监测预报预警，有效规避灾害风险，综合采取防治措施，加强应急救援工作，健全保障机制。

**手段措施创新**。《决定》提出加快构建国土、气象、水利三位一体的监测预警信息共享平台，建立预警联动机制；在加强监测预警的基础上，更加突出建设规划和建设项目的地质灾害危险性评估，通过开展搬迁避让和临灾避险，有效规避灾害风险。

**相关部委和部分地方政府贯彻落实《国务院关于加强地质灾害防治工作的决定》的主要工作**

| 部委和基层 | 主　要　工　作 |
|---|---|
| 铁道部 | 下发《关于贯彻落实国务院加强地质灾害防治工作决定的通知》（铁建设〔2011〕108号），投入资金10亿元用于铁路沿线山洪和地质灾害防治 |
| 陕西省 | 下发《陕西省人民政府关于贯彻国务院加强地质灾害防治工作决定的实施意见》（陕政发〔2011〕59号），将地质灾害防治工作纳入领导年度考核内容 |
| 安徽省池州市 | 下发《河池市人民政府关于认真贯彻落实〈国务院关于加强地质灾害防治工作的决定〉的通知》（河政发〔2011〕47号），印发《池州市学习宣传〈国务院加强地质灾害防治工作决定〉活动方案》 |
| 内蒙古自治区 | 下发《内蒙古自治区人民政府转发国务院关于加强地质灾害防治工作决定的通知》（内政发〔2011〕96号） |
| 甘肃省 | 下发《甘肃省人民政府贯彻落实国务院关于加强地质灾害防治工作决定的实施意见》（甘政发〔2011〕116号），将地质灾害防治工作纳入领导年度考核内容 |

续表

| 部委和基层 | 主 要 工 作 |
| --- | --- |
| 广东省 | 下发《转发〈国务院关于加强地质灾害防治工作决定〉的通知》（粤府〔2011〕92号）和《广东省贯彻落实国务院关于加强地质灾害防治工作决定重点工作分工方案》，提出开展全省69个山区重点县（市、区）地质灾害详细调查工作，对威胁100人以上人口和饮用水源地等重大地质灾害隐患点进行详细勘查 |
| 山东省 | 下发《山东省人民政府关于贯彻国发〔2011〕20号文件进一步加强地质灾害防治工作的实施意见》（鲁政发〔2011〕33号），将地质灾害防治工作纳入领导年度考核内容 |
| 财政部 | 在28个省（自治区、直辖市）和新疆生产建设兵团安排山洪灾害防治县级非工程措施建设补助资金28亿元，加大救灾资金投入 |
| 民政部 | 会同财政部加大救灾资金投入，共下拨中央救灾资金16.6亿元 |
| 交通运输系统 | 共下拨投入资金16.6亿元，开展6585千米国省干线公路山洪和地质灾害防治 |

《决定》发布后，国土资源部于2011年7月19日召开贯彻落实《国务院关于加强地质灾害防治工作的决定》电视电话会议，全国设置分会场近2000个，总人数近7万人。编制完成《全国中小河流治理和病险水库除险加固、山洪地质灾害防治和综合治理总体规划》实施方案并报国家发展和改革委员会。组织编制《全国地质灾害防治"十二五"规划》、《全国地面沉降防治规划（2011—2020年）》并上报国务院。在湖北省宜昌市召开两次地质灾害防治工作座谈会。组织机构方面，在地质环境司加挂地质灾害应急管理办公室的牌子，并成立地质灾害应急处；在中国地质环境监测院加设地质灾害应急技术指导中心，确定了60个人的机构编制，配备有关管理和技术人员。

目前，全国已有24个省（自治区、直辖市）明确建立地质灾害应急管理机构，26个省（自治区、直辖市）建立地质灾害应急技术指导机构，262个市及1114个县加强机构建设。共举行应急演练2550次，参加人员达54.6万人。

## 世界级工程——文家沟泥石流治理工程的技术创新

◆ 项目背景

文家沟泥石流区域位于四川省绵竹市清平乡。在汶川地震前并没有发生过泥石流，但在地震后至2010年8月18日，发生了6次泥石流。约5000万立方米的松散物质堆积在海拔1300米的地段内，这在世界范围内没有可供借鉴的治理先例。

◆ 所采用的技术

根据文家沟独特的地形条件，采取了"水石分治、固床护坡、拦挡停淤"的治理方案。即在上游水源区修建两个拦砂坝和由沉沙池、滤水底格栏栅、引水隧洞组成的拦砂引水系统，将上游主要水源引离中游的巨大物源区，切断水源与物源结合的可能性；在中游物源区修建钢筋石笼排导槽及冲沟沟口锁口端桩将堆积体固定；在下游堆积区修建两个梳齿坝和一个停淤场围堤，将上游仍可能冲出的固体物源停积在指定区域。该技术在世界范围内都属于领先水平，项目总投资超过 2 亿元。

◆ 治理效果

2011 年 7 月 3 日，治理区降雨量达到 330 毫米，远大于 2010 年“8·13”特大山洪泥石流时 250 毫米的降雨量，未启动泥石流，反映出良好的工程治理效果。

文家沟泥石流灾害治理技术，是我国地质灾害治理工程技术的重大创新，是对《决定》提出的“积极促进科技创新”的深入贯彻落实。建议对文家沟泥石流灾害治理工程的治理思路和科技创新进行总结提升，为我国地质灾害工程治理技术积累宝贵的经验，推动我国地质灾害治理工程技术的发展。

## 【盘点 2】 地质灾害损失较 2010 年显著减少

2011 年，全国共发生地质灾害 15664 起，其中滑坡 11490 起、崩塌 2319 起、泥石流 1380 起、地面塌陷 360 起、地裂缝 86 起、地面沉降 29 起，造成 245 人死亡、32 人失踪、138 人受伤，直接经济损失 40.1 亿元。全国共成功预报地质灾害 403 起，避免 3 万余人伤亡，避免直接经济损失 7.2 亿元。

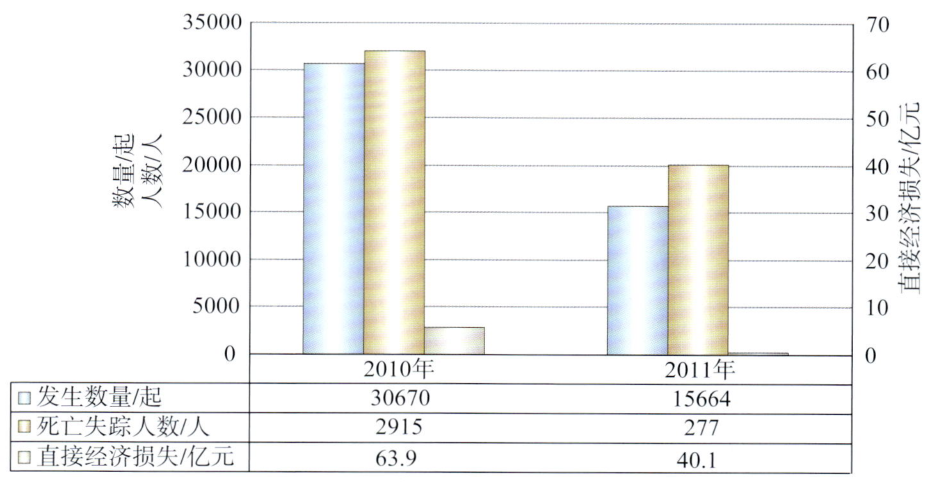


| | 2010年 | 2011年 |
|---|---|---|
| □发生数量/起 | 30670 | 15664 |
| □死亡失踪人数/人 | 2915 | 277 |
| □直接经济损失/亿元 | 63.9 | 40.1 |

2010 年和 2011 年全国地质灾害基本情况

与 2010 年同期相比，虽然地质灾害数量接近一半，死亡失踪人数却降至不足 2010 年的 1/10，与过去五年同期平均数相比，发生数量相当，死亡失踪人数降至不足 1/3。这些成绩的取得，主要得益于党中央、国务院的高度重视，《决定》的实施及各地、各有关部门和国土资源系统的积极努力。2011 年全国降水量显著偏少，是地质灾害造成人员伤亡减少的原因之一。

### “西气东输”二线工程地质安全评价减灾效益分析

中国国土资源经济研究院提出了希克斯—卡尔多补偿检验原理推论，建立起包括防灾避害在内的外延更大的经济效益定义和地质灾害防治的经济效益概念。在此基础上建立评价指标体系，利用 $E_{Ei}=A_i/C_i$，$EE=\sum P_i E_{Ei}$ 模型（$E_{Ei}$ 为经济效益，$A_i$ 为地质安全隐患点的安全品价值，$C_i$ 为安全品实体成本，$P_i$ 为地质安全隐患点在输气管线的设计寿命期内的成灾概率）；对“西气东输”二线工程地质安全评价的减灾效益进行了定量评价，对环境效益和社会效益进行定性和半定量评价。

◆ 经济效益评价

“西气东输”地质安全评价的实体成本为 1000 万元。如果把潜势灾害体成灾作为必然事件，则“西气东输”地质安全评价的经济效益为 31011 万元 ÷1000 万元 =3101.1%，即 31∶1。若考虑隐患点成灾概率，加权平均计算，总经济效益为 19674 万元 ÷1000 万元 =1967.4%，约为 20∶1。

◆ 环境效益评价

通过“西气东输”二线工程地质安全评价，采取措施改善了地质环境的地质安全隐患点共 190 处；免除河道淤积 9 处，保护耕地 310 亩，保护林地 337 亩，保护草地 243 亩。通过防治工程避免输气管道破损漏气 4479 万立方米。

◆ 社会效益评价

通过地质安全评价，可避免施工人员伤亡 21.5 人，在未来 30 年，可避免管线两侧居民因地质灾害而造成的人员伤亡 19.65 人。

## 【盘点 3】 积极探索地质灾害防治新机制

为贯彻落实《决定》，国土资源部于 2011 年在全国范围内开展了地质灾害防治新机制调研。目前，已完成书面调研和实地调研工作，并对调研成果进行了梳理总结，形成了地质灾害防治新机制建设的基本框架和主要思路。2012 年，将进入调研成果的转化应用阶段。地质灾害防治新机制的构建将开创地质灾害防治工作的新局面，推进“地质灾害防治责任难落实、支持政策不足、投入资金缺乏”等问题的解决。

从调研成果看，一些省（直辖市）在地质灾害防治新机制方面做了很多探索，其经验值得各地学习借鉴。

### 地质灾害防治新机制研究

中国国土资源经济研究院应用经济学理论，解读了地质灾害防治的责任确立、产权市场激励和服务监管方面的基本框架和制度理论基础。

◆ 研究创新点

- 从研究视角上，将地质灾害是单纯的地质环境现象认识转变为地质灾害治理是一种社会经济现象的认识，将单纯的技术治理转变为社会综合治理。
- 在理论支撑上，用“外部性内部化”厘清了地质灾害防治的四类责任，指出产权交易是扩大地质灾害防治社会投资的重要手段。
- 地质灾害防治新机制的新表现为：有新的行为主体；有新的管理方式；有新的市场手段。

◆ 研究结论

通过责任确认机制、产权交易机制、多元投资机制、监管服务机制、信息公开机制等系统工程的建设，形成政府、企业、居民共同参与，责任有主体、管理有力度、投资有收益，行政手段、经济手段、法律手段相结合的治理新格局。

## 典型地区地质灾害防治新机制的探索与实践

◆ 甘肃省

以兰州市为最有特色，其模式可概括为“政府引导，共同责任，评估监管，多元投入，科技创新”。特点是以地质灾害危险性评估为抓手，结合建设工程进行开发性治理。近年，由各级政府投入仅1.25亿元，督促、引导社会资金投入达5亿元。

◆ 浙江省

其模式可概括为“规范制度，部门联动，保障用地，分级分类，促民发展”。特点是将地质灾害搬迁避让纳入下山脱贫工作中，每年从建设用地指标中切块，按人均用地80平方米的新增建设用地标准“带帽”下达各地，简化审批程序。另外，由地方财政出资开展山区农村私人建房的地质灾害危险性评估，从源头上降低灾害发生。

◆ 江苏省

镇江市实行“五个结合”工程治理模式，实现地质灾害治理工程与土地市场、生态市建设、文化旅游、市政工程建设、矿产资源开发相结合。

◆ 重庆市

积极实施地质灾害防治“金土工程”，整合多项资金，开展搬迁避让工程。

◆ 山西省

将地质灾害治理与塌陷地治理及社会主义新农村建设有机结合，其模式可概括为“治理塌陷、土地流转、整村搬迁、旧村改造”。

◆ 陕西省

按照“用足政策，捆绑项目，整合资金，集聚力量”的思路，积极拓宽资金投入渠道，吸引社会资金参与灾害治理。

◆ 福建省

将地质灾害搬迁避让与“造福工程”、“中小学改造工程”等结合起来；积极拓宽投资渠道，探索产权置换，运用土地、矿产资源管理等政策，吸引社会资金。

◆ 四川省、安徽省

成都市建立了监测经费补助和奖励制度，建立汛期全职监测员队伍。安徽省制定群测群防监测员补助办法、地质灾害避让搬迁“以奖代补”办法，积极引入市场机制。

◆ 贵州省、青海省

贵州省建立地质灾害防治专业技术单位与县国土资源局的对口协作机制。青海省协调相关单位参加年度地质灾害调（巡）查工作，采取分片包干制。

## 地质灾害防治的“梧州模式”

◆ 模式的内涵

梧州模式分城乡两部分。城市地质灾害防治模式可概括为“政府主导，部门联动，多元筹资，治搬结合，妥善安置，商业运作”。农村地质灾害防治模式可概括为“政府主导，统筹政策，平衡资金，培育产业”。

◆ 梧州模式的创新

- 防治理念的创新。改变了传统上认为“地质灾害治理是赔钱的事”的观点。
- 防治模式的创新。实现了由被动防灾向主动防灾的转变，将地质灾害治理与城市建设、新农村建设、产业转型、农民增产增收等相结合。
- 融资模式的创新。争取国际、国内商业贷款，对部分项目采取BT模式，按照“谁引发，谁治理；谁受益，谁治理”的原则，积极吸引社会资金。
- 安置方式的创新。采取先建后搬的方式；按居民支付能力，采取多方式安置；在市场价格较低时团购一些商品房作为安置房。

◆ 梧州模式成功的原因

除进行上述创新外，梧州模式成功的原因还有以下五个方面：

- 领导高度重视，将地质灾害治理列为民生“一号”工程。
- 获得亚洲开发银行1亿美元的贷款。
- 保障安置用地。
- 花大力气做好拆迁补偿安置工作。做到科学评估，合理补偿，文明搬迁。
- 抓住房地产调控的有利时机，果断出手。

◆ 梧州模式存在的问题和风险

- 可能的金融风险。
- 搬迁避让，补偿拆迁中隐存的社会风险。

——国土资源经济参考，2011年第16期

## 【盘点4】矿山地质环境恢复治理稳步推进

2011年，国土资源部对各省（自治区、直辖市）恢复治理项目进展进行了总结，组织召开了资源枯竭型城市项目实施情况汇报会，开展了“百矿换新颜”相关宣传活动。配合财政部完成了2011年度矿山地质环境恢复治理项目审查。继续推进辽宁省抚顺市申报矿山地质灾害试点工作。起草完成了《关于我国矿山地质环境管理有关情况的报告》并上报国务院。持续推进矿山公园建设工作，截至2011年底，已有22家国家矿山公园正式揭碑开园。

### 湖南省郴州市有色金属矿山开发及其重金属污染情况调查

◆ 郴州市有色金属矿山污染排放情况

根据2008年湖南省地质环境监测总站调查数据，郴州市共有121座有色金属、铂族、贵金属矿山。其中污染程度达到严重的矿山达9 座，污染中等的34 座，污染程度较轻的78座；采取治理措施的矿山42座，未采取治理措施的矿山79座，每年外排废水3046.96万立方米。污染土地面积达589.79公顷；污染河道86.25千米。

◆ 郴州市开展的主要工作及取得的成果

- 严厉整顿和规范矿产资源开发秩序；
- 扎实开展矿产资源开发整合工作；
- 加快矿业转型升级步伐；
- 构建矿产资源合理开发利用长效机制；
- 建立了全国唯一的有色产业园；
- 开展了一系列矿山地质环境调查评价及治理项目。

◆ 取得的认识

- 矿业秩序整顿和资源整合是实施矿山环境污染综合治理的基础；
- 严格环境影响评价制度，加强环境保护行政监管，强化环境违法行为追究和环境损害赔偿是解决矿山问题的根本；
- 政府充分重视，多部门形成合力，才能形成良好的矿业开发秩序；
- 法律法规滞后，法律手段不够有力；
- 提高资源利用效率，加快治理环境污染等工作迫在眉睫。

◆ 政策建议

- 加快立法进度，健全和完善现有法律，厘清资源和环境管理机构对矿业开发造成的环境问题监管职责，为矿政管理工作提供强大法律支持；
- 加强矿业行业管理，健全机制，强化监管，确保矿业稳定健康发展；
- 尽快启动湘江流域重金属污染专项治理工程。

### 矿产资源开发的环境代价核算与生态环境补偿研究

◆ 近年矿山地质环境保护投入

2000 ~ 2011 年，中央财政累计安排矿山地质环境治理治理项目 1846 个，资金总额近 188 亿元。所安排的项目覆盖全国 31 个省（自治区、直辖市）和 10 余个国有企业的矿区，涉及煤、金、铁、铅锌等共 40 余个矿种，其中投入煤炭矿山地质环境治理的资金最多。但是，由于历史遗留问题较多，治理资金缺口仍较大。

◆ 矿产资源开发生态环境补偿主体、补偿客体和补偿形式

- 补偿客体。包括 3 大类 14 小类 25 细类。3 大类分别是环境污染与环境安全事故损失补偿、地质环境与土地资源破坏损失补偿、生态系统损失补偿。
- 补偿主体。主要针对矿产资源的直接开发者。废弃矿山由政府负责治理。
- 补偿形式。针对不同客体，补偿形式不同。主要包括：建立废弃矿山生态环境恢复治理基金；征收保证金；建立矿山地质环境补偿费；征收排污费；征收水土保持费；建立多元化补偿激励机制。

◆ 矿产资源开发的生态环境补偿测算

- 以煤矿生态环境补偿为例进行模型构建：$EC=fe \times fen(EC_1+EC_2+EC_3)$。其中：$EC$ 为广义生态损失；$fe$ 为经济系数，$fen$ 为环境系数；$EC_1$ 为生态破坏损失；$EC_2$ 为环境污染与环境安全事故损失；$EC_3$ 为地质环境损失。
- 实例测算。以 2004 年为界进行历史问题划分。以山西省为例的测算结果表明，2004 年以前煤炭矿区生态环境恢复治理费用为吨煤 29.75 元。1949 ~ 2004 年全国煤炭历史累积矿山生态环境恢复治理费用约为 7972 亿元。

◆ 矿产资源开发生态环境补偿实施及配套制度建议

- 建立矿产资源开发环境代价核算制度；
- 建立完善保证金制度；
- 建立矿山环境损害补偿赔偿制度；
- 建立矿山环境审计制度；
- 建立矿区排污收费与治污收费制度；
- 建立矿区排污权交易制度。

◆ 矿产资源原产地补偿思路

从区域的角度，根据“谁利用，谁负责；谁收益，谁付款”的原则，建立由消费地和生产地共同承担对生产地造成的生态环境恢复费用，将“受益者付费”原则作为“污染者付费”原则的补充进行环境污染治理和环境价值补偿。

——中国国土资源经济研究院，《建立完善生态环境与资源补偿机制研究》和《矿产资源开发环境代价的核算理论方法与核算制度建设研究》

## 【盘点 5】 深入落实《古生物化石保护条例》

2011 年 1 月 1 日，《古生物化石保护条例》（以下简称《条例》）开始施行。为贯彻落实《条例》，国土资源部组织起草了《古生物化石保护条例条文解释》、《国家重点保

护的古生物化石保护名录》、《古生物化石保护条例实施办法》等配套文件，审议通过了《国家古生物化石分级标准（试行）》及《国家重点保护古生物化石名录（首批）》，开办了《条例》培训班，正式印发了《国家古生物化石专家委员会章程》，启动了“全国古生物化石保护规划研究”、“全国重点保护古生物化石数据库建设”项目。山东、甘肃、贵州、辽宁和云南五省作为试点，开始编制古生物化石保护中长期规划；数据库建设则选取部分具有代表性的重要化石标本作为试点数据。12 月 1 日，中国驻洛杉矶总领事与美国移民海关执法局签署移交证书，正式将一窝从中国流失至美国的珍贵恐龙蛋化石移交给中方。自此，此项由国土资源部牵头，前后长达六年的化石追缴工作终获圆满结果。

地质公园建设方面，继续修改完善《地质公园管理办法》及配套规范和标准，开展了三期地质公园导游培训工作，召开了世界地质公园会议。8 月，组织开展了第六批国家地质公园资格评审活动，云南罗平生物群地质公园等 36 家地质公园获得国家地质公园资格。

### 国外古生物化石保护模式和保护制度借鉴

中国国土资源经济研究院利用文献检索、研讨交流等方法，对国外古生物化石保护模式和保护制度进行了比较研究，梳理了值得我国借鉴的保护经验。

- 有关古生物化石保护的国际公约
  - 联合国科教文组织 1970 年制定的《关于禁止和防止非法进出口文化财产和非法转让其所有权的方法的公约》。
  - 国际统一私法协会 1995 年制定的《关于被盗或者非法出口文物的公约》。
  - 欧盟关于文化遗产保护方面的公约。
- 典型国家古生物化石保护模式和保护经验
  - 美国。出台《考古资源保护法》等法律。建立古生物化石采集许可证制度、管理收费制度、违法处罚制度和进出口管理制度。
  - 澳大利亚。出台《联邦文化遗产保护法》等法律。建立古生物化石发掘制度、收藏制度、产地保护制度和进出口管理制度。
  - 加拿大。划定并保护古生物化石遗迹保护点，加强进出境和馆藏管理。
  - 欧洲。建设地质公园，加强进出口管理。
- 其他主要国家防止古生物化石非法转让和非法发掘的主要制度
  - 阿根廷。拟订清单，保护考古场地，防止所有权非法转让和非法发掘。
  - 意大利。建立电子链接，加强信息交流，防止所有权非法转让；绘制陆地和水下遗址考古地图。
  - 葡萄牙。成立协会，建立可移动文物分类数据库和网站。
  - 西班牙。由教育、文化和体育部负责文化遗产的保护工作，设有古董商登记簿；要求艺术市场上所有专业人员都各保有一本警署登记册，在该登记册上对其经营的一切物品予以登记。

- 韩国。建立文化遗产管理局；所有指定文化财产列入政府编制的目录，文物商须在账簿中记录所有交易情况；划定保护区域。

◆ 各国古生物化石管理制度的总结与启示

- 防止所有权非法转让制度的总结与启示：①开展化石分类保护，建立国家文化财产清单和名录。②建立古生物化石的财产权制度、登记制度和许可证制度，限制文化财产物品交易。③建立专门的组织队伍打击非法走私、偷盗和销售；
- 防止非法发掘制度的总结与启示：①发掘必须获得国家许可证。②对发掘地点进行保护，建立产地保护区。③发掘地点由政府部门管制并进行监测。④建立详细的考古地点名单。

## 【盘点6】 创新地质环境公共服务

2011年第一季度，国土资源部及中国地质调查局发挥部门专业技术优势，在山东、河北、河南、山西四省开展抗旱找水打井紧急行动。行动共从8个省调集6500余人，1000余台（套）钻井、物探设备，实施钻井2349眼，完成率111%，成井2227眼，平均成井率94.7%，总出水量约116.5万米$^3$/日，解决了220余万人饮水困难和50万亩农田灌溉问题，为抗旱保苗、保丰收和灾区群众饮水安全作出积极贡献。

8月起，国土资源部地质环境司、中国地质调查局水文地质环境地质部、宁夏回族自治区国土资源厅、宁夏回族自治区地质矿产勘查开发局与宁夏回族自治区固原市结合创先争优活动，联合开展“4+1联创齐争”活动。活动得到了中国地质环境监测院、中国地质调查局水文地质环境地质调查中心的积极响应，遂将“4+1”拓展为“6+1”。9月20日，创先争优“6+1联创齐争”惠民项目暨基层“三同”（同吃、同住、同劳动）锻炼活动启动仪式在固原市举行。活动总投资1.04亿元，共实施4项惠民项目。10月，来自固原市的50名村党支部书记前往北京市参加国土资源部举办的“联创齐争”基层党建工作座谈会。这次会议是“联创齐争”活动的一个新起点。国土资源部直属机关党委、国家土地督察西安局、中国国土资源报社的加入，让活动由“6+1”变成“9+1”。

### “联创齐争”宁夏回族自治区惠民项目

2011年，宁夏回族自治区“联创齐争”惠民项目在固原市安排4项工作，总投资1.04亿元，包括：地质灾害危险点移民搬迁项目，涉及113户491人；勘查找水项目，打井11眼，解决11个村群众用水困难及部分特色农业用水需求；2个矿山地质环境治理项目；2个国家地质遗迹保护项目。这些项目的实施改善了固原市地质环境，促进了民族地区经济社会发展。

## 【盘点7】积极应对全球气候变化，推进地热和浅层地温能资源开发

2011年4月22日，国土资源部在重庆市召开纪念第42个世界“地球日”系列活动。会议宣传了国土资源部应对全球气候变化和节能减排工作的进展，部署了“应对全球气候变化地质响应与对策”研究与调查工作，启动了29个省会城市的浅层地温能项目调查评价工作，并对国土资源部与天津市联合开展的天津市浅层地温能调查评价与开发利用试点取得的一系列成果进行了推广。

### 天津浅层地温能调查评价和开发利用试点

- 工作内容

包括浅层地温能资源量和开发潜力调查评价、开发利用规划编制、地温动态监测网建设、浅层地温能利用示范工程建设四项工作。

- 模式经验

形成了可在全国推广的“资源调查模式”、“规划编制模式”、“动态监测模式”、“工程示范和监管模式”。

### “天津市浅层地热能开发利用规划”研究

“天津市浅层地热能开发利用规划研究”由中国国土资源经济研究院承担。这是国内首次开展类似规划的编制工作。

研究创新点：

- 规划编制的组织实施机制创新
- 规划内容创新
  - 规划控制指标不仅包括资源利用指标，也包括能效指标、减排指标、地质环境保护指标、技术发展指标。
  - 按照浅层地温能开发方式分别进行开发利用区划，并提出各自管制措施。
  - 提出建立浅层地温能开发利用方案编制审查制度、浅层地温能开发利用奖励制度、减碳指标市场交易制度等。

### 典型地区浅层地温能开发利用情况和主要经验

- 吉林省

整体而言，吉林省浅层地温能利用程度比较低，规模比较小，在一些城市的个别小区、办公楼有所利用，还有利用浅层地温能进行种植、养殖等。

◆ 辽宁省

沈阳市是全国浅层地温能利用最典型供暖面积最大的城市。其供暖面积已超过6000万平方米，约占全市供热总面积的1/3。利用方式以地下水源热泵为主。大连市重视推广使用海水源地源热泵技术，并将其纳入供热行业管理。

——国土资源部，《我国浅层地温能开发利用情况调研报告》

◆ 北京市

北京市是我国浅层地温能应用最早的城市之一。截至2010年底，地源热泵项目数量已达到724个，实现供暖、制冷建筑物面积约为1957万平方米，约占集中供热面积的5%。每年可节约标煤15万吨，减少二氧化碳排放36.7万吨、碳粉尘10万吨、氮氧化物5528吨。

——全国地质环境管理工作会议（2011）资料

◆ 天津市

由于优越的地质和气候条件，天津市的浅层地温能资源得天独厚。截至2010年底，浅层地温能供暖建筑面积达350万平方米，占全市集中供暖面积的1.5%。利用方式以地埋管为主，约占项目总数的76%、面积总数的62%。

——《天津市浅层地热能开发利用规划研究报告》

◆ 河北省

截至2010年7月，全省重点城市利用浅层地热能项目约270个，其中地下水式187个。应用建筑类型有办公室、住宅、宾馆、商场和学校等，办公室和住宅占69.5%。应用程度比较高的为唐山市、石家庄市、保定市、邢台市、张家口市和承德市。

——国土资源部，《我国浅层地温能开发利用情况调研报告》

◆ 湖北省

地源热泵技术利用始于2000年，已在武汉市等地的80余栋建筑应用，建筑应用面积总共300万平方米。其中武汉市62栋建筑应用了地源热泵系统，采用地下水源热泵系统为36栋，面积125万平方米。地埋管地源热泵系统为26栋，面积110万平方米。

——第二届中国地源热泵行业高层论坛论文集

◆ 广东省

全省具有开发利用浅层地热能的城市以珠江三角洲地区为主。2010年，广州为筹备第16届亚洲运动会，利用地表水源，采用10台单机制热量超过2000千瓦的水源热泵机组，为约4.48万人、总建筑面积 140万平方米的亚运城提供热水和冷源。

——国土资源部，《我国浅层地温能开发利用情况调研报告》

◆ 各地浅层地温能开发利用经验

- 政府重视，成立专门的管理和技术支撑机构；
- 完善浅层地温能开发利用管理制度；
- 制定优惠政策，鼓励浅层地温能开发利用；
- 加强监管，规范浅层地温能开发利用。

## 【盘点 8】 召开全国地质环境管理工作会议，明确工作方向

2011 年 10 月 31 日，全国地质环境管理工作会议在江西省南昌市召开。会议总结了近年全国地质环境工作的成效和经验，梳理、查找存在的问题和薄弱环节，研讨、谋划了“十二五”期间及今后一段时期内，地质环境工作如何更加紧密地与经济社会发展相结合，更加主动地为经济社会发展服务。会议提出要着重解决项目从哪里来、成果提供给谁用的问题，建成多个信息、技术和科学研究中心，支撑地质环境工作服务经济社会发展。会议的召开对地质环境工作的改革发展具有十分重要的意义，更为新时期的地质环境管理工作指明了方向。目前，国土资源部已完成“关于促进地质环境工作更好服务经济社会发展的若干意见”起草工作。

### 地质环境的属性

地质环境与自然环境一样具有独特的自然属性、经济属性和社会属性。

- 地质环境的自然属性
  - 整合性；
  - 多种功能属性；
  - 自动调节性；
  - 反馈性。
- 地质环境的经济属性
  - 地质环境是人类生存发展的条件，是生产力的一个重要的要素，属于人类公共物品，占有、使用不具有排他性，人们关心的是其质量的保护；
  - 地质环境是一种无形的资产。
- 地质环境的社会属性

是指地质环境是人类社会中的一个重要组成部分，它不属于社会的某个人或某个群体，而属于整个人类。

——蒋承菘，《资源环境地质与行政管理》，第 251 ~ 第 253 页

# 基础与能力建设

大力加强能力建设，深入推进国土资源系统“创先争优”，“两整治一改革”取得明显成效；深入推进制度建设，部门联动探索基层国土资源管理体制改革，启动事业单位清理规范工作和国务院机构绩效管理试点；不断夯实管理基础，完善国土资源综合监管平台。

## 【盘点 1】 部门联动探索基层国土资源管理体制改革

为全面、客观了解自国土资源管理体制改革以来省级以下国土资源管理体制的运行情况，继2009年开展关于省级以下国土资源干部管理体制的调研之后，2011年7～10月，国土资源部会同中央机构编制委员会办公室针对省以下国土资源行政主管部门机构及编制管理情况开展了联合调研，旨在掌握省级以下国土资源行政主管部门在机构、编制管理上面临的主要问题，探索解决关键核心问题的有效途径，提升省级以下国土资源行政管理效能。期间，书面调研了23个省（自治区、直辖市）国土资源厅（局）；走访了新疆维吾尔自治区、江西省等的16个基层国土资源管理所；召开了36个省（自治区、直辖市）国土资源厅、市国土资源局人事处长座谈会；统计分析了35份省（自治区、直辖市）填报的《省级以下国土资源行政主管部门机构及设置情况调查表》。

调研反映，目前省级以下国土资源管理体制改革工作基本结束，省级以下国土资源管理的内设机构设置趋于合理、人员编制有所增加，强化了各级国土资源主管部门执法监察职能，有效改善了依法行政环境。但是，存在以下问题：

**在管理体制上，**各地正在进行的“大部制”改革对现行国土资源管理体制造成一定的冲击。此外，国土资源管理所担负着履行行政管理的职能，具有一定的国土资源执法权限，但国土资源管理所参公管理的比例只占13%，而且，多数国土资源管理所是自收自支单位，这就产生了基层国土资源管理所的机构性质和规格与工作任务不相适应的问题；

**在机构设置上，**部分县（市、区）在内设机构设置上与现有国土资源管理工作需求远远不相符，存在一人科、室、股（编制为一个人）的现象，出现了一个科股（室）要应对上级单位多个科室的情况，工作任务繁重是显而易见的；

**在人员编制上，**人员编制的动态管理机制滞后于增加的国土资源管理职能，基层国土资源管理部门超编、混岗混编的现象较为普遍。由此产生同工不同酬、工作不积极的现象。

### 国土资源机构及编制联合调研的背景

◆ 各地方开展的"大部制"改革冲击了基层国土资源管理体制。

2009年，广东省佛山市顺德区国土资源分局被撤并，其承担的大部分职责整合并入新组建的"国土城建和水利局"，土地利用总体规划和用地预审职责整合划入新组建的"发展规划和统计局"。新组建的"两个局"均由顺德区政府管理，并行使地级市国土资源管理工作权限。2010年，改革已推广到佛山市禅城、南海、三水、高明等区，将区国土资源分局职能整合、机构撤并，改为区政府管理，区国土资源分局与建设、规划、水务等部门一起整合新组建了"国土城建和水务局"，不再保留区国土资源分局。

◆ 基层国土资源管理队伍面临多种"生存危机"。

2011年5月9日，国土资源部网站发表的《国土所生存状态调查报告》显示：有极少数地区至今没有设置国土资源管理所，还存在"一人所"、"两人所"的情况，人员不足导致一些国土资源管理所形同虚设；基层国土资源部门接受双重管理，除开展本部门业务外，还要配合乡镇政府开展扶贫、抗旱防洪等工作，势必影响国土资源管理工作质量；以前是一个"婆婆"管，现在是多个"婆婆"管。在开展工作的同时，协调关系占了国土资源管理所相当大的精力。

◆ "何耘韬式难题"折射国土资源管理难点。

2011年6月14日，《中国国土资源报》发表评论《"何耘韬式难题"可解吗？》。"何耘韬式难题"具有典型的标本意义，从一个侧面反映了当下国土资源管理者的生存难题和尴尬处境——如何在保障发展与保护资源之间找到平衡点。

## 【盘点2】 国土资源部被列为国务院机构绩效管理试点单位

2011年6月，监察部印发的《关于开展政府绩效管理试点工作的意见》要求国土资源部、农业部、国家质量监督检验检疫总局进行国务院机构绩效管理试点。8月，国土资源部部长徐绍史主持召开第27次党组会议，专题研究审定了《国土资源部绩效管理试点工作方案》，明确了"总结提炼、学习研究、探索创新、简便易行"的十六字工作方针，要求举国土资源部之力搞好试点，为推行政府绩效管理制度提供经验和示范。《国土资源部绩效管理试点工作方案》明确绩效管理试点工作在国土资源部机关、督察局、直属事业单位范围内全面开展，中国地质调查局及其所属单位的绩效管理试点工作，由中国地质调查局按照国土资源部总体要求制订方案并组织实施。试点工作于2011年底进行阶段性评估，2012年底进行全面系统总结。

## 【盘点3】“两整治一改革”取得重要成果

2011年是国土资源系统开展“两整治一改革”活动的关键一年。2月25日召开的国土资源系统2011年“两整治一改革”工作视频会议强调，要在2010年廉政风险排查、防控体系建设和自查自纠工作的基础上，巩固拓展2010年“两整治一改革”工作成果，持续深入推进“两整治一改革”工作。

自国土资源系统开展“两整治一改革”工作以来，国土资源部党组高度重视，按月召开部党组会，专题听取“两整治一改革”工作情况汇报，研究部署下月工作。各级国土资源部门按照国土资源部党组的部署和要求，坚持把党风廉政和业务工作有机交融、深度结合，坚持把行政权力监管的薄弱环节作为党风廉政建设的重点区位，坚持把廉政风险防范管理作为党风廉政建设的重要抓手，坚持运用“制度＋科技”手段提高预防腐败的效能和水平，坚持抓机关带系统、以系统促领域。党政齐抓共管，集中解决了一批突出问题，健全完善了一批制度，取得成效显著：国土资源系统违法违纪案件易发多发势头得到有效遏制，行风政风建设水平进一步提升，党风廉政建设和反腐倡廉工作取得重要进展，实现了国土资源部党组提出的“两整治一改革”预期目标。

### “两整治一改革”取得重要成果

- 排查廉政风险点3664个，制定防控措施7469条；
- 地（市、州）国土资源管理部门负责人廉洁从政教育集中整训率达96%；
- 建成土地使用权、矿业权出让网上交易监管系统62个；
- 进一步规范权力运行，行政审批事项减少七成；
- 深化干部人事制度改革，交流轮岗干部7641人；
- 违法违纪案件被处理人数比2010年同期下降58%。

## 【盘点4】深入推进国土资源系统“创先争优”

2011年2月1日，中共中央政治局常委、中央书记处书记、国家副主席、中央军委副主席习近平，在《中共国土资源部党组关于2010年创先争优工作情况的报告》上作出重要批示。2月10日至3月4日，国土资源部先后召开部党组会议、专题会议、视频会议，传达学习中央领导同志重要批示精神，进一步推进创先争优工作。

**创新服务，国土资源部窗口单位创先争优工作务实显效。**国土资源管理涉及征地拆迁、矿山开发管理、地质灾害防治、抗旱找水打井、保障性住房供地保证等职能关系民生、关系人民群众切身利益，是直接服务人民群众的重要事项。国土资源部政务大厅、信访办公室、违法线索处理处作为窗口单位，立足岗位，心系民生，强化服务意识，精心设计抓手，在活动中充分发挥党员在推动发展、促进和谐、服务群众中的引领示范作用，将平凡的工作岗位打造成国土资源部普法宣传、阳光行政的重要阵地和服务社会、百姓的重要窗口。在中国共产党新闻网举办的“创先争优活动关注度排行榜”上，国土资源部窗口创先争优活动一直位居前列。

**培养树立典型，充分发挥典型引领示范作用。**一是积极挖掘、宣传国土资源系统涌现出来的先进典型，在国土资源部机关司局树立“高标准严要求快节奏，围绕中心业务立足岗位服务基层”的典型；在国家土地督察机构树立“恪尽职守、敢于碰硬、坚守红线”的典型；在国土资源部直属事业单位树立“服务发展攻坚克难”的典型。二是不断加大国土资源部直属机关先进基层党组织和优秀共产党员先进事迹的宣传力度，强化杨善洲、韦寿增同志和浙江省第七地质大队先进事迹的宣传，组织收看学习和座谈讨论。三是有序组织策划“中央媒体走进部委”主题宣传活动。中央媒体和中国国土资源报社对活动进行采访报道，在社会上产生了较大的影响。四是结合中央国家机关工委评选表彰“两优一先”活动，初选出54个先进基层党组织、107名优秀共产党员和47名优秀党务工作者，逐步形成了分层次“培树”宣传先进典型的工作格局，充分发挥典型引领示范作用。

**党建与业务融合，统一思想开展党性分析。**2011年3～6月，国土资源部在部属司局级单位集中开展“强党性、抓班子、带队伍、破两难”的主题党性分析活动，国土资源部党组带头示范，47个司（局）级领导班子全部参与，深入查找问题，分析原因，落实改进措施，进一步提升司局级领导班子的思想作风建设水平。党性分析过程中，根据业务工作薄弱环节所折射出的领导班子和干部队伍的思想作风问题，明确了当前和今后一段时期领导班子建设和干部队伍建设的着力点，把业务工作的薄弱环节作为党建工作的重要抓手成为共识。结合破解保障发展与保护资源的“两难”问题，在创先争优的平台上强党性、抓班子、带队伍、破“两难”，克服“两张皮”、避免“一般化”，努力实现创先争优活动脚踏实地，不走过场，为推动各项工作提供了强大精神动力。

**“联创齐争”下基层，多效合一破“两难”。**自2011年7月开始，国土资源部创先争优工作进入“完善提升”阶段，这一阶段的主要目标是提升创先争优活动的整体水平，主要工作内容是部省合作，探索“联创齐争”的有效模式，以多级联动合作的方式破解各地经济社会发展中的实际难题，深入推进国土资源管理改革发展。8月，国土资源部深入推进创先争优工作办公室发出倡议书，号召全系统学习“4+1联创齐争”模式，广泛开展创先争优“联创齐争”活动，联手共创先进基层党组织、齐心争做优秀共产党员。11月30日，中共国土资源部党组发布《关于在国土资源系统广泛开展创先争优“联创齐争”活动的指导意见》，就如何在国土资源系统广泛开展创先争优“联创齐争”活动，进一步构筑具有国土资源特色的创先争优机制，加强队伍建设，服务地方经济社会发展，提升为民服务水平，提出指导意见。“联创齐争”通过树立典型，激励大家立足岗位创先争优。开展对基层先进典型的表彰和学习活动，对于加强国土资源系统创先争优和加强队伍建设意义重大。一方面，有助于激励国土资源系统干部职工牢记使命，出色完成各项工作；另一方面，有助于营造风清气正的工作环境，树立国土资源系统的良好形象。

## 【盘点 5】 不断完善国土资源综合监管平台

2010 年国土资源综合信息监管平台的建立，有力地推动了监管方式的根本转变，使我国初步实现了对土地资源和矿产资源的全程监管，增强了国土资源管理的及时性、准确性和全面性。

2011 年 8 月 30 日，国土资源执法视频监控网建设现场观摩暨推广会在天津市召开。河北省唐山市、山西省河津市等 15 个地区成为土地视频监控试点地区；内蒙古自治区白云鄂博铁矿重点矿区、陕西省榆神煤炭国家规划矿区等 10 个矿区成为矿产视频监控试点矿区。通过现代科技手段，实现对基本农田保护区、国家重点矿区、国土资源领域违法行为易发区不间断监管，使国土资源执法监察不受天气、昼夜变化的影响，降低了执法调查难度，缓解了日常执法压力，对违法行为震慑作用明显。

### 天津市试点违法用地视频监控

◆ 背景

近年来，国土资源部已经在全国开展“天上看、地上管、网上查”的监管模式，2009 年度更是首次实现卫片执法检查全国覆盖，多种监管手段的结合使违法违规用地的态势逐年好转。但是，不能否认的是，这些监管模式还是有各自的缺点。天津市国土资源和房屋管理局反映，不能在第一时间及早发现违法违规用地，是卫星遥感图片的一大缺点。

◆ 进展

视频监控点一般设立五个边界：基本农田周边；省、区、县交界边；乡、镇、村公路边和村宅基地周边；开发区和工业园区周边；曾经多次发生违法用地的区域周边。目前天津市已经建设了 70 余个监控点，计划在 2011 年底前建成 200 个，监控范围可以覆盖基本农田 150 万亩。

◆ 成效

- 监管方便、准确；
- 与地上的巡查监管相比，视频监控网的费用大幅度降低；
- 监管效能高，从 2010 年 8 月建立监控点以来，天津市的违法违规用地同比下降了 2 成多，蓟县已经有 5 个监控点开始运行。

10 月，国土资源部发布《关于开展 2011 年度全国土地变更调查与遥感监测工作的通知》（国土资发〔2011〕155 号），部署开展 2011 年度全国土地变更调查与遥感监测工作。这一工作是新机制下土地管理制度的革新，国家变被动接受地方数据为主动监测，实现了国土资源管理方式从“以数管地”到“以图管地”的转变，满足“批、供、用、补、查”全信息的“一张图”工程，夯实了国土资源监管的基础。

11 月，国土资源部下发《全国土地变更调查工作规则（试行）》。该规则强调，全国土地变更调查工作应充分运用国土资源遥感监测全国“一张图”和土地“批、供、用、补、查”用地管理及矿产资源勘查开发监管等综合监管信息，减少年度变更调查工作量，节约成本，提高效率。全国土地变更调查，目的在于掌握年度土地利用现状变化情况，保持全国土地调查数据和国土资源遥感监测全国“一张图”信息的准确性和适时性，满足国土资源管理和经济社会发展的需要。

## 【盘点 6】 启动事业单位清理规范工作

2011 年 3 月 23 日，中共中央、国务院发布《关于分类推进事业单位改革的指导意见》，要求在清理规范的基础上，按照社会功能将现有事业单位划分为承担行政职能、从事公益服务和从事生产经营活动，承担行政职能的，转为行政机构；从事公益服务的保持事业单位编制不变；从事生产经营活动的转为企业。这标志着事业单位分类改革正式推进。此次事业单位改革的目标任务是到 2015 年全面建立聘用制度，完善岗位管理制度，普遍推行公开招聘制度和竞聘上岗制度，建立健全考核奖惩制度；到 2020 年，形成健全的管理体制、完善的用人机制和完备的政策法规体系。分类推进事业单位改革，是推进政府职能转变、建设服务型政府的重要举措，是提高事业单位公益服务水平、加快各项社会事业发展的客观需要。

7 月 24 日，国务院办公厅下发《国务院办公厅关于印发分类推进事业单位改革配套文件的通知》（国办发〔2011〕37 号），印发了分类推进事业单位改革《关于事业单位分类的意见》等 9 个配套文件，明确了事业单位类别划分的原则、程序，承担行政职能的事业单位如何改革，事业单位编制如何管理，事业单位如何建立完善法人治理结构，财政政策如何过渡，从事生产经营转为企业的事业单位有关政策，改革中如何加强国有资产管理，事业单位人员收入如何改革，事业单位试行职业年金，事业单位深化人事制度等。关于有关事业单位改革的基础配套政策、文件基本上准备到位。

7 月初，国土资源部启动了部属事业单位清理规范工作。此次清理规范工作的重点是摸清机构、编制、人员和经费来源等情况。清理过程中，将对机构设置和实际运行存在突出问题的事业单位，分别予以撤销或整合。予以撤销的事业单位包括：对未按机构编制管理规定擅自设立的；承担的特定工作任务已完成或履行职责的法定依据已消失的；批准设立两年以上未正式组建或未开展工作的机构。通过清理规范，可以全面掌握事业单位机构编制执行情况，摸清底数，解决存在的突出问题，进一步规范机构编制管理，优化资源配置，打掉长期存在的一些“空壳”和“浮沫”，为下一步分类推进事业单位改革奠定基础。

## 【盘点 7】 科技创新提升国土资源管理支撑能力

**"青藏高原地质矿产调查与评价专项"完成阶段性目标。**通过十余年努力，青藏高原地质理论创新与找矿项目取得了重大突破，得到国务院领导同志的充分肯定。2011年，在青海省西宁市召开了青藏高原地质矿产调查与评价专项2011年工作会议。会议全面总结了"青藏高原地质矿产调查与评价专项"工作实施以来所取得的经验和成效，对下一步"青藏高原地质矿产调查与评价专项"工作作了全面部署。目前"青藏高原地质矿产调查与评价专项"已实现阶段性目标，成为服务地方经济发展的重要助推器、重塑矿产资源开发格局的重要保障和推动地质找矿突破的重要平台。

### "青藏高原地质理论创新与找矿重大突破"获国家科技成果特等奖

"青藏高原地质理论创新与找矿重大突破"项目（简称"青藏项目"）集成成果，被授予2011年度唯一一项国家科技进步奖特等奖。

- 首次发现冈底斯、念青唐古拉、班公湖—怒江三大巨型成矿带；
- 新发现32个大型、超大型矿床，潜在经济价值2.7万亿元；
- 新增资源储量包括铜3194万吨、铅锌1519万吨、金569吨、银23015吨。

**大陆构造与动力学实验室首次摘牌国家重点实验室。**不仅在更高层次实现了该领域的开放交流和资源共享，而且为找矿突破搭建了强有力的科技平台，也必将在提高资源保障的大局中发挥越来越重要的作用。

**国土资源科技统计夯实国土资源管理基础。**国土资源科技统计是国土资源管理中一项重要的基础性工作。2011年，依据《国土资源统计工作管理办法》和《国土资源统计报表制度》的有关要求，国土资源部组织开展2010年度国土资源科技统计调查工作。通过加强国土资源科技统计和管理，不断提升国土资源管理科技支撑能力。

# 当前国土资源经济形势

# 宏观经济形势

2011年，我国实施积极的财政政策和稳健的货币政策，GDP增速延续回落态势，CPI（消费价格指数）增速放缓，贸易顺差收窄，宏观经济继续朝着调控的预期方向发展。但是，经济发展过于依赖投资、资源利用粗放和单位GDP用地率偏高的问题仍然没有发生根本性的变化，需要进一步加快经济发展方式转变的步伐，为实现“十二五”规划目标打好基础。

## 【1 经济增长】GDP增速延续回落态势

2011年，全年国内生产总值471564亿元，按可比价格计算，比2010年增长9.2%，经济增速呈逐季回落态势，四个季度同比增长分别为9.7%、9.5%、9.1%和8.9%。从外围来看，世界经济复苏的进程2011年遭受到挫折：美国经济受失业率居高不下、消费需求不足、房地产市场停滞等因素的制约，继续低速徘徊；“欧债”危机继续漫延，在导致经济停滞的同时，诱发了社会问题。外围环境的不确定性及世界经济下行风险对我国经济增长产生一定的不利影响。国内方面，由于保障性住房供地的增加及国家调控政策，房地产价格开始回落，对经济增速减缓也起到了直接的作用。

分区域看，中西部经济增长表现优异。2011年，湖北省GDP增速达到13.8%；重庆市GDP增速16.4%；浙江省只有9%；广东省为10%。中西部地区经济增速明显高于东部地区，显示我国经济结构调整取得一定成效。从城乡发展看，2011年，中国大陆城镇人口首次超过了乡村人口，城镇人口占全国总人口比例达到51.27%。城镇化的不断推进仍会持续给土地供需管理带来压力。今后，仍将有大量乡村人口涌向城镇，经济增长、保障就业、调整结构和稳定消费等方面的问题仍将长期存在。

对2012年中国经济增长的展望，国际机构也给出了预测，总体上认为2012年中国GDP增长速度将延续回落态势。高盛集团在报告中称，中国经济增长放缓的程度和

**国内外权威机构预测我国2012年经济增速** 单位：%

| 类型 | 国际机构 | | | | | | 国内机构 | | | | |
|---|---|---|---|---|---|---|---|---|---|---|---|
| 预测机构 | 国际货币基金组织(IMF) | 世界银行 | 高盛集团 | 美国银行 | 美林银行 | 渣打银行 | 中国社会科学院 | 中国科学院 | 中国人民银行 | 清华大学 | 分析小组 |
| 2012 | 9.0 | 8.4 | 9.2 | 8.6 | 8.7 | 8.5 | 8.5 | 8.5 | 8.5 | 8.5 | 8.5 |

范围都超出该机构此前的预期。渣打银行也在研究报告中将2012年中国GDP增速从此前的10%下调至8.5%。我们结合各方面数据，预计2012年中国GDP增速在8.5%左右，并建议在政策落实上应当更加注意投资项目与土地供应的衔接，确保“十二五”期间达到单位GDP建设用地降低30%的目标。

## 【2 生产投资】 固定资产投资增速仍处高位

由于中国经济增长的结构性缺陷依然存在，在消费未能有效改善的情况下，外需的下滑使得增长更多地依赖投资来完成。2011年，我国固定资产投资（不含农户）为301933亿元，增长23.8%；农户投资9089亿元，增长15.3%。分区看，东部地区投资比2010年增长20.1%；中部地区投资增长27.5%；西部地区投资增长28.7%；东北地区投资增长30.4%。中西部和东北投资增速明显超过东部。

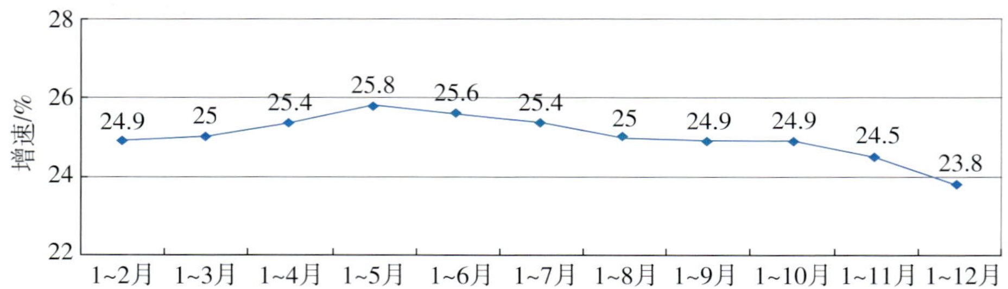


**2011年我国固定资产投资（不含农户）增速**

数据来源：国家统计局。

从制造业领域看，由于欧美经济环境恶化对中国经济构成影响，2011年中国制造业采购经理指数（PMI）曾一度降至2009年3月以来的最低点，11月则达到49%，低于50%的临界值。从11个分项指数来看，与10月相比，只有产成品库存指数、进口指数上升，其余各指数均有所回落，其中新订单指数、新出口订单指数回落幅度较大，超过2%，均回落到50%以内。但是，12月，中国制造业采购经理指数（PMI）则为50.3%，回到临界点之上。截至2012年2月，PMI继续回升至51%，连续三个月位于

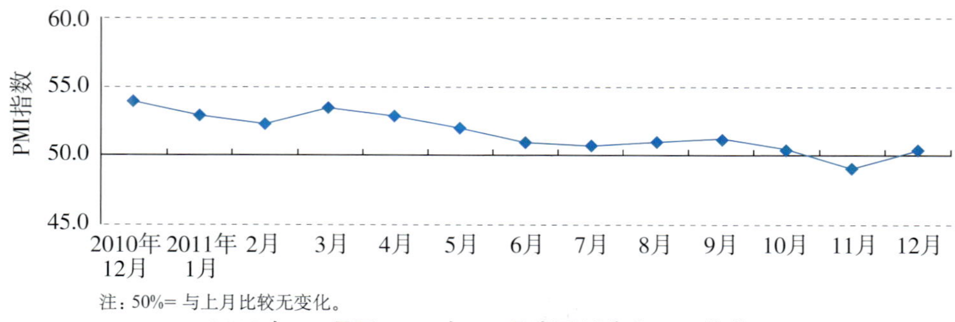


注：50%=与上月比较无变化。

**2010年12月至2011年12月我国制造业PMI指数**

数据来源：国家统计局。

50% 扩张与收缩的临界点以上。这表明 2012 年春节后生产加快，采购活动趋于活跃，制造业经济总体保持平缓增长。

总体上看，由于我国城镇化、工业化和农业现代化正在快速推进，整个“十二五”期间，人口将会继续不断向城镇集聚，资源承载压力不断加大。但我国一些体制性结构性的矛盾还没有得到根本解决，发展方式依然粗放，投资与消费结构仍不合理，资源环境约束进一步强化。今后应当更加注意国内资源要素价格矛盾，加快经济结构调整，落实节约优先战略，尽可能避免一些领域盲目投资、产能过剩等问题。

## 【3 居民消费】 前期消费热点降温使 CPI 增速放缓

2011 年，政府采取了一系列稳定市场供应、降低流通成本、整顿市场价格秩序的政策措施，物价较快上涨的势头基本得到控制。CPI 增速从 7 月 6.5% 的高点逐步回落至 12 月 4.1% 的低点（2012 年 1 月小幅回升至 4.5%）。但在 2011 年末就业形势依然较好、工资增长较快的情况下，居民收入将进一步提高，对保持消费增长具有重要支撑作用。2011 年，我国还对个人所得税等作出调整。这些都有利于增强消费者的信心。

**2011 年我国 CPI 增速变化表** 单位：%

| | 1月 | 2月 | 3月 | 4月 | 5月 | 6月 | 7月 | 8月 | 9月 | 10月 | 11月 | 12月 |
|---|---|---|---|---|---|---|---|---|---|---|---|---|
| CPI | 4.9 | 5.4 | 5.4 | 5.3 | 5.5 | 6.4 | 6.5 | 6.2 | 6.1 | 5.5 | 4.2 | 4.1 |
| 城市 | 4.8 | 4.8 | 4.9 | 5.2 | 5.3 | 6.2 | 6.2 | 5.9 | 5.9 | 5.4 | 4.2 | 4.1 |
| 农村 | 5.2 | 5.5 | 5.5 | 5.8 | 6.0 | 7.0 | 7.1 | 6.7 | 6.6 | 5.9 | 4.3 | 4.1 |

2012 年，受全球经济增长放缓影响，输入型通货膨胀压力可能有所缓解，同时我国经济增长放缓趋势明显，再加上 2011 年整体通货膨胀速度高于此前预期导致 2012 年的同比基数上升，因此，2012 年的 CPI 上涨幅度将会有所减缓，预计全年通货膨胀速度将呈现回落态势。由于通货膨胀生成原因复杂，2012 年通货膨胀率仍有可能维持在较高水平，因此应当时刻保持警惕通货膨胀的威胁。

## 【4 金融政策】 货币政策“稳健”并可能适度“微调”

**我国货币政策从“适度宽松”转为“稳健”。**2010 年末的中央经济工作会议，对 2011 年货币政策表述是从“适度宽松”转为“稳健”，这是对流动性过于宽松、物价屡创新高的积极应对。2011 年 11 月 16 日，中国人民银行发布第三季度货币政策执行报告指出，继续实施稳健的货币政策，并首次提出适时适度进行预调微调，这预示着货币政策的指向已发生变化。随后，中国人民银行宣布从 2011 年 12 月 5 日起，下调存款类金融机构人民币存款准备金率 0.5 个百分点。此次下调距离中国人民银行上次上调存款准备金率不到半年时间，也是中国人民银行2008年12月至此时近三年来首次下调存款准备金率。相关专家并不认为这是货币政策发生转向的标志，实行的仍是稳健的货币政策。截至2011年末，2011年共三次上调金融机构人民币存贷款基准利率，六次上调存款类金融机构人民币存款准备金率，一次扩大存款准备金上缴基数。

**从紧的金融政策正在“选择性放宽”，预计2012年中国的金融政策不会很宽松，但也不会比2011年更紧。**2011年，中国人民银行发布的第一、第二季度货币政策执行报告中重点提出“把稳定物价总水平作为宏观调控的首要任务”，2011年的经济形势，特别是第三季度货币政策执行报告显示，此任务有淡出的趋势，而调结构和稳增长的重要性凸显。一系列措施使经济增长由政策刺激向自主增长有序转变。在2011年上海

**有关中国人民银行2011年12月自2008年12月以来首次下调存款准备金率的专家评论**

| 专　家 | 主　要　观　点 |
|---|---|
| 中央财经大学教授郭田勇 | 中国人民银行下调准备金率不应理解为货币政策发生方向性变化。2011年10月外汇占款减少导致银行体系流动性净流失，财政收入大幅增加及其先收后支的特点亦使部分银行出现存款阶段性减少，因此中国人民银行下调存款准备金率可谓流动性对冲政策。展望未来，考虑到物价尚在高位、结构调整、房地产调控等因素，政策仍需保持稳健。 |
| 中国银行首席经济学家曹远征 | 并不认为这是货币政策转变的标志。通货膨胀依然是中国经济面临的“头号敌人”，过快放松货币政策不利于经济的增长。 |
| 中国人民银行货币政策委员会委员夏斌 | 下调存款准备金率并不意味着放松“银根”，也不是放松房地产调控，中国仍有巨量的货币存量，这决定了今后几年都必须实行稳健的货币政策。 |
| 中国银行战略发展部副总经理宗良 | 当前的货币政策导向依然是稳健的，2011年内乃至2012年初都不可能全面放松。 |

**2011年我国货币政策调整一览表**

| 序号 | 日期 | 项　目 |
|---|---|---|
| 1 | 1月20日起 | 中国人民银行上调存款类金融机构人民币存款准备金率0.5个百分点 |
| 2 | 2月9日起 | 中国人民银行上调金融机构一年期存贷款基准利率0.25个百分点，其他期限档次存贷款基准利率及个人住房公积金贷款利率作相应调整 |
| 3 | 2月24日起 | 中国人民银行上调存款类金融机构人民币存款准备金率0.5个百分点 |
| 4 | 3月25日起 | 中国人民银行上调存款类金融机构人民币存款准备金率0.5个百分点 |
| 5 | 4月6日起 | 中国人民银行上调金融机构人民币存贷款基准利率0.25个百分点，其他期限档次存贷款基准利率及个人住房公积金贷款利率作相应调整 |
| 6 | 4月21日起 | 中国人民银行上调存款类金融机构人民币存款准备金率0.5个百分点 |
| 7 | 5月18日起 | 中国人民银行上调存款类金融机构人民币存款准备金率0.5个百分点 |
| 8 | 6月20日起 | 中国人民银行上调存款类金融机构人民币存款准备金率0.5个百分点 |
| 9 | 7月7日起 | 中国人民银行上调金融机构人民币存贷款基准利率0.25个百分点，其他期限档次存贷款基准利率及个人住房公积金贷款利率作相应调整 |
| 10 | 9月5日起 | 中国人民银行扩大存款准备金上缴基数范围 |
| 11 | 12月5日起 | 中国人民银行下调存款类金融机构人民币存款准备金率0.5个百分点（为近三年来首降） |

金融博览会“卓信财富论坛”上，中国国民经济研究所所长樊纲预计，2012 年中国金融政策不会很宽松也不会更紧。摩根大通董事总经理李晶也认为，虽然中国短期内金融政策整体放松的可能性不大，但中国从紧的金融政策正在“选择性放宽”。在 2012 年 2 月举行的全国政策咨询会议上，国务院发展研究中心金融研究所所长张承惠认为，2012 年我国货币政策由偏紧向“适度”回归。为保证 2012 年“稳中求进”总方针的实现，全年流动性会比 2011 年宽松。

## 【5 外贸环境】 贸易顺差继续“收窄”，国别差异明显

**我国贸易顺差继续收窄，外贸进出口增幅呈现前高后低走势。**据中国海关统计，2011 年 12 月，我国出口总额 1747.2 亿美元，增长 13.4%；进口额 1582 亿美元，增长 11.8%，进出口增速延续此前下行趋势，双双创下两年多来的低点。在“扩大进口”政策的引导下，2011 年我国外贸进出口总值 36420.6 亿美元，同比增长 22.5%。其中：出口 18986 亿美元，增长 20.3%；进口 17434.6 亿美元，增长 24.9%。贸易顺差比 2011 年净减少 263.7 亿美元，在 2010 年同比收窄 7.2% 的基础上继续收窄 14.5%，达 1551.4 亿美元，这已经是我国外贸顺差连续第三年收窄，顺差额也为 2006 年以来的最低值。2011 年我国进出口增幅呈现前高后低走势。

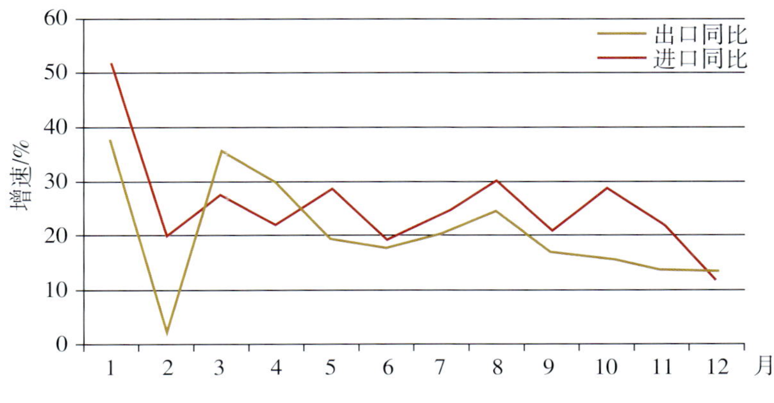


2011 年各月我国进出口同比增速

**2011 年我国进出口情况简表**

| 项 目 | 12月 | | 1～12月累计 | |
|---|---|---|---|---|
| | 绝对值/亿美元 | 同比增幅/% | 绝对值/亿美元 | 同比增幅/% |
| 进出口总值 | 3329.2 | 12.6 | 36420.6 | 22.5 |
| 出口总值 | 1747.2 | 13.4 | 18986.0 | 20.3 |
| 进口总值 | 1582.0 | 11.8 | 17434.6 | 24.9 |
| 进出口差额 | 165.2 | 31.0 | 1551.4 | －14.5 |

**我国对新兴市场国家贸易增长强劲，贸易伙伴多元化成效明显**。2011年，我国对欧、美、日传统市场增长平稳，对新兴市场国家贸易增长强劲，贸易伙伴多元化成效。我国与欧盟双边贸易总值达5672.1亿美元，增长18.3%，较同期进出口总体增速低4.2个百分点。与美国双边贸易总值达4466.5亿美元，增长15.9%，较同期进出口总体增速低6.6个百分点。与日本双边贸易总值达3428.9亿美元，增长15.1%，较同期进出口总体增速低7.4个百分点。同时，我国与东盟双边贸易总值为3628.5亿美元，增长23.9%，高出同期我国进出口总体增速1.4个百分点；对巴西、俄罗斯和南非等国家双边贸易进出口总值分别为842亿、792.5亿和454.3亿美元，分别增长34.5%、42.7%和76.7%，均高于同期我国总体进出口增速。这表明我国对新兴市场国家贸易增长强劲。

**2012年外贸形势不容乐观**。国家发展改革委对外经济研究所所长张燕生认为2012年的外贸形势不容乐观。美银美林集团报告指出，由于欧元区经济疲软，我国未来几个月出口增速可能进一步回落至接近10%的个位数；受益于强劲的国内需求，进口则增速保持在两位数水平。交通银行预测，受国内外经济减速影响，预计2012年我国出口增长将回落至10%左右，进口增速亦将有所放缓。商务部新闻发言人沈丹阳表示，由于2012年国内外环境变化对我国外贸的影响仍在继续，第一季度外贸形势将非常严峻。

# 土地经济形势

2011 年土地供给平稳，刚性需求上升，供需矛盾突出。保障性住房用地落实到位，提前完成 1000 万套年度计划。土地市场遇冷，地价增速回落，130 个主要城市土地出让收入同比下滑 11%。耕地保护方面，10 年间新增耕地 286.16 万公顷。土地违法形势严峻，全国 2665 名责任人受处，涉及土地面积 65.6 万亩。房产方面，国房景气指数同比下跌 2.8%，房价松动。预计 2012 年土地总体供需形势好于 2011 年，但是供需矛盾仍然较大，主要原因除了客观存在的刚性需求外，受到 2011 年 12 月 5 日起存款准备金率首次下调 0.5%，货币政策可能松动的影响，土地供应面临新的压力。

## 【1 土地供需】 土地供需矛盾突出，刚性需求上升

**土地刚性需求上升，供需矛盾突出**。2002 ~ 2011 年累计供应建设用地 427.31 万公顷。2011 年，国土资源部经实地调研发现，31 个省（自治区、直辖市）全年用地需求总计 1616 万亩，远远大于年度 670 万亩（44.67 万公顷）的计划指标，多数反映下达指标只能满足其需求的 1/3。2011 年，全国安排新增建设用地计划指标同比增长 16.25%，全年土地供应量同比增长 37%，有力保障了经济社会发展需求。

2011 年，全国固定资产投资继续稳步增长，基础设施建设项目投资强劲，土地需求旺盛，土地供应结构变化明显，供需矛盾依旧突出。2011 年，固定资产投资（不含农户）301933 亿元，比 2010 年增长 23.8%。2011 年全国建设用地供应 58.77 万公顷，

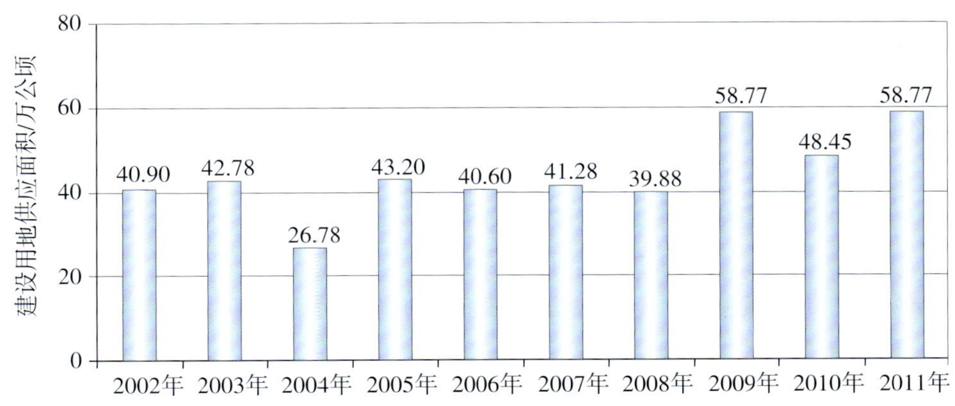


**2002 ~ 2011 年我国建设用地供应情况**

数据来源：《中国国土资源公报》，2002 ~ 2010 年。

同比增长 37.2%。从供应结构看，工矿仓储用地为 19.27 万公顷、房地产用地为 16.72 万公顷、基础设施等用地为 22.78 万公顷，分别占供应总量的 32.7%、28.5% 和 38.8%。在国家重点发展水利等政策带动下，基础设施用地数量和占比增长明显，同比提高 10.2 个百分点。

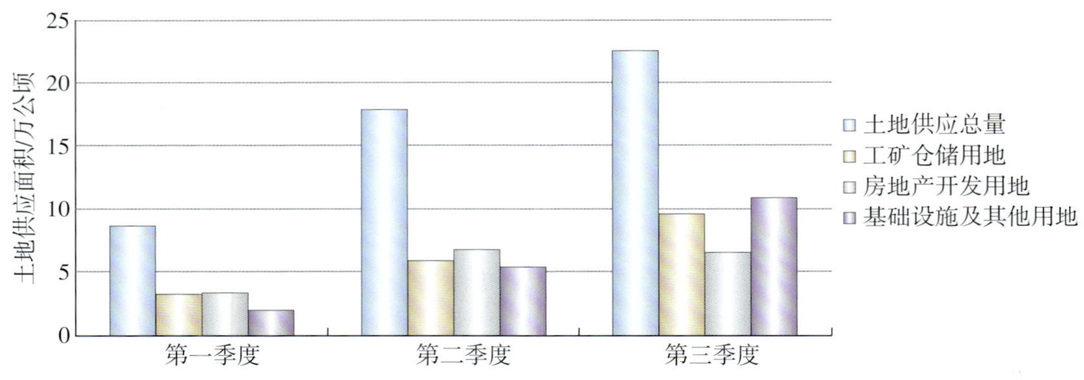


**2011 年前三季度全国土地供应情况**

数据来源：国土资源部调控和监测司。

“十二五”期间，随着国家经济发展和居民收入水平的提高，人们生活和消费水平得到提升，社会消费结构和方式悄然转型，对第三产业、基础设施、住房等方面的用地需求将大幅度增加。综合有关部门对人口城镇化水平的预测和交通、水利、能源等基础设施建设规划，按照从严用地的标准测算，“十二五”时期，全国建设用地需求总量约为 4659 万亩，年均将达到 932 万亩，比“十一五”期间增加 1/3 左右。“十二五”期间土地供需矛盾将更为突出。

**保障性住房用地落实率超 100%，提前完成 1000 万套年度计划**。为落实中央保障性住房用地政策，2011 年，国土资源部先后就加强土地供应调控、切实落实保障性安居工程用地等作出部署，要求各地加大土地供应结构调整力度，做好保障性安居工程建设用地供应管理，对列入年度供地计划的保障性住房用地要应保尽保。2011 年，全国住房用地计划中保障性安居工程用地计划 7.74 万公顷，占住房用地计划的 35.5%[1]。截至 2011 年 10 月 14 日，全国保障性安居工程建设用地落实率超过 100%，超额完成 2011 年中央下达的保障性安居工程用地落实任务。2011 年保障性住房用地供应 2.84 万公顷，同比增加 37.7%，占住宅用地总量的 22.7%。

**土地市场遇冷，供地结构持续调整，土地出让收入同比下滑 11%**。2011 年，国内大部分城市的土地出让收入大幅下调，土地流标事件频发。全国 130 个城市共推出土地出让面积 137359 万平方米，同比增加 6%；成交土地面积 108456 万平方米，同比增加 9%。2011 年全国地价总体呈缓升态势。2011 年第四季度，全国主要监测城市地价

---

[1] 7.74 万公顷供地计划是 2011 年初根据地方政府自行上报数汇总得来的总量。国土资源系统测算结果为需要建设用地 41863 公顷。

**我国各省（自治区、直辖市）保障性住房用地落实情况**

| 省（自治区、直辖市，含兵团） | 合计落实用地面积/公顷 | 用地落实率/% |
|---|---|---|
| 北京市 | 1180.00 | 108 |
| 天津市 | 817.10 | 101 |
| 河北省 | 1480.54 | 116 |
| 山西省 | 1695.65 | 109 |
| 内蒙古自治区 | 1925.03 | 98 |
| 辽宁省 | 1440.00 | 100 |
| 吉林省 | 845.92 | 101 |
| 黑龙江省 | 3462.57 | 96 |
| 上海市 | 1002.00 | 111 |
| 江苏省 | 2660.00 | 102 |
| 浙江省 | 997.92 | 99 |
| 安徽省 | 2082.61 | 99 |
| 福建省 | 881.39 | 110 |
| 江西省 | 1012.80 | 99 |
| 山东省 | 2127.48 | 102 |
| 河南省 | 2679.68 | 100 |
| 湖北省 | 1163.00 | 99 |
| 湖南省 | 1605.22 | 92 |
| 广东省 | 815.86 | 105 |
| 广西壮族自治区 | 758.33 | 109 |
| 海南省 | 430.29 | 98 |
| 重庆市 | 1086.40 | 103 |
| 四川省 | 1165.18 | 100 |
| 贵州省 | 1067.21 | 100 |
| 云南省 | 1106.00 | 96 |
| 陕西省 | 2080.00 | 100 |
| 甘肃省 | 595.66 | 104 |
| 青海省 | 838.00 | 156 |
| 宁夏回族自治区 | 661.77 | 100 |
| 新疆维吾尔自治区 | 1949.18 | 100 |
| 新疆生产建设兵团 | 1001.00 | 100 |
| 合　计 | 42613.80 | 102 |

注：西藏自治区除外，统计时间截至2011年10月14日。
资料来源：《2011 年中央下达保障性安居工程任务用地落实情况公告》。

总体水平为3049元/米²，商服用地、住宅用地、工业用地的地价分别为5654元/米²、4518元/米²和652元/米²；环比增长率分别为0.29%、0.69%、0%和0.44%；同比增长率分别为5.94%、9.02%、6.58%和3.88%。

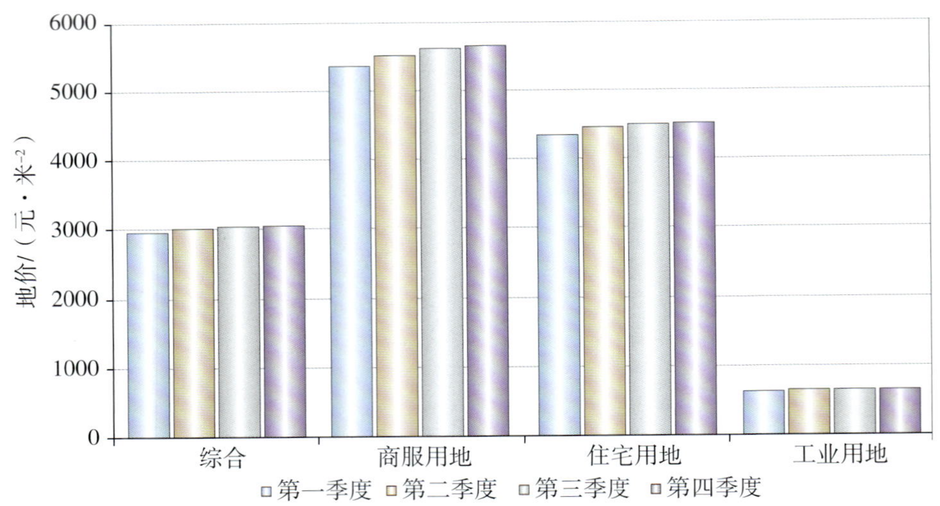


**2011年各季度全国主要城市地价情况**

数据来源：中国土地勘测规划院。

根据公开数据的统计显示，2011年全国130个城市土地出让收入总额为19052.3亿元，同比减少11%。其中住宅类用地（含住宅用地及包含住宅用地的综合性用地）12666.8亿元，同比减少23%；商办类用地4248.7亿元，同比增加24%；工业用地1947.1亿元，同比增加38%；其他用地189.7亿元，同比增加43%。上海市土地出让收入1270亿元，位居全国第一，但与2010年相比减少16.1%；北京土地出让收入过千亿元，同比减少35.7%，降幅非常明显。

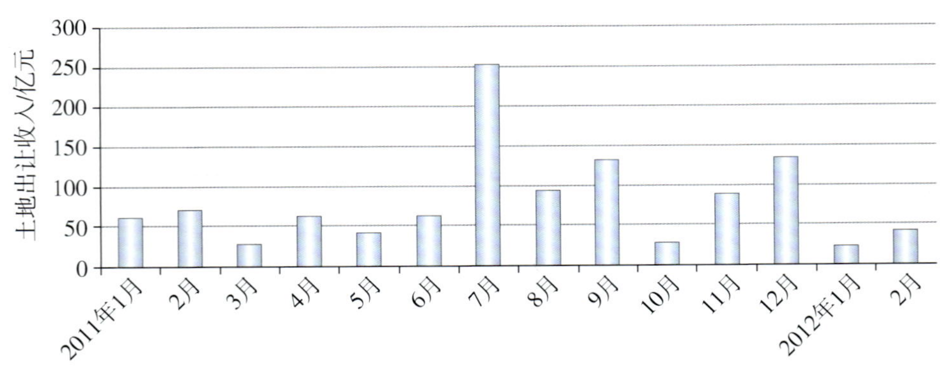


**2011年1月至2012年2月北京市土地出让收入情况**

数据来源：中国指数研究院。

据中原（中国）地产研究中心统计，2011年，130座城市土地流标近900宗，同比上升221%，其中住宅类土地流标达到420宗，同比上升223%。各类型土地溢价率均

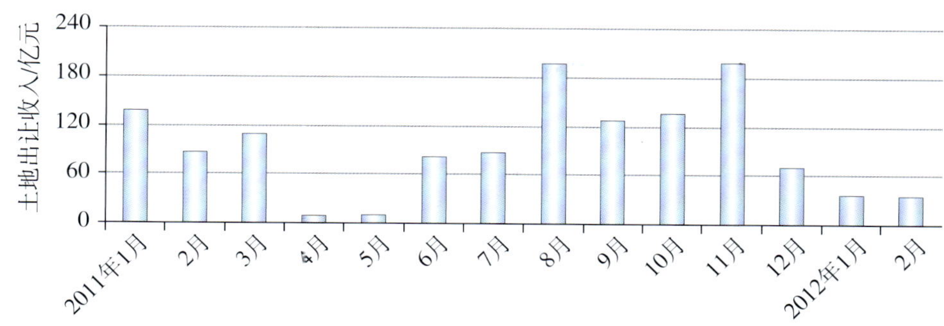


**2011 年 1 月至 2012 年 2 月上海市土地出让收入情况**

数据来源：中国指数研究院。

有不同程度下降，其中住宅用地降幅最为明显。2011 年全国 130 个城市土地平均溢价率 12%，同比减少 16 个百分点。其中：住宅类用地平均溢价率 13%，同比下降 20 个百分点；商办类用地平均溢价率 16%，同比下降 4 个百分点。

2011 年，住宅类用地供应量占土地供应总量的 36%，较 2010 年 43% 的比例明显减少，土地供应量上涨主要是受工业用地与商办用地增加的影响。成交结构以工业用地为主，占总成交量的53%；住宅用地占总量的34%，较2010年44%的比例明显减少。

## 【2 耕地保护】 耕地面积保持稳定，但灾毁耕地面积扩大

**10 年间新增耕地 286.16 万公顷**。为促进耕地保护，增加高产稳产基本农田和改善农村生产生活条件，国土资源部在全国有计划地对田、水、路、林、村进行土地综合整治，加大土地复垦力度，对坚守 18 亿亩耕地红线起到了至关重要的作用。10 年间，全国新增耕地 286.16 万公顷，保持了耕地面积基本稳定。

**耕地灾毁损失严重**。2011 年，我国大部分省份在不同时段、不同程度地发生了一些自然灾害，造成耕地破坏，农作物减产。截至 5 月底，全国耕地受旱面积 1.044 亿亩（696

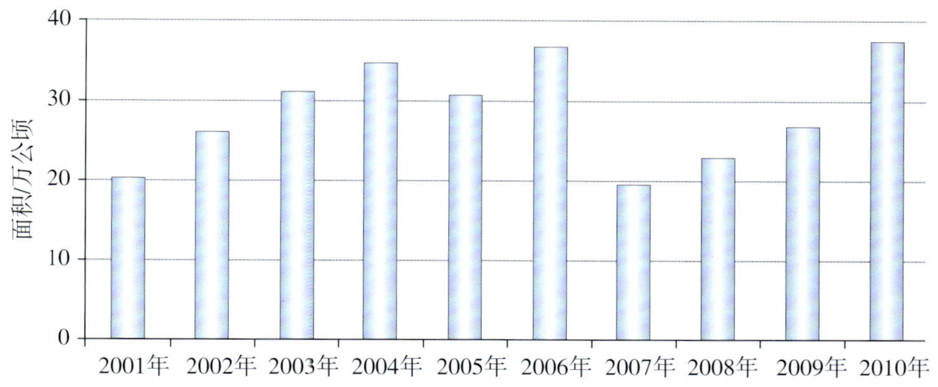


**2001 ~ 2010 年全国新增耕地情况**

数据来源：《中国国土资源公报》，2001 ~ 2010 年。

万公顷），其中湖北、湖南、江西、安徽、江苏五省旱情较为严重；截至6月下旬，南方暴雨共造成江苏、浙江等13个省（自治区、直辖市）86个市（州）510个县（市、区）发生洪涝灾害，全国农田受灾面积超过1130万公顷。8月下旬，嘉陵江洪水造成6100公顷农田受灾。连续强降雨，导致鲁南部分地区40余个乡（镇）53000公顷田受灾。2011年1～9月，各类自然灾害共造成农作物受灾面积3882.6万公顷，其中绝收380.4万公顷；直接经济损失3028.1亿元。全国31个省（自治区、直辖市）的2700余个县（市、区）和新疆生产建设兵团部分团场不同程度受灾。10月，全国农作物受灾面积40.74万公顷，其中绝收1.92万公顷。

**超级水稻攻关突破有望提高耕地利用效率**。9月20日，杂交水稻之父袁隆平院士指导的超级稻第三期目标亩产900千克高产攻关获得成功，其隆回县百亩试验田亩产达到926.6千克，创我国大面积水稻亩产最高纪录。这对我国未来的粮食生产和耕地节约具有里程碑的意义。

《中华人民共和国国民经济和社会发展第十二个五年规划纲要（2011—2015年）》要求规划期末耕地保有量保持在18.18亿亩，保红线压力很大。因此，必须继续坚持最严格的耕地保护制度，从严控制各类建设占用耕地，落实耕地占补平衡，实行先补后占，确保耕地保有量不减少。进一步深化农村土地整治，加快土地整理复垦，扎实推进“保发展、保红线”工程。同时，优化土地利用结构，减少耕地占用率。稳定粮食播种面积、优化品种结构、提高单产和品质，广泛开展高产创建活动。

## 【3 土地违法】 土地违法形势严峻，全国2665名责任人受处

2011年，受区域发展规划实施、城市新区建设热、基础设施建设加快、地方换届等因素影响，土地供需矛盾加剧，违法用地总量同比上升。全国发现违法用地行为7万件，涉及土地面积75.1万亩（其中耕地26.4万亩），同比分别上升5.8%、11.0%（其中耕地下降2.4%）。对其中4.2万件违法用地案件进行立案查处，涉及土地面积65.6万亩（其中耕地22.4万亩），同比分别上升2.5%、11.4%（其中耕地下降5.7%）。2665名责任人受到党纪、政纪处分，140名责任人被追究刑事责任。中西部地区违法违规用地反弹势头明显，占全国的81.1%；此外，2011年违规建高尔夫球场的问题扩展势头也十分明显。

国土资源部执法监察局局长李建勤在通报2011年国土资源领域违法形势时说：“国土资源领域违法违规总量较大，反弹压力大，主要表现为：重点工程项目用地违法等问题突出，西部地区违法用地上升明显，分散、小规模私挖盗挖矿产资源行为屡禁不止。”

针对抬升的违法态势，除进一步完善执法监管体系，还应严格依法行政，提高国土资源管理的执行力和公信力，以行政问责为契机，发挥管理智慧，善谋、善治、善为，持续探索有效路径，依法依规管好用好土地资源。

## 【4 房地产市场】 房地产市场进入调整期

**国房景气指数同比下跌 2.8%，房地产进入深度调整期**。国房景气指数自 2010 年 12 月触底反弹，于 2011 年 1 ~ 5 月稳中有升。受调控政策的持续影响；2011 年 6 月国房景气指数迅速下跌；12 月跌至 2010 年以来的最低点 98.89，同比下降 2.8 个百分点。

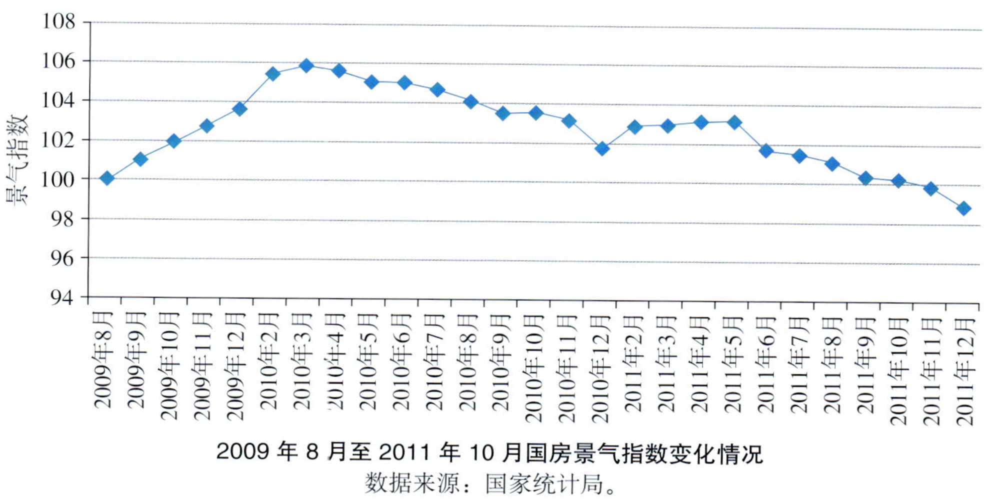


**2009 年 8 月至 2011 年 10 月国房景气指数变化情况**
数据来源：国家统计局。

我国房地产领域一直有“5+2”的“周期论”，即房地产运行将遵循“5 年增长、2 年衰退”的周期，但这个周期会受到政策调控等多重因素的影响。随着土地成本、资金成本、各项税费的提高，未来房地产业的整体利润率将会降低，“暴利时代”即将终结。在不出现重大利好政策的情况下，预计未来两三年，房价上涨可能性较少，但跌幅不会超过 15%。

**土地市场整体低迷，住宅用地量价齐跌**。2011 年，全国房地产开发企业土地购置面积为 4.1 亿平方米，比 2010 年增长 2.6%，增速比 2010 年回落 22.6 个百分点，比 1 ~ 11 月回落 0.4 个百分点；土地成交价款 8049 亿元，下降 1.9%，而 2010 年为增长 59.3%，1 ~ 11 月为增长 4.3%。

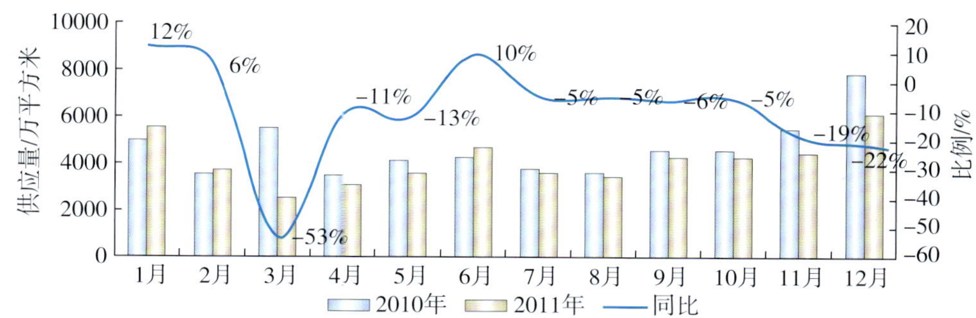


**2010 年、2011 年全国 130 个城市住宅用地月度供应量对比**
数据来源：中国指数研究院。

据中国指数研究院2011年统计数据来看，全国130个城市住宅类用地（含住宅用地及包含住宅用地的综合性用地）推出面积49535万平方米，同比减少11%。单月推出量除1月、2月、6月外供应量均低于2010年同期，3月降幅最为明显，同比减少53%。全年供应呈递增走势，地方政府为完成年度供地计划，第四季度供地节奏加快，并在12月达到顶峰。

2011年，全国130个城市住宅类用地（含住宅用地及包含住宅用地的综合性用地）成交总面积为37354万平方米，同比减少16%。

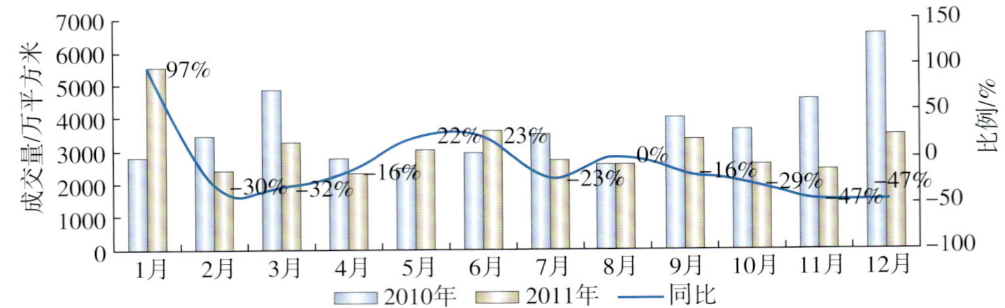


**2010年、2011年全国130个城市住宅用地月度成交量对比**

数据来源：中国指数研究院。

2012年1月，全国住宅用地供应降幅较大，保障性住房用地占比回落。1月全国住宅用地供应4307.79公顷，同比减少49%；商品住房用地供应3790.33公顷，占比环比增加20.2个百分点；保障性住房用地供应517.47公顷，同比减少25.2%。

2011年，全国土地市场整体呈现低迷状态，以住宅类用地市场表现尤为明显。住宅类用地供应量占总量的36%，较2010年减少8个百分点；住宅用地成交量占总量的34%，较2010年减少10个百分点。全国各大中心城市成交量、成交单价下跌，溢价率持续走低，各地缓拍、流拍现象屡见不鲜，2012年土地市场形势仍不乐观。

**开发投资增速放缓，中西部成投资热点**。2011年，全国房地产开发投资61740亿元，

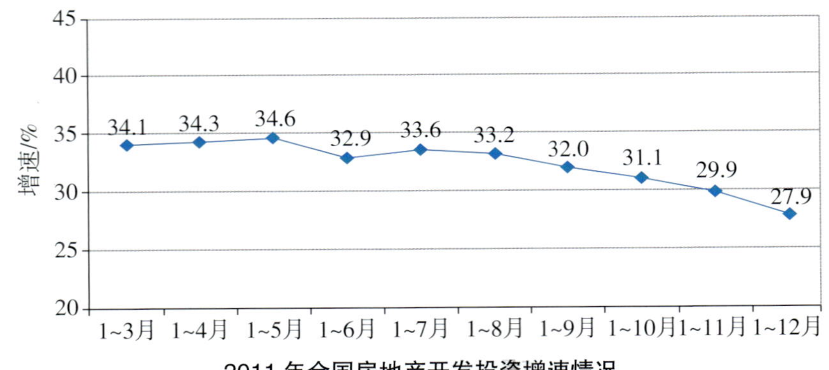


**2011年全国房地产开发投资增速情况**

数据来源：国家统计局。

比 2010 年增长 27.9%，增速比 2010 年回落 5.3 个百分点，比 1 ～ 11 月回落 2 个百分点。

2011 年，东部地区房地产开发投资 35607 亿元，比 2010 年增长 27.2%，比 1 ～ 11 月增速回落 1.3 个百分点；中部地区房地产开发投资 13197 亿元，增长 25.5%，增速回落 3.7 个百分点；西部地区房地产开发投资 12936 亿元，增长 32.8%，增速回落 2.1 个百分点。

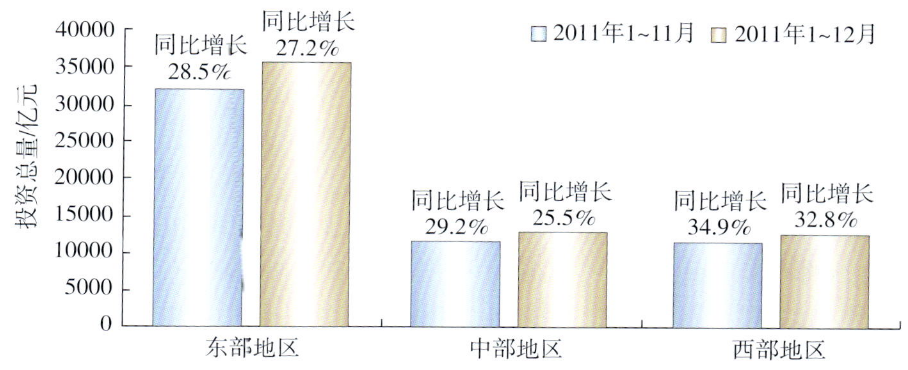


**东部、中部、西部地区房地产开发投资总量及增速情况**

数据来源：国家统计局。

从房地产开发投资增速来看，房地产开发投资总体呈下降趋势，增速亦放缓。从投资区域来看，中西部成投资热点。

**楼市加速"入冬"，房价松动加速**。国家统计局数据显示，2011 年全国商品房销售面积 10.99 亿平方米，比 2010 年增长 4.9%；增速比 2010 年回落 5.7 个百分点，比 1 ～ 11 月回落 3.6 个百分点。从区域来看，东部地区商品房销售面积 5.11 亿平方米，比 2010 年增长 0.1%，增速比 1 ～ 11 月回落 4.6 个百分点；中部地区商品房销售面积 2.93 亿平方米，增长 11.3%，增速回落 2.8 个百分点；西部地区商品房销售面积 2.96 亿平方米，增长 8.0%，增速回落 2.7 个百分点。

2012 年 1 月，全国 70 个大中城市中，价格下降的城市有 48 个，持平的城市有 22 个。与 2011 年 12 月相比，2012 年 1 月环比价格下降和持平的城市增加了 2 个。

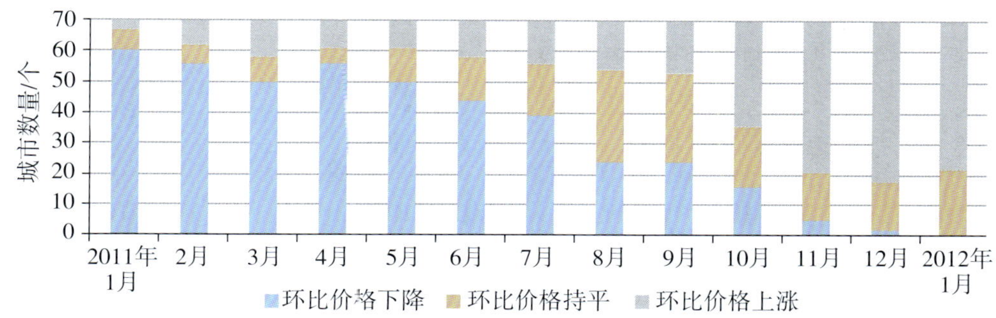


**2011 年 1 月至 2012 年 1 月新建商品房月环比价格上涨、持平、下降城市个数变化情况**

数据来源：国家统计局。

2011 年，受宏观调控和限购政策的影响，全国房地产市场总体低迷，多数城市成交量在“限购令”出台后有明显下滑，地方“限价令”及其相关细则进一步促使成交量在低位徘徊。全国楼市在严厉的调控政策、库存攀升、购房者预期看跌、开发商资金压力等因素共同作用下，楼市将进一步调整。

**房企探求转型之路，商业地产成新宠。**当前，全国住宅市场持续低迷，降价潮已由一线城市蔓延至二线、三线城市，龙头住宅房地产开发企业“弃住从商”趋势明显。据了解，万科企业股份有限公司（简称万科）计划未来持有型物业将占其 20% 的开发比例；保利房地产（集团）股份有限公司（简称保利地产）计划到 2012 年在商业地产方面的投资将占到其总投资额的 30%；金地集团 2011 年的土地投资额中有 20% 的资金投向商业项目。2011 年 11 月 1 日，中粮集团宣布，未来五年将在全国复制 30 个大悦城项目。恒大地产集团将力求使旅游地产的业绩在集团总业绩中的占比达到 20%。碧桂园将海南岛视为“必争之地”，积极拓展该区域业务。在海南岛，一个“旅游房地产群”已悄然出现，万科、雅居乐、恒大、华润、鲁能等知名地产企业先后开发建设了一批旅游房地产项目。

在限贷、限购、限价等严厉政策下，各房地产开发企业纷纷探求“二三线城市 + 商业地产”的扩张模式，“弃住从商”成为众多房地产开发企业的选择。但是转型商业地产存在机会的同时，也伴随巨大的风险。经营商业地产项目，涉及资金链、开发理念、客户资源、运营模式等环节，对房地产开发企业的资本运作能力等要求很高。

**信贷紧缩，上市房地产开发企业负债率升高，15 家上市房地产开发企业负债率超 80%。**2011 年，房地产开发企业本年资金来源 83246 亿元，比 2010 年增长 14.1%，增速比 2010 年回落 12.1 个百分点，比 1 ~ 11 月回落 4.9 个百分点。其中，国内贷款 12564 亿元，与 2010 年持平；个人按揭贷款 8360 亿元，下降 12.2%。根据中国人民银行 2012 年 1 月 30 日发布的《2011 年金融机构贷款投向统计报告》推算，2011 年房地产开发贷款全年总计新增约 3313 亿元，较 2009 年、2010 年减少了近四成，而新增开发贷款中近 1750 亿元投入保障性住房建设中。

根据浙江核新同花顺网络信息股份有限公司（以下简称同花顺）的统计，截至 2011 年前三季度末，上海市、深圳市两地 133 家上市房地产开发企业的平均资产负债率为 63%。其中：7 家负债率高于 85%；15 家高于 80%；51 家高于 70%；80 家高于均值。保利地产负债率超过 80%；万科、招商局地产控股股份有限公司（简称招商地产）和金地集团负债率分别为 79%、67% 和 75%。

**上市房地产开发企业净利环比降三成。**2011 年 131 家上市房地产开发企业业绩同比增速放缓，第三季度环比大幅下降，其中净利润下降近三成。131 家上市房地产开发企业第三季度合计实现营业收入 699.58 亿元，环比下降 8.15%；合计实现净利润环比下降 29.36%。77 家企业净利润环比下降，占比达 58.7%。第三季度业绩持续下滑的房地产开发企业以中小型企业为主，但也不乏万科、招商地产等一线房地产开发企业。

# 矿产资源经济形势

我国矿业投资保持持续增长态势。2011年，矿业领域投资达4.66万亿元，同比增长24.7%。大宗能源及基本金属供需基本维持平衡，其中，国内煤炭需求保持相对旺盛态势，原油、铁矿石和基本金属需求增速有所回落。矿山生产稳定增长，其中，煤炭和铁矿石生产保持快速增长，原油和基本金属生产保持相对平稳态势。矿产品进出口贸易活跃，原油、铁矿石等大宗矿产对外依存度超过50%，资源安全保障仍将面临很大压力。全球矿业资本市场和矿产品价格波动加剧，在上半年纷纷创出金融危机以来历史新高后，下半年呈震荡下行态势。

## 【1 矿产品供需】 大宗能源及矿产供需基本平衡，部分矿产需求增速放缓

2011年，大宗能源及矿产供需基本平衡，但受国内外经济形势的影响，下半年原油、粗钢、基本金属需求增速有所减弱。煤炭和铁矿石生产保持快速增长态势，原油和基本金属生产保持相对平稳态势。铁矿石和煤炭进口持续增长，原油进口保持相对平稳，基本金属进口有所回落。原油、铁矿石、铜原料等大宗矿产对外依存度仍然超过50%。

1. 煤炭

**供需基本平衡，产消稳步增长**。2011年，煤炭关联产业特别是火电、生铁、粗钢、水泥、平板玻璃等的生产保持快速增长，带动煤炭需求整体旺盛，全国煤炭生产继续保持增长势头。根据国家统计局《2011年国民经济和社会发展统计公报》，2011年全年煤炭产量达35.2亿吨，同比增长8.7%。进入下半年以来，受主要产煤区产能释放、国家持续紧缩银根、煤炭运输能力改善等综合因素影响，煤炭市场供需基本平衡，总体表现为“淡季不淡，旺季不旺”。

**进口屡创新高，全年呈现先降后升**。据中国海关统计，2011年全国净进口煤炭约1.67亿吨，同比增加14.4%。其中，进口1.82亿吨，同比增加10.8%；出口1466万吨，同比下降23%，延续了同比降幅扩大的趋势。2月，进口量骤降至670万吨，环比下降59%，为年内最低点，此后呈一路上升趋势。主要原因是从2010年12月开始，国内外煤价价差不断缩小，特别是2011年第一季度，国内外煤价快速形成“倒挂”之势，进口煤的价格优势逐步消失。进入下半年，受煤炭需求和冬季储煤等因素的影响，煤炭进口维持较高水平，特别是11月进口2215万吨，为历史最高水平。据日本财务省

公布的数据显示，2011 年日本进口煤炭 1.75 亿吨，同比下降 5.1%。至此，我国打破了日本保持了 30 余年的煤炭进口量第一的纪录，成为世界煤炭进口第一大国。

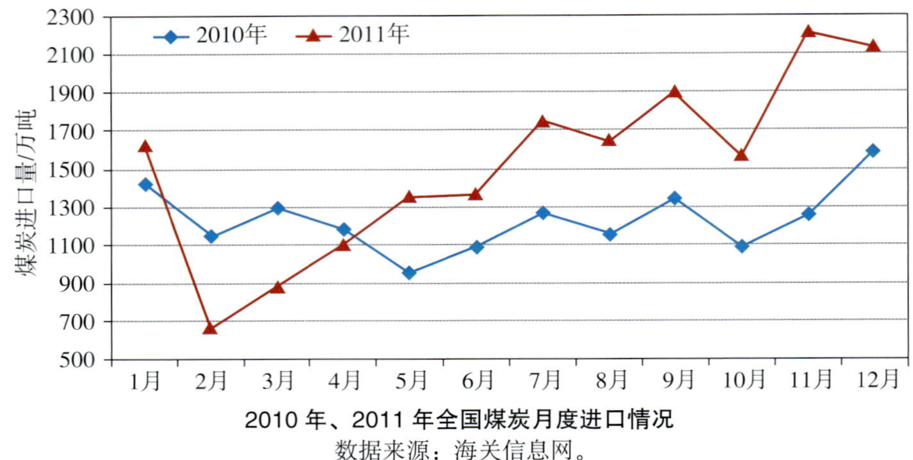


2010 年、2011 年全国煤炭月度进口情况

数据来源：海关信息网。

**煤炭出口量减价升**。2011 年我国煤炭出口暂定税率仍维持 10%；与此同时，在国内高消费的市场替代作用下，我国煤炭出口量继续下滑。2011 年出口煤炭 1466 万吨，比 2010 年减少 23%；出口额 27.2 亿美元，比 2010 年增长 20.6%。

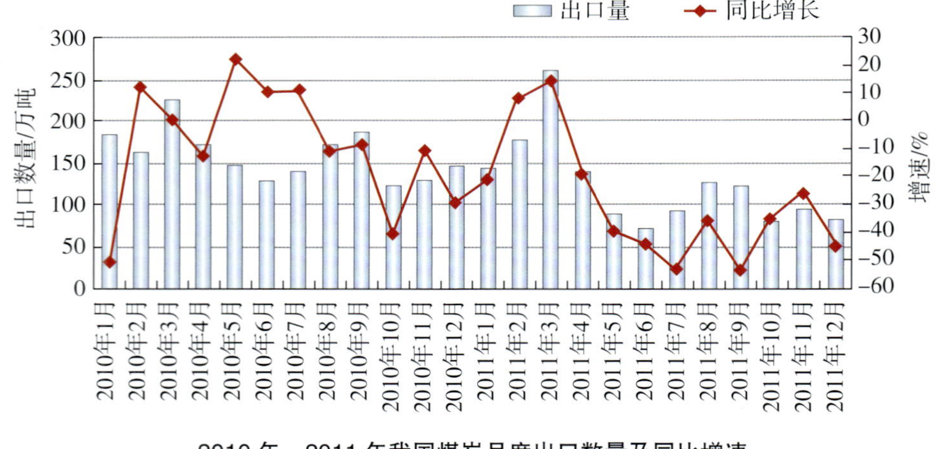


2010 年、2011 年我国煤炭月度出口数量及同比增速

数据来源：海关信息网。

2. 原油

**需求增速放缓，缺口仍在扩大**。2011 年国土资源部发布的《全国油气资源动态评价（2010）》显示，我国石油地质资源量 881 亿吨，比 2007 年增长 15%，石油地质探明率为 26%。勘探处于中期阶段，储量、产量稳定增长，具有资源保障。该成果还表明，2030 年前，油气储量产量仍有较大的增长空间。

据国家统计局数据，2011 年全国原油产量 2.04 亿吨，同比增长 0.3%，与 2010 年

| 2012 年度第一批煤炭出口配额 | |
|---|---|
| 时间和单位 | 2011年12月23日，国家发展改革委 |
| 目标 | 合理利用煤炭资源，保障国家能源供给和经济安全。 |
| 重点 | 2004年，国家发展改革委、商务部和海关总署联合制定了《煤炭出口配额管理办法》，开始对煤炭出口实现配额管理。2004年煤炭出口配额8000万吨，呈下降趋势。2010年，仅下发煤炭出口配额2550万吨，煤炭实际出口降至1903万吨；2011年，煤炭出口配额3800万吨，实际出口量为1466万吨，同比下降23%。<br>2011年12月23日，国家发展改革委发放2012年度第一批煤炭出口配额，为1800万吨，与2011年同期持平，但较2010年同期下降29.5%。 |
| 影响 | 煤炭作为资源性产品，国家发展改革委和中国煤炭工业协会均建议进口限制出口。根据2012年首批配额分析，国家发展改革委继续上调配额的可能性较小，在配额、关税等政策和国内外市场情况的作用下，出口将连年下降。 |

基本持平。这主要与石油资源储量有限且开采难度日益加大、油田开发进展缓慢有关，加之中国海洋石油总公司（简称中海油）漏油事件使一些油井关闭，使得原油月度产量从 8 月起均低于 2010 年的水平，12 月产量虽大幅回升至 1698 万吨，环比增长 3.2%，但仍较 2010 年同期下降 3.1%。经测算，2011 年石油表观消费量（原油产量 + 原油净进口量）达 4.68 亿吨，比 2010 年增长 4.3%（增幅比 2010 年下降约 7 个百分点），快于产量增速，导致供需缺口继续扩大，供需缺口约 2.6 亿吨。为了更好地利用国外资源，国务院关税税则委员会对 2012 年的成品油进口关税进行了调整。

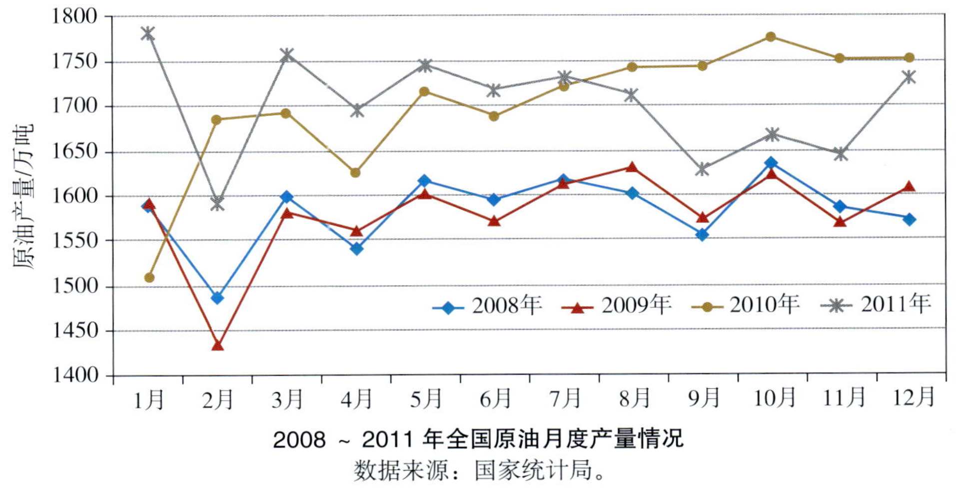


**2008 ~ 2011 年全国原油月度产量情况**

数据来源：国家统计局。

| 国务院关税税则委员会关于 2012 年关税实施方案的通知 | |
|---|---|
| 制定时间和单位 | 2011年12月9日，国务院关税税则委员会 |
| 目标 | 保护国内资源，促进国内产业结构调整，推动贸易平衡。 |
| 重点 | 调整部分商品进出口关税：自2012年1月1日起，我国对能源资源性产品及其五大类（其中包括成品油）产品，实施较低的进口暂定税率，平均税率为4.4%，比最惠国税率低50%以上。 |
| 影响 | 成品油关税下调将增强企业成品油进口的动力，同时将对国内油价起到抑制作用，有助于缓解油荒。 |

**进口高位增长，但增幅回落明显**。2011 年，原油进口持续增长，出口下降。全年进口 2.54 亿吨，同比增长 6.0%，增幅较 2010 年的 17.5% 下降明显；出口 252 万吨，同比下降 16.9%。成品油进口有所增长，出口下降。进口成品油 4060.5 万吨，同比增长 10.1%；出口成品油 2573 万吨，同比下降 4.3%。受国内需求持续增加等因素的影响，2011 年除 6 月、7 月进口不足 2000 万吨外，其他月份原油进口量均保持较高水平。值得注意的是，2011 年，原油进口金额 1966 亿美元，2010 年为 1353 亿美元，同比增长 45.3%，仅原油进口我国多花费 613 亿美元。原油对外依存度达 56.5% 左右。

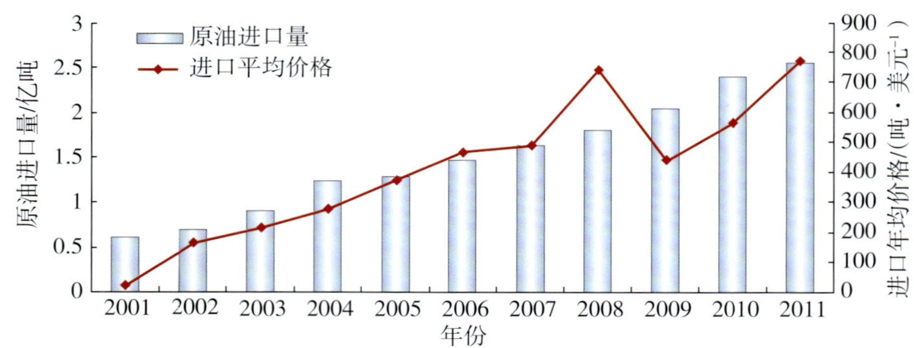


**2001 ~ 2011 年我国原油进口量和进口年均价格变化趋势**

数据来源：《中国海关统计年鉴》，2001 ~ 2011 年。

从进口来源看，我国原油进口过于依赖局势动荡的中东地区，原油运输过于依赖马六甲海峡，使我国原油供应面临风险。从沙特阿拉伯、安哥拉、伊朗三国合计占我国进口总量的 43%。

近年，我国经济的快速发展，带动了油气需求的快速增长，当前我国油气资源虽然处于勘探早中期阶段，但在现有的经济技术水平下，短时间内难以大规模有效开采，这就迫使我姑加紧海外收购，通过管道和 LNG（液化天然气）等方式获取稳定的海外

**2011 年我国十大原油来源国**

| 进口来源国 | 进口量/万吨 | 同比增长/% |
|---|---|---|
| 沙特阿拉伯 | 5027.77 | 12.61 |
| 安哥拉 | 3114.97 | −20.90 |
| 伊朗 | 2775.66 | 30.19 |
| 俄罗斯 | 1972.45 | 29.42 |
| 阿曼 | 1815.32 | 14.40 |
| 伊拉克 | 1377.36 | 22.57 |
| 苏丹 | 1298.93 | 3.10 |
| 委内瑞拉 | 1151.77 | 52.66 |
| 哈萨克斯坦 | 1121.10 | 11.51 |
| 科威特 | 954.15 | −2.94 |

资料来源：海关信息网。

油气资源。2011 年，全球油气并购市场共发生 600 起，预警全年并购交易金额为 1500 亿美元，比 2010 年下降超过 30%。以中国石油化工集团公司（简称中石化）为首的国内油气巨头在海外的并购金额仍然高达近 200 亿美元，仅次于 2010 年，成为有史以来第二高的纪录。

**2011 年我国三大石油公司海外并购情况**

| 时间 | 收购方 | 出售方 | 交易金额/亿美元 | 地区 | 国家 |
|---|---|---|---|---|---|
| 1月 | 中海油 | 美国彻萨彼克能源集团（Chesapeake） | 13 | 北美 | 美国 |
| 3月 | 中海油 | 英国图洛石油公司（TullowOil） | 14 | 非洲 | 乌干达 |
| 4月 | 中石化 | 美国康菲国际石油公司（Confo） | 15 | 亚太 | 澳大利亚 |
| 5月 | 中石油* | 澳大利亚弯弓能源集团（BowEnergy） | 5.4 | 亚太 | 澳大利亚 |
| 7月 | 中海油 | 加拿大欧普提产业公司（OPTI） | 21 | 北美 | 加拿大 |
| 10月 | 中石化 | 加拿大日光能源公司（Daylight） | 29 | 北美 | 加拿大 |
| 11月 | 中石化 | 荷兰皇家壳牌集团（Shell） | 5.6 | 非洲 | 喀麦隆 |
| 11月 | 中石化 | 葡萄牙高浦能源集团（Galp） | 51 | 南美 | 巴西 |

注：* 中石油为中国石油天然气集团公司的简称。
数据来源：《海关统计年鉴》，由作者整理。

3. 铁矿石

**产量大幅增长，并创历史新高**。2011 年，全国铁矿石产量达 13.27 亿吨，同比增长 27.2%，呈快速增长态势；其中 10 月铁矿石产量 1.32 亿吨，同比增长 41.4%，创月度和同期历史最高水平。国内铁矿石生产快速增长主要与国内新增产能不断释放、铁矿石价格高位运行、国内政策支持等因素有关。

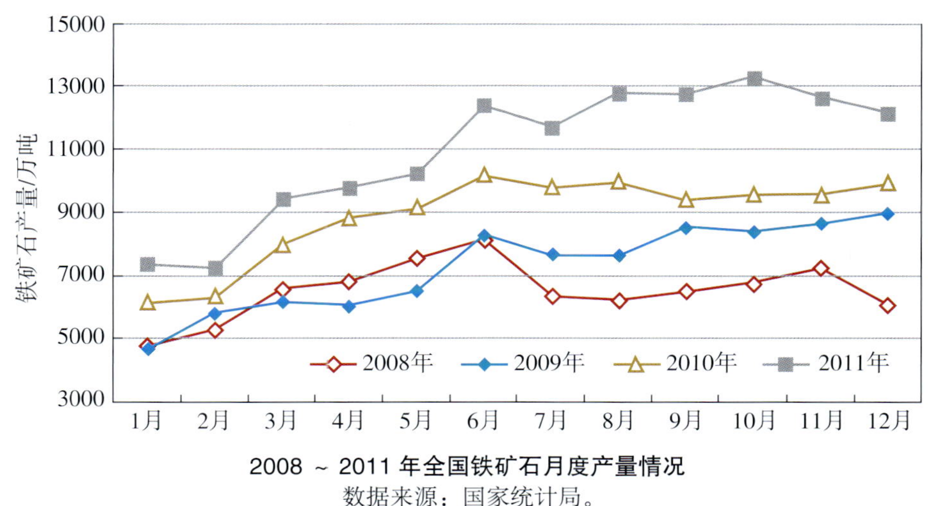


2008 ~ 2011 年全国铁矿石月度产量情况
数据来源：国家统计局。

**进口均价继续上升，但对外依存度有所回落**。2011 年，我国进口铁矿石 6.86 亿吨，同比增长 10.8%；进口用汇金额达 1125 亿美元，同比增长 41.6%；平均进口价格 164 美元 / 吨，比 2010 年上涨 36 美元 / 吨。仅进口铁矿砂涨价，我国为此较 2010 年同

## 价格波动对我国铁矿石贸易的影响分析

◆ 研究背景

高昂的铁矿石进口价使钢铁企业微利或亏损运行。近年来，国际三大矿业巨头依仗自身垄断地位，不断抬高价格，让中国钢铁企业苦不堪言。据中国钢铁协会数据，2011年，77家大中型钢铁企业实现利润约875亿元人民币，同比下降4.5%。其中，重点大中型钢铁企业的销售利润率仅为2.4%（较2010年的2.9%的利润率进一步下降），亏损企业扩大到8家，共亏损约32.8亿元。这一盈利水平已经连续四年“不敌”银行年期存款利率，也远低于同期全国工业企业的平均利润率水平。

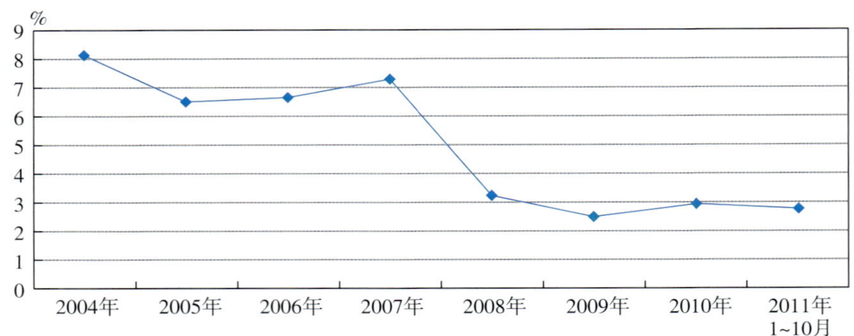


**2004年至2011年（1～10月）我国大中型钢铁企业销售收入利润率**

数据来源：经济日报社产经新闻部、中国经济网产经部，中经产业景气指数专栏。

◆ 缺乏定价权的原因分析

- 国内矿产资源供应严重不足；
- 国际市场的寡头垄断及供方联盟；
- 资源竞争中的政治因素；
- 定价机制问题。

◆ 建议

- 调整地质工作结构，强化地质勘探工作；
- 加强重要矿产大型资源基地与接替基地建设；
- 加快重要矿产资源开发利用技术革新；
- 加强重要矿产资源运输通道建设；
- 加强重要矿产资源储备制度建设；
- 改善利用境外资源结构。

期多支出约327亿美元。将国内铁矿石原矿折合成品矿5.51亿吨（将平均品位为27%的原矿量折成65%的成品矿量），我国铁矿石的表观消费量为12.37亿吨，对外依存度55.5%，远低于2010年67.4%的水平。

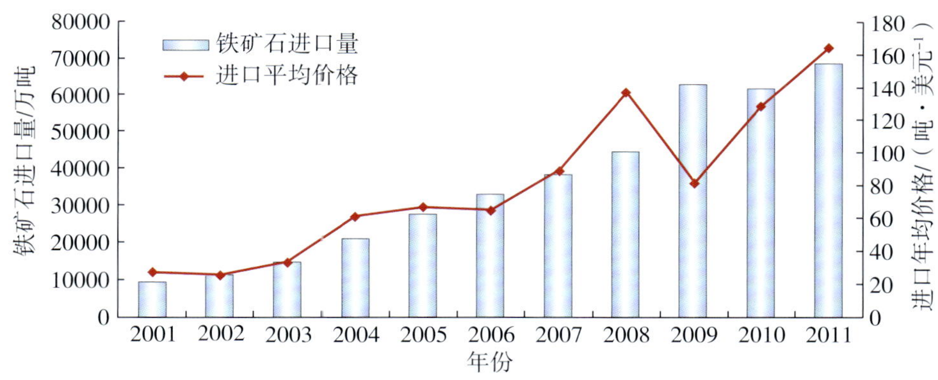


**2001 ～ 2011 年我国铁矿石进口量和进口年均价格变化趋势**

数据来源：《中国海关统计年鉴》，2001 ～ 2011 年。

4．有色金属

**供需继续增长，但增速有所回落**。2011 年以来，国内有色金属冶炼产品产量增幅放缓，与此同时，稀有稀土金属的战略地位上升明显，优势资源的价值优势正在发挥。根据国家统计局数据，2011 年十种有色金属❶产量达 3434 万吨，同比增长 10%，增速同比减小 6.8 个百分点。其中，精炼铜产量 517.9 万吨，同比增长 12.9%；原铝产量 1767.7 万吨，同比增长 12.1%；氧化铝产量 3417.2 万吨，同比增长 18.1%，铝材产量 2742.7 万吨，同比增长 26.8%；铜材产量 1110.6 万吨，同比增长 18.6%。

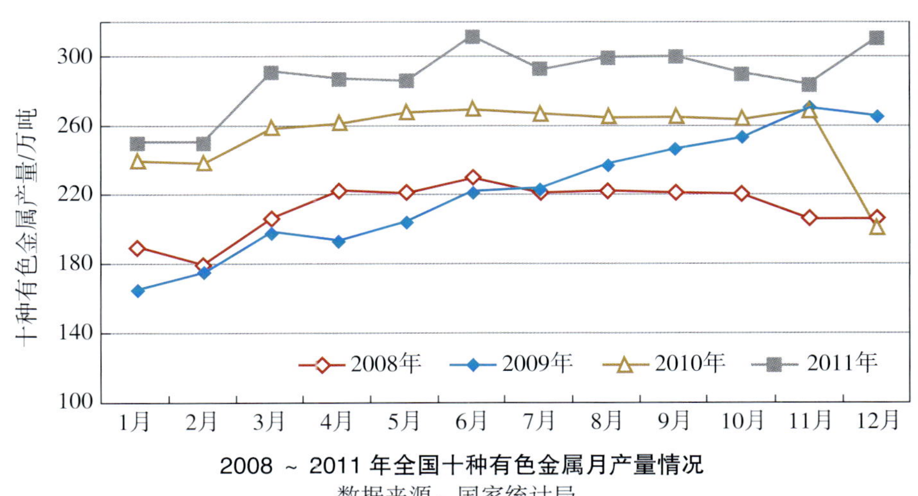


**2008 ～ 2011 年全国十种有色金属月产量情况**

数据来源：国家统计局。

**进出口总额创历史新高，贸易逆差继续扩大**。2011 年，我国有色金属进口额为 1175.2 亿美元，比 2010 年增长 20.9%；出口额 431.6 亿美元，比 2010 年增长 52.1%。进出口贸易逆差为 743.5 亿美元，同比增长 7.9%。逆差的持续扩大主要在于国内矿产资源相对短缺，同时深加工产量不足，对国际市场依赖程度高。

❶ 据《有色金属工业“十二五”发展规划》，十种有色金属包括铜、铝、铅、锌、镍、锡、锑、镁、钛、汞。

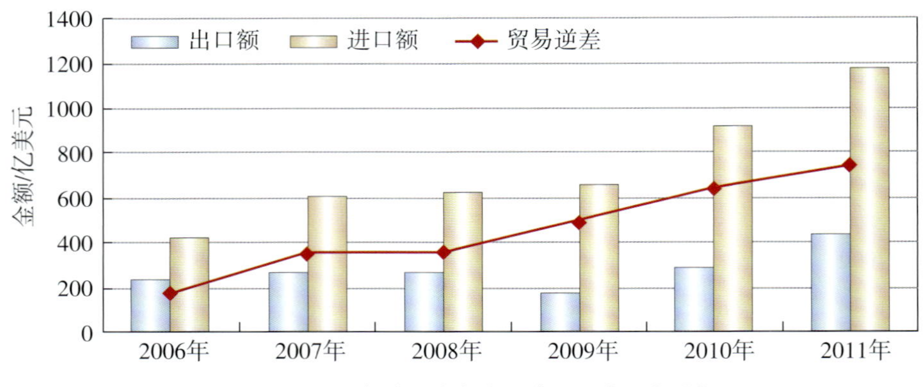


**2006 ~ 2011 年我国有色金属产品进出口贸易额**

数据来源：海关统计数据。

**国内铜资源短缺问题依然突出，铜贸易结构正发生转变。**据国家统计局数据，2011 年，我国精炼铜产量 517.9 万吨，同比增长 12.9%；同期，铜精矿产量 126.7 万吨，同比增长 9.6%。铜精矿产量增幅明显低于精炼铜，铜精矿仅能满足冶炼需求的 24.5%，精矿短缺问题依然非常突出。不足部分必须通过进口矿砂或再生资源来解决。2011 年，铜矿砂及其精矿进口 638 万吨，同比下降 1.4%；但是，作为二次资源的废铜进口量却高达 469 万吨，同比增长 7.4%，改变了以往以铜精矿进口为主导的单一局面。

5. 优势矿产

**针对保护性矿产的宏观调控效果开始显现。**钨、锡、锑、稀土是我国实行保护性开采的优势矿产资源。为了保护这些战略性资源、维护好开发利用秩序，优先发展国内战略性新兴产业，针对这些矿产我国相继开展资源整合、矿产资源规划、矿业权设置、设置国家规划矿区、提高行业准入门槛并实行有计划开采等措施，较好地保障稀土行业持续、健康发展。

**稀土调控效果明显。**多年来，国家对稀土进行开采总量控制，控制指标每年基本维持在 8 万～ 9 万吨（REO），但实际产量总体维持在 12 万～ 13 万吨（REO），超指

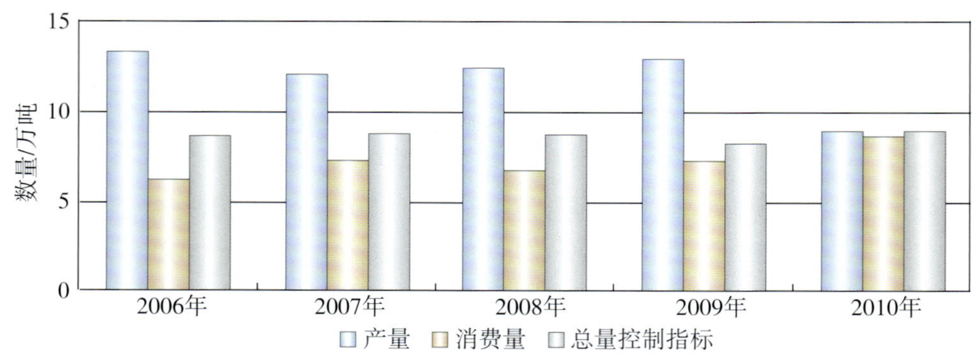


**2006 ~ 2010 年稀土生产消费与指标控制情况**

数据来源：稀土信息，2011 年第 3 期。

## 构建我国稀土资源储备体系设想

◆ 储备意义

- 基于全球稀土资源供需形势和我国储量减少的趋势，开展稀土资源储备势在必行。
- 储备可以有效规避“世贸规则”对出口的间接控制，从源头上保护稀土资源。
- 储备是控制市场风险的宏观经济调控手段，增强我国在国际稀土市场的话语权。
- 矿产储备是降低国家外汇储备风险的一种形式，可以起到一定的套期保值作用。

◆ 储备运行机制

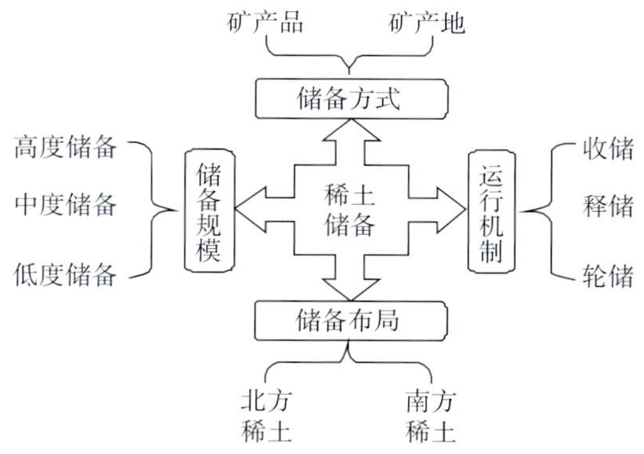


稀土资源储备体系框架示意图

- 收储。当稀土资源储量有较大幅度增加或市场供大于求、矿产品价格偏低时，国家储备机构适当收储稀土资源以调控市场。
- 释储。当稀土产品价格畸高，严重影响经济发展，经批准可动用稀土资源储备。
- 轮储。根据新增矿产地勘查情况，以优化稀土资源储备布局、结构和质量为目的，可在保持储备规模总体平衡的前提下，释放部分已储备矿产地用于商业性勘查开发，并收储相应的新增矿产地进行轮换。

保障稀土资源储备的顺利实施需要中央财政设立资源储备专项资金。专项资金主要用于收储、勘查、维护、管理的支出，资源储备动用的收入主要用于补充储备专项资金，形成资金滚动的循环机制。

——国土资源经济参考，2011 年第 20 期

## 优势矿种保护性开发管理模式分析

◆ 优势矿种保护开发管理"三边"模型

优势矿种在管理调控下的时间安排与空间布局关系

| 时间 | 开采前 | ●合理制定勘查规划<br>●鼓励找矿<br>●大力开展矿产地储备 | ●适度勘查<br>●资源整合<br>●提高开采准入门槛<br>●开展矿产地储备 | ●限制勘查<br>●提高开采准入门槛<br>●限制开采 |
|---|---|---|---|---|
| | 开采中 | ●规模化开采<br>●适度储备 | ●大型国企进入<br>●整合资源<br>●减少资源损失<br>●减少环境污染 | ●有序关闭<br>●恢复环境 |
| | 开采后 | ●产业转移<br>●产业转型<br>●矿山环境恢复 | ●重点开展环境治理<br>●恢复生态环境 | ●生态环境恢复 |
| | 管理调控 | 聚集区 | 点状区 | 匮乏区 |
| 优势矿种 | 空间布局 | | | |

● 开采前。

聚集区：制定合理和勘查规划，鼓励找矿，大力开展矿产地储备，实现资源的有序供应，成为资源供应的战略基地；

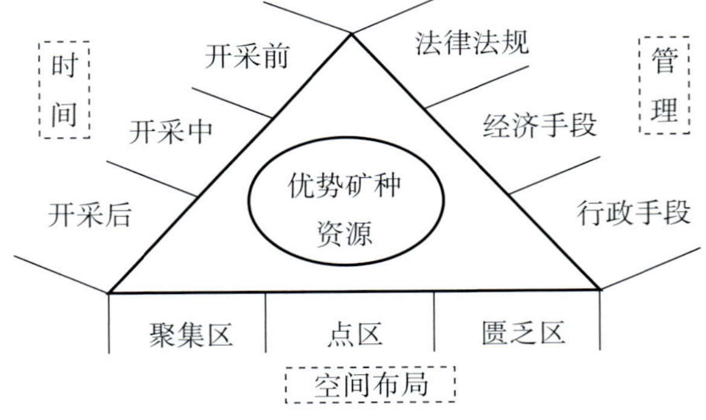


点状区：适度勘查，以资源整合为重点，积少成多，提高开采准入门槛，开展矿产地储备，防止乱采乱挖；

匮乏区：限制勘查，提高开采准入门槛，限制开采。

● 开采中。

聚集区：规模化开采，打造资源供应产业基地，适度开展矿产地储备；

点状区：现阶段鼓励大型国有企业进入，整合资源，减少资源损失和环境污染；

匮乏区：有序关闭，恢复环境。

● 开采后。

聚集区：实行产业转移和产业转型，恢复矿山环境；

点状区：对点状区由于开发成本高，资源开发中环境污染较大，所以应在开采后重点开展环境治理，恢复生态环境；

匮乏区：在有序关闭的基础上，恢复当地的生态环境。

——国土资源经济参考，2011 年第 20 期标生产问题一直都存在。2010 年，国家加大了对稀土资源保护力度，严格控制开采、生产和出口，着力推动自主创新和产业结构调整，使得稀土开采量有所减少，产品结构得到改善，价格趋于合理。据工业和信息化部数据，2010 年稀土产量为 8.93 万吨，总量控制指标为 8.92 万吨，首次使得生产和控制指标趋于平衡。

2011 年，为加强我国稀土资源保护和合理开发，国家设立了首批 11 个稀土规划区，并下达开采总量控制指标为 9.38 万吨。随后国务院印发《关于促进稀土行业持续健康发展的若干意见》（国发〔2011〕12 号），要求对稀土资源实施更为严格的保护性开采政策和生态环境保护标准。根据商务部数据，1 ~ 11 月，我国稀土累计出口 14750 吨，仅占全年出口配额总量的 49%。

**钨矿开采超指标现象依然严重。**据中国有色金属工业协会数据，2011 年，全国钨精矿产量（折 $WO_3$65%）12.2 万吨，同比增长 6.0%，超全年总量控制指标生产 3.5 万吨（总量控制指标为 8.7 万吨），超产率为 40.2%。

近年来，全国钨总量开采控制指标在微幅增长，而钨精矿的产量（折 $WO_3$ 65%）却具有一定的波动性。不管情况如何变化，超指标生产的情况一直都存在。除去个别年份，从趋势来看，总体来看，我国钨精矿超指标生产总体呈下降趋势，对抑制过量开采的效果逐步体现。

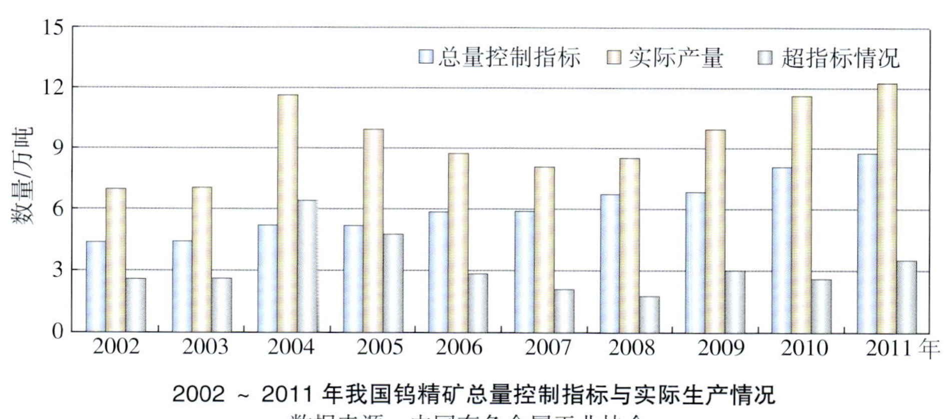


2002 ~ 2011 年我国钨精矿总量控制指标与实际生产情况

数据来源：中国有色金属工业协会。

## 【2 矿产品价格】 大宗矿产品价格高位波动加剧

2011 年，全球经济复苏进一步乏力，发达经济体债务危机扩大化和失业率高企，实体经济疲软，加之地缘政治动荡、日本地震诱发核危机等突发性事件影响，导致全球资本市场和矿产品市场动荡加剧。上半年，大宗能源和金属商品价格延续 2010 年以来的上涨势头，纷纷创出金融危机以来的历史新高。下半年总体呈震荡下行趋势，特别是在第三季度出现一轮暴跌行情。

**国际原油价格出现分化且波动剧烈。**2011 年，国际原油市场呈现三大特点：①国际原油价格高位运行，布伦特（Brent）原油年均价格为 111 美元 / 桶，纽约市场原油（WTI）

年均价格为95美元/桶，分别较2010年的80美元/桶大涨38%和19%。②原油市场波动加剧，非供需因素是主因；③西方两大原油市场价格脱钩，价差长时间扩大化。

2011年进入第一季度，国际原油价格延续2010年的涨势，加之中东与北非区域局势不稳导致市场恐慌，油价快速攀升。5月2日，英国市场布伦特现货报收每桶126.62美元/桶，纽约市场原油（WTI）现货报收每桶113.08美元/桶，分别创金融危机之后新高。进入第三季度，发达经济体债务危机进一步恶化，中东、北非局势依然紧张，美元走强，资本市场和金融市场动荡加剧，促使原油价格震荡下行。10月4日，布伦特原油价格为101.8美元/桶，WTI为75.4美元/桶，分别创年内新低。第四季度，欧债危机解决方案有所进展，美国经济状况有所改善，市场信心有所恢复，原油市场企稳，略有回升。12月30日，布伦特原油价格为108.1美元/桶，WTI为98.8美元/桶。

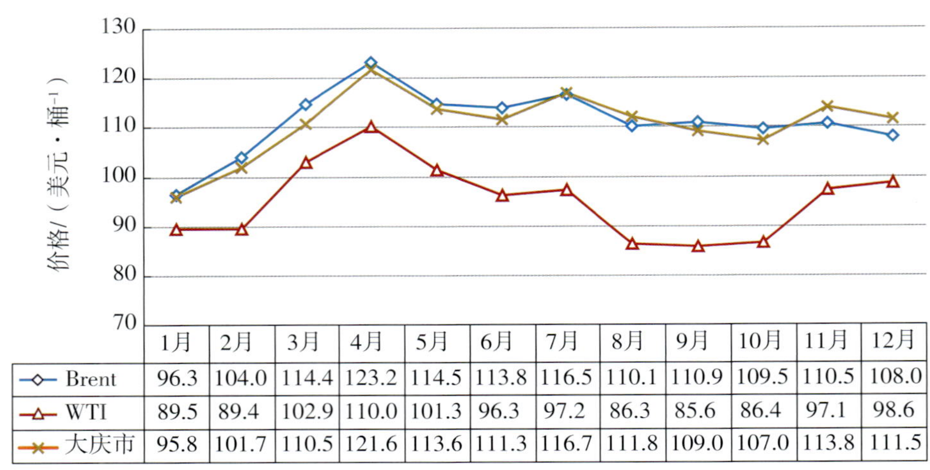


| | 1月 | 2月 | 3月 | 4月 | 5月 | 6月 | 7月 | 8月 | 9月 | 10月 | 11月 | 12月 |
|---|---|---|---|---|---|---|---|---|---|---|---|---|
| Brent | 96.3 | 104.0 | 114.4 | 123.2 | 114.5 | 113.8 | 116.5 | 110.1 | 110.9 | 109.5 | 110.5 | 108.0 |
| WTI | 89.5 | 89.4 | 102.9 | 110.0 | 101.3 | 96.3 | 97.2 | 86.3 | 85.6 | 86.4 | 97.1 | 98.6 |
| 大庆市 | 95.8 | 101.7 | 110.5 | 121.6 | 113.6 | 111.3 | 116.7 | 111.8 | 109.0 | 107.0 | 113.8 | 111.5 |

2011年国际、国内原油现货月度价格

**国际煤炭价格逐渐回调，国内市场煤价反季节性波动。**2011年，国际原煤市场价格高开低走，但煤炭价格仍在高位运行。澳大利亚纽卡斯尔港（NEWC）“动力煤”年均价格为121美元/吨，较2010年的99美元/吨上涨了22.1%。年初，国际煤炭价格延续2010年底的强劲走势，呈攀升态势。1月14日，纽卡斯尔港“动力煤”离岸价达136.3美元/吨，创金融危机以来新高。此后开始维持振荡回落行情，特别是从6月起，受越南宣称上调煤炭出口关税、澳大利亚提议对煤炭利润征收30%的资源税等因素的影响，第二季度末“动力煤”价格曾一度出现反弹，但是，在全球经济依旧疲软的大环境下，煤炭需求不旺，煤价缺乏进一步上涨的动力。9月以后，国际煤炭价格连续近十周呈回落态势。12月30日，纽卡斯尔港“动力煤”离岸价为115.4美元/吨，较年初下降了15.3%。

国内市场上，原煤价格高位趋降，总体呈淡季不淡、旺季不旺的态势。2011年，

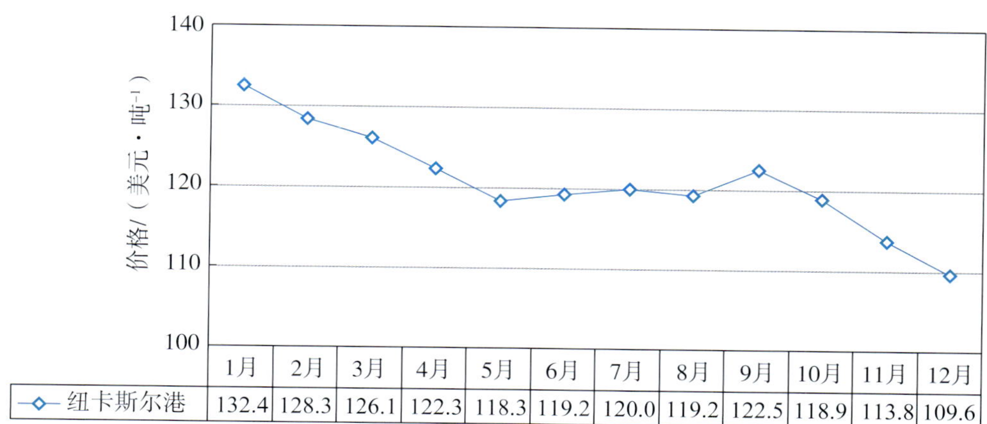


| | 1月 | 2月 | 3月 | 4月 | 5月 | 6月 | 7月 | 8月 | 9月 | 10月 | 11月 | 12月 |
|---|---|---|---|---|---|---|---|---|---|---|---|---|
| 纽卡斯尔港 | 132.4 | 128.3 | 126.1 | 122.3 | 118.3 | 119.2 | 120.0 | 119.2 | 122.5 | 118.9 | 113.8 | 109.6 |

**2011 年澳大利亚纽卡斯尔港“动力煤”（6700 大卡，FOB）月度价格**

秦皇岛港“大同优混”年均价格为 855 美元 / 吨，“山西优混”为 813 美元 / 吨，分别较 2010 年上涨 9.3% 和 9.7%。第一季度，煤炭价格延续 2010 年末的平稳下滑态势。第二季度，受南方来水偏枯、煤炭进口减少等的影响，市场煤炭价格连续三个月上涨。进入 10 月，受提前备冬储煤和大秦线检修等因素的影响，煤炭价格出现短暂反弹。此后，受市场需求趋缓、煤炭进口增长快、库存充足等因素的影响，煤炭价格高位回落。年初，秦皇岛“山西优混”（5500 大卡）“动力煤”价格为 785 元 / 吨；至 12 月 28 日，价格为 805 元 / 吨，较年初上涨了 2.6%。

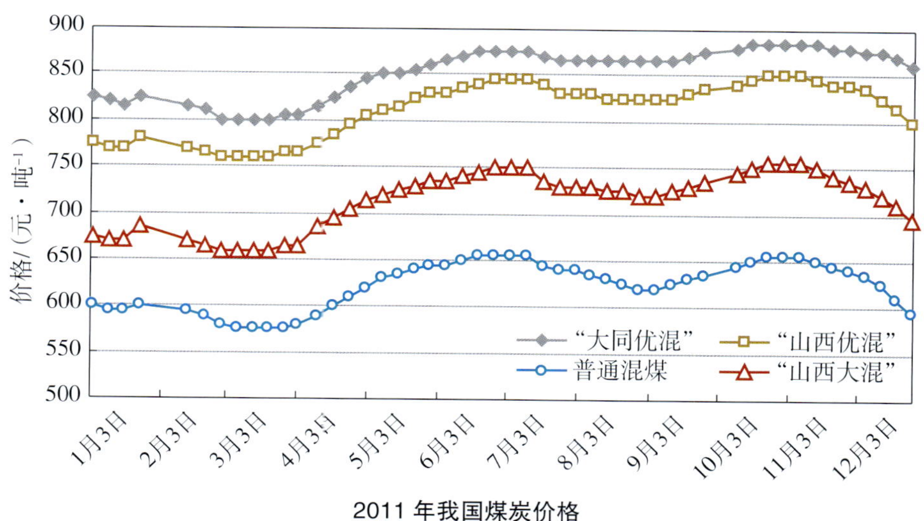


**2011 年我国煤炭价格**

**铁矿石价格高位趋降**。2011 年，铁矿石价格高位运行，第四季度以后高位回落。天津港进口印度铁矿石（品位 62%，CFR 价[1]）年均价格为 167 美元 / 吨，较 2010 年的 146 美元 / 吨上涨了 14.4%。

[1] CFR 价指卖方必须在合同规定的装运期内，在装运港将货物交至指定目的港的船上，负担货物越过船舷为止的一切费用和货物丢失或损坏的风险，并负责租船或订舱，支付抵达目的港的正常运费。

年初，铁矿石价格延续了2010年底的强势上涨态势。2月14日，天津港印度铁矿石价格达192美元/吨，创金融危机后的最好水平。此后，受钢材价格波动，澳大利亚宣布从2012年起对铁矿石企业等征收碳排放税、国际三大矿业巨头严格控制发货量并实行现货招标等因素的影响，铁矿石价格不断高位调整。自9月下旬开始，受国内钢材价格快速回落、钢材等下游行业需求低迷、港口铁矿石库存高企等因素的影响，铁矿石价格出现一轮快速下滑行情。

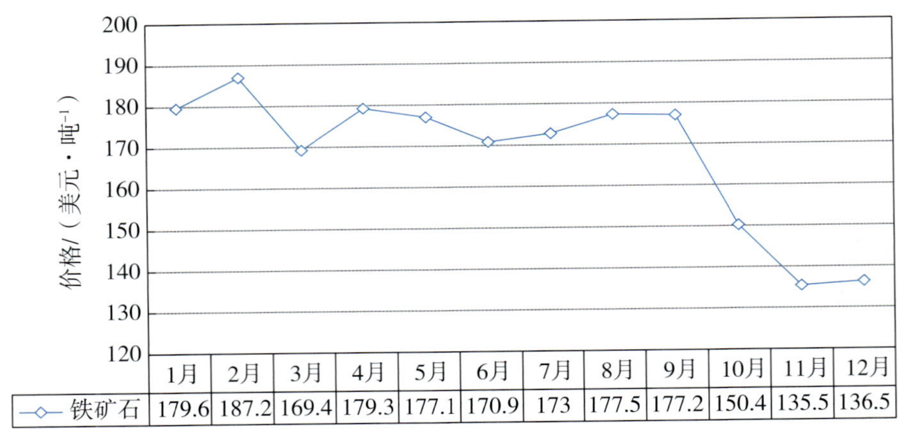


2011年铁矿石进口价格（天津港）月度走势

**铜价创历史新高后持续回落**。2011年，国际铜价总体呈先扬后抑态势。具体表现为，第一季度国际铜价创历史新高、第二季度震荡调整、第三季度铜价暴跌、第四季度铜价企稳回升。第三季度以来，欧债危机持续恶化打压了投资者的信心，导致资金撤退，进而带动大宗商品下跌。至12月14日，LME铜[1]价格为7210美元/吨，较年初铜价高点10160美元/吨下降了29%。

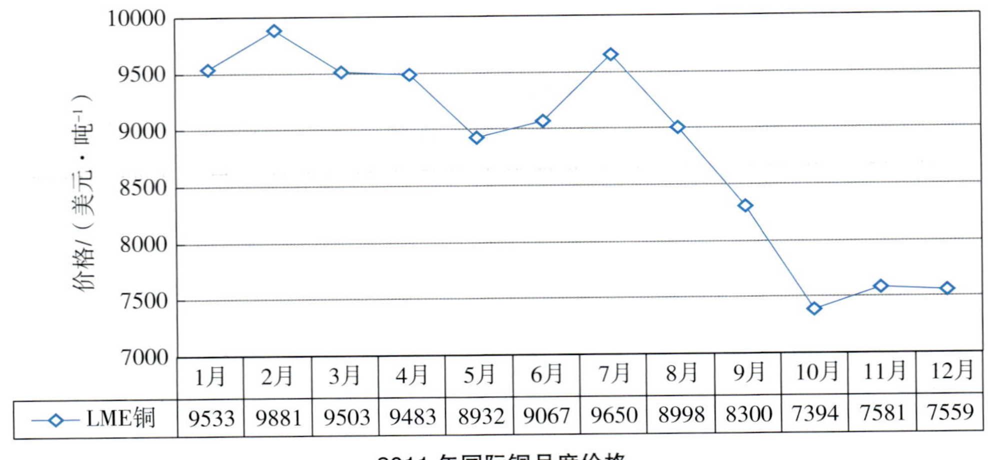


2011年国际铜月度价格

[1] LME铜指伦敦金属交易所的金属铜交易。

**稀土价格先扬后抑，但仍处历史最好水平。**2011 年，稀土价格总体呈上半年暴涨、下半年暴跌态势，但是，年均价格较前几年而言仍有大幅上涨。

1 月，氧化钕、金属钕和氧化铈的月均价格分别为 28.35 万元 / 吨、36.25 万元 / 吨和 3.44 万元 / 吨，至 7 月，三种稀土产品价格分别涨至 149.5 万元 / 吨、172 万元 / 吨和 16.75 万元 / 吨，并创下历史最好水平。12 月，氧化钕、金属钕和氧化铈的月均价格分别为 76 万元 / 吨、112.75 万元 / 吨和 13.2 万元 / 吨，较 7 月最高点分别下降了 49.2%、34.5% 和 21.2%。但与年初相比，分别上涨了 168.1%、211% 和 283.7%。价格的上涨主要与稀土多方投机和我国稀土政策被放大炒作有关；下半年，稀土价格出现大幅回调，除了与市场本身回调休整有关外，主要与前期价格非理性暴涨干扰了稀土中下游产业有序投入和发展、投资者抛盘等因素有关。

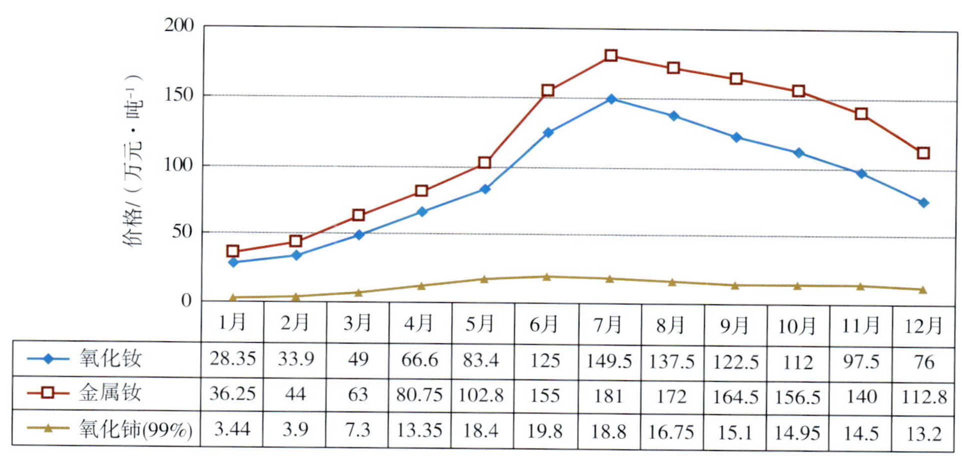


| | 1月 | 2月 | 3月 | 4月 | 5月 | 6月 | 7月 | 8月 | 9月 | 10月 | 11月 | 12月 |
|---|---|---|---|---|---|---|---|---|---|---|---|---|
| 氧化钕 | 28.35 | 33.9 | 49 | 66.6 | 83.4 | 125 | 149.5 | 137.5 | 122.5 | 112 | 97.5 | 76 |
| 金属钕 | 36.25 | 44 | 63 | 80.75 | 102.8 | 155 | 181 | 172 | 164.5 | 156.5 | 140 | 112.8 |
| 氧化铈(99%) | 3.44 | 3.9 | 7.3 | 13.35 | 18.4 | 19.8 | 18.8 | 16.75 | 15.1 | 14.95 | 14.5 | 13.2 |

2011 年主要稀土产品月度价格

**国际金价再创历史新高，下半年迅速回落。**国际金价总体呈先扬后抑态势。进入 2011 年，国际金价延续 2010 年强劲走势一路攀升，从年初的 1388 美元 / 盎司上涨至 9 月初的 1895 美元 / 盎司，并刷新历史新高。助推价格上涨的因素主要有两个方面：一方面，发达经济体债务危机扩大化、地区区域局势动荡、突发性事件、美元贬值等不稳定性因素导致大量资金选择黄金作为避险工具；另一方面，市场需求旺盛，中国、俄罗斯、印度等国家购入黄金作为国家储备，国际货币基金组织也在增持黄金等。

进入第三季度，各种不稳定因素进一步加剧，资本市场出现大幅下跌，投资者观望和担忧情绪加剧，加之美元持续短暂走强，导致投资者抛售高风险资产，黄金市场出现暴跌。至 12 月 30 日，国际黄金收盘价格为 1574.5 美元 / 盎司，创年内新低，较年内高点下跌了 16.9%，但较年初上涨了 13.4%。

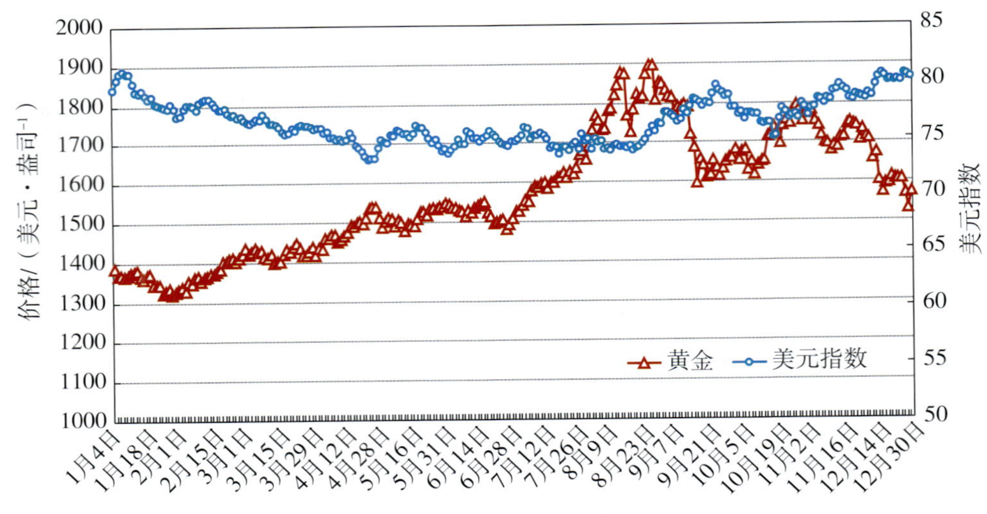


2011 年国际黄金价格

## 【3 矿业投资】 矿业投资高位运行，增速趋稳

**矿业领域投资继续保持高增长态势**。2011 年 1 ~ 12 月，全国固定资产投资（不含农户）为 31.1 万亿元，同比增长 23.8%。全国矿业领域投资 4.66 万亿元，占全国固定资产投资的 15.4%，同比增长 24.7%，高于全国投资 0.9 个百分点。其中，采矿业投资完成 1.18 万亿元，同比增长 21.4%，且连续 7 个月持续增长；矿物原材料加工业投资完成 3.48 万亿元，同比增长 25.9%，投资增速较采矿业高 4.5 个百分点。

2011 年我国矿业领域完成投资情况

| | 投资额 亿元 | 同比增长 % | 矿业领域 | 投资额 亿元 | 同比增长 % |
|---|---|---|---|---|---|
| 采矿业 | 11810 | 21.4 | 煤炭开采及洗选业 | 4896.86 | 25.9 |
| | | | 石油和天然气开采业 | 3056.92 | 12.5 |
| | | | 黑色金属矿采选业 | 1250.91 | 18.4 |
| | | | 有色金属矿采选业 | 1274.51 | 24.2 |
| | | | 非金属矿采选业 | 1283.73 | 28.7 |
| | | | 其他采矿业 | 46.75 | 8.5 |
| 矿物原材料加工制造业 | 34815 | 25.9 | 石油加工炼焦及核燃料加工业 | 2234.48 | 10.1 |
| | | | 化学原料及化学制品制造业 | 8898.88 | 26.4 |
| | | | 非金属矿物制品业 | 10448.46 | 31.8 |
| | | | 黑色金属冶炼及压延加工业 | 3860.48 | 14.6 |
| | | | 有色金属冶炼及压延加工业 | 3861.27 | 36.4 |
| | | | 金属制品业 | 5045.15 | 23.1 |
| | | | 废弃资源和废旧材料回收加工 | 465.95 | 30.2 |

资料来源：国家统计局。

**煤炭开采及洗选业投资旺盛**。2011 年 1 ～ 12 月，煤炭开采及洗选业投资增长速度为 25.9%，较 1 ～ 6 月加快 6.4 个百分点，增速连续 10 个月保持增长；非金属矿采选业投资增长速度为 28.7%，较 1 ～ 6 月加快 3.6 个百分点；有色金属矿采选业投资增长速度为 24.2%，较 1 ～ 6 月加快 8.4 个百分点；以上三个行业投资增长速度均快于全国固定资产投资增长速度；石油和天然气开采业投资增长速度为 12.5%，较 1 ～ 6 月加快 11.2 个百分点，这是继 2009 年以来石油和天然气开采业投资增速首次超过 10%。从季度投资弹性系数[1]来看，煤炭开采及洗选业投资弹性系数呈持续增长态势；黑色金属矿采矿业投资弹性系数保持稳定；石油和天然气开采业、有色金属和非金属矿采选业投资弹性系数在第四季度大幅反弹。

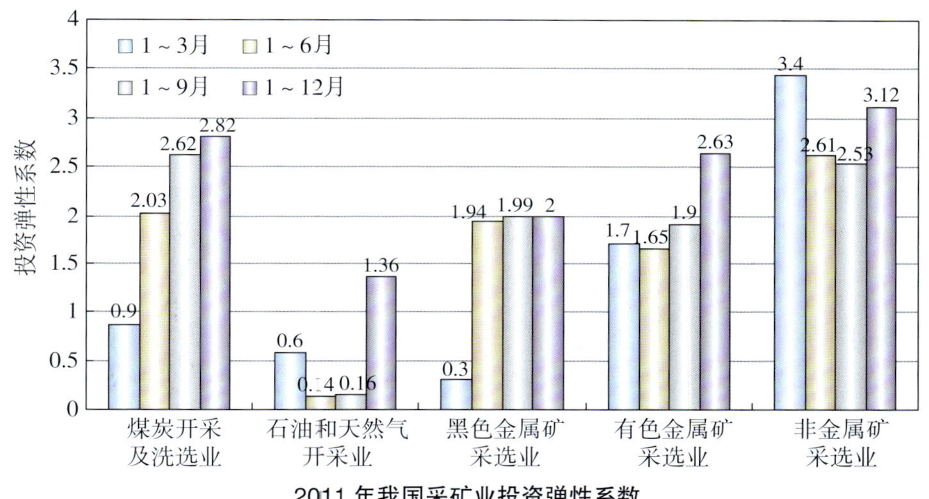


**2011 年我国采矿业投资弹性系数**

## 我国矿业投资增速逐渐趋稳、投资结构趋于合理化

◆ “十一五”期间，矿业投增速资经历了快速增长、迅速下滑和逐渐趋稳的过程。我国经济持续高速发展，矿产品需求旺盛，带动矿业进入新一轮发展周期。矿业投资在 2007 年达到峰值，此后受金融危机和经济危机的影响，矿业投资有所降温，国内及时采取积极的财政政策、宽松和稳健的货币政策等措施，保持了经济的稳定，2010 年矿业投资基本趋稳。

**2006 ～ 2010 年我国矿业领域投资同比增长情况**　单位：%

| 年份 | 2006年 | 2007年 | 2008年 | 2009年 | 2010年 |
|---|---|---|---|---|---|
| 矿业领域 | 22.62 | 42.66 | 35.15 | 21.16 | 20.19 |
| 采矿业 | 30.10 | 21.59 | 31.15 | 17.08 | 19.28 |
| 矿物原材料加工制造业 | 19.67 | 48.81 | 36.73 | 22.72 | 20.52 |

[1] 投资弹性系数为投资同比增长速度与同期 GDP 增长速度之比；第一季度、上半年、前三个季度、全年 GDP 增长速度分别为 9.7%、9.6%、9.4% 和 9.2%，下同。

◆ 我国矿业投资结构趋于合理化。

矿业作为国民经济发展的基础性产业，为经济高速发展提供重要支撑。“十一五”时期以来，随着我国经济发展方式的逐渐转变、经济结构的逐渐调整，经济发展更加注重质量和品质，特别是更加注重高附加值的原材料深加工和高端装备制造业等方面，进而促使矿业投资结构发生改变；更加注重矿业中游和下游投资。

2006 ~ 2010 年我国矿业投资比例情况

| 年份 | | 2006年 | 2007年 | 2008年 | 2009年 | 2010年 |
|---|---|---|---|---|---|---|
| 上游 | 地质勘查业（每年=1） | 1 | 1 | 1 | 1 | 1 |
| 中游 | 采矿业 | 8.42 | 8.46 | 9.41 | 9.75 | 10.13 |
| 下游 | 矿物原材料加工制造业 | 19.67 | 21.31 | 24.69 | 26.84 | 28.17 |

——中国矿业，2011 年第 9 期

**矿物原材料加工制造业投资保持高速增长**。1 ~ 12 月，有色金属冶炼及压延加工业投资增长速度为 36.4%，非金属矿物制品业投资增长速度为 31.8%，均明显快于全国固定资产投资增长速度；黑色金属冶炼及压延加工业投资增长速度为 14.6%，较 1 ~ 9 月回落 5.4 个百分点。从投资弹性系数来看，非金属矿物制品业、有色金属冶炼及压延加工业和化学原料及化学制品制造业投资弹性系数均呈持续上涨态势；黑色金属冶炼及压延加工业投资弹性系数经历了前三个季度持续上涨、第四季度回落的态势。

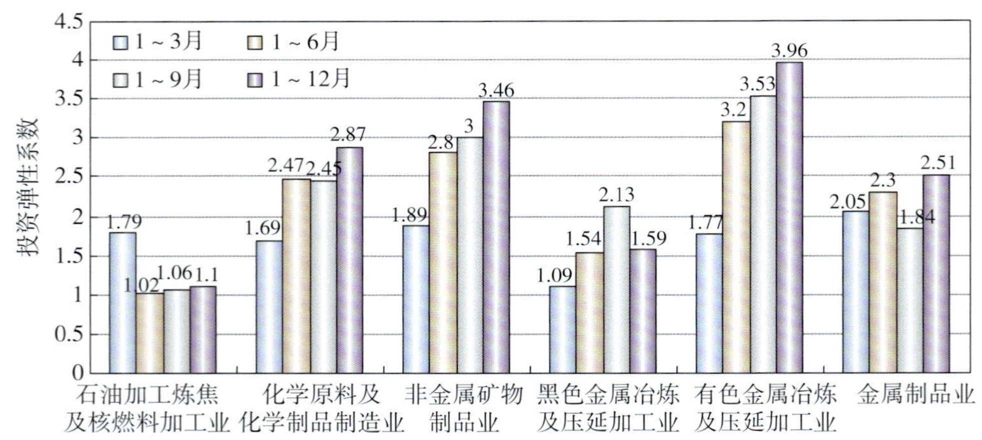


2011 年我国矿物原材料加工制造业投资弹性系数

## 【4 矿业股市】 矿业板块震荡下行

2011 年上半年，受宏观经济趋好的影响，矿业板块表现为小幅上行；下半年，受全球经济增速放缓、中东北非局势动荡、欧债危机蔓延及美国信用等级下调等事件的影响，矿业板块各股价均表现为震荡下行，多数股票均跌至年度最低点，行情收益不理想。

**大盘震荡下行，成交额出现回落**。2011 年 1 月 26 日至 4 月 18 日，受经济趋好影响，沪指[1]从 2676.77 点升至 3067.46 点，成交额从 681.0 亿元也升至 1628.7 亿元；此后一路振荡下行，特别是 8 月以后受美国信用评级下调和欧债危机等事件的影响，对经济复苏的担忧使得上证指数一路下挫，至 12 月 30 日，沪指收于 2199.42 点，成交额 427.0 亿元，分别较 4 月 18 日最高点下降 868.04 点和 1201.7 亿元。

2011 年 1 月至 2012 年 1 月上证指数（999999）走势

深证成指[2]走势与沪指相似，从 1 月 26 日振荡上升至 3 月 9 日，深证成指从 11459.02 点升至 13233.02 点，成交额 473.8 亿元升至 1176.2 亿元，随后开始振荡下行，12 月 30 日，大盘收于 8918.81 点，成交额降至 411.0 亿元，比最高的 3 月 9 日分别下跌 4314.21 点和 765.2 亿元。

2011 年 1 月至 2012 年 1 月深证成指（399001）走势

---

❶ 沪指全称为上海证券交易所股票价格综合指数，又称上证指数。
❷ 深证成指全称为深圳证券交易所成份股价指数。

**行情收益率不高**。除个股行情收益较好外，多数矿业股收益不理想。受益于稀土价格高位运行，包钢股份明显高于监测的其他股票（包钢股份行情收益率为10.4%，其他矿业股的行情受益多为负值）。内蒙古包钢钢联股份有限公司（以下简称包钢股份公司）铁矿石国内自给率较高，巴彦淖尔普兴矿业有限责任公司、内蒙古黄岗矿业有限责任公司和包钢集团巴润矿业有限责任公司等具有稳定的铁矿石原料供应，自给率不仅达到75%以上，而且其高炉的入炉平均品位在50%以上，在成本方面的优势使得公司吨铁成本比国内高炉平均成本低200元左右。此外，白云鄂博铁矿的开采是根据“以铁为主，综合利用”的方针进行设计和生产的，采用露天开采。白云鄂博铁矿开采的铁矿石洗选后的副产物——富含稀土成分的尾矿成为其另一个控股子公司内蒙古包钢稀土高科技股份有限公司的主要原材料。2011年前三个季度实现营业收入331亿元，同比增长13%，完成净利润6.38亿元，同比增长27%，EPS为0.1元。

**2011年矿业板块的行情收益情况**

| 板块 | 股票名称 | 基期股价 (元·股$^{-1}$) 1月4日 | 监测股价 (元·股$^{-1}$) 12月30日 | 股价变化额 (元·股$^{-1}$) | 流通股本 亿元 | 总股本 亿元 | 每股净资产 元 | 行情收益率/% |
|---|---|---|---|---|---|---|---|---|
| 煤炭板块 | 中国神华 | 25.25 | 25.33 | 0.08 | 163 | 199 | 10.72 | 0.61 |
| | 中煤能源 | 11.07 | 9.011 | -2.06 | 90.1 | 133 | 6.04 | -23.1 |
| | 兖州煤业 | 28.96 | 22.39 | -6.57 | 3.6 | 49.2 | 8.01 | -6 |
| 石油板块 | 中国石油 | 11.39 | 9.74 | -1.65 | 1615 | 1830 | 5.34 | -27.27 |
| | 中海油服 | 25.77 | 14.49 | -11.28 | 29.1 | 45 | 6.2 | -117.65 |
| 钢铁板块 | 鞍钢股份 | 8.07 | 4.55 | -3.52 | 61.5 | 72.3 | 7.35 | -40.74 |
| | 包钢股份 | 3.91 | 4.12 | 0.21 | 64.2 | 64.2 | 2.02 | 10.4 |
| | 武钢股份 | 4.37 | 2.89 | -1.48 | 101 | 101 | 3.62 | -40.88 |
| 有色板块 | 江西铜业 | 45.94 | 21.93 | -24.01 | 20.8 | 34.6 | 11.3 | -127.73 |
| | 铜陵有色 | 35.06 | 16.81 | -18.25 | 14.2 | 14.2 | 6.92 | -263.73 |
| | 中国铝业 | 10.39 | 6.42 | -3.97 | 95.8 | 135 | 3.89 | -72.42 |

2011年1月至2012年1月包钢股份（600010）走势

# 地质勘查经济形势

全球地质勘查市场快速反弹，但目前仍然很不稳定，受全球经济波动的影响较大，而且资源领域的民族主义影响也逐渐显现。国内地质勘查经济健康运行，找矿成果逐步显现，地质勘查市场将会提供更多投资机会，地质勘查行业分类改革也将进入实质阶段。

## 【1 全球形势】 全球勘查活动指数[1]整体走高

**2011 年以来，勘查活动指数波动较大，总体呈走高趋势。**2011 年 1 月开始，勘查活动指数一路上扬，在 3 月达到新高，其主要原因是重要钻探成果数量显著增加，同时 3 月是勘查融资活动较为集中的时期，多重有利因素共同推高勘查活动指数。由于受欧债危机及全球经济波动的影响，勘查活动指数在 4 月开始下降，在 5 ~ 6 月有所回升。7 月开始，在全球经济信心丧失以及勘查资金募集困难的背景下，勘查活动指数不断走低，随后两个月的勘查活动指数均低于 2011 年前 8 个月的平均数。9 月，重要钻探结果数量的发布和金矿首次公布资源量暴涨，推动勘查活动指数攀升至高点，但在 10 月，融资市场的负面影响超过重要钻探结果数量不断增长的积极影响，勘查活动指数下滑至 107，但仍然略超前十个月的平均值 105。11 月，勘查活动指数在重要钻孔结果的带动下，加之勘查融资环境的改善，上升至年度高点，仅次于 3 月。2011 年勘查活动指数平均值为 106，2009 与 2010 年平均为 71 与 93。

**全球勘查活动指数变动原因分析**

| 时间 | 走势 | 原因 |
|---|---|---|
| 1～3月 | 一路飙升 | 重要钻探成果显著增加，勘查融资较集中 |
| 4月 | 整体下降 | 整体经济活动大幅度下降 |
| 5～6月 | 有所回升 | |
| 7月 | 连续下滑 | 受经济信心丧失影响、勘查资金募集困难 |
| 8月 | 略有反弹 | 重要勘查结果公布数量增加 |
| 9月 | 达到最高 | 重要钻探结果数量增加，金矿首次公布资源量暴涨 |
| 10月 | 有所下滑 | 融资市场的负面影响 |
| 11月 | 攀至高点 | 重要钻孔结果增多和融资环境改善 |
| 12月 | 略有下降 | 年终假期影响 |

[1] 勘查活动指数是金属经济集团监测全球有色金属整体水平每月变动及未来趋势的主要指标，是重要勘查项目阶段进展、重要钻探结果公布数、首次公布资源量、勘查阶段进展等综合情况的反映。

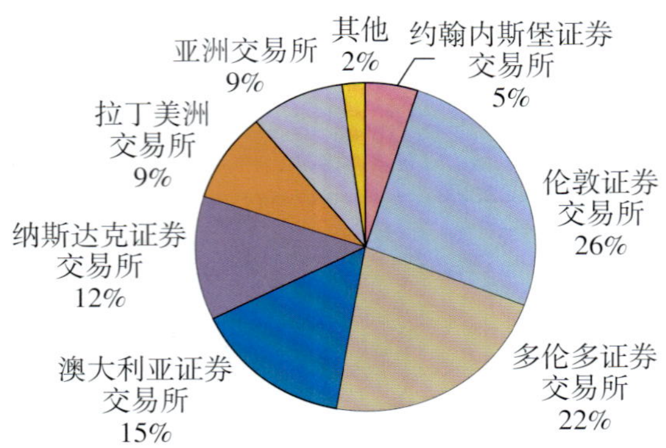


**2011 年 10 月全球上市勘查企业市值分布**

数据来源：加拿大金属经济集团（MEG）。

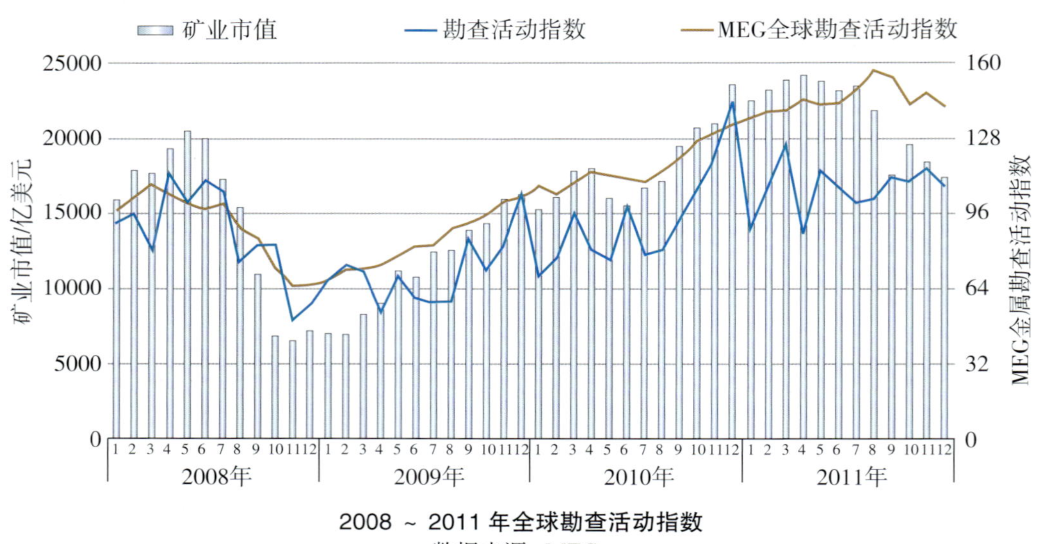


**2008 ~ 2011 年全球勘查活动指数**

数据来源：MEG。

**2011 年全球有色金属勘查预算总额飙升至 182 亿美元，较 2010 年 120 亿美元增长 50%**。2011 年预算总额远超 2008 年 132 亿美元的历史记录，勘查活动指数高位振荡。金属价格对于有色金属勘查预算具有决定性影响。尽管最近一段时期价格波动较大，但总体来说，2011 年大部分金属价格一直表现较为坚挺，有助于提升勘查市场信心❶。

在过去十年中，早期勘查阶段投资一直走低，与此相反，后期勘查阶段以及矿山深部与外围勘查预算不断提高。究其原因，主要是投资后期勘查阶段的目的是尽快投产或者满足融资的需要，而矿山深部或外围的投资规模与风险相对较小。

历年全球有色金属勘查投资预算的统计分析并没有考虑通货膨胀、勘查成本提高等因素。虽然 2011 年全球有色金属勘查投入超过历史纪录，为 2010 年的 1.5 倍，但是，

❶ 有色金属勘查预算统计包括贵金属、基本金属、钻石、铀矿及部分工业矿石，不包括铁、铝、煤以及油气勘查投入。

由于钻探、化验、燃料和地质技术人员工资等投入成本上升，加之全球地质找矿逐渐向地球深部、隐伏性矿床、可进入性差地区等方向发展，当前全球大部分地区勘查工作力度未必比十年前大，因此，虽然全球勘查预算大幅上涨，但实际勘查作业的工作量以及预期找矿成果并不一定成比例增加。

**重要钻探结果公布数持续上升。**截至 2011 年 11 月，重要钻探结果数公布，连续 14 个月持续上升。重要钻探成果数量在 3 ～ 4 月再创新高，当然，从公布的数据来看，

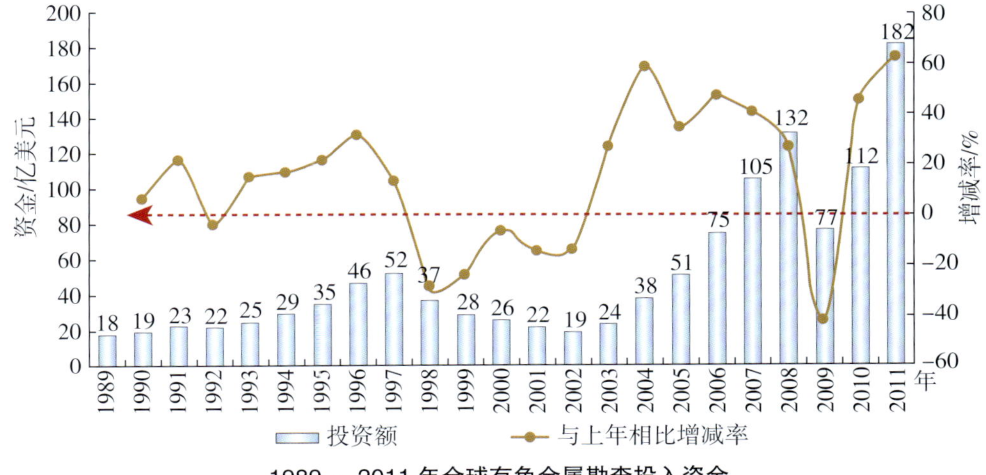


**1989 ～ 2011 年全球有色金属勘查投入资金**

数据来源：MEG。

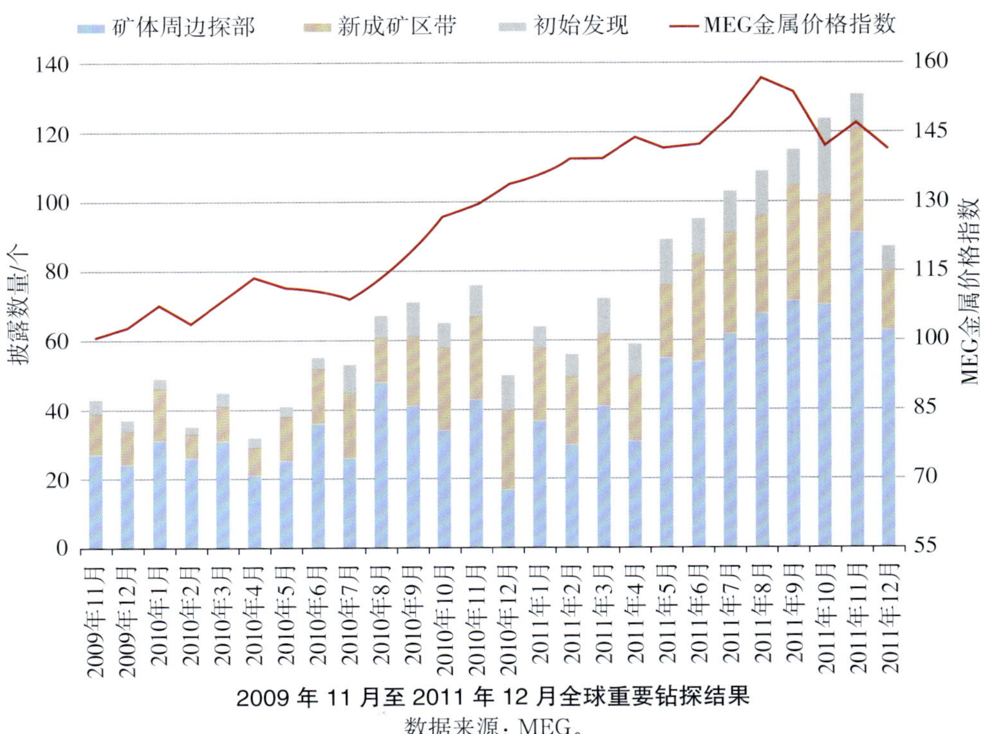


**2009 年 11 月至 2011 年 12 月全球重要钻探结果**

数据来源：MEG。

这些成绩大部分在3月取得的。北美和拉美地区的黄金和基本金属钻探成果数量一路领先，其次是非洲的黄金和澳大利亚、太平洋一带的基本金属勘查成果。5～8月公布的重要钻探成果数量不断增长。9～10月披露的152个金矿与99个基本金属勘查结果数为2008年来的最高值。虽然受假期影响，12月重要钻探结果公布数仅为87个，但仍然高于2010年的单月数。受金属价格的波动与勘查市场混乱的影响，预计2012年初勘查结果数将会下降。

**中小勘查企业勘查融资相对稳定。**2011年3～4月中小矿业公司完成的勘查融资（200万美元以上）比前两个月上升了18%，但总额仍大大低于2010年12月55亿美元的历史记录，其中3月共完成110项融资，位居16个月来的第三位。7月重要勘查融资项目相对稳定；8月，仅有56个项目完成融资，为一年来的最低。7～8月融资总额较前两个月上涨10%。受全球经济增长担忧与主权债务危机的影响，9～10月，中小勘查公司重要融资项目数连续下滑，其中：黄金项目共募集10.7亿美元，为2011年以来最低的双月；基本金属融资额为11.2亿美元，其中债务融资占到50%以上。11～12月，融资额为38.1亿美元，其中12月融资额为22.9亿美元，为2011年以来最高的月份。

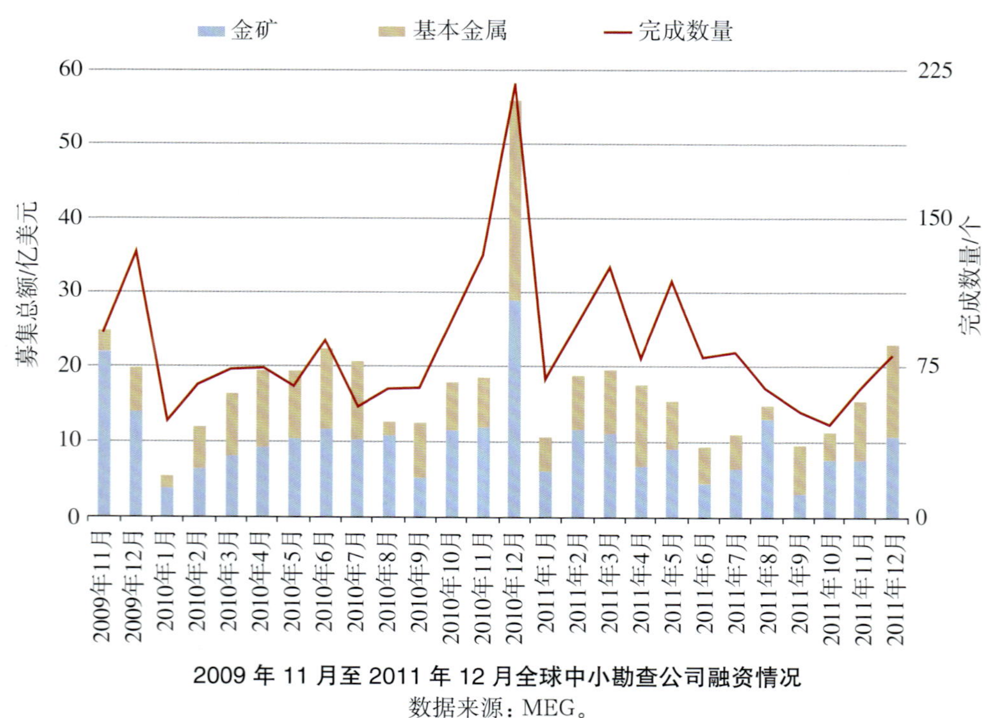


**2009年11月至2011年12月全球中小勘查公司融资情况**

数据来源：MEG。

**全球矿业并购趋缓，资源民族主义风险加大。**2011年9月16日，普华永道会计师事务所发布报告《全球矿业交易》称，2011年上半年是全球矿业历史上并购活动最繁忙的半年，共达成1379笔交易，涉及交易总金额达710亿美元。7月，全球矿业行业的并购交易金额和交易量环比下降了32%和19%，8月进一步分别下降25%和7%。

进入第三季度，受全球经济面临不确定性以及资源国政府对于交易干扰引发外界担忧等不利因素的影响，一些并购交易延缓或撤销。

欧元区债务问题愈演愈烈，美国经济增长停滞，以及中国经济增速存在不确定性，再加上资源领域的民族主义情绪弥漫，种种不利因素让矿业企业管理阶层对并购交易持审慎态度。但是，长期看来，矿业正成为新的投资热点，大部分矿业企业负债比正处在历史低点，再加上预期新兴经济体未来资源需求稳健，预计 2012 年全球矿业并购交易的价值和数量将呈现增长态势。

**2010 年和 2011 年全球矿业商业风险要素排名**

| 风险因素 | 2011年 | 2010年 | 风险因素 | 2011年 | 2010年 |
|---|---|---|---|---|---|
| 资源民族主义 | 1 | 4 | 安全与低成本的能源 | 11 | 7 |
| 熟练劳动力的缺乏 | 2 | 3 | 资金的可得性 | 12 | 8 |
| 基础设施的准用 | 3 | 6 | 气候变化 | 13 | 10 |
| 开工的社会许可 | 4 | 5 | 兼并活动 | 14 | 11 |
| 资本项目执行 | 5 | 新 | 以前勘查活动指数缩水的影响 | 15 | 12 |
| 价格与汇率的波动 | 6 | 9 | 水资源的稀缺 | 16 | 13 |
| 资本配置 | 7 | 1 | 监管的加强 | 17 | 15 |
| 成本控制 | 8 | 3 | 地方激进主义新通讯技术的运用 | 18 | 16 |
| 供应中断 | 9 | 新 | 新技术运用降低资源需求 | 19 | 17 |
| 欺诈与腐败 | 10 | 新 | | | |

资料来源：安永会计师事务所。

资源民族主义重新抬头，成为全球矿产资源勘查开发领域商业风险之首。据安永会计师事务所 2011 年 8 月 8 日发布的《2011 年度矿业和金属业商业风险报告》显示，资源民族主义在全球的蔓延使得该项风险从 2010 年风险榜单的第四位跃居 2011 年的首位。过去的 18 个月中，至少有 25 个国家通过税收或特许权使用费的方式，已经或将要增加其政府所得。资源民族主义还采取其他形式干预矿业企业活动，包括加大对于外资参与的管控，授权选矿、政府强制性参与，等等。

## 【2 国内形势】 地质勘查投入增长明显

**地质勘查投入创新高**。2011 年，全国地质勘查投入创新高，接近 1100 亿元，同比增长 14.62%。其中：中央财政拨款占 6.6%，同比减少 4.9%；地方财政拨款仅占 1 成，但同比增长 18.5%；社会资金超过八成，同比增长 11.5%。

预计“十二五”期间，随着找矿突破战略行动的不断推进，以市场为主体的矿产勘查政策将逐步完善，社会投入增幅将有小幅上扬。

**油气和非油气地质勘查投资同比均增长**。全部地质勘查投资中，矿产勘查投资占总投资的 90.4%。其中：油气地质勘查投资同比增长 5.6%，占地质勘查总投资的 59.6%；非油气地质勘查投资同比增长 3.6%，占地质勘查总投资的 30.8%。

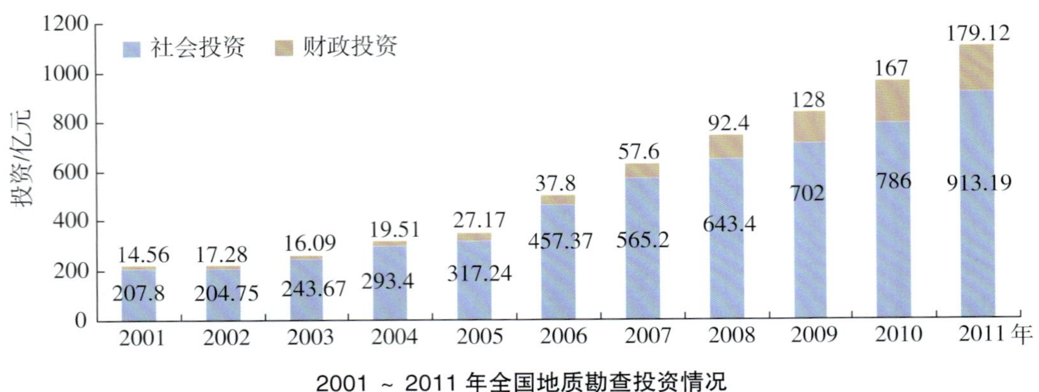


2001 ~ 2011 年全国地质勘查投资情况

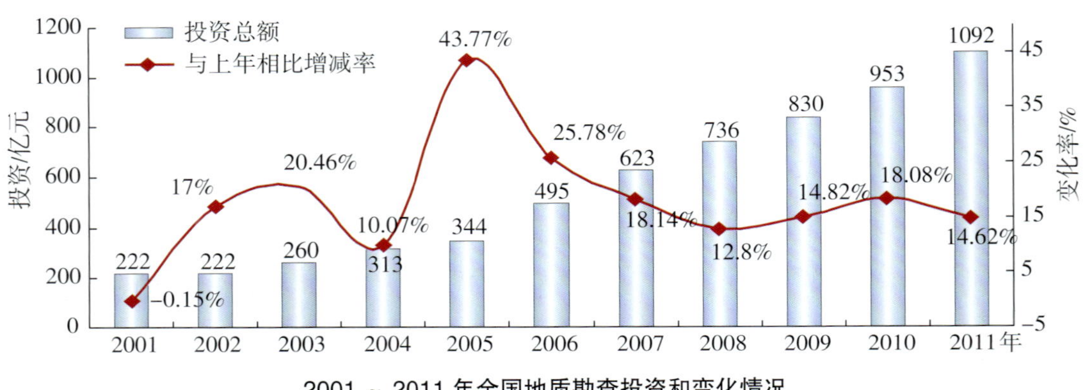


2001 ~ 2011 年全国地质勘查投资和变化情况

2001 ~ 2011 年全国地质勘查财政投资和变化情况

**地质找矿取得显著成果。**2011 年，地质找矿取得显著成果，新发现一批大中型矿产地，主要矿种储量不断增长。2011 年，新发现大中型矿产地 351 处，其中非油气矿产地 335 处、油气矿产地 16 处。主要矿种新查明矿产资源储量情况为煤资源储量 1429 亿吨、原油探明地质储量 13 亿吨、天然气探明地质储量 9016 亿立方米、铁矿资源储量 84 亿吨（矿石）、铜矿资源储量 420 万吨（金属）、铝土矿资源储量 4 亿吨（矿石）、铅矿

2001 ～ 2011 年全国地质勘查社会投资和变化情况

资源储量 481 万吨（金属）、锌矿资源储量 538 万吨（金属）、金矿资源储量 674 吨（金属）、钼矿资源储量 324 万吨（金属）、钨矿资源储量（$WO_3$）120 万吨、磷矿资源储量 21 亿吨（矿石）。

**2011 年主要矿种新增储量**

| 矿种 | 新发现资源储量 | 矿种 | 新发现资源储量 |
|---|---|---|---|
| 煤炭 | 1429亿吨 | 铅 | 481万吨 |
| 原油 | 13亿吨 | 锌 | 538万吨 |
| 天然气 | 9016亿立方米 | 金 | 674吨 |
| 铁 | 84亿吨 | 钼 | 324万吨 |
| 铜 | 420万吨 | 钨（$WO_3$） | 120万吨 |
| 铝土矿 | 4亿吨 | 磷 | 21亿吨 |

**发现全球第二大钼矿，未来的宏观政策与市场行情对钼矿的勘查影响较大。**2011 年，安徽省金寨县境内探明巨型钼矿，其钼储量有 220 万吨以上，潜在经济价值超过 6000 亿元，仅次于世界最大的美国科罗拉多州克莱麦克斯钼矿（储量 300 余万吨），此前，我国最大的钼矿是河南省西部的栾川钼矿，钼储量为 206 万吨。

近年来，钼矿勘查成为社会投资热点，我国钼矿的勘查投入不断增加，找矿成果颇丰，全国钼矿储量不断刷新，产量逐年攀升，但是，整个钼矿产业的发展存在以下问题：

(1) 由于市场、政策等原因，进入开采阶段的钼矿不多；

(2) 钼矿企业严重过量开采，导致产能过剩，资源浪费严重；

(3) 钼矿资源的开采带来了严重的生态环境问题，尤其在偏远山区，生态环境较为脆弱，极易遭受破坏。

从全球市场行情来看，钼矿市场基本饱和。目前，中国是全球第一大钼矿生产国，也是第一大消费国，对外出口比例较小；美国每年有大量钼出口，基本能够满足西欧与日本的需求；美洲的智利、秘鲁和墨西哥也为全球提供了部分的钼供应。虽然特钢行业对钼的需求在稳步增加，但全球经济的复苏仍有不确定性。

从钼矿价格来看，短期内难有大幅反弹。最近一段时期以来，钼价一直在底部徘徊，主要原因有：①全球钼需求大幅下滑；②大型钼矿被不断发现；③铜矿综合利用率不断提升，伴生钼产量大增。在全球钢铁需求增长放缓的局面下，钼价难有大幅反弹。

从国内宏观政策看，调控力度进一步加大。进出口方面，取消钼系列出口退税，实行出口配额管理，同时将钼精矿列为鼓励进口产品。产业政策方面，《产业结构调整指导目录（2011 年本)》中将新扩建钼开采、冶炼项目列为限制类别，《钼行业准入条件（征求意见稿)》中对钼矿的勘查、开采、冶炼等提高了准入门槛和环境保护要求；勘查开发方面，钼列入国家战略性资源，实行保护开采与总量控制，等等。

**2011 年我国钼资源勘查开发相关政策**

| 政策分类 | 变化内容 |
|---|---|
| 进出口政策 | 取消钼系列出口退税，实行出口配额管理，同时将钼精矿列为鼓励进口产品 |
| 产业政策 | 将新建、扩建钼开采、冶炼项目列入限制类别；钼资源的勘查、开采、冶炼等环节作了准入门槛的规定，提高了环境保护要求 |
| 勘查开发政策 | 钼列入国家战略性资源品种，实行保护开采与总量控制 |

从当前钼矿勘查开发、市场行情和宏观政策等方面综合来看，未来钼矿行业将会进一步提升集中度，部分不规范的钼矿企业将逐渐被淘汰，整体钼矿行业的附加值将会提高，钼矿行业结构将会改变，同时会避免国内初级钼产品的低价流失。

因此，提升钼矿产业盈利水平关键在下游，钼矿产业的发展要持续向深加工产品倾斜，同时防止钼矿勘查投资过热，解决好钼矿资源勘查、发展产业、提升效益与保护环境之间的有效衔接与优势转化。

### 2009 ~ 2019 年全球钼业发展形势

国际钼业协会发布的一项调研报告显示，得益于来自电力、建筑和交通业的钼需求扩大，2009 ~ 2019 年全球钼消耗量的年均增长率为 4.5%。该报告预测全球这三类行业对钼需求的带动最大，其中的每个行业在 2009 ~ 2019 年的钼年使用量将增加约 6%。需求增长主要是由于新应用领域的拓展，其中电力行业就包括可再生能源发电，尤其是钼在风能涡轮机齿轮以及轴承上的应用，以及传统火力发电厂为提高效率而增加运转温度而使得超级合金的使用量增加。2009 ~ 2019 年，钼需求量年增长率为 4.5%，而中国（5.8%/ 年）和其他地区（4.8%/ 年）的增长速度要快于欧美地区（均低于 3%）。就钼需求方面来看，未来 10 年中国的重要性将日益显现，至 2019 年，总消耗量将超过 30%。

**我国已完成13个矿种潜力评价，2012年将开展12个矿种资源潜力评价**。目前我国已完成了13个矿种找矿远景区的圈定工作。完成覆盖中国陆地区域1∶20万及1∶25万区域和各矿种远景区范围中大比例尺的构造、重力、磁测、化探、遥感、重砂等资源开发和应用，已完成了铁、铝、铜、金、铅、锌、钨、锑、稀土、钾、磷、煤炭、铀矿13个矿种的潜力评价工作，圈定了各矿种的找矿远景区。对资源量的预测结果表明，各矿种潜在资源量远远大于已查明的资源量。13个矿种预测潜在资源量分别达已查明资源量的2～7倍，其中煤炭最小预测区为2947处。目前，这些工作成果已广泛用于矿产资源保障工程，以及“十二五”时期矿产勘查规划和部署。

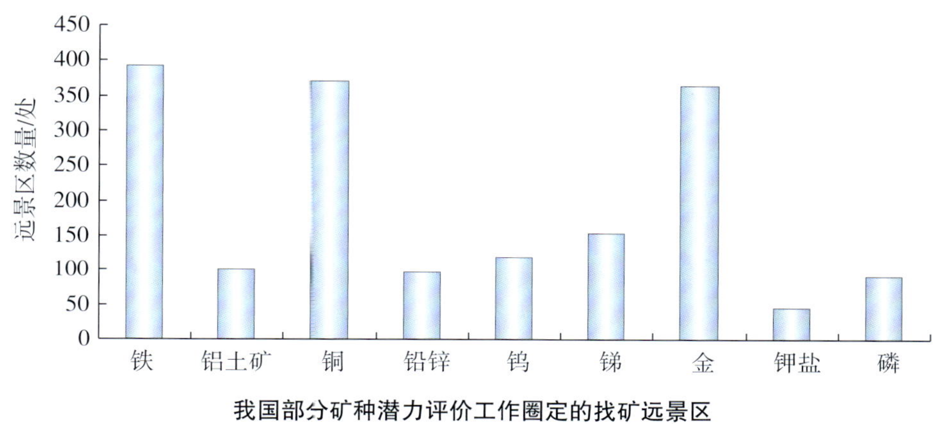


我国部分矿种潜力评价工作圈定的找矿远景区

2012年，我国将完成锡、钼、镍、锰、铬、银、锂、硫、萤石、菱镁矿、硼、重晶石12个矿种资源潜力评价；全面完成省级矿产资源潜力评价成果汇总工作；基本完成大区矿产资源潜力评价成果汇总的主要工作；开展全国矿产资源潜力评价成矿地质背景、成矿规律、重力、磁测、化探、遥感、自然重砂、矿产预测和综合信息等专业汇总工作；大力推进潜力评价成果的及时转化和应用，服务于找矿突破战略行动，开展全国整装勘查区和重点勘查区的跟踪与动态评估等。

## 矿产资源潜力评价历史与国外经验

- 矿产资源潜力评价是地质找矿的前期工作，是实现找矿突破的基础。迄今，我国从国家层面开展的全国油气资源评价工作共进行过三次，系统地开展了四次全国煤炭资源预测。原地质矿产部门曾组织了固体矿产跨省区划，在对重点成矿区带远景区系统研究分析的基础上，开展了若干矿种跨省成矿区带预测和省级资源总量预测等。历史经验表明，科学的预测评价是找矿成功的重要条件。比如，我国在1992～1995年部署了第二轮固体矿产区划工作，对一些重要成矿远景区作出了较为科学的评价预测，其成果被用于部署全国的地质找矿工作，有力地促进了我国“九五”时期找矿的重大突破。
- 加强矿产资源管理也要依据矿产资源潜力评价。国内外不乏其例。美国20世纪 70 ~ 80 年代投巨资开展第一轮矿产预测，实施石油天然气预测、阿拉斯加资源评价、国家铀矿资源评价计划、本土矿产资源评价计划四项国家计划；20 世纪 90 年代又进行了重要矿种资源潜力评价。根据评价结果，美国制定了国内石油保护性开采、铀矿作为能源的战略储备等资源政策，建立了矿产资源的供给保障体系。无疑，矿产资源潜力评价是矿产资源管理的重要支撑，也是制定国家矿产资源战略、加强资源宏观调控的重要依据。

## 【3 勘查管理】 勘查许可证总量不断增长

**2011 年有效勘查许可证同比增长，新立证同比显著下降**。截至 2011 年 12 月底，全国有效勘查许可证同比增长 12.9%。全年新立勘查许可证较 2010 年减少 36.6%，降幅同比增加了 20.8 个百分点。其中，第四季度新立勘查许可证环比大幅增长 96.6%。

34 种主要矿产有效勘查许可证占全部矿种的 88%；新立勘查许可证超过 1000 个，其中新立许可证最多的矿种为金矿、铜矿和铁矿，分别占 21.6%、20.7% 和 15.6%。国土资源部颁发的许可证占总量的 8%。

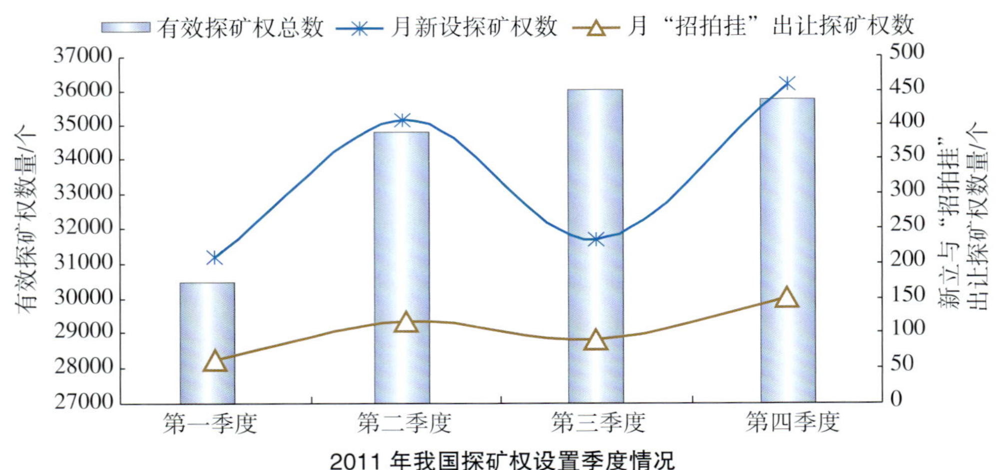

2011 年我国探矿权设置季度情况

**2011 年探矿权出让量跌价升**。全年出让探矿权 1300 余个，出让价款超过 20 亿元，同比分别下降 36.6%和增长 13.5%，其中"招拍挂"出让个数和价款分别占出让总量的 32.1%和 62%。第四季度出让个数和价款分别较第三季度增长约 96.6%和 250%。主要矿种中，出让价款最多的矿种为铁矿、铜矿、磷矿、金矿和铅矿，合计占总出让价款的 3/4。

近年来，随着探矿权整合、整装勘查等工作的推进，全国登记在册的探矿权数量逐渐减少，民间社会资本也同样减少，但勘查投资额稳步上升。对于这种现象有以下不同的观点：①国土资源管理部门认为这种现象是市场化的自然结果，高风险、高投入的勘查市场并没有留太多空间给实力偏弱、技能不达标的民间资本；②一些民间投资者认为，这是一场“国进民退”的非市场化演进；③一种观点认为，上述两种观点之间的矛盾可以通过矿业资本市场加以解决，但对于技术含量高、地质风险大的勘查领域而言，目前缺少矿业风险板块作为平台。

## 【4 勘查行业】 地质勘查行业逐步发展壮大，地质勘查单位改革面临多重困难

**地质勘查行业不断发展壮大**。“十一五”开局之年，国务院出台《国务院关于加强地质工作的决定》（国发〔2006〕4 号），各级政府高度重视地质工作，地质勘查行业管理不断加强，地质勘查行业收支平衡，经济实力不断增强。

“十一五”时期，全国地质勘查单位总收入由 2006 年的 727.32 亿元增加至 2010 年的 2253.69 亿元，年均增长 32.68%；总支出由 2006 年的 616.25 亿元增加至 2010 年的 2037.78 亿元，年均增长 34.85%。

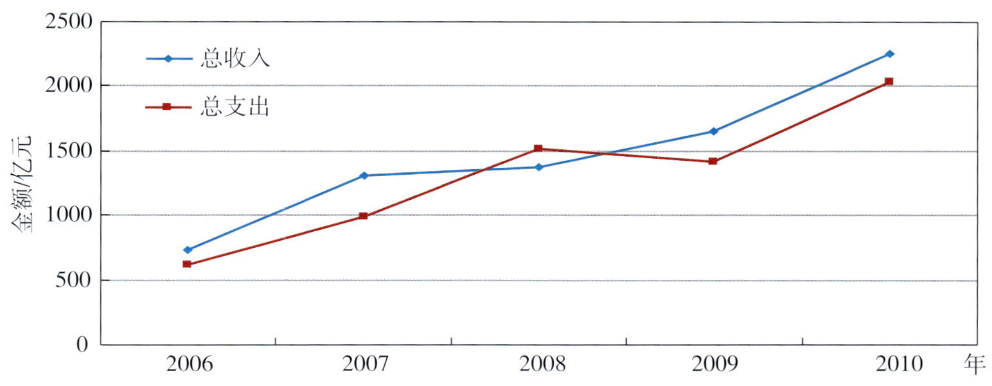


**“十一五”时期（2006 ~ 2010 年）全国地质勘查单位总收入和总支出变化趋势**

资料来源：《全国地质勘查行业情况通报》，2006 ~ 2010 年。

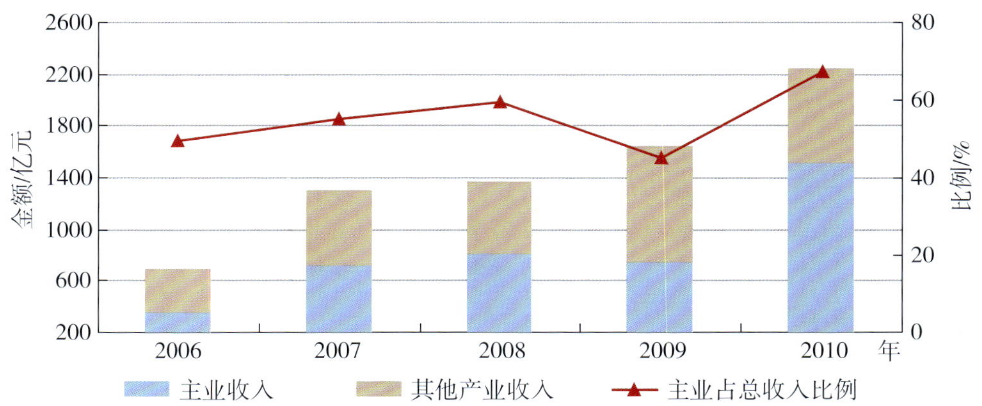


**“十一五”时期（2006 ~ 2010 年）全国地质勘查单位地质勘查主业收入与其他收入变化趋势**

资料来源：《全国地质勘查行业情况通报》，2006 ~ 2010 年。

“十一五”时期，全国地勘单位地质勘查主业收入（主要包括地质勘查收入、矿业权转让收入、矿产开发收入三个部分）由2006年的361.79亿元增加至2010年的1518.58亿元，年均增长43.13%；其他产业收入（指除地质勘查主业收入之外的其他收入）由2006年的337.42亿元增加至2010年的735.1亿元，年均增长21.49%；其中地质勘查主业收入占地质勘查单位总收入的比例由2006年的49.72%增加至2010年的67.38%，充分反映了地质勘查单位逐渐回归地质勘查主业，地质勘查行业不断发展的良好趋势。

**地质勘查单位发展面临“玻璃天花板”。**1999年地质勘查单位属地化管理以后，地质勘查单位在国家及各级政府支持下，积极融入地方建设，经济快速发展，规模效益不断扩大，地质勘查成果显著，资产财务状况良好，发展基础及后劲明显增强，职工幸福指数持续提升。财政资金勘查项目和市场资金地质项目的“双丰收”，使得地质勘查单位经济总量迅速扩大，自我生存发展的能力显著增强。但是，事业单位和企业单位的单位属性、制度设计、监管体系有着本质的区别。作为事业性质的组织，用纳税人的钱，要求地质勘查单位以“提供公益性公共服务”为基本宗旨，公共性、非营利性是其显著特征。事业单位的性质要求其经费预算一般不会出现结余。对有生产经营能力的单位取得的收益，在弥补事业单位收入不足部分后，应如数上缴财政。显然，在事业单位体制下，地质勘查单位实现资本快速积累和加快发展的愿望难以实现。同时，事业单位与企业单位的人事管理制度、收入分配制度等方面的差别，对地质勘查单位发展的制约日趋明显。总而言之，事业单位体制和企业体制不同的运行制度决定了“戴

### 地质勘查单位改革正面临着三个“窗口期”

◆ 资源需求窗口期

根据有关研究结果，未来5～15年我国矿产资源需求空间仍然很大，部分重要矿种需求拐点将在10～20年内出现，也就是说，我国矿产资源勘查开发将面临10～15年的“窗口期”。

◆ 重大战略窗口期

当前地质找矿工作发展正处于难得的战略机遇期。《找矿突破战略行动纲要（2011—2020年）》已获国务院常务会议通过，力争用8～10年的时间新建一批矿产勘查开发基地，重塑全国矿产勘查开发格局。同时，国内资源有潜力，找矿工作有基础，新机制带来了强大活力，将为找矿主力军的地质勘查单位改革发展带来8～10年的“战略窗口期”。

◆ 国家政策窗口期

随着事业单位分类改革的不断深入，一揽子配套政策将不断落实，加之原已出台的一系列促进地质勘查单位改革发展的政策措施，未来5～10年，必将为国有地质勘查单位改革发展创造良好的政策环境。

事业帽子、走企业路子”的历史局限性，并且越来越成为地质勘查单位加快发展的“玻璃天花板”。

在新形势下，必须根据情况的发展变化，适时作出体制决策和运行机制的调整。摒弃事业企业“利益均沾”的惯性思维，实行企业和事业单位分开管理、分体运行，是破解制度障碍、顺应分类改革的迫切要求，也是地质勘查单位健康发展的理性选择。

### 对地质勘查单位分类改革的研判

当前分类推进地勘单位改革，既是国家要求，也是适应市场化、顺应国际化的要求，是构建新机制、催生内生发展动力的客观要求，是大势所趋。改革时间表已确定，目前不是争论要不要改，而是怎么改的问题。地质勘查单位要做的只有积极主动应对，抓住机遇，顺势而为，充分利用改革过渡期，夯实基础。有两点应该注意：①努力争取政策，为改革创造良好的环境，特别要加强与地方政府和国土资源等相关部门的汇报、沟通和协调，优化外部环境，争取政策支持；②千方百计加快经济发展，在改革期间或过渡期内，持之以恒地抓好经济发展，努力培育壮大产业经济，增强竞争实力，夯实改革发展的基础。

**国有地质勘查单位分类改革面临多重困难。**当前，各地质勘查单位干部职工主要通过新闻媒体、单位会议和上级部门等渠道了解有关事业单位分类改革的相关政策信息，其中最受关注的三个方面是管理体制、养老保险和分配机制，分别占调查统计数据的47%、23%与18%[1]。

**国有地质勘查单位分类改革的障碍。**有超过3/4的被调查者对于国家推进事业单位改革方案没有抵触情绪，同时，大部分人认为，虽然当前国有地质勘查单位分类改革时机较为成熟，但在推进过程中可能会遇到一些阻力，如社会保障体系不健全（占39%）、权利和利益的再调整（占19%）、思想观念难以转变（占17%），以及已经形成的既得利益结构在改革中很难被打破（占13%），等等。

**地质勘查单位企业化改革面临的问题。**按照国家事业单位分类改革政策规定，大部分国有地质勘查单位将会走经营性企业道路，但是，当前迫切需要解决的问题主要有（按照重要性排序）：建立矿产勘查资本市场；国家注入资本金；配置优质探矿权或优先取得探矿权；解决历史遗留问题；建立统一的矿业权有形市场等。

对于分类改革中的公益性事业单位，绝大部分人认为要直接接受国土资源管理部门领导，或业务上受其指导。

---

[1] 2011年7～9月开展问卷调查，收到反馈问卷112份，其中有效样本77份。

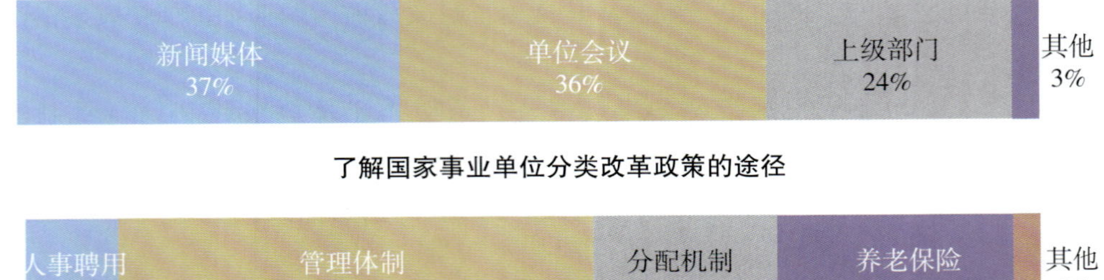


了解国家事业单位分类改革政策的途径

地质勘查单位干部职工较为关注的方面

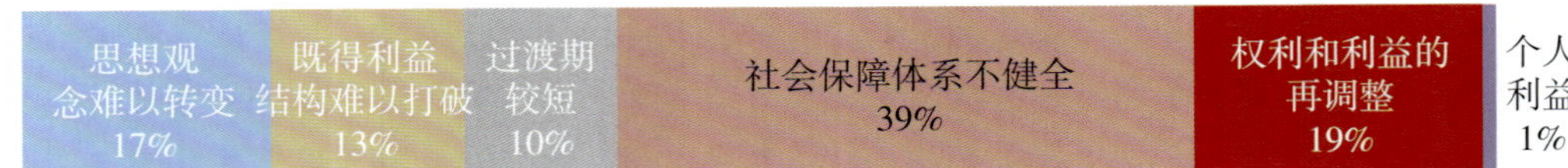


地质勘查单位改革推进过程中可能会遇到的阻力

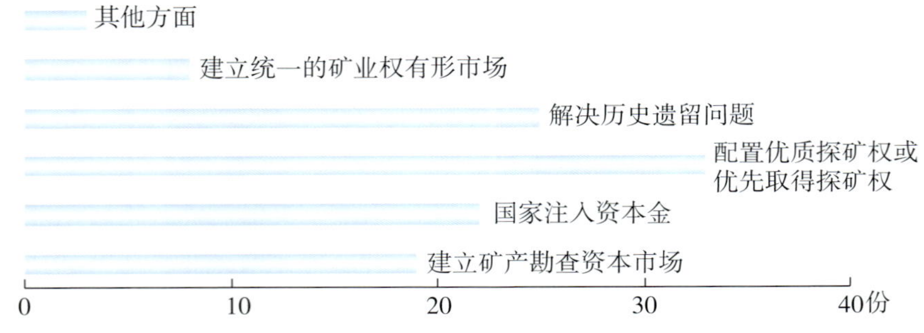


地质勘查单位分类改革需要解决的问题调查结果

**影响地质找矿突破的主要原因**。多数人认为当前政府经营、垄断矿业权的状况加剧，基础地质工作滞后和公益性与商业性脱节是影响地质找矿突破的两大主要原因。只有 22% 的被调查者认为促进了地质找矿工作。影响地质找矿重大突破的其他原因还有商业性矿产勘查投资积极性不高、探矿权配置不合理、探矿权管理不规范、地质勘查能力不强、地质勘查资本市场缺位，等等。

**对于地质勘查业发展前景的预期**。大部分调查对象对于地质勘查业的发展前景较为乐观。一半人认为将会持续 10 年，32% 的人认为地勘业快速发展将会持续 5 年。

**探采一体化路径与地质勘查企业家素质**。探采一体化理想路径主要是以勘查成果作价与矿业企业合作、以技术入股与矿业企业合作等。在未来的发展中，地质勘查单位要积极探索探采一体化，培养以企业家为核心的地质勘查行业高层次人才。地质勘查企业家要具有一系列的素质，如善于经营、精于技术、敢于冒险、勇于开拓和市场意识。培养地质勘查企业家需要良好的外部环境、合理的激励与约束机制、科学的选拔与评价机制以及彻底的企业化经营平台等。

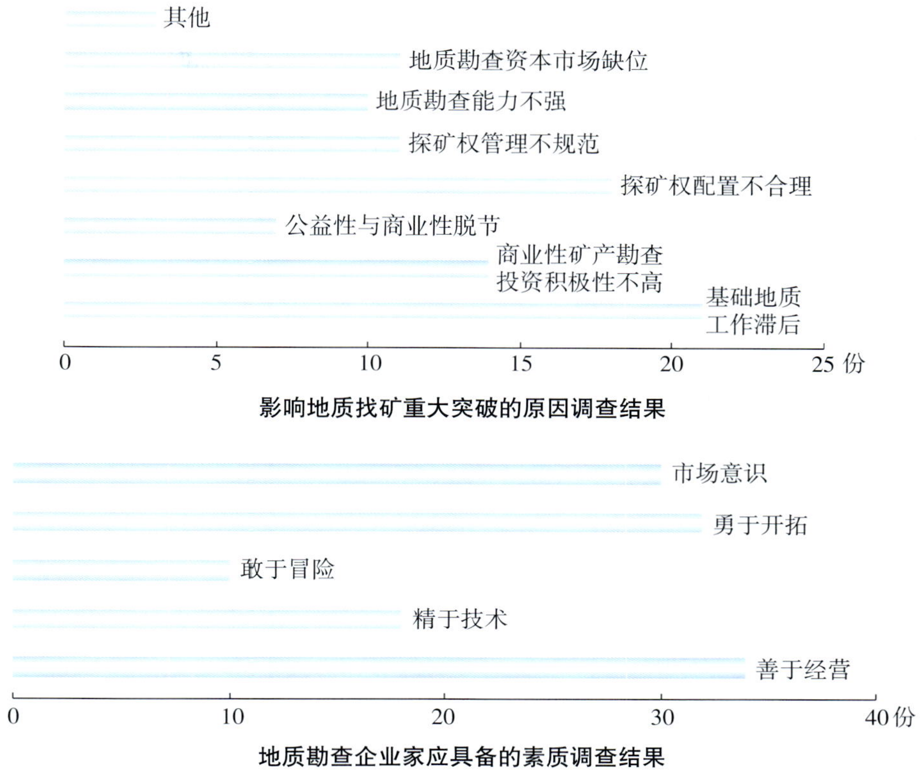


**影响地质找矿重大突破的原因调查结果**

**地质勘查企业家应具备的素质调查结果**

**地质勘查行业高层次人才的培养**。有四成以上的调查者认为当前地勘行业高层次人才难以脱颖而出的最主要原因是缺乏激励机制。其他原因还包括项目连续性不强（19%）、没有精力深入研究（18%），以及培养方式不合理（16%）等。

**地质勘查行业高层次人才难以脱颖而出的最主要原因调查结果**

# 下篇

## 展望与建议

# 深化改革，加快国土资源管理新制度供给

2012年，国土资源工作面临的形势更加复杂，宏观经济环境面临的不确定因素增多，国土资源供需关系趋于复杂，将是国土资源工作任务十分繁重的一年。贯彻中央严格国土资源管理的总要求，落实资源节约优先战略，推进综合管理改革、推动“十二五”规划落地、落实宏观调控目标巩固调控成果，任务十分艰巨。土地供需尖锐的基本矛盾没有改变，投资拉动供地的需求依然强劲，土地执法监察和督察任务繁重。地质找矿战略行动落地，深刻影响市场预期，考验项目管理和矿业权科学配置、市场监管能力。涉及资源领域的民生诉求进一步增多，维护权益、参与社会管理的任务繁重。着眼转变发展方式，以资源可持续利用促进经济社会可持续发展的重大命题亟待破解。

## 【1】 推进落实国土资源管理共同责任机制

中央领导的一系列重要讲话和指示，将国土资源管理工作推到了前所未有的重要地位和全新的高度。全系统要充分认识中央领导重要讲话的重大意义，深刻领会中共中央总书记胡锦涛强调的“十分珍惜和合理利用每一寸土地，促进经济社会发展与土地利用相协调”的思想内涵；贯彻落实国务院总理温家宝强调的“以资源可持续利用促进经济社会可持续发展”。围绕国土资源部部长徐绍史提出的“怎么学”、“怎么看”、“怎么干”三点要求，真正把学习讲话转化为进一步推进工作的思路和举措。特别是要抓好与“双保”行动、服务重点建设专项行动、“两整治一改革”行动等的有机结合，切实将中央领导重要讲话精神转化为做好国土资源各项工作的动力。找准贯彻落实的切入点、着力点，找准推进工作的有效方法和抓落实的具体措施，推动国土资源管理工作迈上新台阶。

## 【2】 积极调整完善国土资源管理政策的战略取向

新中国成立60年、改革开放30年，土地、矿产资源管理制度和政策适应形势需要先后发生深刻调整，对经济社会发展全局产生了重要影响。新中国成立初期，我国面临启动工业化、恢复重建国民经济体系的任务，国土资源开发作为基础部门优先发展。计划经济时期，国土资源部门只是工业体系中的一个基础保障部门，长期实行土地无偿划拨、矿产资源无偿供应下游工业生产。改革开放以后，资源要素市场逐步建立，资源资

产价值虽然逐步显化，但总体是实行资源的廉价、低价政策。正是以资源要素的低成本形成的“资源红利”，支撑了中国的快速工业化、城镇化，创造了“中国经济奇迹”。

改革开放30余年后的今天，随着土地、能源、重要矿产等成为稀缺资源，要素成本迅速上升，要素投入的边际收益递减，依赖于“拼资源”的发展模式难以为继，传统的比较优势正在逐步弱化。作为全球人口第一大国、第二大经济体，面临工业化、城镇化、农业现代化“三化”同步推进的艰巨任务。作为全球的矿产品消费大国、生产大国和贸易大国，“中国因素”在全球资源市场的影响举足轻重。但资源需求刚性上升、资源供给刚性制约，“两个刚性”倒逼，压缩了政策腾挪空间，迫使我们必须走出传统的资源供需管理，切实转变发展方式和资源利用方式。新时期国土资源管理战略政策调整，事关中国能否成功跨越“中等收入陷阱”这个门槛，迈入中等发达国家的行列。

因此，新时期的国土资源管理政策取向必须顺应形势的变化，作出战略调整。即：由保障型管理向保护和管控型管理转变；由资源开发型管理向国土综合开发管护、国土安全管理转变；由数量管理向数量质量并重管理、由重增量开源向节约优先转变；国土资源管理要从部门行业技术管理走向参与宏观综合调控，从被动保障走向促进发展方式转变、进而向全面促进经济社会可持续发展转变。新时期国土资源管理要加强制度创新，发挥基础性制度优势，在促进统筹城乡发展、促进缩小东西部地区差距中有所作为，为实现国家第三步发展战略目标作出贡献。

## 【3】 切实发挥国土资源规划在空间和时序上的管控作用

**实施是规划落地的重要环节。**要抓紧制定《国土资源“十二五”规划纲要》配套文件，促进规划全面实施。抓紧研究制定《国土资源“十二五”规划纲要》实施的指导性文件和实施管理文件，加强解读、宣传工作，提高认知度，促进规划各项目标任务的全面落实。

### 《国土资源“十二五”规划纲要》明确六项主要目标

- 国土资源保护成效显著；
- 国土资源保障能力明显增强；
- 资源节约集约利用水平不断提高；
- 国土资源服务民生取得重大进展；
- 国土资源管理秩序进一步好转；
- 国土资源市场配置和宏观调控机制进一步完善。

**继续推进全国国土规划纲要编制工作。**一要注重解决规划实施尺度问题。国土规划定位依然为空间规划。既要具备前沿性区域发展宏观战略部署，也强调相对重点国土资源开发保护问题的具体落地实施。二要注重解决规划空间组织路线。应建立具备明显国土资源部门特色的空间组织路线，对城镇化、工业发展、农业提升、基础设施建设、生态保护、海洋开发、公共服务均等化等规划重要内容进行有机串联，体现规划独特的组织思路和规划抓手。建立这一空间组织路线应该具备10个基本条件。三要完善国土规划框架。对国家级国土发展区重点处理，国土发展区应该包括国土经济空间、国土生态空间、国土综合整治空间的重点类型划定与落实。应该对城镇与乡村建设空间、工业发展空间、种植业与现代农业空间、交通运输与港口发展空间、能源和矿业经济空间、生态空间，以及治理与灾害防治、泛区域合作与边境国土安全体系、规划实施保障措施等给予充分考虑。

### 建立具有国土资源部门特色的空间组织路线

- 体现国土资源部门的职能特色；
- 能够对重点领域国土开发保护重要问题的空间安排进行有机串联；
- 充分体现相关部门的利益；
- 既体现国土规划的宏观战略性，又能够实现对重点国土开发保护问题的相对具体的落地；
- 体现国土规划的重要空间管控抓手特征；
- 充分体现水资源、土地资源、矿产资源、地质安全等重要国土资源的区域差异性和资源环境承载力；
- 与省级或地市级行政单元进行有机结合；
- 充分体现国家发展改革委员会已部署的20余个重点区域发展战略需求和部署；
- 与主体功能区规划、城镇体系规划、生态功能区划等做好衔接与协调；
- 同时适用全国、省级、跨省重点区域、省级单位内部重点区域国土规划。

## 【4】 加快推进国土资源调查评价成果的转化应用

国土资源调查评价工作作为支撑经济社会发展的基础性地质工作，在摸清家底的同时，应结合经济社会发展，确保成果有好的转化应用。基础工作先行是基础、是保证，但成果取得之后，如何实现成果的顺利转化应用才是关键。仅就地质勘查领域而言，公益性地质工作是摸清家底，但如何在摸清家底之后最大程度地合理开发利用才是关键。“地质找矿新机制”落地后，必须保证在公益性地质工作完成之后，后续资金及时跟进，以保证找矿工作的连续性，最终实现找矿突破的目标。

## 【5】 落实节约优先战略，推进国土资源节约集约利用

《中华人民共和国国民经济和社会发展第十二个五年规划纲要（2011—2015年）》

将“加强资源节约和管理”作为加快建设资源节约型、环境友好型社会，提高生态文明的重要手段之一。加快推进《矿产资源节约与综合利用“十二五”规划》实施，是贯彻落实国家“十二五”规划的重要举措。提高建设用地的利用强度，加强监督管理力度，严格限制用地企业调低建设规划指标。推进节地技术相关工作，力争尽早出台节地技术规范和标准，适时研究出台《中国节地技术政策大纲》，作为指导各领域土地节约集约利用的指导性文件。

**落实温家宝总理要求，开展矿产资源综合利用试点，完善矿产资源综合利用的激励引导机制**。在矿产资源节约与综合利用专项工作的基础上，推进矿产资源节约与综合利用管理常态化。要健全矿产资源综合利用相关法律法规，进一步明确对矿产资源综合利用、提高资源回收率的要求。制定科学合理的矿产资源节约与综合利用标准体系，组织开展技术攻关，集中解决矿产资源合理开采与综合利用的关键技术问题。持续开展矿产资源节约与综合利用潜力调查与评价等基础工作，为矿产资源节约与综合利用的深入开展提供理论、技术、数据支撑，促进矿业循环经济发展。以大宗性、短缺性和战略性矿产资源为重点，扎实抓好矿产资源节约与综合利用示范工程的实施，在同类型矿山推广先进技术、经验，提高矿产资源节约与综合利用整体水平。要进一步健全资源节约与综合利用监督管理机制。进一步完善矿产资源管理制度，强化执法监督，加强企业在生产过程中矿产资源开发利用的“三率”水平和“三废”治理情况的监督管理，引导企业在采矿、选矿、冶炼等重要环节上切实推进矿产资源综合利用，发展循环经济。加强矿产资源储量管理，尝试建立矿产资源综合开发利用情况统计制度，建设矿产资源综合利用现状数据库，建立矿产资源综合利用状况公报制度。

**着力推进土地节约集约利用，统筹安排建设用地规划空间指标**。充分发挥土地利用规划、计划的管控和引导作用，合理安排建设用地增量空间，严控新增用地。实行供需双向调节，不断优化土地供应结构，推动需求结构、产业结构和要素结构的全方位调整。加快建立和完善反映资源稀缺程度的价格机制。建立和完善节约用地的约束机制和激励机制，完善并严格实施土地使用标准。加快节地技术的研发应用，积极探索节约用地新模式。积极挖潜，加大闲置低效用地的清理力度，盘活存量用地。以优化布局结构腾空间，以节约集约拓空间，向低丘缓坡要空间。

# 加强土地的严格管理和科学管理

## 【1】加大农村土地整治力度，严格耕地保护

农村土地整治是2012年乃至整个“十二五”阶段土地管理建设的一个重要内容。当前应继续加强农村土地整治管理，搭建城乡统筹发展新平台。切实落实土地用途管制，严格控制增减挂钩的范围，规范管理，确保质量。制定并组织实施全国土地整治规划，实施以高标准基本农田建设为重点的土地整治重大工程及示范建设，建立健全“政府主导、国土搭台、部门联动、群众参与、整合资源、整体推进”的农村土地整治和高标准基本农田建设新机制。严格控制建设占用耕地，完善占补平衡政策。加大保护耕地的投入，积极探索耕地保护补偿新机制。

## 【2】加强土地市场监测和调控，提高土地供应的灵活性

延续2011年的有关政策，预期2012年基础设施建设项目投资依然强劲，加上保障性住房建设用地需求不断增加，土地供应的紧张局面在未来相当长时间内仍将持续。当前，应统筹土地与投资的时空安排，在不突破土地利用总体规划的前提下，采取差别化的管理方式，允许提前、相对集中地使用规划指标，以支持重点项目建设。同时，创新土地供应的渠道、模式，多措并举，保障供应。在土地供应总量、结构、布局和时序等方面积极参与调控，建立“总量平衡，安排灵活”的土地供应计划。建立与金融、财税和产业政策相结合的、有保有控的差别化土地调控政策体系，鼓励发展节能新兴产业，遏制“两高一资”、产能过剩、重复建设等项目落地。充分发挥市场对土地配置的基础作用，在当前房地产市场萧条的背景下，适度减少地产开发的土地供应。让市场化配置下的土地能更多地支持新兴工业、高新产业和现代服务业建设，从整体上实现土地市场的均衡、健康发展。

## 【3】强化土地资本市场监管，防范地产金融风险

随着2011年房地产市场调控力度的加大，房价下降的趋势已不可避免，而由此可能带来的地产信贷风险不容忽视。据估算，2011年前三季度全国55万亿元的银行信贷中，60% ～ 70% 的贷款与房地产有关。房价上涨时，这些贷款风险自然隐蔽，但是

如果房价下跌，其风险就会逐渐开始显现。如果某个资金链环节断裂，极有可能会导致金融市场的系统性风险爆发。因此，当前尤其要注重对房地产融资的监管，要严格地产项目信贷管理，确保银行掌握信息的充分性、及时性和可靠性。国土资源部应进一步加强与中国银监会、中国证监会的协同合作，把土地抵押信息与中国银监会共享，以便中国银监会更好地把握地产抵押贷款，尽快建立土地、金融和证券市场共同监管体系，严把证券市场门槛，通过多管齐下规范土地资本市场，有效防范地产金融风险。针对当前我国土地市场及地产市场出现波动过快、波动幅度过大等问题，要加强对房地产市场的监测监管，定期对供地总量、结构、价格和变化趋势进行监测，尤其是加强对重点城市、重点区域的土地供应和地价监测，建立房地产市场风险预警机制，提高对敏感区域、敏感问题的反应能力。

## 【4】保持对土地违法高压态势，严格土地执法

2012年仍然是建设用地增长的一个高峰期。针对目前土地违法突出的势头，必须加强土地监管，严格土地执法，保持对违法用地打击的高压态势，严肃查处非法批地、供地、占地等违法行为。要建立健全事前事中事后紧密衔接、覆盖土地“批、供、用、补、查”全过程、相关部门协调配合的土地监督管理制度，综合运用法律、经济、行政和科技手段，通过“天上看、地上查、网上管”，切实加大土地违法违规案件的查处力度，坚决遏制土地违法势头。同时，强化传统的政府内部监督机制，特别是上级政府的监督制度化、经常化，确保对土地资源的合理利用。

## 【5】改革征地制度，规范征地程序，完善补偿机制

深化征地制度改革，构建征地司法审查机制，不断规范征地程序，建立多元化补偿机制，切实维护农民的土地合法权益。在征地实施过程中，一方面，要重点检查征地是否合法，征地程序是否严格规范，补偿标准是否符合规定要求，安置是否落实，是否存在违法违规强制征地行为等。另一方面，要充分重视被征地户的知情权和参与权，允许其通过各种协商手段合理合法地表达自己的利益诉求，提升征地过程中公众参与程度，保障社会的公平和稳定。

# 推进矿产资源的规范管理

## 【1】研究加强矿产资源管理的政策措施

《中华人民共和国矿产资源法》自1996年修订并颁布实施以来，不少方面已不适应新形势、新要求。为解决当前矿政管理中存在的突出问题，巩固近年矿产资源整顿规范的成果，建立常态化的管理机制，建议在2011年工作的基础上，加快推动研究《关于进一步加强矿产资源管理的决定》，以明确今后一段时期矿产资源管理工作的指导思想、总体目标、主要任务和具体要求，报请国务院印发。同时，积极推进《中华人民共和国矿产资源法》及相关配套法规的修改工作，为新形势下的矿产资源合理利用和保护工作提供完善的制度保障。

## 【2】调整完善稀土总量控制政策

我国对稀土等矿产资源实行开采总量控制的政策在实践中取得了一定成效，但是，受经营环境的改变、矿山整改的深入及采矿权到期等因素的影响，开采总量控制政策的局限性也日益突出。为此，需要加强以下四个方面的调整工作：

**适时调整指标分配办法。**对稀土等保护性矿种实行总量控制管理已有多年，当时分配指标是根据矿业权数和资源等按一定的公式计算得来的；经过多年开发利用和资源整合，各地的矿业权数已经发生了变化。为此，建议在指标分配上适当进行调整。

**指标分配适当向考核合格优势企业倾斜。**通过对稀土资源整合、企业兼并重组、专项整治整顿等行动，削减或取消不合格企业的指标分配，向信誉良好和考核合格的优势企业倾斜。

**加快实施稀土矿产地储备工作。**在实施控制开采的同时，实施资源地储备，以便从源头上保护好和管理好稀土资源。

**环境税费改革首先在稀土行业试点。**稀土作为近年矿产资源管理领域中的热点和焦点，其开发带来的环境污染问题日益受到社会各界的广泛关注。尽管稀土资源税改革有所突破，但力度仍然较小，有必要进一步提高资源税率水平和考虑在开采、生产环节征收环境税。用产业政策来调控稀土开采和生产，使其维持在一个合理水平上，避免采用出口配额和出口关税手段引起的国际贸易摩擦，进而提高优势矿产在国际市场当中的话语权。

## 【3】夯实“三项调查”成果，做好成果推广和应用

矿产资源“三项调查”工作已全面完成，通过矿业权核查，核实了近3.7万个探矿权和11万余个采矿权的登记数据，获得全面系统、真实可靠的矿业权基础数据，建立了覆盖我国所有矿山的地质测量基础设施和全国成矿远景区的地学空间数据库，形成了一系列成果。下一步主要是做好这些成果数据库建设、数据库更新、数据库使用规划、管理制度和规范制定，为矿政管理奠定坚实的技术基础。

## 【4】开展资源补偿费等费（率）的改革试点工作

在配合资源税改革的同时，选择部分矿产资源丰富的地区，开展资源补偿费、矿业权使用费、最低勘查投入等经济调节手段综合改革试点，以适应经济社会发展需要。同时，改进资源收益分配机制，将资源收益进一步向地方和基层倾斜。

## 【5】大宗矿产品储备和矿业并购或迎来机会

矿产品市场和资本市场仍以剧烈波动为主，并有进一步回调趋势。全球经济面临二次探底风险依然很大，发达经济体债务危机解决路径依然曲折，全球经济低迷状态短期内不会明显改善，发达经济体对大宗商品需求有所减弱。新兴经济体保持高速增长的同时，也面临充裕流动性和抗通胀压力。外部经济环境的不确定性，对我国来说，出口贸易增速有所放缓和对外投资风险增大，特别是对矿产品贸易和矿产资源境外投资领域有较大影响。普遍具有金融属性的大宗矿产品市场除受供需预期影响外，全球经济形势变动和资本市场动荡对矿产品市场影响越来越大。

可以预见，2012年（或近期）国际大宗矿产品价格和矿业股市仍以剧烈波动为主，且有进一步回调的趋势，特别是基本金属仍将维持弱势。一方面，如果国际煤炭价格继续回调，国际煤价和国内煤价价差进一步缩小，国内电力企业和贸易商将可能会增加煤炭进口；目前基本金属价格快接近盈亏线，价格大幅下跌可能性较小，但仍会维持弱势，政府层面可以考虑增加这些产品储备。另一方面，矿业股价普遍较低，这对我国矿产资源走出去，特别是在矿业投资、矿产并购和资产并购方面可能会有一个较好的机会。

## 【6】警惕有色金属冶炼行业投资过热

分析矿业投资结构发现，有色金属行业投资增速均明显快于GDP的增长速度，特别是有色金属冶炼加工业投资增速接近GDP增速的4倍，投资过热问题严重。建议适当降低并协调对有色金属采、冶的投资比例，同时加快对下游深加工产品的研发，促进有色金属产业结构升级。

# 强化地质勘查行业服务与管理

## 【1】开展地质勘查行业分类改革调查摸底，适时出台指导意见

推进国有地质勘查单位改革既是中央关于国家事业单位改革的要求，也是行业自身发展的内在要求。作为行业主管部门，国土资源部要积极落实中央要求，协调配合地方政府稳妥推进，加强行业调查摸底，开展分类指导和试点，发挥国家专项引领作用，出台配套支持政策，促进行业持续稳定发展。

全国地质勘查单位构成复杂，从隶属关系来说，有中央管理和属地管理的；从主管部门来说，有国资委管理、国土资源厅管理、省级政府管理、企业集团管理等；从产业划分来说，有地质勘查生产、地质科研、地勘服务、地勘延伸产业、勘查设备制造、非地勘业等；从管理模式来说，有参公管理、全额事业、差额事业等不同类别。建议尽快开展行业调查摸底和分类准备工作，为做好分类指导改革奠定基础。

由于地质勘查行业的特殊性，作为行业主管部门，国土资源部要加强分类改革的指导，促进地质勘查行业健康发展。对于公益性地质勘查队伍，要在预测“十二五”时期及更长一段时期内公益性地质工作量的基础上，提出队伍的建设发展规模及相关保障措施；对于企业化改革，要不断总结地方实践，根据区域发展、自身条件等，提出企业化分类改革的指导意见。对于地质勘查行业分类改革，可以选择一两个省作为综合试点，先行先试，及时分析研究并解决遇到的困难和问题，加强指导，不断总结完善，做好改革和发展典型的总结、交流、推广工作。

行业主管部门要统筹考虑找矿战略行动和国土资源事业发展需要，会同省级人民政府尽早研究明确事业单位分类改革的相关政策，出台相关政策意见。尤其要重视在这一轮事业单位改革过程中，建实建强一支公益性地质队伍，满足日益增长的公共服务需求和国土资源管理事业支撑需求。统筹地勘单位改革与“358”找矿战略行动的组织实施，为实现找矿突破战略提供体制机制保障。

## 【2】跟踪各地找矿战略行动计划落实情况，不断总结地质找矿新模式

**国土资源管理部门要不断跟踪全国找矿突破战略行动总体进展情况**。了解全国47片整装勘查区的资金投入、矿业权设置，政府、地勘基金、公益性地调机构、地勘单位等主体职责定位。掌握推进整装勘查的工作运行机制，以及地质找矿新机制落地所

遇到的困难等，为指导整装勘查工作，出台相关配套政策，提供及时、有效的基础信息支撑。

**重点调研地质找矿新机制典型经验做法。**不断跟踪总结地质找矿新机制理论与实践，深入分析不断出现的新问题、新情况，探讨问题解决方案，继续在全国推广其中具有共性的做法，服务于全国找矿突破战略行动工作。

**比较整装勘查实践模式。**在总结地质找矿新机制典型经验做法的基础上，比较分析不同整装勘查实践模式的组织形式、合作机制、勘查开发模式、利益分配机制、相关主体职责、存在问题及原因等，总结各地区整装勘查的工作思路和运行模式，分析整装勘查模式的不同特点和成功经验，研究各种模式主要适用的范围和条件，提出整装勘查模式实践推广应用的建议和意见。

## 【3】加强和创新地质勘查行业管理，服务地质找矿战略行动

**落实党的十七届六中全会精神，继续发扬“三光荣”精神[1]，进一步加强地质文化建设。**继续推广浙江省第七地质大队等典型经验，在传承的基础上不断创新，继续强化地质文化的实践品格和科学品格；创新地质工作理念，形成特色鲜明积极向上的行业精神，树立优良行业形象；促进地勘队伍素质不断提高，增强地勘队伍的凝聚力和战斗力，为找矿突破战略行动奠定坚实基础。

**要培育人才，提高地质勘查行业技能。**地勘行业要深入贯彻落实国家高技能人才振兴计划，切实重视和加强地勘技能人才队伍建设。行业协会要进一步把地勘职业技能大赛办成行业欢迎、社会认可的知名品牌。地勘单位要采取强有力措施，切实加强地勘高技能人才的教育和培养。

**要进一步提高地勘工作质量。**各部门、单位要明确分工、恪守职责，确保地勘工作质量不断提高。国土资源主管部门要采取多种形式促进地勘项目质量提高，将勘查质量与地勘单位承担公益性地质项目、探矿权年检等结合起来。行业协会要加大抽查力度，定期公布抽查结果，建立地勘行业工作质量数据库，积极营造守信用、重质量的良好环境。地勘单位要视地勘质量为生命，自觉树立和强化地勘行业行为自律意识，自觉抵制粗制滥造和弄虚作假，进一步健全质量管理制度与流程，加强内部自检监管，明确地勘项目质量责任人。

---

[1] “三光荣”精神指地质行业“以献身地质事业为荣、以找矿立功为荣、以艰苦奋斗为荣”。

# 提升地质环境管理能力

## 【1】 贯彻落实《国务院关于加强地质灾害防治工作的决定》，加快建立地质灾害防治新机制

2012年，地质灾害防治要以继续落实《国务院关于加强地质灾害防治工作的决定》（国发〔2011〕20号）为核心，做好以下四个方面工作：①积极主动督促、指导各地制定相关重点工作分工方案，确保《国务院关于加强地质灾害防治工作的决定》（国发〔2011〕20号）各项政策措施落到实处；②做好规划的起草申报和组织实施工作，协调相关部门落实《全国中小河流治理和病险水库加固除险、山洪地质灾害防御和综合治理总体规划》，落实资金和任务，做好《全国地质灾害防治"十二五"规划》和《全国地面沉降防治规划（2010—2020年）》的组织实施工作；③做好地质灾害防治新机制调研成果的转化应用工作，开展案例汇编，召开经验推广会，将地质灾害防治新机制建设方面的典型经验加以推广应用；④继续推进基层地质灾害应急演练，做好三峡库区后续地质灾害防治规划。

### 地质灾害防治新机制建设的总体框架和主要思路

◆ 总体思路

以科学发展观为指导思想，按照《国务院关于加强地质灾害防治工作的决定》（国发〔2011〕20号）的要求，统筹各种规划，整合各方资源，动员各方力量，集合各种物力，探索建立以"政府统筹规划引领，公益调查社会集成，专门和部门监测结合，部门项目拼接，治灾兴利捆绑，多措并举搬迁避让，府地联建应急体系，技术援助服务外包，财政税费融资支持，保险公益基金共助，部门共同负责，分工分片包干"为主要内容的地质灾害防治新机制。对于新机制运作过程中涉及土地管理法、矿产资源法以及相关政策规定，要加强政策引导，把握好创新与风险控制的关系，对于政策未明文规定的部分，要先进行试点，确保封闭运行，风险可控。

◆ 新机制建设重点

- 建立"公益项目为主，社会项目成果集成"相结合的地质灾害调查评价机制；
- 建立"县市监测预警平台建设为骨干，专门与部门站点相结合，本土与对口协作相结合"的工作机制，提高地质灾害监测预警水平；

- 构建“治建统筹、项目拼接、灾利捆绑、公商并举、顺势而为、造福多方”的综合治理新机制，加快地质灾害隐患点的工程治理进度；
- 建立“财政支持、部门联动、项目捆绑、社会支持、应搬尽搬、群众获益”的地质灾害避让搬迁新机制；
- 建立“府地联建、多方动员”的应急救援体系；
- 建立“技术援助、服务外包、全职监测、补助奖励”的农村地质灾害防治体系；
- 构建“财政投入引领，经济政策激励，商业融资支持”的资金投入机制；
- 建立以“地质灾害保险制度和地质灾害救助公益基金制度”为核心的社会补偿救助机制；
- 建立“政府领导负责、部门共同负责、分工分片包干”的地质灾害防治领导责任体系。

## 【2】全力加强古生物化石和地质遗迹保护工作

2012年，古生物化石保护要继续按照《古生物化石保护条例》的要求，加快《古生物化石保护条例实施办法》等部门规章的报批工作，做好《全国古生物化石保护规划》的编制研究工作，建立古生物化石标本和产地信息数据管理系统。组织开展《古生物化石保护条例》落实情况大检查，督促各地落实古生物化石保护管理机构和人员、建立专项经费、完善《古生物化石保护条例》规定的管理制度、将古生物化石保护管理工作纳入国土资源执法监察范围、开展古生物化石资源与地质遗迹资源调查评价。地质公园建设方面，要继续做好申报世界地质公园、验收命名国家地质公园等相关工作。

## 【3】开展矿山地质环境保护制度与治理恢复工作实施情况监督检查

进一步加强相关信息汇总，以保证金的收缴返还为重点，推进矿山地质环境恢复治理保证金制度的完善；检查矿山企业的矿山地质环境保护与治理恢复方案编制实施制度落实情况；以资源枯竭型城市和连片集中开采区为重点，部署“矿山复绿行动”检查。

## 【4】创新机制，提高地质环境工作服务经济社会发展水平

2012年，水文地质、工程地质、环境地质（以下简称水工环）工作要围绕“两个更加”[1]，贯彻落实《国土资源部关于促进地质环境工作更好服务经济社会发展的若干

[1] “两个更加”指地质找矿工作要更加紧密地与经济社会发展结合，要更加主动地为经济社会发展服务。

意见》，重点解决“项目从哪里来”、“成果提供给谁用”的问题，建设若干“服务中心”，开发服务新产品。

地下水监测管理，要抓紧《全国地下水监测工程可行性研究报告》的审报和实施，争取一次性建成国家和省两级监测体系，开发地下水监测报告、水情通报等服务产品，推进《地质环境监测管理办法》的出台。

地热调查评价工作要抓紧争取立项，充分利用天津市浅层地温能调查评价试点成果，搞好方案设计和组织论证，推进全国浅层地温能调查评价及省级开发利用规划的编制。重点推进碳储、碳汇研究成果的应用转化，组织召开中国应对全球气候变化地质响应工作座谈会。

城市地质和农业地质方面，要加快建立信息、技术和科学研究中心。开展农业地质、城市地质社会经济效益评价研究。强化调查成果的转化应用，结合社会需求设计成果提交方式，促进调查成果更好地为城市建设、地下空间开发利用、城市规划、农业产业结构调整、特色农业发展和土壤污染防治等服务。

建议以《国土资源部关于促进地质环境工作更好服务经济社会发展有关事项的通知》（国土资发〔2011〕237号）为指导，探索建立“地质文化产业研究中心”，对包括矿山公园、地质公园、地质博物馆等在内的地质文化产业，从内涵、范围、从业人数、投入产出效益、未来发展思路等方面进行系统研究，促进地质文化产业发展，进一步提高地质环境工作的社会经济服务水平。

# 夯实管理基础，提升行政能力

## 【1】深化国土资源管理体制改革

**进一步理顺现行省级以下国土资源行政管理体制，试点国土资源干部管理体制改革。**目前，部分地方进行的“大部门”体制改革虽然有效扩大了县级政府经济社会管理权限，有利于整合行政资源，但将县级国土资源管理部门与其他部门整合后，改变了原有的国土资源垂直管理性质，国土资源管理系统实际上失去了管理基础，势必影响国土资源管理的效能。建议在稳定现行的省级以下国土资源管理体制的基础之上，可选择1～2个省（市）进行国土资源管理体制改革试点，实行人（编制）、财、物垂直管理，改变因上级国土资源主管部门管“帽子”，地方政府管“票子”、管编制而造成的“两头管两头难管”的现状。

**根据国土资源管理工作需要重新核定编制，确保基层国土所必要的人员配备。**可参照公安、工商等垂直管理部门的做法，按照管辖范围人口数量或土地面积的一定比例核定配置国土资源管理人员编制数。特别建议国土资源部联合中央机构编制委员会办公室、财政部等相关部门下发文件，指导全国国土资源所建设，统一国土资源所名称，明确职能职责，保障人员和工作经费，参照《中华人民共和国公务员法》管理国土资源所人员，并将国土资源中心所明确为副科级，以更好地履行执法职能。

**以事业单位改革分类为契机，将基层国土所人员划为行政编制。**基层国土资源所系县（市、区）国土资源部门的派出机构，主要行使辖区内的国土资源管理及矿山生产、地质灾害防治管理等行政职能，但机构性质定为事业单位，这些机构性质明显与管理职能不符，不利于开展执法工作，也不利于协调其他部门共同做好基层国土资源管理工作。为加强国土资源管理工作和执法力度，适应相应的行政管理职能，建议以此轮事业单位分类改革为契机，争取将基层国土资源所性质调整为行政机关。

## 【2】扎实推进绩效管理试点工作

精心组织实施，确保绩效管理试点工作取得实效、试出特色。在系统回顾和梳理2011年度考核工作的基础上，根据《国土资源部绩效管理试点办法》和《国土资源部绩效管理试点实施细则》的要求，结合各单位的职能和重点工作，设计各单位2012年绩效评估指标体系，明确各单位2012年绩效改进的方向和重点，充分发挥好绩效管理风向标和指挥棒的正确导向作用；教育引导各单位领导干部和工作人员树立绩效理念，掌握绩效管理的基本要求和操作规程，引导广大干部职工积极主动参与绩效管理工作，客观公正地自我分析评估、自我管理监督、自我激励约束，形成层层有效发动、全员积极参与、充满生机与活力的绩效管理氛围；在对各单位绩效目标实现情况进行阶段性评估的基础之上，建立定期检查与督办制度，跟踪了解试点工作中遇到的情况和问题，调整与修正绩效目标及指标体系，改进与完善绩效管理机制与方法，保障试点工作顺利完成。

## 【3】 巩固和转化“两整治一改革”成果

**抓监督等多措并举，巩固专项治理成果**。专项治理成果的重点是土地和矿业权交易市场专项整治、整纪纠风专项整治各项工作任务落实情况和取得的成效。抓监督，要建立和完善巡视制度，探索交叉巡视机制和办法，加强对“三重一大”的监督，实行省级国土资源厅（局）机关财务运行在线监管，深入开展行风自评活动，建立健全廉政档案制度，全方位开展年终廉政考核；抓预防，进一步推进制度“立、改、废”，加强廉政文化建设和廉洁从政教育；抓办案，严惩腐败，充分发挥查办案件的治本功能；抓市场，下大力气加快推进土地和矿业权出让网上交易和监管，要从各地实际出发，不搞“一刀切”；抓建设，要加强纪检干部队伍建设。

**抓关键环节，巩固制度建设成果**。推进廉政风险防控机制建设，就要着力抓好三个关键环节：①要抓好廉政风险排查，明确查找方法、查找重点和查找标准，确保廉政风险点“找得准”；②要抓好廉政风险防控，综合运用教育、制度、监督等措施，建立起全面覆盖、责任到位、监管透明的廉政风险防控体系，确保廉政风险“防得牢”；③要抓好长效机制建立，重点抓好廉政风险预警机制和廉政风险防控工作责任机制建设，确保廉政风险“控得住”。

**抓宣传转化，巩固理论研究成果**。形成指导本地区、本单位当前和今后一个时期反腐倡廉工作的专题研究成果是理论研究成果的重点。理论研究工作要与反腐倡廉实践相结合，抓住前瞻性的战略问题进行思路性研究、抓住事关全局的重大问题进行导向性研究、抓住社会关注的热点难点问题进行对策性研究，并注重成果的宣传、交流、转化。

## 【4】 利用综合监管平台实现“常态监管”

推进监管常态化、制度化，实现对土地矿产资源开发利用全程监督。这要求加强数据的采集和管理，建立和完善数据更新机制，做实做强国土资源“一张图”核心数据库。加强对各单位专项调查与数据库建设的统筹，加强数据的整合集成，建立和完善数据汇交更新制度和共享共用机制，保持数据的现实性，加快整合土地、矿产、海洋、地质环境等信息资源，积极夯实国土资源“一张图”工程的数据基础，更深入地实现“以图管地、以图管矿、以图防灾”，满足国土资源监管、宏观调控和社会化服务的需要。

# 专题篇

## 重点 · 热点

# 专题一 "十一五"时期以来国土资源工作布局回顾与前瞻

在贯彻落实中央领导重要讲话精神视频会议上，国土资源部部长徐绍史强调指出，要"对以往工作要有更高起点的梳理和审视"。中国国土资源经济研究院在连续多年开展国土资源工作盘点与形势分析的基础上，系统梳理近年国土资源管理的思路和政策文件，试图勾画近年国土资源工作的总体布局脉络及走向。

"十一五"时期以来，国土资源部党组认真贯彻落实党的十七大以来中央的各项决策部署，坚持解放思想、改革创新，加强形势研判，把握历史方位，坚持依法行政、强化行政职能，科学谋划国土资源工作布局，不断更新管理理念，转变管理职能和管理方式，强化服务大局意识，努力构建保障和促进科学发展新机制，逐步形成适应新形势、新要求的国土资源管理新格局。

## 【1】 准确研判形势，把握历史方位

"十一五"时期以来，不断深化了对国土资源工作形势的认识，以更高的站位、更宽的视野把握国土资源工作的历史方位：资源供需刚性约束、资源开发利益格局深刻调整、资源产权与市场改革进入攻坚、资源民生诉求日益增多、社会管理趋于复杂，国土资源管理面临破解保护资源与保障发展的"两难"局面。

"十一五"时期以来，国土资源工作形势发生深刻变化。总体上是面临全球化、信息化、新科技革命的挑战，面临迈向工业化、城市化、农业现代化新阶段的挑战，面临经济体制深刻变革、社会结构深刻变动、利益格局深刻调整、思想观念深刻变化的挑战。多年来，国土资源部党组高度重视形势研判，通过一系列学习贯彻落实党的十七大以来中央各项大政方针的重大活动部署、一年一度的党组扩大务虚深入讨论、部省联动的深入基层调研活动，不断深化对国土资源形势的认识和把握，达成了整个国土资源系统上下的共识，提升了干部职工的眼界，为深化改革、推进工作奠定了思想基础。

**深化了对资源国情的认识，即“特殊的资源国情”**。我国国土资源的基本国情是，土地资源总量多，人均土地少（尤其是人均耕地少），高质量的耕地少，可开发的后备资源少。人多地少、资源有限、优质资源少，适宜开发的国土空间相对狭小。资源与人口、经济不相匹配，东西部人口、资源、经济区域差异较大，结构性矛盾比较突出。矿产资源的基本国情是“多、少、难、大、优、劣”，即总量多、人均少、开发利用难，资源分布区域差异大，优劣势并存。总体上是“人均资源相对不足，资源家底较薄，区域差异性较大”。

**深化了对发展阶段的认识，即“特定的发展阶段”**。我国目前总体处于工业化、城镇化中期，但各个区域之间的发展很不平衡。要实现21世纪中叶建成中等发达国家的战略目标，在逐步重视发展质量和发展方式转变的同时，还必须保持较快的发展速度，外延扩张式的增长模式还将在中西部地区持续展开。改革开放30余年来，我们走过了西方发达国家城市化、工业化几百年的历程。发展的“时空压缩”，导致资源环境矛盾交织，社会经济冲突尖锐。预期未来20～30年，我们还要在现有巨量经济体量的基础上维持较高的增长速度。这是资源供求形势的基本发展阶段特征。

**深化了对资源供需矛盾的认识，即“两难的国土资源管理局面”**。资源形势和特殊的历史方位，发展的“时空压缩”，导致资源刚性约束矛盾十分尖锐。13亿人口大国迈向工业化、城镇化，实现现代化，这在全世界的发展史上没有先例可循。既要看到我们在解决13亿人口大国吃饭问题（耕地保护）和支撑工业化、城市化的资源保障上的巨大成绩，也不容回避我们发展中面临的越来越突出的资源瓶颈问题。国土资源部部长徐绍史提出：资源需求的“两个刚性”——资源管理的“两难”局面——发展方式的“三个难以为继”（过度消耗、低效利用资源的粗放利用方式难以为继；依赖大规模开发后备资源的利用方式难以为继；忽视城乡、矿地共同发展的思维定势难以为继），深刻反映了新时期国土资源管理面临的严峻的“两难”局面和巨大挑战。

**深化了对推进国土资源改革的认识**。随着改革进入深水区，国土资源作为基本的物质资料和生产要素，是产权制度改革、利益分配调整的重要对象，往往成为首当其冲的改革领域之一。国土资源领域改革进入深水区体现在：①市场配置机制趋于复杂。30年的市场化改革，资源配置方式由行政（计划）配置向市场配置转型，显化（激活）了资源资产价值，市场配置资源的机制日益发挥重要作用。市场追求效率，作为核心要素的资本“逐利”垄断资源，资源资本化对传统的资源管理形成巨大冲击。加之过渡时期一定程度和范围内仍然存在“双轨制”，更加剧了资源管理领域的矛盾和冲突。突出表现为城乡土地二元结构矛盾日益突出，推动产权制度改革等深层次改革呼声渐浓。②中央与地方的博弈加剧。中央与地方财政“分灶吃饭”，围绕资源配置的利益博弈加剧；地方政府强力介入掌控配置资源，改革过程中形成地方“土地财政”、“以矿生财”，地方政府在招商引资中强化“以项目配资源”，与国家现行政策法规产生冲突。③区域发展不平衡的矛盾突显。区域发展矛盾也逐步显现，东部地区发展受制于后备资源潜力，西部地区谋求资源优势转化为“后发优势”。资源开发的外部性（生态环境、资源地发展问题、上下游的利益分配问题）及其公平补偿问题日益为社会和公众所关注。④资源开发导致的社会矛盾日益凸显。农村土地产权不清晰，征地补偿不合理，矿产开发中的资源补偿不够到位，资源民生诉求增多、纠纷不断，信访呈高发态势，社会管理、公共服务需求上升。征地制度改革、农村集体土地流转、城乡建设用地统筹等难题亟待破解。建设用地供需矛盾突出、资源保护难度加大、粗放利用浪费严重、社会利益协调难度加大、违法违规反弹压力等，一系列尖锐矛盾，逐步形成改革倒逼机制，预示资源管理制度已经进入改革创新的临界点。

应对空前复杂严峻的形势局面，国土资源部党组清醒地认识到，国土资源管理思想观念跟不上，管理能力、工作基础、队伍素质不适应，政策制度执行力不强。零打碎敲解决不了问题，必须“理清工作思路、搞好工作布局、设计工作抓手、完善工作机制、夯实工作基础”，系统推进国土资源各项工作。坚持治标与治本相结合，一边探索积极稳妥推进改革试点，一边大刀阔斧地推进发展战略、综合改革、规划体系、制度建设等顶层设计工作。牢牢把握工作主动权，加强与上下左右的联动，理顺纵向横向管理关系。国土资源工作的外部环境有了显著改善。经过近年的努力，体制上进一步理顺，工作机制不断创新，队伍素质得以提升，出台了一系列组合的配套政策措施，形成政策执行合力，逐步构建国土资源管理新格局。

## 【2】坚持科学发展，谋划工作布局

以科学发展观为指导，转变管理理念，推进顶层设计，开展战略研究，完善规划体系，形成和不断丰富了统筹国土资源工作布局的总体思路。

近年来，国土资源部党组审时度势，以更高的站位、更宽的视野，以构建保障和促进科学发展新机制为主线，推进战略、规划、制度、改革等层面的顶层设计，为整个国土资源工作定向、定位、定思路，统筹事业布局，谋划工作总纲，努力实现“纲举目张”，促进了整个国土资源工作局面由被动转为主动。

**1. 更新管理理念，确立了新型资源观与资源管理观**

从单纯的资源管理走向资源、资产、资本三位一体综合管理，从单纯的数量管理走向数量、质量、生态综合管理，从单纯的满足需求走向供需双向调节和差别化统筹，从过度依赖资源投入到努力提高资源利用效率促进发展方式的转变，逐步建立资源利用和管理的良性循环机制。

**树立节约观念，由外延粗放利用资源向内涵集约利用资源转变。**实行资源利用总量控制，充分发挥规划计划的管控和引导作用，优化资源利用结构和布局，形成节约集约利用资源倒逼机制。实行供需双向调节，继续加强和改进供应调控，在宏观调控中探索建立由被动式满足需要转向供需双向调节的土地供应机制，强化土地需求预测管理，科学分析和预测经济社会发展对土地的合理需求，抑制不合理需求，加强土地供应管理和调控，协调需要与可能，以资源利用结构调整推动需求结构、产业结构、要素投入结构的全方位调整。有效引导投资和消费的方向，减少非理性资源需求，禁止资源浪费和不合理利用现象。实行差别化管理，结合产业特点、区域实际和利用绩效制定差别化的资源供应政策，加强与投资、财税、信贷、环保等政策的协调联动，促进资源节约和优化配置。加强与相关部门、地方之间的协调联动，更大程度地参与了解产业政策、产业规划以及地方发展规划的制定，使土地调控政策与财政、货币（金融）、区域、产业、税收、证券业监督、银行业监督等政策相互配合，形成部门协调、系统上下联动的工作机制，共同促进差别化土地调控政策的制定实施。

**树立整体观念，由偏重资源数量管理向数量、质量、生态综合管理转变。**在资源管理方式上，继续严格资源数量管控，从重行政配置、项目审批、微观管理向重市场调节、制度设计、宏观管理转变，加强监管和服务；在资源质量管理上，完善资源管理制度和标准，建立健全评价、考核和监管体系，重点加强基本农田质量建设、补充耕地质量考核、矿产资源综合利用等，强化资源质量管理；在生态管理上，注意协调资源开发利用和保护的关系，拓宽资源利用和服务领域，协调资源开发利用和生态保护建设，大力推进农村土地整治、矿山环境恢复治理和地质灾害防治，发展资源领域循环经济，发挥资源生态服务功能。

**树立效益观念，由单纯的资源管理向资源、资产、资本三位一体管理转变。**全面发挥资源的利用效率、资产收益和资本增值功能，实现由审批、发证、收费的传统管理模式向资源实物形态、要素形态与价值形态相结合的综合管理模式转变。特别是在土地资源管理上要实现这一转变。坚持市场化改革方向，扩大资源的有偿使用范围；推进城乡统一的土地市场建设，建立健全、统一、竞争、开放、有序的矿业权市场，发挥市场配置资源的基础性作用，全面提高资源综合利用效益。

**树立全球观念，由偏重国内资源向统筹利用国内外两种资源转变。**当今世界，没有哪一个国家能够完全依靠自己的资源实现工业化和现代化，要树立世界眼光和战略思维，着眼全球范围配置资源，实施资源全球战略。处理好立足国内保障资源供给与统筹利用国内外资源关系，立足国内提高资源保障能力是第一位，同时要深化国际资源互利合作，保障能源资源安全和经济安全。着重增强安全高效利用“两种资源、两个市场”的能力，推动“走出去”战略取得突破性进展。

**2．把握历史方位形成国土资源管理顶层设计**

对接国家社会经济需求，谋划国土资源工作布局。2008 年开始逐步形成发展战略、规划体系、综合改革和制度建设的顶层设计总体框架，为国土资源定位、定思路。

**3．立足长远谋划国家可持续发展国土资源发展战略**

2008 年开始，启动了国家可持续发展国土资源战略研究。这是国土资源部建部以来首次开展系统综合的战略研究工作。按照“大国土、大资源、大地质”的思路，启动了覆盖土地、矿产、地质、海洋和测绘等领域的战略研究工作。主要思路是：从我国基本国情和发展阶段出发，以“五化”[1]为宏观背景，系统回顾总结我国资源保护与开发利用的历程及经验教训，客观分析资源形势并预测未来趋势，正确认识和处理资源与经济、社会、环境的关系，统筹开源与节流、政府与市场、国内与国外、中央与地方、资源与环境、城乡发展、区域布局，研究提出，到2020年及更长一个时期支持我国国土资源可持续发展、覆盖陆海三维空间、承载“五化五流”运行的国土资源战略目标、战略任务、战略重点和战略措施，破解保障发展与保护资源难题，构建保障和促进科学发展的新机制。

**土地资源战略研究**。研究如何坚守耕地18亿亩红线，解决保障城镇化、工业化用地和保护耕地的矛盾，加快推进土地节约集约利用，完善土地产权制度和管理制度，充分发挥市场在资源配置中的作用。

**矿产资源战略研究**。立足国内，开拓国外市场，加大勘查开采力度，大力提高资源利用效率，为经济社会发展提供资源保障，维护国家资源安全。对石油、煤炭、天然气、铁、铝、铜、稀土、钨等重要矿产开展分矿种的战略研究。

**地质工作发展战略研究**。研究如何加强基础地质、矿产地质、环境地质的调查和科研能力，完善地质工作机制，为经济社会科学发展提供地质工作的基础支撑。

**海洋资源战略研究**。树立大海洋思想，使海洋真正成为支撑社会经济可持续发展的战略性能源、食物资源、矿产资源和水资源新基地。

**测绘工作发展战略研究**。研究测绘发展规律，分析新时期经济社会发展对测绘保障服务的要求，研究影响测绘事业发展的重大关键性问题。经过历时两年多的努力，形成了系列战略研究成果，为整个国土资源工作定位提供了科学基础。

战略研究取得了丰富的成果，部分成果已经在《中华人民共和国第十二个五年规划纲要》中应用。在战略研究基础上，正在加快凝练战略纲要，跟进战略思路的宣传贯彻落实工作。下一步要借助战略研究的良好基础，推动形成跟踪战略研究的工作机制，形成有影响力的战略研究专家团队，持续推进战略研究的深化。

**4. 完善规划体系、强化国土资源规划管控**

胡锦涛在党的十七大代表第十六届中央委员会向大会作的报告中明确要求完善国家规划体系。发挥国家发展规划、计划、产业政策在宏观调控中的导向作用、加强国土规划。从国土资源工作全局高度，加强国土资源规划研究，是贯彻落实科学发展观，加快构建保障科学发展新机制，全面建设小康社会的迫切需求。围绕规划定位和基本思路，完善规划体系，夯实规划基础，加强制度建设，做好规划重大问题研究，强化规划实施，提高规划对资源配置的统筹和调控作用，提升规划的执行力和约束力，切实巩固和增强经济社会可持续发展的资源基础。

[1] “五化”指工业化、信息化、城镇化、市场化和国际化。

**研究制定国土资源事业发展规划。**根据国家五年规划编制要求，系统开展国土资源五年规划编制，集中体现国土资源发展战略要求，明确国土资源调查评价、规划、管理、保护和合理利用的总体目标和主要任务，按照保障发展、保护资源、维护权益、保护环境、服务社会的原则，统筹安排各项工作。推进各项业务规划的编制实施工作。国土资源业务规划主要包括国土规划、土地利用总体规划、矿产资源规划、矿山地质环境保护与治理规划、地质灾害防治规划、地质勘查规划、土地开发整理复垦规划、国土资源调查评价规划以及相关专项规划等。

**启动全国国土规划编制。**推进区域性和省级国土规划编制，推动区域协调发展，优化国土开发格局，加强国土规划的整体控制作用。在启动全国国土规划编制的同时，及时启动并积极推进海峡西岸、长株潭城市群、武汉城市圈、成渝、北部湾、环鄱阳湖地区等区域性和省级国土规划的编制实施。

**推进全国土地利用总体规划实施。**提高土地利用总体规划的整体调控作用。加强《全国土地利用总体规划纲要》实施工作。积极推进省、地市、县、乡级土地利用总体规划的编制、批复和实施。加大规划执行力度，跟踪评估各级规划实施，适时启动土地开发整理规划等专项规划和区域土地规划编制工作。

**推进全国矿产资源编制、报批和实施。**指导地方规划编制，加强对矿产资源调查、勘查、开发、管理的指导和调控。积极推进省、市、县级矿产资源总体规划的编制、批复和实施，有计划推进重要矿种、重点矿区和矿山地质环境保护等专项规划和区域规划编制工作，加强地质勘查规划实施。

**编制实施地质灾害防治规划、地面沉降防治和地质遗迹保护等专项规划。**对地质环境保护、减灾防灾作出部署。

**编制土地资源调查评价、土地开发整理复垦规划。**

**探索编制海洋资源规划。**按照国家经济建设和保障国家权益需要，研究推进海洋资源规划，统筹开发利用和保护海洋资源，促进海洋资源对国民经济发展的支撑作用。加强海域油气资源调查评价，基本摸清家底，为促进海域油气资源勘探开发提供依据。

《全国土地利用总体规划纲要（2006—2020年）》、全国矿产资源规划、全国地质勘查规划、矿山地质环境保护防治规划、土地整治规划等基础规划陆续出台。各类国土资源规划突出了空间和时序管控。当前，国土资源规划体系还有待进一步完善，国土资源调查评价成果在规划中的应用还要加强，国土资源规划的科学性有待提高，国土资源各类规划的区域管控性还有待提高。国土规划急待加快推进，提升国土资源规划在国家各类规划体系分工中的地位。国土资源规划的目标是要从根本上改变“以项目配资源”、“以产业配资源”的被动格局，走向“以资源定项目”、“以资源引产业”的主动局面。

**5. 统筹推进国土资源改革**

近年，国土资源部以重点领域和关键环节为突破口，促进改革全面深化。改革的重大事项有：持续推进审批制度改革，开展政策制度“立改废”；推进农村集体土地产权制度和征地制度改革；深化国土资源有偿使用制度改革，推进城乡统一的建设用地市场和矿业权有形市场建设。

**提出了改革的顶层设计**。国土资源改革顶层设计的总体目标是构建保障和促进科学发展新机制。改革的思路框架是构建五大体系，即国土资源参与宏观调控政策体系、国土资源要素市场体系、国土资源保护和合理利用科学管理体系、国土资源社会管理和公共服务体系、国土资源管理创新的支撑保障体系。改革的重点领域包括：界定与保护产权；保护耕地和矿产资源；加强宏观调控；推进市场配置；严格资源监管；改进公共服务。

**推进了改革试点**。国土资源与20余个省（自治区、直辖市）政府和部门签署改革合作协议或备忘录（部省合作协议），积极参与国家各类综合配套改革试点（上海市浦东新区、天津市滨海新区综合改革试点，长株潭城市群、武汉市城市圈两型社会试点，成都市城乡统筹试点，唐山市科学发展试点），共同探索推进国土资源管理改革创新，推进国土资源管理制度配套改革。主动与中国银监会、中国证监会等部门沟通协调，建立信息共享和土地资产联合审核机制，防范系统性金融风险，增强宏观调控的针对性和有效性。主动与司法、监察、人事等部门联合执法，共同加强国土资源监督管理。

**持续推进审批制度改革**。土地审批制度改革方面，2007年，国土资源部印发《关于调整报国务院批准城市建设用地审批方式有关问题的通知》，依照《国务院关于加强土地调控有关问题的通知》（国发〔2006〕31号）的规定对新的审批方式作进一步明确，84个城市建设用地由国务院分批次审批调整为每年由省级人民政府汇总后一次申报，经国土资源部审核，报国务院批准后由省级人民政府具体组织实施，省级政府将对城市建设用地负总责。目前和今后一段时期，土地审批制度改革的主要任务是开展城市批次用地审批制度改革试点，在经请示同意后选择部分报国务院批准用地的城市开展试点。继续改进单独选址建设项目用地审批，针对重点建设项目进一步研究改革措施，确保重点建设项目依法及时落地。矿业权审批制度改革方面，我国矿业权审批制度实行分级审批。目前，探矿权由部省二级审批。石油、天然气、煤层气、铀四个矿种，以及海域和跨省区域的探矿权全部由国土资源部审批发证；煤炭、稀土、铁、铜、铝等24个矿种按规模大小由部省分级发证；其他矿种的探矿权全部由省级审批管理。采矿权是部、省、市、县四级审批。石油、天然气、煤层气、铀、钨、稀土6个矿种的采矿权，以及海域和跨省区域的采矿权全部由部省发证；煤、铁、铜、铝、锡、锑等23个矿种的采矿权按规模大小由部省分级发证；市县发证的采矿权多为砂石粘土。为了进一步理顺中央与地方的利益关系，明确各级国土资源主管部门的审批监管职能，更加科学合理地设置矿业权，国土资源部对矿业权审批制度进行了新的改革探索。

（1）通过统一配号实现矿业权审批部省联动机制。2008年和2009年，全国探矿权（包括地质调查）和采矿权相继实现全国统一配号，实现了矿业权动态监管。各级登记管理机关审批登记矿业权，必须向全国矿业权统一配号系统提交相关信息，获取系统统一配发的勘查许可证、开采许可证和地质调查证号。

(2) 提高勘查准入门槛，严格探矿权审批管理。2009 年，国土资源部印发了《关于进一步规范探矿权管理有关问题的通知》（国土资发〔2009〕200 号），在勘查准入和探矿权新立、延续（保留）、转让、变更等方面提出完善和加强审批管理的新措施。要求探矿权人的资金能力应与勘查的矿种、面积、阶段相一致，不得低于总投资额的 1/3 ；探矿权申请人应是企业法人或事业单位法人；制定了全国统一的勘查实施方案编制大纲和审查要求，提出逐步建立和实施勘查实施方案合同管理；要求探矿权延续应提高地质勘查工作阶段，确需延长本次阶段的，要严格审查并只准予一次，且应压缩勘查面积。

(3) 分类审批探矿权转让变更。对申请在先和“招拍挂”方式取得的，应提交经评审备案的普查以上工作程度的地质报告；以协议方式取得的，5 年内不得转让。探矿权人申请扩大勘查区面积，应按新程序审批。申请变更勘查矿种，应提交新发现矿种的地质报告，并同时规定：低风险变高风险矿种可办理变更登记；高风险变低风险矿种，原则不允许；铀矿不得申请变更矿种。申请探矿权分立，应达到普查以上工作程度。这些措施旨在防止和压缩炒卖矿业权的空间。

(4) 启动了煤炭矿业权审批登记管理改革试点。2010 年 9 月，国土资源部印发了《关于开展煤炭矿业权审批管理改革试点的通知》（国土资发〔2010〕143 号），确定以煤炭为试点，实施矿业权部级计划投放管理省级审批制度。通知规定，各省级国土资源主管部门可根据国民经济和社会发展规划、矿产资源规划、矿业权设置方案，结合勘查开发状况和供需形势制定年度矿业权投放计划，报国土资源部批准后实施。省级国土资源主管部门按照国土资源部批准的矿业权年度投放计划，依法进行新立探矿权、采矿权的受理与审查，结果报国土资源部备案同意后，通过矿业权统一配号系统配号，颁发勘查许可证、采矿许可证。探矿权、采矿权延续、保留、变更、转让、注销的审批登记，省级国土资源主管部门审查同意，换发勘查许可证、采矿许可证后，报国土资源部备案。这是矿业权审批制度在部省审批权限分工改革方面的最新尝试。

**规范推进农村土地管理制度改革**。1978 年改革开放后，农村推行家庭联产承包责任制，将土地所有权与使用权分离，使农民拥有了土地的使用权与收益权。之后国家先后颁布的《中华人民共和国宪法》修正案、《中华人民共和国土地管理法》、《中华人民共和国农村土地承包法》、《中华人民共和国物权法》等相关法律，确立了“农村土地集体所有、家庭承包经营、长期稳定承包权、鼓励合法流转”的土地管理制度。在 30 年的农村改革过程中，农村土地管理制度的改革几乎一直在土地经营权层面上徘徊，没有涉及土地所有权和土地使用权及其土地所有者的农村集体经济组织等更深层次的基础性问题。

2008 年党的十七届三中全会通过的《中共中央关于推进农村改革发展若干重大问

题的决定》明确提出有序推进农村土地管理制度改革，全面科学地提出了健全和严格规范农村土地管理制度的基本原则，即“产权明晰、用途管制、节约集约、严格管理”，进一步完善农村土地管理制度。“产权明晰”的政策概念用于农村土地管理改革方面尚属首次。2010年中央1号文件《中共中央国务院关于加大统筹城乡发展力度进一步夯实农业农村发展的若干意见》（中发〔2010〕1号）首次提出了“农村集体土地所有权”和“集体建设用地使用权”确权登记颁证工作，“把农村集体土地所有权证确认到每个具有所有权的农民集体经济组织”。为了贯彻落实中央关于完善农村宅基地制度、严格宅基地管理、依法保障农户宅基地用益物权的有关要求，2010年3月，国土资源部下发了《关于进一步完善农村宅基地管理制度切实维护农民权益的通知》（国土资发〔2010〕28号），明确了完善宅基地管理制度；探索宅基地管理的新机制，落实最严格的节约用地制度；建立宅基地使用和管理新秩序等方面的政策措施。农村土地整治特别是增减挂钩是农村土地管理制度的一项重大改革。2010年，《国务院关于严格规范城乡建设用地增减挂钩试点切实做好农村土地整治工作的通知》（国发〔2010〕47号。以下简称47号文）充分肯定了农村土地整治对耕地保护的有效促进作用和增减挂钩试点对统筹城乡发展的积极作用，同时明确提出了严格规范增减挂钩试点、切实做好农村土地整治的总体要求、政策界限和保障措施。一些地方按照国土资源部统一部署，稳步推进增减挂钩试点；有的地方将土地开发整理与增减挂钩试点相结合，整体推进“田、水、路、林、村”综合整治，取得了积极成效。实践证明，增减挂钩和土地整治已成为促进农业现代化、推动新农村建设和城乡统筹发展的重大政策性措施和有力抓手。从长远看，基于我国人多地少的基本国情，增减挂钩和土地整治是解决城镇化加快发展用地供需矛盾的重要出路。

《中共中央关于推进农村改革发展若干重大问题的决定》对农村土地管理制度进行了一系列改革和完善的制度安排。概括起来，突出的亮点是：建立“两个市场”，即建立健全土地承包经营权流转市场和逐步建立城乡统一的建设用地市场；保障“两个权益”，即依法保障农民对承包土地的占有、使用、收益等权利和农户宅基地用益物权；实行“两个最严格制度”，即坚持最严格的耕地保护制度和实行最严格的节约用地制度。这为今后农村土地管理制度的改革指明了方向。

**深化资源有偿使用制度改革**。一方面，深化了土地资源有偿使用改革。2001年至今，土地有偿使用改革逐步完善。2001年，为了深化国有土地有偿使用制度的改革，国务院下发了《关于加强国有土地资产管理的通知》（国发〔2001〕15号），要求有条件的地方试行土地储备制度，从过去多个部门供应“生地”和协议出让为主，改为集中统一供应“净地”和招标、拍卖、挂牌出让为主。2002年5月，国土资源部发布《招标拍卖挂牌出让国有土地使用权规定》（国土资源部令第11号），全面确立了经营性土地使用权招标拍卖挂牌出让制度，明确规定，商业、旅游、娱乐和商品住宅等各类经营性用地使用权必须以“招拍挂”方式出让。2003年发布的《协议出让国有土地使用权规定》（国土资源部令第21号）规定了协议出让的条件。2004年，《国务院关于深化改革严格土地管理的决定》（国发〔2004〕28号）明确要求："工业用地也要创造条件逐步实行招标、拍卖、挂牌出让。"这项规定推动了土地有偿使用改革向纵深发展。2006年，《全国工业用地出让最低价标准》和《国务院关于加强土地调控有关问题的通知》（国发〔2006〕31号）都明确要求，"工业用地必须采用招标、拍卖、挂牌方式出让"。2007年3月新颁布的《中华人民共和国物权法》对土地使用权出让明确规定："工业、商业、旅游、娱乐和商品住宅等经营性用地以及同一土地有两个以上意向用地者的，应当采取招标、拍卖等公开竞价的方式出让"。工业用地招标、拍卖、挂牌出让由国家政策上升到法律规定。同年，国土资源部修订了11号令，改为《招标拍卖挂牌出让国有建设用地使用权规定》（39号令），进一步扩大了招标、拍卖、挂牌出让的范围，对工业用地使用权的出让全部实行"招拍挂"出让。2008年1月，国务院下发了《国务院关于节约集约用地的通知》明确提出了市场化改革的深入目标：除军事、社会保障性住房和特殊用地外，全部实行有偿使用。至此，从20世纪80年代初向外资企业收取土地使用费的改革开始，经过20余年的探索历程，我国城市土地的使用从无偿转为有偿，城市土地市场秩序逐步得到规范。2011年，开展了经营性基础设施用地有偿使用具体政策研究，积极推进出台新修订的划拨用地目录，完善市场交易方式，制定了坚持和完善土地"招拍挂"出让制度的意见。探索建立工业用地弹性出让年期制和年租制。目前和今后一段时期，土地资源有偿使用制度改革的主要任务是深入推进国有土有偿使用制度改革。及时出台新修订的划拨用地目录，逐步扩大有偿用地范围；坚持和完善土地"招拍挂"出让制度。认真总结、规范和完善"限房价竞地价"、"双向竞价"、"综合评标"等房地产用地出让模式，推动工业用地弹性出让和租赁制，推动土地供应由"价高者得"的单一目标向完善市场、保障民生等多目标管理转变；建立健全土地有形市场。加快推进城乡统一建设用地市场建设。

另一方面，深化了矿产资源有偿使用改革。我国现行的矿产资源有偿使用制度包括矿业权有偿取得和矿产资源有偿开采两部分，主要体现在"一税"（资源税）、"二款"（探矿权价款和采矿权价款）、"三费"（矿产资源补偿费、探矿权使用费和采矿权使用费）上。矿产资源有偿使用制度的实施，对维护国家的矿产资源财产权益，保障和促进矿产资源的勘查、保护与合理开发利用，保护生态环境，起到了积极的作用。但是，我国现行的矿产资源有偿使用制度还不够完善，还存在着诸如税负过轻、税率过低、征收方式存在缺陷、征税范围过窄等问题，继续深化我国矿产资源有偿使用制度改革仍将是矿产资源管理改革的重要内容之一。

矿产资源有偿使用制度改革要重点围绕四个方面展开：①严格执行矿业权有偿取得制度，完善矿业权出让方式，充分引入竞争因素，对于新设立的矿业权，除特殊规定以外，一律采取"招拍挂"的方式出让；②健全资源开发成本分摊机制，促进资源价格充分反映开发的完全成本，使资源企业切实承担起应该承担的社会责任；③调整资源开发收益分配关系，收益更多向地方倾斜，向资源地倾斜；④加强资源开发管理和宏观调控，促进矿业权有序流动和公开、公平、公正交易。

目前，矿产资源有偿使用制度改革的主要任务为：①推进矿业权出让制度改革。围绕地质找矿新机制落地和“358”行动实施，进一步完善矿业权管理，规范矿业权协议出让。选择试点省份，通过部省合作方式，组织开展矿业权出让方式改革试点，完善矿业权出让制度。②建立健全矿业权有形市场。分别推进建成省级、地市级矿业权交易机构。③有序开展采矿用地改革试点，及时总结试点经验，完善相关制度。

### 2008 年成为国土资源工作的“谋划年”

2008 年 1 月，国土资源部部长徐绍史在全国国土资源管理工作会议上提出“加快构建保障科学发展的新机制”。在这次会议上，以落实党的十七大精神为指导，回顾了过去五年的工作，全面分析了面临的形势（尤其对发展的阶段性特征和特殊资源国情作了深刻阐述），提出了破解“两难”的目标，提出了构建保障科学发展新机制的思路。

通过一系列顶层设计和战略规划工作，对接国家和社会经济需求，明确了国土资源的历史方位和发展指向，推动了国土资源工作摆上决策大局，国土资源工作的外部环境大为改善，对上争取了中央的大力支持，对内统筹了工作布局。同时加强了部门联动、部省联动，管理效率明显提升。

## 【3】 强化制度供给，夯实行政基础

转变政府职能，完善法规制度，建设“法治国土”，不断夯实国土资源管理依法行政基础。

国土资源部党组高度重视推动制度创新，积极加强政策储备和新制度供给。先后部署开展了“四个新机制”研究，持续开展了国土资源法制建设、土地宏观调控、土地管理、矿产资源管理、地质勘查新机制、思想作风和党风廉政建设等方面的重大课题滚动研究，为整个国土资源管理依法行政奠定了坚实基础。

**1. 不断推进政府职能转变**

2008 年，国务院办公厅批准国土资源部“三定”方案[1]，进一步突出了宏观调控职能，强化了资源性资产管理职能，加强了社会管理和公共服务职能，强化了国土资源综合管理和综合协调职能，设立了总规划师和总工程师。进一步明确了国土资源部与国家土地总督察的关系。按照转变职能、理顺关系、优化结构、提高效能的要求，加

[1] “三定”方案指定机构、定编制和定职能。

快建立法制政府和服务型政府。减少政府对微观经济活动的干预，强化社会管理和公共服务职能，切实维护民权、民生。进一步深化国土资源审批制度改革，取消了一批行政审批事项，资源管理方式明显转变。

**深入推进行政审批制度改革。**按照“转变职能、合理分工、权责一致、重心下移、加强监管”的原则，调整中央、地方审批权限，突出国家审批的空间管制、总量控制和跟踪监督，强化地方具体审查事项并承担相应责任。探索国家重点建设项目与投资审批相衔接的用地审批制度，建立前置的土地规划许可制度。有序开展采矿用地改革试点，总结完善相关制度。

**强化综合监管职能。**建立以高分辨率遥感影像为本底，以数据生产、汇交、更新、管理制度为保障的全国国土资源“一张图”核心数据库，完善“全国覆盖、全程监管、科技支撑、执法督察和社会监督于一体”的综合监管体系。继续加强土地卫片执法检查，加大公开通报、挂牌督办、警示约谈、行政问责的力度。探索丰富土地督察的方式和内容，进一步扩展例行督察覆盖面，强化督察整改评估，推进督察成果公开。强化矿产资源勘查开采监督管理。建立以地方政府为主导、国土资源、公安、检察、司法、纪检监察等部门联合执法机制，加强行政执法与刑事司法的衔接。

**强化公共服务职能。**加快土地登记法的立法进程，建立不动产统一登记制度，加快推进农村土地确权、登记、颁证工作，维护农民土地权益。完善房地产用地供应政策，有效供给普通商品住房用地。全面推进地质资料产业化、集群化服务，拓宽地质服务领域。构建地质灾害防治新机制，建立健全地质灾害调查评价体系、监测预警体系、防治体系、应急体系。加快建立和完善信息公开制度。

**深化行政管理体制和事业单位改革。**研究大部门制改革问题。完善省级以下国土资源干部管理体制。加快建立公益性地质调查队伍，继续推进地质勘查单位改革，实行探采一体化、技术与资本结合、技术服务等业务发展模式，国土资源部加强行业管理指导和服务。建立国家直属的专职土地调查机构和队伍，排除体制因素对土地调查数据的干扰，实现对土地资源和利用状况的快速、全面和准确掌控。

**2. 积极提升行政执行力**

面对复杂形势，“双保”、“两难”压力，转变政府职能，提升行政能力，成为加强国土资源管理的重要任务。通过几年的努力，国土资源依法行政水平有了明显提升，逐步从重计划配置、项目安排向重市场调节、制度设计转变，从重行政审批、微观管理向重市场监督、宏观管理转变。

**推进了职能调整和职能转变。**2008 年，国土资源部党组抓住深入学习实践科学发展观试点的契机，在应对金融危机中顺势推进职能调整和职能转变。国土资源部部长徐绍史在 2008 年初国土资源工作会议上谈到，要按照完善社会主义市场经济体制和深化行政管理体制改革的要求，使国土资源部门真正成为保障发展和保护资源的职能部门，参与宏观调控、加强市场监管的综合部门，维护群众权益、构建和谐社会的工作部门，提供资源公共信息的服务部门。

**推进行政权力协调配置**。持续推动从微观管理走向宏观管理，从重审批走向重监管，从项目安排走向制度设计，把权利和责任真正放下去，把服务和监管切实抓起来，不与市场争权，不与企业争利，将报国务院批准建设用地实质性审查下放给省级国土资源部门。综合运用经济、法律、行政和科技手段加强监管和服务，大力推进国土资源信息化建设，设立政务大厅，推进政务公开。通过管理理念和职能的转变，管理方式更加科学，改革创新的局面更加生动。

**全面推进依法行政**。以土地管理法修改和矿产资源法修改为主线，完善相关法规规章，不断巩固改革成果。完善重大事项决策机制，建立完善国土资源管理政策制定和实施的全程、动态风险评估防范机制。建立决策、执行和监督相互制约又顺畅运行的行政管理制度，为推进党风廉政建设、预防和减少腐败提供制度保障。建立完善涉土涉矿信访和群体性事件应急处理机制，及时化解资源领域的社会矛盾。维护资源秩序，努力建设“法治国土”。

**3. 加强了国土资源法制建设**

法制是现代政府行政的基础。《中华人民共和国土地管理法》、《中华人民共和国矿产资源法》两部国土资源管理基本法（以下简称“两法”），加上配套的政策法规制度，构成了国土资源依法行政的基础。

**加快推进立法工作**。现行国土资源管理“两法”皆为国土资源部建部之前所立，至今已经十余年。在这快速发展的十年中，形势已经发生深刻变化。受当时客观条件的局限，“两法”综合性不够、层次不够，对今天的形势预期不够。现行《中华人民共和国矿产资源法》是在矿业周期低谷时出台的，受制于各种体制关系没有理顺。《中华人民共和国土地管理法》也面临新的形势挑战，“双保”压力、“两难”问题的破解，急需通过立法来释放改革空间。“两法”正经历“两峰”的严峻考验：一个是《中华人民共和国土地管理法》经历了近十年房地产市场快速发展的高峰考验；另一个是《中华人民共和国矿产资源法》经历了近十年矿业繁荣复苏、矿产品价格高位运行的高峰考验。总体是急需通过“两法”修改，夯实国土资源管理的行政基础。近年来国土资源部做了大量立法基础工作，通过专项行动带动制度建设，推动了一批国务院文件的出台和部门规章的发布，探索了法制建设实践和试点。推动出台《土地调查条例》和《古生物化石保护条例》，制定或修订了《国土资源听证规定》、《招标拍卖挂牌出让国有建设用地使用权规定》等 17 个部门规章，国土资源法制体系更加健全。国务院出台了关于严格土地管理、加强土地调控、促进节约集约用地、整顿规范矿产资源开发秩序、加强地质工作等一批规范性文件。推进“两法”修改前期论证准备工作，做了大量预研准备工作，积极创造立法条件。

**加强了执法综合监管**。2005 年开始为期 3 年多的矿产资源整顿规范秩序行动（九部委联合行动），共查处无证勘查 1200 余起，无证开采 11 万余起，越界越层开采 7700

余起，非法转让矿业权2100余起，依法关闭矿山近4万座，遏制了违法违规开采的势头，治乱、治散、治小、治本取得明显成效。2007年开展了土地执法百日行动，摸清了违法违规用地情况，查处“以租代征”、擅自设区扩区、未批先用三类违法违规用地案件3万余件。

## 【4】创新体制机制，推动市场化改革

适应市场经济要求，深化体制改革，构建管理新机制，不断完善国土资源管理体制机制新格局。

**1．国土资源管理体制改革**

**纵向上建立了相对集中统一的国土资源管理体制**。1998年，对国土资源管理体制进行了重大改革，由原地质矿产部、原国家土地管理局、国家海洋局和国家测绘局共同组建国土资源部，并明确国土资源部为国务院主管土地、矿产、海洋等资源的规划、管理、保护与合理利用的职能部门。国土资源集中统一管理体制开始形成。同时，明确了国家海洋局是国土资源部管理的监督管理海域使用和海洋环境保护、依法维护海洋权益、组织海洋科技研究的行政机构；明确了国家测绘局是国土资源部管理的主管全国测绘事业的行政机构。国土资源部的组建，建立了与社会主义市场经济体制相适应的统一、协调、有序、高效的国土资源管理体制，实现了国土资源由分部门管理向相对统一、集中管理的体制转变。实现了向政事、政企分开的职能转变。明确了职能分工和理顺了各种关系，强化了对国土资源特别是耕地的保护。实现了土地行政和地质矿产行政的相对统一管理。强化了政令统一和畅通。

**横向上推进了省级以下国土资源管理体制改革**。2004年4月21日，国务院根据中央关于调整省级以下国土资源主管部门干部管理体制的决定，下发了《国务院关于做好省级以下国土资源管理体制改革有关问题的通知》（国发〔2004〕12号），旨在进一步加强国家对国土资源的宏观调控，强化省级人民政府保护土地资源的责任，落实最严格的耕地保护制度，切实加强矿产资源管理，推进依法行政。此项改革主要围绕着进一步理顺省级以下国土资源行政管理体制来进行，市（州、盟）、县（市、旗）国土资源主管部门是同级人民政府的工作部门，其机构编制仍由同级人民政府管理；地区国土资源主管部门的机构编制仍由行署管理。市辖区国土资源主管部门的机构编制上收到市人民政府管理，改为国土资源管理分局，为市国土资源主管部门的派出机构。乡（镇）国土资源管理所的机构编制上收到县（市、旗）人民政府管理，县（市、旗）可以根据实际情况和工作需要，按乡（镇）或区域设置国土资源管理所，为县（市、旗）国土资源主管部门的派出机构。

**进一步推进大部制改革**。“十一五”时期以来，在1998年政府机构改革基础上，进一步推进大部制改革，不断完善了资源的相对集中、统一管理。重点是按照中央要求

2008 年，十一届全国人大一次会议通过《第十一届全国人民代表大会第一次会议关于国务院机构改革方案的决定》，拉开了我国行政管理体制第六次改革的序幕。在这次机构改革中，国务院启动了五大部委的“大部制”改革。虽然国土资源部没有被列入“大部制”的改革名单，但是在“大部制”改革中，国土资源部被赋予承担优化国土资源配置职能，突出了国土资源部资源性资产的管理职能，加强了国土资源部的土地规划、管理、调控职能。为了落实大部制改革，国土资源部新设了调控和监测司，并相应进行了人事调整，强化了宏观调控的职能。

加强了宏观调控和科学发展职能，强化宏观调控职能，加强了社会监管和公共服务职能。增加了国土资源管理职责（从 12 条增加到 16 条）。理顺中央与地方国土资源管理体制，省级以下国土资源垂直管理体制落实到位，推动地方落实基层国土所的机构、编制和经费。中国地质调查局升格为副部级事业单位，着力理顺了国土资源部及司局与中国地质调查局的关系。根据《关于建立国家土地督察制度有关问题的通知》（国办发〔2006〕50 号）要求，边组建边工作，迅速完成“一办九局”国家土地督察体制的构建。部省两级地质勘查行业管理体系建立。在财政部支持下，组建中央地质勘查基金管理机构，探索地质勘查新机制，为资源管理迈向资源、资产、资本一体化管理作了理论和实践的探索。

### 签订部省合作协议

2007 年以来，为推进国土资源管理重点领域和关键环节改革，国土部先后与各个省（自治区、直辖市）签订了合作协议，在增强部省联动、建立国土资源管理联动协调机制、深化土地管理制度改革、推进农村土地整治和城乡建设用地增减挂钩试点、构建地质找矿新机制、提高资源保障能力和资源勘查水平、完善长效监管机制等方面，取得明显成效。部省共同合作深化改革，是深入学习实践科学发展观的具体行动，是深入推进国土资源管理改革与发展的具体行动。

**2. 加快推进国土资源市场化改革**

应对复杂形势，新时期国土资源改革的任务非常艰巨，改革进入“深水区”，开始触及产权制度等根本性难题。适应社会主义市场经济体制的要求，按照“严格审批、局部试验、封闭运行、结果可控”的改革原则，加快推进重点领域和关键环节的改革。

**加快国土资源要素市场建设**。近年来，我国加快了土地和矿产要素市场培育，扩大了市场配置资源的范围，以市场为主导的资源配置体系基本建立。国土资源要素市场建设改革的思路是：建立符合社会主义市场经济基本原则与资源国情特点，城乡统一的建设用地市场和统一、竞争、开放、有序的土地市场和矿业权市场，更好发挥市场配置资源、调节高效利用的基础性作用，构建更为合理的资源收益分配格局与补偿机制。全面提高资源配置的市场化程度。深化资源有偿使用制度改革，缩小划拨用地范围，除军事用地、保障性住房用地、特殊用地可以继续使用划拨用地外，其他用地一律实行有偿使用，首先推进经营性基础设施用地有偿使用。加强宅基地管理，探索宅基地有偿使用和退出补偿机制。出台关于工业用地“招拍挂”出让和最低价政策，国有土地“招拍挂”出让比例不断增加，出让模式开展多种探索，节约集约的政策体系不断完善。农村土地管理制度改革提速。以增减挂钩为主的城乡建设用地调整政策试验探索取得重要进展，在城乡统筹中发挥了重要作用。深化矿产资源有偿使用制度改革，促进矿业权有序流转和公开、公平、公正交易。矿业权市场建设加快推进，矿业权配号系统启动应用。加快推进土地和矿业权市场建设，提高了资源配置效率。严格落实工业用地和经营性用地“招拍挂”出让制度，遏制工业用地和经营性用地低成本扩张。土地市场建设和发展有力地促进了土地资产化进程，为城乡建设提供了大量资金支持。2006 ~ 2010 年，全国土地“招拍挂”出让面积占年度出让土地总面积的比例由 32.4% 上升到 88.3%，国有建设用地出让合同价款达 7 万亿元。大力推进矿业权有偿取得，全国矿业权出让 111944 宗，涉及价款 102.1 亿元。

**加强国土资源有形市场建设**。按照党的十七届三中全会的要求，逐步构建城乡统一的建设用地市场，对依法取得的农村集体经营性建设用地，必须通过统一、有形的土地市场、以公开、规范的方式转让土地使用权，在符合规划的前提下与国有土地享有平等权益。在土地利用规划确定的城镇建设用地范围外，经批准占用农村集体土地建设非公益性项目，允许农民依法通过多种方式参与开发经营并保障农民合法权益。以实现被征地农民与土地同步城镇化为目标，按照“缩小范围、合理补偿、优化程序、增值分享、多元安置、长远生计有保障”的原则加快推进征地制度改革。逐步健全产权明晰、权能明确、权益保障、流转顺畅、分配合理的农村集体土地产权制度，部署开展宗地统一编码试点。近年来，部分省（自治区、直辖市）在矿业权有形市场建设方面进行了有益的探索，建立了矿业权交易机构，制定了配套的规章制度和管理办法。2010 年，国土资源部发布《国土资源部关于建立健全矿业权有形市场的通知》（国土资发〔2010〕145 号），进一步规范矿业权出让转让行为，确保矿业权市场交易公开、公平、公正，有力推进与社会主义市场经济相适应的矿业权市场体系建设。2011 年，国土资源部办公厅发布《关于加快推进建立地（市）级矿业权交易机构的通知》（国土资厅发〔2011〕42 号），要求加快推进建立地（市）级矿业权交易机构。

**理顺资源价格形成机制和税费体系**。构建反映市场供求关系、资源稀缺程度和环境损害成本的资源性产品价格形成机制。建立更加有利于耕地保护和节约集约用地的土地税制，改变地方城市建设过度依赖新增建设用地出让收益的机制，加大对城市存量建设用地保有和增值环节的税收调节力度，在不断总结试点经验的基础上加快推进房地产税改革，完善耕地占用税制度，研究探索与规范集体建设用地流转相适应的土地税费制度。提高了新增建设用地土地有偿使用费标准，调整了分配方式。落实新增建设用地土地有偿使用费收支两条线，提高征收标准和中央分成比例，提高土地增值收益用于农村基础设施建设和补助被征地农民社保等的比例。按照价、税、费、租联动机制，适当提高资源税税负，探索实行可浮动的矿产资源补偿费和矿业权使用费费率制度，收益向资源地倾斜。调整了矿业权价款收益中央与地方分成比例，进一步向基层倾斜（二八分成）。开展煤炭资源有偿使用制度改革等试点工作。完善矿山环境恢复治理保证金制度。

**全面建立和完善国土资源市场监管制度。**2003 年以来，为开展以清理开发区为重点的土地市场秩序整顿工作，国务院、国土资源部先后出台《国务院办公厅关于清理整顿各类开发区加强建设用地管理的通知》（国办发〔2003〕70 号）、《国土资源部监察部关于继续开展经营性土地使用权招标拍卖挂牌出让情况执法监察工作的通知》（国土资发〔2004〕71 号）等文件。随后，依据国家产业政策，严格控制土地供应，出台了《国务院办公厅关于深入开展土地市场治理整顿严格土地管理的紧急通知》（国办发明电〔2004〕20 号）、《国土资源部关于贯彻落实国务院紧急通知精神进一步严格土地管理的通知》（国土资发〔2004〕109 号）等。根据前一时期规范市场行为的实际情况，国务院又陆续出台《关于深化改革严格土地管理的决定》（国发〔2004〕28 号）和《关于加强土地调控有关问题的通知》（国发〔2006〕31 号），全面加强了对土地市场的监管。同时，自 2009 年下半年以来，国务院、国土资源部加强了对房地产市场监管的力度，出台了《国务院办公厅关于促进房地产市场平稳健康发展的通知》（国办发〔2010〕4 号）、《国务院关于坚决遏制部分城市房价过快上涨的通知》（国发〔2010〕10 号）、《国土资源部关于加强房地产用地供应和监管有关问题的通知》（国土资发〔2010〕34 号）及国土资源部、住房和城乡建设部《关于进一步加强房地产用地和建设管理调控的通知》（国土资发〔2010〕151 号）等。这一系列制度的建立，从源头上规范了土地市场秩序，全面加强了土地市场的监管。

强化执法监察和建立国家土地督察制度。提高了对土地违法违规用地行为的惩处力度，出台了《违反土地管理规定行为处分办法》，加强了与任免机关、监察机关等有关部门的协作、沟通与配合，提高了执法效果。同时，建立了国家土地督察制度，对地方土地利用和管理情况进行监督检查，监管效果初有成效。

不断探索创新土地监管方式。一方面，充分运用全国遥感“一张图”成果和“批供用补查”监管平台等高科技手段，持续探索创新土地监管工作，提高土地监管效能。另一方面，加强土地市场动态监测与监管系统建设，实现国家对土地供应计划、土地出让公告、土地使用权出让合同、供地结果公开、土地开发利用的全程监管。目前已基本建成全国覆盖、全程监管、科技支撑、执法督察于一体的综合监管体系。

我国的矿业权市场监管制度是随着 1996 年矿业权市场的出现而形成的。在其后陆续出台的有关矿业权市场建设的规范性文件中都有体现矿业权市场监管的内容，尤其

2008年党的十七届三中全会通过的《中共中央关于推进农村改革发展若干重大问题的决定》提出："逐步建立城乡统一的建设用地市场，对依法取得的农村集体经营性建设用地，必须通过统一有形的土地市场、以公开规范的方式转让土地使用权，在符合规划的前提下与国有土地享有平等权益。"在制度和政策层面确定了城乡统一土地市场建设的基本方向。统一城乡土地市场，使土地价格真正回归市场，符合我国资源紧缺的状况，符合市场经济改革方向，也有利于保障农民土地权益，促进城乡统筹，引导城市化、工业化的健康发展，实现国家的和谐稳定发展。

是国土资源部发布的《矿业权出让转让管理暂行规定》、《探矿权采矿权招标拍卖挂牌管理办法（试行）》规定得较为详细。2010年国土资源部发布的《国土资源部关于建立健全矿业权有形市场的通知》指出要强化对矿业权有形市场的监管。推进矿业权交易统一监管平台建设，以国土资源综合监管平台建设为基础，利用全国矿业权统一配号系统和国土资源部门户网站，获取和集成国家、省、市、县四级矿业权交易信息，实现对全国矿业权市场信息的统一监管，公开发布和提供信息服务。

**3. 加快推进国土资源管理新机制构建**

2008年初，国土资源管理工作会议提出，开展宏观调控和市场配置机制、共同责任机制、开源节流机制、科技创新和国际合作机制四个新机制（以下简称"四个新机制"）的探索。胡锦涛总书记在中共中央政治局第31次集体学习时强调，各级党委和政府要把土地管理工作纳入重要议事日程，建立健全党委领导、政府负责、部门协同、公众参与、上下联动的工作格局，广泛形成保护耕地、节约用地的良好社会氛围。这是对构建国土资源管理共同责任机制的支持、肯定和升华。

**宏观调控和市场配置机制**。综合研究国土资源政策参与宏观调控的政策目标、政策工具、传导机制和配套办法。相继出台促进国家区域发展战略落地、服务产业升级、节能减排和房地产调控的配套政策，完善了宏观调控和市场配置机制。

**共同责任机制**。提出变"一家管、大家用"为"大家管、大家用"的共同责任机制管理理念。尤其是落实《国务院关于深化改革严格土地管理的决定》（国发〔2004〕28号）和《国务院关于加强土地调控有关问题的通知》（国发〔2006〕31号）确定的18亿亩耕地保护目标责任制，必须要形成共同责任，这一方面取得了积极进展。2007年，《国务院办公厅关于严格执行有关农村集体建设用地法律和政策的通知》（国办发〔2007〕71号）强调了各个部门的责任。国土资源部会同监察部、人力资源和社会保障部下发《违反土地管理规定行为处分办法》，明确一个地方土地违法面积超过新增建设用地计划指标的15%，就要实行问责；会同最高人民检察院、公安部下发《关于国土资源行政主管部门移送涉嫌国土资源犯罪案件的若干意见》（国土资发〔2008〕203号）；会同最高人民法院、最高人民检察院、公安部下发《关于在查处国土资源违法犯罪工作中加强协作配合的若干意见》(国土资发〔2008〕204号)。为贯彻落实《国务院关于促进节约集约用地的通知》(国发〔2008〕3号)精神,中国人民银行、中国银监会专门下发了《关于金融促进节约集约用地的通知》(银发〔2008〕214号),形成了部门联动机制。

**开源节流机制**。开源方面,陆续启动了若干个重大专项,形成了国家和社会共同投入的机制。地质勘查投入不断加大,地质找矿成效显著。全国地质勘查共投入资金4032亿元,新增石油地质储量56亿吨和天然气地质储量3万亿立方米,新增煤炭资源储量3380亿吨、铁71亿吨、铜1656万吨、铅锌3345万吨、铝土矿5.1亿吨、金2226吨;形成一批新的国家级战略资源基地,显著提高了国内重要矿产供给能力。尤其是2011年国务院第176次常务会议审议通过了由国土资源部、国家发展改革委、科技部、财政部联合编制的《找矿突破战略行动纲要(2011—2020年)》。节流方面,推进了节约集约与综合利用工作,开展了矿产资源节约与综合利用专项,实施了"以奖代补"的激励政策,启动了综合利用示范基地建设。于2010年6月正式启动了国土资源节约集约模范县(市)创建活动。通过土地整理、建设用地挖潜等推动了土地节约与集约利用。在广东省、成都市等地部署开展"三旧改造"、"城乡统筹土地管理制度改革"试点,探索城市低效用地二次开发政策储备,拓展了开源节流机制。"十一五"期间,共批准新增建设用地3300余万亩,保障了城乡建设、基础设施、民生改善等对土地的合理需求;土地节约集约利用水平显著提高,单位国内生产总值建设用地面积下降29%。

### 地质找矿新机制思路的形成和发展

2006年,《国务院关于加强地质工作的决定》(国发〔2006〕4号)出台。明确要求"建立政府与企业合理分工、相互促进的地质勘查体系,健全中央和地方政府各负其责、相互协调的地质工作管理体制,形成矿产资源勘查开发和资金投入的良性循环机制。"

2008年,提出"找新区、上专项、挖老点、走出去、依靠科技和人才"——地勘新机制研究,研究中央、地方、企业如何联动,公益性地质工作、商业性地质工作和地勘基金怎样衔接,勘查与开发怎么结合,地质找矿、地勘单位改革发展和矿业权设置如何配合。

2009年,在全行业部署开展"地质找矿改革发展大讨论"。总结安徽省泥河、河南省嵩县、新疆维吾尔自治区"358"模式,遵循地质工作规律和市场经济规律,形成"公益先行、基金衔接、商业跟进、整装勘查、快速突破"的地质找矿新机制。

2010年,在深化地质找矿改革发展大讨论的基础上,提出高举地质找矿新机制和"358"两面旗帜。

2011年,国务院第176次常务会议审议通过《找矿突破战略行动纲要(2011—2020年)》。

**科技创新和国际合作机制**。加强基础研究和科技创新，建立国土资源创新体系。扩大国土资源领域对外开放和国际交流合作，研究制定国土资源国际合作战略，以地质工作的跨国经营为重点，建立全球合作网络和双边、多边交流合作机制以及多元供给的新路子。积极开展全球矿产资源战略国际合作研究，已有所突破。矿业大会办出特色、办成品牌，境外风险勘查迈出实质性步伐。加快建设境外矿产资源数据库，为企业勘查开发境外矿产资源提供政策和信息服务。研究建立国家投入引导、开发风险共担、创新利益共享的新型国土资源科技创新模式。建立以科研单位和企业为主体，以科技人才的培养和引进为基础，以解决资源领域突出问题为重点的国土资源科技创新体系。构建产学研结合，跨学科、跨部门、跨行业合作的工作机制，加快创新成果共享和应用。完善国土资源标准规范建设。建立"政府引导、地质先行、企业跟进、市场运作"的对外开放合作工作机制。研究制订引导和促进地质勘查单位和矿业企业"走出去"的保障和扶持机制。

## 【5】 实施差别化政策，完善宏观调控手段

顺应转变发展方式新要求，有保有压，实施差别化管理，不断丰富调控方式和手段，初步形成国土资源宏观调控政策体系。

### 1. 国土资源政策参与宏观调控是重大的制度创新

国土资源参与宏观调控，从2004年提出，历经多年的实践探索和理论总结，从"两防"（防过热，防通胀）到"双保"（扩内需、保增长），历经两个调控周期，不断丰富了调控的理论内涵和实践认识，得到中央肯定和社会认可。

从资源自身来看，随着我国经济的持续快速增长，进入21世纪以来，资源供求矛盾日益突显，资源瓶颈约束效应十分突出。集中表现在投资需求膨胀，煤、电、油及其运输能力持续紧张，货币信贷增长过快，部分行业固定资产投资增长过快，物价总水平持续上升，粮食生产形势不容乐观，影响到经济发展的可持续性。针对宏观经济中存在的突出问题，单纯依靠财政货币政策等传统宏观调控手段难以完全奏效。一是在资源相对短缺的情况下，经济发展对资源需求过旺，圈占、开发资源成为获取自然垄断收益的重要途径之一。二是在经济快速增长的形势下，土地市场的迅速发展对整个国民经济产生重要的影响，引起与房地产发展相关行业和产业的增长，促进了原材料的供应，带动了相关行业的增长，引发了投资的大幅增长，逐渐出现了经济过热的现象。土地市场引发的经济过热问题，必须通过土地政策对土地市场的调整来解决。尤其是宏观经济问题中，主要由房地产领域引起或房地产价格泡沫导致的金融风险问题成为宏观调控的目标时，土地政策参与宏观调控就成为必然的重要选择工具之一。

从宏观经济来看，在新时期、新阶段，我国面临的宏观经济问题往往不是整体性问题，而是结构性矛盾，如局部地区、部分行业的经济过热。例如，房地产投资热、

开发区热不断升级，生产要素供应和配置结构不合理是主要原因之一，这就需要土地政策积极参与宏观调控。又如，钢铁、电解铝、水泥等行业过热，单纯依靠财政、货币政策调控往往难以迅速遏制投资冲动，需要国土资源政策从源头上加强治理。国土资源政策可以凭借其行政手段对土地和矿产资源供应实行直接有效的调控，特别通过土地供应政策进行宏观调空，往往可以收到"立竿见影"的效果。例如，在固定资产投资上，当某行业投资增长过快影响了经济健康发展时，通过土地政策控制土地审批，可以直接抑制该行业的投资增长速度。"地根"的优势在于，针对结构性、局部性宏观经济问题治理有特别效果，容易实现"精确制导"。"地根"与"银根"及财政政策配合，弥补了传统宏观调控模式的缺陷，避免了单纯调控投资容易引发经济"忽冷忽热"的巨大波动。

国土资源政策参与宏观调控，符合我国的基本国情，反映了我国经济社会发展阶段的基本要求和基本规律。国土资源政策参与宏观调控，既是基于我国特殊国情、特定发展阶段的必然选择，也是对中国特色社会主义理论和实践的有益探索和重大创新。

**2. 国土资源参与宏观调控在实践中臻于成熟**

2002 年起，我国经济进入新一轮增长期，宏观经济形势发生了重要变化，宏观经济进入了由复苏趋向繁荣的过渡阶段。2003 年第一、第二季度，固定资产投资增长过快，一些行业和地区盲目投资和低水平重复建设造成主要原材料、能源、运输等"瓶颈"约束加剧和价格上涨压力加大等成为当时经济运行中热点问题。

2003 年以来，针对宏观经济运行中的突出问题，党中央、国务院赋予国土资源管理部门参与宏观调控的重要职能，把"地根"上升为与"银根"并列的调控手段，先后下发了《国务院关于深化改革严格土地管理的决定》(国发〔2004〕28 号)、《国务院关于加强土地调控有关问题的通知》(国发〔2006〕31 号)等文件，开始运用土地政策参与宏观调控，同时，通过调控矿产资源开发总量、优化开发利用结构，矿产资源政策参与宏观调控也开始起步。在实践过程中主要运用土地规划、计划政策、土地审批、土地供应、土地价格、土地税费等政策对宏观经济进行引导调控，成为国家进行宏观调控不可或缺的政策工具。近年，国土资源部门及有关研究机构对土地政策参与宏观调控进行了大量的理论研究和实践探索，扩大了社会共识。

2007 年，我国国内投资过热、信贷过热、流动性过剩等问题突出，客观上需要加强和完善土地管理和利用，再次要求从源头抓起、运用土地进行经济调控。

2008 年 7 月，根据中央关于深化行政管理体制改革的意见，国务院批准了国土资源部"三定"方案，成立了调控和监测司，细化了国土资源管理参与宏观调控的职能，明确"开展国土资源经济形势分析，研究提出国土资源供需总量平衡的政策建议，参与国家宏观经济运行、区域协调、城乡统筹的研究并拟订涉及国土资源的调控政策和措施"。

2008 年底，党中央、国务院作出进一步扩大内需促进经济增长的重大决策。国土资源部快速响应，出台了《关于为扩大内需促进经济平稳较快发展做好服务和监管工作的通知》（国土资发〔2008〕237号），积极主动应对4万亿元投资的落地，落实新增建设用地计划指标，保障重点建设项目，提高审批效率；同时，严格规范用地管理，强化执法监察和土地督察。联合十部委印发了《关于切实做好扩大内需促进经济平稳较快发展的用地保障和管理的通知》（国土资发〔2008〕298号）。国土资源部还积极主动应对国际金融危机的影响，深入开展“保经济发展、保耕地红线工程”，实施差别化管理，优先保障国家重点项目和民生项目用地，有力支撑了经济回升向好。落实区域发展总体战略，出台用地支持政策，促进了区域协调发展。矿产资源管理方面，实行了稀土、钨和锑年度开采总量指标控制，对高铝粘土矿产和萤石实行限制性开采，促进了优势矿产的保护。加快推进矿产资源开发整合，煤、铁、磷等重要矿产资源的勘查开发布局进一步优化。

“十一五”期间，土地政策严格贯彻落实中央宏观调控要求，严把土地“闸门”，每年实际新增建设用地规模控制在600万亩以内。优先保障国家重点项目和民生项目，同时严格执行限制供地目录和禁止供地目录，用地指标适当向中西部和东北地区倾斜。约束了固定资产投资过快增长，促进了产业结构升级和区域协调发展。从2009年开始，连续部署实施“保经济发展、保耕地红线”的“双保工程”。特别是在应对国际金融危机中，既积极主动服务，又严格规范管理。落实土地供应差别化政策，努力扩增量、挤存量、放流量，增加土地供应，加快审批速度、压缩审批时限，优先保障重点建设项目和住房等民生项目用地，制定实施支持西部大开发、灾区恢复重建和西藏自治区、新疆维吾尔自治区、青海省、甘肃省等地的特殊用地政策。同时严格规范管理，坚决不向“两高一资”、产能过剩、重复建设项目供地。在矿产资源政策参与宏观调控方面，主要是运用积极的矿业权管理政策，通过整顿市场秩序、推进资源整合、加强市场调控等手段，在调整矿产开发结构、转变矿业发展方式、提高大宗紧缺矿产保障能力、保护优势矿产等方面取得了明显的成效。

**3.国土资源参与宏观调控的政策体系初步形成**

从2003年开始紧缩“地根”控制经济过热特别是固定资产投资，到2008年开始应对国际金融危机，土地参与宏观调控经历了一个比较完整的周期，土地参与宏观调控的政策取向实现了从从严从紧到适度从严的转变，政策体系初步建立。基本特点是以总量调控为主、以增量调控为主、以行政法律手段为主。在这个过程中，始终坚持严格保护耕地的红线不能变、节约集约用地的标准不能变、严格执法监管的要求不能变。这三个方面属于长期政策，不会因为调控作出重大调整。近年来，国土资源部在矿产资源参与宏观调控方面进行了积极探索。调控体系不断充实完善，在控制固定资产投资过快增长时，出台限制发放采矿许可证。逐步建立钨、锑、稀土、耐火粘土、萤石等优势矿产总量控制制度。开始实施差别化管理，部省协议成为推动改革创新的重要平台，国家综合改革试验区国土资源配套改革取得重要进展。

近年来，各级国土资源管理部门认真贯彻落实国家重要战略决策部署，紧紧围绕宏观经济形势变化和国土资源工作的重点布局安排，解放思想、开拓创新、探索规律、完善政策，国土资源政策参与宏观调控工作不断付诸实践并不断得到强化，理论和实践取得了显著进展，初步形成了包括经济、法律和行政等手段在内的国土资源政策参与宏观调控的框架体系。在实践过程中主要运用土地规划、计划政策、土地审批政策、土地供应政策、土地价格政策、土地税收政策以及必要的土地管理行政手段来对宏观经济进行引导调控，这些政策在保障国民经济平稳运行方面发挥了日益重要的作用，并且成为国家进行宏观调控不可或缺的政策工具。

国土资源参与宏观调控的总体思路是：探索建立以市场配置为基础，以总量平衡为目标，以供需双向调节为途径，以差别化管理政策为手段的参与宏观调控的政策体系。调控资源投放总量、布局、结构、时序、与其他政策配合度，把握调控的方向、途径、力度和节奏，推动产业结构升级、区域协调发展和城乡一体化进程。

国土资源参与宏观调控的重点是以下四个方面内容：

**建立总量调控、供需双向调节的制度。**强化用途管制和建设用地总量控制，根据不同发展阶段的规律性要求和市场供需状况，合理调整新增建设用地投放时序，推行年度建设用地计划指标和矿业权投放弹性管理制度，优化资源投放和开发时序。加强需求管理，以土地供给结构调整推动需求结构、产业结构和要素投入结构全方位调整。统筹各业各类用地需求，保障合理需求，抑制过度需求，遏制不合理需求，引导资源供给与需求趋于动态平衡。加强矿产资源总量调控、分区管理和准入管理。研究制定矿产地储备管理制度，不断完善矿产资源开发宏观管理措施。

**结合产业特点、区域定位、城乡发展所处阶段和土地利用绩效，探索建立差别化、精细化管理。**及时修订完善禁止供地目录和限制供地目录，制定鼓励战略新兴产业、现代服务业和现代农业发展的土地政策，遏制“两高一资”、产能过剩、重复建设等违反国家产业政策和供地政策项目用地，倒逼经济结构调整和发展方式转变。制定差别化的土地政策，促进大中小城市和小城镇协调发展及城乡统筹发展，统筹安排城乡用地。区分资源投入增量与存量，从注重增量向“从严控总量、适度扩增量，重点放流量，集中挖存量”转变，规范开展城乡用地结构调整，优化国土资源空间格局。加强优势矿产开采总量控制，加大紧缺矿产勘查开采力度。

**加强部门协调联动。**从注重国土资源政策配合产业、区域、投资、财税、金融货币、环保等政策，向多方政策双向制约、相互配合转变。加强与投资、产业政策的协调配合，促进产业和区域调控政策落地；加强与货币、财税政策配合，促进土地“三资”属性管理；加强与金融货币、财税政策配合，完善房地产供地调控，提高政策协同性和调控总效力。

**深入开展调控体系建设。**研究调控的目标、手段、传导机制、配套政策，深化土地供应对经济总需求和总供给的影响分析，明确土地政策的性质和地位，研究构建符合我国国情、适应经济发展周期变动规律的土地参与调控新机制。从注重行政手段向更加注重转变经济、法律和行政手段并用转变，从注重土地资源和资产调控向资源、资产和资本调控并重，建立调控政策实施评估、调控指标监测和形势分析为主的支撑体系。系统总结在应对重大自然灾害和国际金融危机等特殊时期以及改革试验中临时性应急措施和特殊政策，及时规范上升为制度性政策。

## 【6】 加强社会管理，提升公共服务能力

关注民生，维护权益，强化社会管理与公共服务，提升了应急管理和构建和谐国土能力。

国土资源涉及千家万户，事关民生大计。土地制度是自古以来就是基本的政治制度和经济制度。切实维护广大人民群众的根本利益，是新时期国土资源工作的基本出发点和落脚点。

**1. 维护国土资源各方主体的合法权益**

**加快了国土资源产权制度建设**。“十一五”时期以来，推进农村土地确权、登记、验证工作，维护农民权益。制定出台了《国土资源部财政部农业部关于加快推进农村集体土地确权登记发证工作的通知》（国土资发〔2011〕60号），《关于农村集体土地确权登记发证的若干意见》，进一步明确土地财产的权利，大力总结推广一些地方农村集体土地所有权实现的有效途径和方式，规范和完善集体土地产权制度。在矿业权管理方面，确立了矿业权的用益物权属性，按照《中华人民共和国物权法》的要求落实矿业权的财产权保护。

强力推进征地补偿制度改革。完善征地补偿机制，规范征地拆迁管理。提高征地补偿标准，规范补偿程序，全力维护被征地农民权益。制定实施征地统一年产值标准和区片综合地价，征地补偿标准提高30%以上，部分地区提高了1倍以上。积极配置社会保障部门，健全完善被征地农民社会保障制度。全国已有29个省（自治区、直辖市）出台了关于做好被征地农民社会保障工作的政策性文件。对被征地农民做到生活水平有明显提高、长远生计有可靠保障。规范征地程序，要求必须改造征地告知、确认、听证程序，就补偿安置方案充分听取被征地农民的意见。推进征地制度改革试点，提高征地补偿标准，探索建立征地补偿安置长效机制。征地补偿标准提高30%以上，2500余万被征地农民纳入社会保障体系。稳妥推进集体建设用地流转，有序推进农村土地管理制度改革，推动了城乡统筹发展。

**2. 积极服务民生**

完善保障性住房用地供应政策。落实国务院房地产调控政策，科学编制和实施房地产用地供应计划，确保保障性住房、棚户区改造和自住型中小套型商品住房用地等“三类住房”用地不低于住房建设用地供应总量的70%。实现保障性安居工程用地应

保尽保。同时完善土地出让制度，积极探索“限房价竞地价”、商品住宅配建保障房等做法，使土地出让从“价高者得”向惠民生、稳预期、注重社会效益最大化的方向转化。

**3. 加强社会管理工作**

推动高尔夫球场、小产权房的问题解决。有效应对事关民生的热点和难点问题。

**4. 提升公共服务能力**

建立地质灾害调查、监测预警、防治应急体系，完善信息公开制度。建立了矿山地质环境治理恢复保证金制度。全力以赴参与重大抢险救灾。地质调查更加主动服务城乡建设和经济社会发展。实施地质灾害治理工程，推进地质灾害群测群防体系建设的规范化、标准化，建立了10余万名基层党员干部群众组成的群测群防队伍，在全国30个省（自治区、直辖市）1000余个县开展了地质灾害气象预警预报。帮助缺水地区解决了1000余万人的饮水问题。推进了地质资料产业化、集群化服务。2011年6月30日，国务院颁布了《关于加强地质灾害防治工作的决定》（国发〔2011〕20号）。地质环境管理正从传统的地质灾害防治迈向国土安全管理的新阶段。

## 【7】加强基础工作，强化行政管理支撑

依托科技和信息化支撑，加强资源国情国力调查，提升监管技术水平，不断夯实国土资源工作基础。

国土资源管理涉及技术、经济及社会管理的方方面面，涉及空间和时间的管控，是一项复杂的系统工程。加强国土资源管理，必须首先夯实行政基础，解决“根基”问题。

**1. 加强了资源国情国力调查**

立足于摸清家底、打牢基础，国土资源调查评价工程持续12年终于收官，取得了丰硕成果。开展了第二次全国土地调查和矿产资源“三项调查”（潜力调查评价、利用现状调查和矿业权实地核查），基本摸清了国土资源家底。完成了125万平方千米农用地分等定级评估和165万平方千米土壤地质调查测评分析，全国1∶5万区调和航磁工作程度分别达到23%和39%。加强了统计监测与形势分析。夯实了国土资源行政技术基础。

**2. 加强了信息化综合监管平台建设**

推进国土资源信息化建设，扎实推进“数字国土”工程，全面完成“金土工程”一期建设，加快建设全国国土资源遥感监测“一张图”和“批、供、用、补、查”计算机网络监管平台，实现了对国土资源开发利用“天上看、地上查、网上管”的立体监管。逐步建立“全面覆盖、全程监管、科技支撑、执法督察、社会监督”和综合监管体系。卫片执法检查实现全国覆盖，执法监管共同责任机制初步建立，有效地遏制了违法违规案件高发的势头促进了国土资源管理方式转变，提高了监管能力。实施国家土地督

察制度，土地督察机构基本完成初创阶段任务，队伍不断壮大，业务不断拓展，作用不断显现。加大基础测绘工作力度，测绘保障服务成效显著，为国家重大战略实施、重大工程建设、防灾减灾等提供了重要支撑。综合运用经济、法律、行政和科技手段加强国土资源监管和服务。

**3. 加强了形势分析工作**

加强了国土资源管理形势分析和调研工作，推进统计制度改革，实施季报、月报制度，为研究制定宏观调控政策提供依据。加强了宣传教育培训工作，积极引导舆论、争取话语权。

## 【8】 加强作风建设，提升科学执政能力

以党建促业务，加强思想作风和队伍建设，不断提升践行科学发展观的能力和行政执行力。

长期以来，国土资源部党组坚持把业务工作的薄弱环节作为党建工作的重要抓手，推进党建工作与业务工作有机交融、深度结合，充分发挥服务中心、建设队伍的重要作用，着力提升干部队伍的执行力和战斗力。通过一系列活动，促进了政府职能转变，提升了机关行政能力，转变了干部思想作风。

**1. 抓作风建设增强执行力**

着力改进和增强执行力，深入开展了作风建设活动，国土资源部党组制定了《关于解放思想改革创新改进作风增强执行力的决定》（国地资党发〔2008〕53号），着重解决国土资源部党组和司局两级班子中存在的“主动谋划不够、工作办法不多、协调联动不足、贯彻落实不力”四个方面的突出问题。国土资源部党组在完成中央纪委、中共中央组织部规定的年度民主生活会的基础上，主动自加压力，针对自身存在的突出问题，加开作风建设专题民主生活会。对照国土资源部党组落实科学发展观情况的分析检查报告，通过发放调查问卷、开展座谈、谈心等方式，广泛征求意见，梳理出工作、作风、队伍建设、群众生活等方面的意见和建议，进一步查找国土资源部党组及党组成员在作风建设方面存在的差距，分析原因，提出具体整改措施。要求国土资源部党组成员在专题民主生活会上的发言，以党组文件形式下发到全系统，在国土资源部内网上公开，自觉接受监督。通过作风建设活动，增强了领导班子和领导干部的主动谋划意识，提高了机关工作效率，加大了沟通协调力度，执行能力明显提高。

国土资源部把行政监管的薄弱环节作为反腐倡廉工作的重点区位，以惩防体系建设为核心，规范权力运行，加强制度创新和源头防腐的力度，着力提高部门公信力。研究制定了《关于进一步严格管理完善制度加强从源头上防治腐败工作的决定》（国土资发〔2010〕20号），明确了土地、矿业权审批等十个环节作为反腐倡廉的重点。扎实

开展“两整治一改革”行动和廉政专项行动，针对关键岗位、核心业务、重点部位和环节，深入查找廉政风险点和存在的突出问题，提出整改措施建议。

**2. 利用党建工作手段推动业务工作**

多年来，国土资源部逐渐形成了一套“思想务虚先行、基础工作跟进、专项方案策划、实现工作突破”的思路。利用历次中央部署的党建工作，借势进位，形成了一套有效的理论务虚推进工作的机制。另外，每年全国国土资源工作会议召开之前，举行党组务虚（扩大）会，分析研判形势，谋划下步工作，形成了有效的工作模式。

从党的十七大以来，国土资源部以贯彻落实科学发展观为主线，快速反应，敏锐反应，开展了富有成效的干部教育系列活动。2007 年，开展了“解放思想、改革创新”大讨论活动，结合形势任务要求，针对干部队伍思想观念上存在的突出问题，从国土资源部党组、司局级干部、处级以下干部三个层面，开展广泛的学习讨论活动，增强了解放思想、改革创新的自觉性，促进广大干部职工从“三不”走向“三勇”[1]，带动了国土资源管理理念、管理职能和管理方式的转变。2008 年开展了深入学习实践科学发展观试点活动（国土资源部作为中央部委三家试点单位之一），在动员大会上，提出目标是“围绕构建保障科学发展新机制，着力转变党员干部不适应、不符合科学发展观的思想观念，着力提高推进改革创新、贯彻落实科学发展观能力，着力解决影响和制约科学发展的突出问题，着力解决基层和群众反映强烈的突出问题，使科学发展观在国土资源工作中落地生根。”重点开展“解放思想、改革创新”、“转变作风、增强执行力”两个大讨论。

2008 年 10 月 9 ～ 12 日，党的十七届三中全会审议通过了《中共中央关于推进农村改革发展若干重大问题的决定》，提出要按照“产权明晰、用途管制、节约集约、严格管理”的原则，进一步健全严格规范的农村土地管理制度。提出了落实最严格的耕地保护制度、实行最严格的节约用地制度、做好农村土地确权登记颁证工作、推进征地制度改革、规范集体经营性建设用地流转、规范推进农村土地管理制度改革六项目标任务。国土资源部及时跟进，研究落实相关工作。国土资源部部长徐绍史在中共中央组织部举办的学习贯彻党的十七届三中全会精神县委书记培训班上作了题为“稳步推进农村土地管理制度改革”的辅导报告。

2010 年开展“创先争优”活动、“两整治一改革”活动。2011 年，以中央政治局第 31 次集体学习、国务院第 164 次常务会议关于进一步加强和改进土地管理工作情况的汇报、找矿突破战略行动总体方案的通过为契机，掀起了全系统学习落实中央领导重要讲话的高潮，形成了推进国土资源工作的氛围。

**3. 抓队伍建设提升战斗力**

始终坚持把队伍建设作为大事来抓。队伍建设非常重要的一点，就是解决“干多

[1] “三不”指“安于现状不想改革、畏首畏尾不敢改革、视野狭窄不会改革”；“三勇”指“勇于革思想的命、勇于削手中的权、勇于去部门的利”。

干少一个样，干好干坏一个样，干与不干一个样”的问题。坚持大力推进干部教育、交流、选任制度改革，积极营造“想干事的人有机会、能干事的人有舞台、干成事的人有发展”的浓厚氛围，形成生机勃勃、奋发向上的好局面。坚持每年选派优秀年轻干部到地方挂职锻炼，安排新任公务员到基层锻炼，使年轻干部有机会深入了解基层、接受教育，同时有计划地接受地方和基层的同志到国土资源部机关挂职；建立了机关局、处级干部到国土资源部信访接待室轮流接访，以及新提任司处级干部、新录用公务员到信访岗位锻炼的制度，为机关带来新风与活力。国土资源部党组研究制订了干部交流办法，明确规定机关干部轮岗交流的时间“红线”，即三年可以交流、五年需要交流、八年必须交流，大力推进国土资源部机关、督察局、事业单位三支队伍的交流，土地、地矿两方面业务干部的交流，关键岗位干部的定期交流。认真贯彻民主、公开、竞争、择优的原则，着力改进党员干部考核、选任、交流、监督的制度设计，把提高民主程度和透明程度贯穿于干部选任工作全过程，坚持干部选任方案、过程、结果“三公开”，更多地采用公开职位、自愿报名、民主推荐、组织研究的办法，进行干部任用初始提名，产生干部考察对象，较好地落实了干部选任的知情权、参与权、发言权和监督权，形成了机关干部普遍拥护的干部选任导向。

## 【9】 形势展望与政策前瞻

### 1. 当前和今后一段时期国土资源工作面临的形势

从国际环境看，当前国际形势正发生广泛而深刻的变化，并且出现了新的影响资源问题和资源管理因素，经济全球化、技术革命、贸易、气候变化及国际政治经济格局变化使得我国未来面临的资源形势更加复杂化。从国内环境看，“十二五”时期国土资源管理工作面临新的形势。我国工业化、城镇化和农业现代化快速发展，经济总量不断扩大，资源环境约束更加突出；世界科技创新正在为改善资源利用创造新的空间，但自主创新的能力还不强，面临着更大压力；我国资源利用效率低和环境污染严重的问题尚未根本扭转。面对新形势、新要求，要增强责任感、使命感和忧患意识，努力破解市场经济、新技术革命、经济全球化条件下的国土资源管理难题，以资源可持续利用促进经济社会可持续发展。

**扩内需保发展，提高资源保障能力的要求更加迫切。**经济长期平稳较快发展对资源刚性需求的持续增长，导致资源供需矛盾不断加剧。土地需求增长与供给约束的矛盾一直在不断加剧。“十一五”时期以来，全国每年建设用地需求在1200万亩以上，而每年土地利用计划下达的新增建设用地指标只有600万亩左右，缺口将近一半。“十二五”期间，各地经济发展任务很重，GDP、固定资产投资、城镇化水平等主要经济指标继续保持高位增长，特别是中西部地区开放力度空前，经济社会发展节奏明显加快，总体上我国将呈现东部“转”、西部“赶”、中部“既转又赶”的基本格局，用地需求将持续旺盛，土地供需矛盾和压力尤为突出。近十年间，我国矿产资源供应总量增速比前十年平均值提高 0.5 ～ 1 倍，高出同期世界平均增速的 0.5 ～ 1 倍。

当前，我国正处于工业化快速发展阶段，对矿产资源需求巨大，但我国石油、铁矿石、铝土矿、铜、钾盐等大宗矿产对外依存度均超过 50%，铜达到了 70% 以上，铝 50% 以上，铅锌均超过 30%，镍达到了 78%。预计未来 10 ～ 15 年，我国主要矿产资源需求将陆续达到峰值，资源短缺更为突出，提高矿产资源保障能力更为紧迫。

**转方式调结构，提高资源利用效率与保护水平的要求更加迫切。**加快转变经济发展方式对国土资源管理改革发展提出了更高要求。按照中央关于“十二五”时期的总体要求，要贯彻落实节约优先战略，把推进资源节约集约利用作为破解发展与保护难题的根本途径，大力推进国土资源节约集约利用，努力促进经济发展方式转变。但是，由于受发展方式、产业结构和科技水平的制约，节约资源远没有像节能减排一样成为国家和社会的公认约束，形成了资源需求快速增长与资源利用总体粗放并存现象。

统计显示，全国城市人均建设用地高达 133 平方米，大大超过发达国家人均 82.4 平方米和发展中国家人均 83.3 平方米的水平。我国人均农村居民点用地达到 214 平方米，远远超过 150 平方米的国家标准上限。矿产资源开采回采率、采矿贫化率和选矿回收率比发达国家低近 20 个百分点，单位 GDP 能耗是发达国家的 3 ～ 4 倍。海洋岸线资源浪费严重，在一些地区，已有的码头、港口利用率和集约化程度相对较低，一些条件较好的深水岸线不能得到合理的利用，造成了不必要的资源浪费，影响了资源效益的发挥。如在长江三角洲地区，长江自江苏省南京市以下 800 余千米岸线中许多深水岸线被小的港口码头和工厂占用。党的十七届五中全会明确提出要落实节约优先战略，破解保护资源、保障发展“两难”命题，国土资源保护和合理利用既肩负时代重任，又面临更大压力。

**保民生促和谐，拓宽资源服务领域的要求更加迫切。**贯彻国务院决策部署，加强房地产用地调控，确保保障性住房等合理用地需求，加快征地制度改革、完善征地程序和安置补偿，加快土地审批制度改革、提高批地供地用地效率，规范推进农村土地管理制度改革、推进城乡统筹发展，迫切需要提高土地管理水平。在工业化、城镇化、现代农业化“三化”联动推进的时代背景下，迫切需要拓展并提高地质工作在农业、城市、水文、工程、旅游、海洋等领域的服务水平。在极端气候条件增多、人类活动影响加强的情况下，加之各地普遍面临专项资金不足、技术力量薄弱、专业设备落后等困难，如何最大程度保护人民群众生命财产安全，地质灾害防治形势非常严峻、任务相当艰巨。随着我国全面建设小康社会的稳步推进，各方面对测绘保障的需求从纸质地图向多元化的地理信息服务方面拓展，推进国民经济和社会信息化及经济发展方式的转变，加快电子政务、电子商务、智能交通建设以及数字中国、数字城市，开展人口、资源、环境和灾害的调查、监测与评估，提高人民群众生活质量、维护权益等方面，对测绘事业的发展提出了新的迫切要求。

今后一段时期，要深刻认识国土资源工作面临的新形势，紧紧围绕党和国家工作大局，按照国家“十二五”规划要求，全面做好土地、矿产、地质、海洋管理和测绘地理信息等工作，更好地为经济社会发展提供资源保障和优质服务。今后一段时期内，要重点做好以下四项工作：①大力推进资源节约集约利用，注重资源保护和合理开发。坚持开源与节流并重，把节约放在首位。在做好数量管控的同时，加强质量管理和生态管护，防止过度开采。②统筹利用国际国内两个市场、两种资源，坚持立足国内，夯实资源保障基础。加快实施找矿突破战略，形成能源资源战略接续区，积极参与矿产资源国际合作。③大力推进科技创新，加强科技支撑。④加快完善体制机制，处理好中央和地方、政府和市场的关系，为国土资源事业发展注入新的活力与动力。

**2．“十二五”时期及今后国土资源管理政策的战略取向**

国土资源作为基本的生产要素，事关全局，牵动民生，自古就是为政之本。国土资源管理制度是国家基本的政治、经济制度之一，是全局性、基础性、先行性的工作。

新中国成立 60 年、改革开放 30 年，土地、矿产资源管理政策基本定位在“资源保障”的地位。新中国成立初期，我国面临启动工业化、恢复重建国民经济体系的任务，国土资源开发作为工农业的基础先行发展。计划经济时期，国土资源也只是工业体系中的一个基础保障部门，长期实行土地无偿划拨、矿产资源无偿供应下游工业生产。改革开放以后，资源要素市场逐步建立，资源资产价值虽然逐步显化，但总体是实行资源的廉价、低价政策，以资源要素的低成本形成“资源红利”，支撑了中国的快速工业化、城镇化，创造了“中国经济奇迹”。

改革开放 30 余年后的今天，随着土地资源、重要能源矿产资源等成为稀缺资源，要素成本迅速上升，要素投入的边际收益递减，依赖于“拼资源”的发展模式难以为继，传统的比较优势正在逐步弱化。新时期国土资源管理战略政策调整，事关中国能否成功跨越“中等收入陷阱”（指一个国家人均收入超过3000美元后民生问题解决不力，导致其掉入“中等收入陷阱”）。

作为全球人口第一大国、第二大经济体，面临工业化、城镇化、农业现代化“三化”同步推进的艰巨任务，导致资源需求刚性上升、资源供给刚性制约。“两个刚性”倒逼，压缩了腾挪空间，迫使我们必须走出传统的资源供需管理，切实转变发展方式和资源利用方式。随着中国成为矿产品消费大国、生产大国和贸易大国，“中国因素”在全球资源市场的影响力大增。国土资源管理的政策取向必须因全球和国内形势的变化作出重大调整。即：由保障型管理向管控型管理转变；由资源开发型管理向国土综合开发管护、国土安全管理转变；由数量管理向数量质量并重管理、由重增量开源向节约优先转变；国土资源管理要从部门行业管理走向参与宏观调控，从被动保障走向促进发展方式转变进而全面促进经济社会可持续发展转变。新时期国土资源管理要加强制度创新，在促进统筹城乡发展、促进缩小东西部地区差距中有所作为，为实现国家第三步发展战略目标作出贡献。

### 《中共中央关于制定国民经济和社会发展第十二个五年规划的建议》有关提高资源利用效率的要求

加强资源节约和管理。落实节约优先战略，全面实行资源利用总量控制、供需双向调节、差别化管理。加强能源和矿产资源地质勘查、保护、合理开发，形成能源和矿产资源战略接续区，建立重要矿产资源储备体系。完善土地管理制度，强化规划和年度计划管控，严格用途管制，健全节约土地标准，加强用地节地责任和考核。高度重视水安全，建设节水型社会，健全水资源配置体系，强化水资源管理和有偿使用，鼓励海水淡化，严格控制地下水开采。

### 《中华人民共和国国民经济和社会发展第十二个五年规划纲要（2011—2015年）》有关提高资源利用效率的要求

- **第三节 节约集约利用土地** 坚持最严格的耕地保护制度，划定永久基本农田，建立保护补偿机制，从严控制各类建设占用耕地，落实耕地占补平衡，实行先补后占，确保耕地保有量不减少。实行最严格的节约用地制度，从严控制建设用地总规模。按照节约集约和总量控制的原则，合理确定新增建设用地规模、结构、时序。提高土地保有成本，盘活存量建设用地，加大闲置土地清理处置力度，鼓励深度开发利用地上地下空间。强化土地利用总体规划和年度计划管控，严格用途管制，健全节约土地标准，加强用地节地责任和考核。单位国内生产总值建设用地下降30%。
- **第四节 加强矿产资源勘查、保护和合理开发** 发展绿色矿业，强化矿产资源节约与综合利用，提高矿产资源开采回采率、选矿回收率和综合利用率。

3. 国土资源管理体制改革方向

**总体改革趋势**。按照建设服务政府、责任政府、法治政府和廉洁政府的要求，着力转变职能、理顺关系、优化结构、提高效能，构建权责一致、分工合理、决策科学、执行顺畅、监督有力的国土资源管理体制。

国土资源管理体制的理想模式是：按照大部门体制的原则，对各类土地（包括林地、草原、陆域水面）、矿产、海洋等自然资源实行集中统一管理。

今后，国土资源管理体制改革的主要任务是：巩固和完善国土资源相对集中、统一管理的格局，进一步转变职能，解决好与其他部门的职能交叉和不顺畅问题；优化内部权力运行机制和机构设置；巩固完善省级以下国土资源管理体制，健全完善更加国家土地督察制度，加强基层国土资源所建设，构建保障科学发展的国土资源管理体制。

**明确改革方向**。按照加强宏观调控、强化社会管理和公共服务的原则，进一步加强参与国民经济宏观调控的职能；强化对土地资源、矿产资源、海洋资源等自然资源及其资源性资产的统一管理；加强国土资源市场监管和执法监察，充分发挥市场在资源配置中的基础性作用；强化社会化公共服务，拓宽国土资源公共服务领域。坚持合理界定部门职能的原则，理顺与外部门的职能交叉。重点是理顺与国家发展改革委、国家能源局及工业和信息化部在能源矿产管理、黄金资源管理、煤炭资源管理、保护性开采特定矿种总量控制等方面的职能交叉，理顺与住房和城乡建设部在土地利用总体规划与城乡规划的衔接上的关系，理顺与财政部在地质勘查专项管理上的关系。

近年，各地在国土资源领域进行了大量的改革探索，取得了积极进展，触及一些深层次问题，深入推进的难度加大。从土地管理来看，农村土地管理制度改革、城市低效利用土地的二次开发、征地制度改革等，需要进一步探索推进。从矿产资源管理看，矿业权出让、资源开发整合、利益分配等问题也需要深入探索推进。另外，审批制度、管理方式的改革，还需要持续推进。改革创新，既不能等，要积极探索；又不能急，要稳妥有序；更不能乱，要依法依规。这是因为土地制度是国家的基本制度，事关全局、事关政治，要十分谨慎。

**改革重点任务**。按照决策权、执行权、监督权既相互制约又相互协调的原则，建立合理的国土资源部权力结构和运行机制。针对目前地政、矿政职能配置的耦合度不够、审批监管结构不合理问题，合理整合地政、矿政内设机构，使国土资源的决策权、行政审批权和监督管理职能相互分离，把土地、矿产、海洋资源的保护、开发、利用，资源的审批、出让和市场监管职能合理划分，相互制约，以优化内部结构，提高效能，提高工作效率，构建决策科学、执行顺畅、监督有效、保障有力的国土资源管理内部运行机制。合理划分中央与地方事权，进一步明确国土资源部与国家土地总督察、省级以下政府和国土资源主管部门的管理范围、权限、职能、责任。

(1) 巩固和完善当前的省级以下国土资源管理体制。进一步健全和完善目前已形成的省、市、县、乡（镇）国土资源行政管理体制和格局，完善土地利用总体规划编制和审批管理体制，强化省级人民政府及其国土资源主管部门的执行监察责任。

(2) 健全和完善国家土地督察制度。进一步明确国家土地督察机构与国土资源部和部内设司局的关系，明确国家土地督察与省级政府、省级以下国土资源管理部门的职能关系，健全完善国家土地督察机构的体制和工作机制。

(3) 加强基层国土资源所建设。出台“加强基层国土资源所建设的意见”，制定“基层国土资源所工作规划”。统一基层国土资源所标志。利用五年的时间，使全国基层国土资源所的机构、编制、经费基本落实到位；管理职能和工作方式有根本性转变；基础设施和装备等硬件建设有明确改善；工作机制和廉洁自律机制进一步完善；基层工作人员的管理水平和能力有明显提高。

# 专题二 国土资源经济与管理研究前沿评述

本专题选取近年国土资源热点、难点问题，主要收集 2009 ~ 2011 年期间中文核心期刊中的相关文献，从土地经济与土地管理、矿产资源经济与矿政管理、地质勘查经济与地质勘查工作管理、国土资源综合管理等方面梳理评述文献的结论和观点，以期全面把握当前国土资源经济研究和管理的最新进展和研究前沿，从不同侧面客观学界对国土资源经济和管理的主流观点，重点评述文献中对问题和解决办法建议两方面的反映和总结，以期为从事国土资源领域管理和研究工作的认识提供广泛视角的参考。

在收集文献和整理评述的过程中，我们发现研究成果不平衡的现象较为严重：一些问题因出现较早，研究时间较长，成果相对丰富，具有一定深度；对于近年来随着经济社会发展出现的新问题，研究较少，对有些问题的研究才刚刚开展或近乎空白。

由于时间、篇幅和水平所限，文献收集和表现不尽全面。

## 【1】 土地经济与土地管理

土地是支撑经济社会发展最为基础的资源，其功能一般有三种：①作为“建设用地”成为承载区域工业化、城市化的空间；②作为“耕地”为人类生存提供必需的粮食资源；③作为“生态用地”承担着区域的生态安全。尽管我国国土辽阔，但是，随着过去一段时期工业园区建设和城市扩张，将大量农业用地转为工业用地和城市建设用地，与此同时，人口规模的增长导致我国人均耕地资源稀缺，目前我国保有耕地的面积已经逼近于 18 亿亩的红线。未来一段时期，我国仍处于工业化和城市化的加速时期，对土地的需求仍将保持较快的增长，因此，全面提高土地利用效率是当前我国面临的紧迫任务。在这种背景下，土地市场、土地利用效率、土地制度与法规、土地管理等问题引起了国内学者的广泛关注。本部分就近年来国内学者关于土地市场、土地利用效率、土地管理、土地管理法律和土地制度的研究情况进行总结述评。

**1. 中国土地市场研究**

我国土地市场经历了漫长的发展历程。在改革开放之前，我国长期实行的是计划经济模式，与此相应的土地使用制度是计划分配、行政划拨的无偿、无限期、无流动的模式，土地不允许出让、转让，土地没有价格，更谈不上土地市场配置和市场建设。随着改革开放的推进，特别 1992 年以后我国土地市场进入了市场化制度建设阶段（张会广等，2011）。但是，也应当看到，当前我国土地市场仍存在较多的问题。

**我国土地市场存在较大的供需缺口，特别是城市用地供需缺口较大。**导致我国城市土地供需缺口较大的原因是：一方面，近年来我国城市化快速发展，特别是新增了大量城市人口，导致城市土地供给难以满足城市人口快速增长带来的土地需求增长（黄京鸿等，2009）；另一方面，与政府和企业缺乏约束相关，特别是地方政府在土地征收过程中处于主导地位，为了增加财政收入，对土地实行低征高卖，扩大了城市土地供需缺口（李燕芳等，2011）。

**房地产调控之前和调控初期，我国土地价格呈现较快的上涨态势，成为推动房价快速上涨的重要原因。**不可否认，房地产行业是推动国民经济的重要力量，近年来的高房价现象已引起了全社会的关注。导致房价快速上涨原因是多方面的，货币政策、土地政策、城市发展政策等都扮演着重要角色。

**城乡二元分割的土地市场长期没有得到解决，成为我国城乡二元结构存在的重要原因。**城乡二元土地市场不仅加重了城乡二元结构分化，扩大了城乡差距，造成了城乡之间的巨大隔阂和农民土地权利弱化、农民利益被侵害，同时也形成了巨大的利益级差与租金空间，为腐败创造了机会（张银银等，2010）。我国城乡二元土地市场存在的重要原因是我国实行城乡不同的土地制度，城市的土地属于国家所有，且城市土地市场已基本建立起来并且形成了相应的地价体系，城市土地转让的价格主要由市场来决定。农村的土地属于集体所有，只有集体范围内的农民才享有土地承包经营权，土地承包经营权的流转限于不改变集体所有权性质和农业用途，不能自由转化为城市建设用地，农村土地市场地价体系尚未形成。政府征地是农村土地“转换”为城市建设用地的唯一合法途径，由此也形成了我国城乡土地市场分割的独特格局（贾艳慧，2010）。

**“以地生财”、“土地财政”的土地市场运营模式带来了巨大的地方债务风险。**城市基础设施投资主要有三个资金来源，即财政、贷款和自筹，但实际都严重依赖土地。2008 年，我国城市基础设施投资的资金来源呈现三足鼎立的局面（政府投入占 32.2%、银行贷款占 29.6%，企业自筹占 28.7%，其他来源仅占 9.5%）。这种“以地生财”、“土地财政”的土地市场运营模式带来了诸多问题，如县级土地财政中存在过度刺激建设用地扩张、土地财政刺激房地产业超常发展从而助长房地产泡沫、土地收入分配不合理、土地税费体系不合理、财政收入过度倚重房地产业、土地财政推高县级财政金融风险等问题（王克强等，2010）。刘辉（2011）指出，“土地财政”是地方政府财政收入的重要途径，其在增加地方财力、推进城市化进程等方面发挥重要作用；但同时存在推高房价、农民失地、实体经济空洞化、诱发金融风险等很多弊端，并且这些问题日益突出，已经严重影响到社会和谐与经济的稳定发展；李俊丽（2011）则认为，在转型期，由于地方政府拥有对城市土地资源的绝对配置权力，在洞悉了土地资源对地方经济增长的重要作用后，地方政府通过对城市土地使用权价格的控制，通过各种经济行为在发展地方经济的同时迅速推动了中国经济的增长。与此同时，城市土地使用权出让中地方政府种种经济行为加剧了投资需求，客观上带动了固定资产过度投资，也导致了宏观经济运行不稳和经济过热。未来 10 ~ 20 年仍是我国城市化快速发展的时期，城市基础设施建设投资需求仍会大幅增长，而目前利用土地进行的融资模式不仅从总量上恐难满足需求，同时也存在较高的地方债务风险，制约我国内需的增长（文贯中，2010）。

因此，促进土地市场有序发展仍是当前我国面临的艰巨任务。一是要规范地方政府行为。地方政府在土地流转过程中应当承担起土地权利的市场化设计、土地流转市场建设、利益合理分配、耕地保护与粮食保障等方面责任，只有这样才能保障土地的有序流转（陈敏，2010）。二是要加强土地财政收入的监管。应当看到，在我国目前的发展阶段，土地财政收入具有一定的必然性（刘辉，2011），关键是要合理设定省县两级财权，调整土地出让方式并加强对县级土地使用权出让收入的收支管理和权利约束，加强持有环节税收建设、预算外收费清理工作，特别是加快县级政府融资渠道的建设，以增加县级政府多元化融资能力（王克强等，2010）。三是要规范农用地征收过程。当前我国农村集体土地被征收的现象日趋严重，但是我国在农村土地征收的目的、补偿、程序、社会保障等方面存在一定的制度性缺陷。如何规范农用地征收过程中的不合理行为，保障农民的合法权益，显得尤为重要。可以从健全农村土地登记制度、提高补偿标准并完善补偿项目、建立和完善失地农民社会保障体系、健全农地征用程序等方面入手，完善农用地征收制度（张建斌，2011）。

**2. 土地利用效率研究**

相对于巨大的人口规模，我国土地资源十分有限，全面提高土地利用效率对我国具有重要意义。然而，当前我国土地利用效率总体较低。在城市土地利用方面，我国多数省份的建设用地等要素投入平均效率较低，建设用地没有实现最佳配置（杜官印等，2010）。目前我国城市粗放型发展的特点突出，土地城市化明显快于人口城市化进程。2008 年，我国城市建成区面积为 36295.3 平方千米，是 1981 年的 3.88 倍，而城市人口密度由 1981 年的 19360 人 / 千米$^2$ 下降到 2008 年的 9222 人 / 千米$^2$，降低了 52.4%。城市粗放扩张，占用农用地，导致全国耕地面积不断减少，全国耕地面积从 1996 年的 19.51 亿亩减少到 2008 年的 18.26 亿亩，人均耕地由 1.59 亩减少到 1.38 亩。我国城市土地利用效率不仅总体偏低，且呈现出东部地区高、中西部低的空间分布格局（吴得文等，2011）。同时在同一区域内部，土地利用效率也存在较大的差别。龙拥军等（2011）研究表明，重庆市当前国土开发利用效率以主城区最高，渝东北和渝东南为低效率区域，巫溪、酉阳一带为土地利用效率最低的区域。刘传明等（2010）研究表明，湖南省土地利用效率存在明显的空间差异，长沙市等中心城市土地利用效率更高。

在耕地利用方面，近年来，随着我国经济的高速发展、人口的不断增加和城镇规模的迅速扩张，大量耕地在工业化和城镇化过程中消失，人多地少的矛盾日趋突出。

但是，研究表明，一是我国耕地利用效率整体水平不高，且大部分地区耕地的实际产出与现有投入水平的潜在产出之间存在较大的差距。二是现阶段我国耕地利用仍以物资成本的投入为主，我国耕地产出的提高主要依赖于化肥使用量的增加，机械化程度的提高对其影响不大。三是近年来我国耕地利用效率虽然逐渐提高，但提高的速率有下降的趋势。四是我国省际耕地利用效率有着明显的差异，东部地区耕地平均效率最高，西部次之，中部地区的耕地利用效率最低（叶浩等，2011）。

导致我国土地利用效率不高的原因有多方面，其中土地管理制度是重要原因（黄小虎，2010）。但是，具体到不同地区之间土地利用效率存在较大的差别，主要是因为各地区经济发展水平、城市化水平和自然地理条件存在较大的差别。影响土地利用效率的因素有经济发展水平、自然条件、区位差异和政策作用等（刘传明等，2010）。城镇化综合水平与土地利用综合指数存在长期稳定的均衡关系。短期内，城镇化综合水平的提高会在一定程度上使土地利用状况恶化；长期内，城镇化综合水平是影响土地利用综合指数的主导因素，它的提高有利于土地集约利用（廖进中等，2010）。影响土地集约度的主要因素有城市地理区位、既定产业结构、经济发展水平、产业结构调整、旧城区改造和土地出让体制改革（朱中等，2011）。城市土地利用效率的高低除了与各生产要素的投入水平有关外，还与各要素的合理组合应用有关（刘东伟等，2011）。

全面提高我国土地利用效率，关键在于：一是要加快大城市内涵式发展，提高土地利用效率。尽管小城市具有环境产出优势，但是小城市的固定资产投资和第二、第三产业产出等城市土地投入产出效率较低，且人口容纳能力也存在较大不足。因此，大力发展大城市（包括超特大城市）对提高中国城市土地利用效率具有重要贡献（吴得文等，2011）。二是要控制建设用地规模，提高建设用地效率。建设用地过快增长是影响我国土地利用效率的重要因素，因此，要通过多种手段严格控制建设用地扩张，提高建设用地的效率。在宏观层面，要通过实施城乡建设用地的统筹规划和管理；在微观层面，要建立严格的建设用地节约集约考核标准，加大工业和商业用地使用者的保有成本（杜官印等，2010）。三是要科学制定土地规划，合理配置土地资源。要制定科学合理的土地利用总体规划和城镇发展规划，合理确定各类用地规模与标准，有效调控城镇用地规模，提高土地资源利用程度。要加强土地利用监督管理，积极开展土地整理，注重土地内涵开发，确保土地集约利用水平不断提高，进而提升土地资源对经济社会发展的保障能力。建设用地指标的分解在考虑各地经济发展、资源禀赋的同时，要充分考虑各地区土地利用水平和效果，结合各地土地利用自身的特征对目前新增建设用地指标和计划进行针对性调整，实现城镇土地在区域范围内的协调配置，以实现有限土地资源的优化配置目标（谢芒芒等，2011）。四是要完善土地利用机制，奠定土地高效利用的制度基础。要明确土地的所有权与使用权，盘活闲置土地，调动民众提高土地资源效率的积极性；要明确用地条件与权限，严把用地审批关；要尽快建立起土地市场化配置机制和土地价格市场化形成机制，同时加快完善与土地市场相配套的服务体系，形成政府调控与市场运作相结合的土地资源效率管理体制（钱堃等，2010）。

3．土地管理研究

当前，我国土地资源目前面临着非常大的难题，如耕地面积急骤减少；水土流失加剧；土地污染严重；各种废物随地排放；土地使用制度与市场经济不适应；土地乱占滥用等（刘峰，2011；吴雪飞，2010）。因此，加强土地资源管理，使土地资源得到更有效的利用显得尤为重要。当前，加强土地管理的关键措施是：

**加强土地管理的组织领导**。近年来，随着各种房地产开发热和投资热，掀起了全国范围内征收、占用土地的高潮，造成耕地数量锐减，大量违法违规占地，浪费土地资源的现象屡禁不止。因此，在充分运用价格机制进行土地资源调控的同时，要确实加强对土地管理工作的组织领导（潘一娜，2011），要制定合理、完善的土地规划，减少土地闲置率，盘活土地存量；要转变土地管理方向，使其向集约化经营方向发展；要在促进经济发展的同时，加强耕地保护，协调好土地管理与经济发展的关系，实现科学化发展（谭善凯，2011）。

**完善土地管理的相关法律法规**。重点是要制定全国统一的土地分类标准；要促进各级土地利用规划上升为法律，由人民代表大会批准颁布，增强法律效率；要实行国家土地统一登记制度，以实现土地的保值增值和收益最大化（黄小虎，2011）。

**树立科学的节约集约用地意识，正确处理加快促进经济发展与土地资源保护的关系**。要充分把好严格依法供地关，以增加建设项目容积率为手段，努力提高土地节约集约利用效率；要全力推进城市土地项目整理，加大闲置土地处置力度，积极治理闲置地和废弃地；要以盘活存量土地为重点，依法严格控制新增建设用地；要推进土地资源的市场化配置，发挥土地资产的最大效应；要建立城市土地利用评价体系，开展土地节约集约利用潜力评价，全面实施新的土地使用标准（曲士军，2010）。

**加强土地信息化管理**。随着当今世界信息技术的迅猛发展，国土资源的空间信息技术呈现出全球整合化和可视化的趋势。当前，我国已经初步形成了国土资源信息化标准化体系（孙桂春，2011），但是仍未建立全面国土信息化管理体系。应进一步加强土地管理信息化建设（段炼，2011）。

**完善土地征收管理**。首先，要从法律上合理界定公共利益。立法上应采取概括式和列举式并举、直接设定与间接设定相结合的形式，从财产利用的目的和效果两个方面进行解释，将商业性用地严格排除在外，为“公共利益”提供尺度把握，增强可操作性。在法律不便直接设定公共利益时，可以先为行政机关判断公共利益的行为设定标准，授权行政机关依照这些法定标准判断公共利益。其次，要完善土地征收范围的界定。政府有关部门应严格按照法律规定，通过必要的听证和论证程序，广泛听取各方意见，确定征收土地的范围。再次，要完善土地征收补偿。补偿方案的制订是土地征收补偿实施的前提和基础。征地方案确定后，征收者与被征收者应对征地的补偿标准等问题进行谈判、协商，由政府和居民选派的代表组成委员会共同确定征收补偿方案。意见不一时，由批准征收土地的政府裁决。对裁决不服的，可以向法院起诉，由法院裁定，以保证补偿方案的公正性。最后，要完善土地征收的执行。在整个土地征收过程中，要增加透明性，在征收过程的每一个环节都要进行公示并向公众或者相关利害关系人随时提供可查阅的相关文件报表，以对行政主体的行政行为进行有力制约，以权利制约权力，防止征收权滥用；要加强协商性，注重被征收者在征地行为过程中的参与，让他们在征收目的、征收范围、征收补偿安置和征收补偿安置费用的使用、管理等方面都有充分发表意见的机会，并能采取足够的措施及时保障自己的合法权益；要明确可诉性，设置科学、合理的救济措施，保证在被征收者存有争议时，可以通过多种救济途径有效地维护自身合法利益。

**将土地登记制度应用于建设用地动态监管。**土地登记制度作为一项重要的土地法律制度和土地管理手段，将土地登记应用于建设用地动态监管，是适应土地“产权管理”的必然要求，是推进建设用地动态监管的基本保证。另外，土地登记制度渐趋完备，土地登记成果与土地动态监管数据功能契合、规范匹配，为土地登记制度应用于建设用地动态监管提供了可行性。因此，应该在进一步完善土地登记制度的同时，加快推进土地登记成果在建设用地动态监管中的应用（黄霞等，2011）。

**建立土地登记代理制度。**土地登记代理制度虽然在我国刚刚建立，有关法律法规也有待完善，但它仍然有着积极的现实意义。目前，土地登记代理制度仍存在代理权限不明、越权代理或代理人损害被代理人利益等问题。要解决这些问题，首先需要对代理机构进行严格资质认证；其次要对土地登记代理人实行资格认证；再次应构建土地登记代理诚信体系；最后应引入职业责任风险保障机制（罗菲等，2010）。

**4. 土地管理法律研究**

土地管理法律是政府进行土地管理的制度保障。1986 年我国制定了《中华人民共和国土地管理法》，其后经过 1988 年、1998 年和 2004 年三次修订，目前我国基本建立了土地管理的法律体系，但是在土地管理法律方面仍存在较多的突出问题（胡小明，2011），集中体现为土地管理立法在集体土地流转、土地征收、土地供应和住宅用地延续等方面仍存在缺陷。

**在土地征收法律制度方面。**当前我国土地征收法律制度存在的缺陷集中体现在：一是对公共利益缺乏明确的法律界定。世界各国的土地征收法均以“公共利益”需要为土地征收的必要条件，虽然《中华人民共和国物权法》明确规定土地征收的目的是为了公共利益，但对于什么是公共利益，它包括哪些标准，我国现行法律并没有予以明确。台湾省平均地权的四个环节是，规定地价、照价课税、照价收买、涨价归公。涨价归公并不意味着百分之百归公，事实上任何国家或地区都不会让土地增值收益完全归土地所有者，也不会百分之百“涨价归公”。实际上，我国土地征收权的使用没有严格控制在公共利益界定的范围内，征收权滥用的现象到处可见。在现行法律规定下农村集体土地征收中公共利益的认定仍然成为争论的焦点所在。二是征收程序不合理。我国土地征收程序规范主要有《中华人民共和国土地管理法》及其实施条例，以及《征用土地公告办法》，但这些办法中对公众参与规定较少，土地权利人的合法利益难以得到保护。按照《中华人民共和国土地管理法》的规定，任何单位从事建设，必须使用国有土地，农地变为建设用地，必须实行征用。《中华人民共和国土地管理法实施条例》第二十五条规定："市、县人民政府土地行政主管部门根据经批准的征收土地方案，会同有关部门拟订征地补偿、安置方案，在被征收土地所在地的乡（镇）村、予以公告，听取被征用土地的农村集体经济组织和农民的意见。"从这一规定可以看出，公告在土地征收中是一种后置程序，只用于权利登记，不用于与农民协商，对征收并不起监督作用，"听取意见"流于形式。即使被征收人对补偿标准有争议，也是由批准征收土地的人民政府裁决，决定权始终在行政机关手中。这种由政府既当"运动员"又当"裁判员"的做法，难免有失公平，同时容易使政府陷入征地纠纷（周银燕，2010）。三是征收补偿范围不合理。征收补偿制度是土地征收中的核心问题，充分、合理的补偿方能彰显社会的公平。目前，我国土地征收补偿已形成了以《中华人民共和国宪法》为基础，以《中华人民共和国土地管理法》、《中华人民共和国物权法》等法律及一系列配套的规范性文件为支撑的土地征收补偿法律体系。但是，《中华人民共和国宪法》只规定了对土地征收给予补偿，对补偿的原则并没有规定。且上述法律对土地补偿费和安置补助费的规定，都是按照土地原用途和被征收土地前三年的平均年产值作为基准数计算的，极不科学（梁太波，2010），不是利用客观市价计算的公正补偿标准。在农用地转非农用地的过程中，农民集体被排除在土地级差收益分享之外，成为政府主导城市化模式下的受损者，由此导致失地农民满意度较低。国土资源部征地制度改革课题组（2010）在南京市、宁波市、武汉市、石家庄市四个城市进行的问卷调查的结果显示，只有10.9%的农民认为土地征收对他们没有影响或使他们的生活水平有所提高，43.5%的农民认为土地征收使他们的生活水平有所降低，23.9%的农民认为土地征收使他们的生活水平有很大降低。在征地和确定具体的补偿标准过程中，政府与农民之间的谈判地位不对等，农民对自己的财产和利益没有讨价的权利。传统的征地制度和补偿标准造成了农民土地权利的缺失和政府与农民在土地利益上的博弈，是大量群体性事件的成因。以"原用途＋产值倍数"标准计算出的土地征收补偿款，农民依旧很难实现《中华人民共和国土地管理法》要求的最低标准。

如果法律把农用地转为非农建设用地的转让权清楚地界定给承包农户，那么农民出让农用地得到的"补偿"，一定会等于被征农用地转为非农建设用地后由市场供求决定的非农用地。必须改变地方政府通过规划修编将农民集体所有土地变为国有、政府经营的格局，改变同一块土地因所有制不同、权利设置不同的格局，赋予集体所有土地与国有土地同等的占有、使用、收益和处分权，实现同地同权。农用地征收应该按照"最高最佳用途"原则补偿，将土地的潜在收益考虑进来，也就是说，如果该农用地最佳用途是住宅，就该按照住宅用地的市场价格进行补偿；最佳用途是工业，就该按照工业用地的市场价格进行补偿。按照《土地增值税暂行条例》，在城市中，原土地使用者转让土地使用权可以保留部分土地增值收益，那么，为什么在征地环节中农民就不能保留一部分土地增值收益呢？在征地环节引入谈判机制，允许农民与用地者进行补偿谈判，政府根据谈定的补偿额度课征土地增值税。用途管制约束下的私人所有（或形式共有，实质私有）、私人合作所有（按份共有）、社区公共所有（共同共有）、国民共同所有（国家所有），是四种常见的土地所有权类型。这个所有权形式的序列，对应经济活动的公共性是递增的，而私人性是递减的。社会许多强势利益集团已经深深卷入土地利益关系。应该把土地制度改革上升为国家安全战略。

**在土地登记法律制度方面。**土地登记是地籍管理的重要部分，地籍管理是土地管理的基础。目前，我国城镇土地登记做得较好，而农村集体土地产权登记相对滞后，严重影响了全国土地登记的进行。我国农村集体土地产权登记的困境主要表现为：主体代表不明确；产权权能受到限制；经费严重不足；土地登记技术滞后等（谢冬连等，2010）。

**在土地流转法律制度方面。**土地使用权流转的前提是土地使用权与经营权分离。目前我国农村土地使用权流转的主要形式有转包、互换、出租或租赁、转让、土地股份合作制和反租承包。由于我国土地流转方面的法律制度缺失，导致我国农村土地流转行为存在农用地流转的规模小，速度慢；农村土地流转市场发育不成熟；政府在农用地流转过程中的角色不明确等突出问题。

完善土地管理法律制度，应重点突出以下三个方面：

(1) 完善农村土地产权和土地管理法律法规。要明确农村耕地、林地、宅基地、住房等资源的财产权利，给农村居民核发土地承包经营权证、集体建设用地使用权证（即宅基地使用权证）、房屋所有权证、集体林地使用权证等土地产权证书，并允许其抵押转让；要建立农村不动产的抵押登记、交易流转制度；要制定关于集体建设用地流转的专项法律法规，如《农村土地流转法》，规范土地流转过程，建立完善的集体建设用地使用权流转程序。

(2) 完善开放、竞争、公平、有序的农村土地产权交易和租赁市场法律制度。从我国实际情况来看，市、镇两级建立农村土地流转管理服务中心，每个村设立土地流转服务站，形成了市、镇、村三级土地流转服务体系，对促进我国土地有序流转具有重要意义。因此，要完善土地流转信息登记发布、土地评估、谈判交易、合同签订、法律政策咨询、纠纷调解等方面的法律法规制度建设，促进农村土地流转的有序进行（杜朝晖，2010）。

(3) 健全土地流转纠纷解决的仲裁机构建设。要大力加强和完善农村土地流转仲裁体制建设，从编制、经费上给予保证，以便及时处理土地流转过程中出现的各种纠纷。

**5. 土地制度研究**

根据新制度经济学的基本理论，制度是决定经济绩效的主要因素。不同的国家根据其历史渊源、经济发展状况、自然禀赋的不同而采用的土地管理制度也有所不同。如美国的土地归联邦政府（占国土面积的32%）、州政府（占国土面积的10%）和私人所有（占国土面积的58%）。我国土地制度则是国有和集体所有并存。土地制度主要由土地所有制度、土地使用制度和土地管理制度三部分构成。土地所有制度在法律上的体现就是土地所有权。土地所有权分为占有权、使用权、收益权、处分权四项权能。当前我国土地制度仍存在较多的问题。一是土地储备制度存在缺陷，突出表现为政府角色错位、土地储备机构定位不明确、缺乏法律保障体系、储备范围过广等；二是农用地制度存在缺陷。余逢伯（2010）研究指出，随着经济发展，政府、企业、农民等主体对土地有了新的诉求，农村土地制度非均衡问题越来越突出。郭晓鸣（2011）指出，以农村人口为依据平均分配和持续调整农村土地，不可避免地带来土地分散和零碎经营问题，同时会带来土地产权主体和客体模糊的制度缺陷。覃一冬（2010）指出，当前农用地制度存在产权残缺，由此引发土地征收制度存在严重缺陷，表现为地方政府不仅凭借农用地的最终产权，通过征收方式，随意侵犯土地集体所有权和农民土地承包经营权；而且依据行政权力对农民土地使用权广泛干预。由于土地产权残缺，广大农民在土地征用过程中权益得不到保障，沦为失地农民，得不到妥善安置。这些问题成为当今我国群体性事件和社会矛盾的主要导火索，严重影响了国家治安和社会稳定。三是我国土地制度制约内需增长。当前，由于全球性的国际收支失衡，世界性经济结构调整已经变得越来越无法回避，我国依赖出口的增长模式已明显无法持续。因此，我国急需提振内需。然而，中国现行的土地制度已经造成两种结构性扭曲。第一种扭曲表现为中国未能在农业比重急剧下降的同时相应减少农村人口的比重，造成城市化的严重滞后和城乡收入差的恶化。第二种扭曲表现为中国未能将服务业就业比重提高到世界的平均水平，造成农村的普遍隐性失业和集聚效应浪费。必须改革其土地制度以降低高昂的城市化成本，才能提振内需，走上可持续增长道路（文贯中，2010）。四是土地储备制度存在缺陷。土地供需具有空间上的结构差异，更存在时间上的结构差异，因此，土地宏观调控和储备成为必要。但是，我国现有的土地储备制度均由各城市地方政府主导。出于GDP政绩和财政收入追求，土地储备被城市地方政府看做其城市土地资产垄断经营的重要目标，在市场供不应求时储备土地、抬高地价；供过于求时又希望减少储备损失、增加供地。这种行为加剧土地市场波动，扰乱土地市场秩序（李恩平，2010）。

正是由于目前我国土地制度特别是农用地制度存在较多的缺陷，近年来各地进行了较为广泛的农用地制度改革探索，如浙江省嘉兴市实施了“两分两换”的政策。但是从实践情况来看，要顺利推进“两分两换”进程，必须充分调动农民积极性，加快农民市民化进程，保障农民合法权益（方芳等，2011）。四川省成都市在城乡综合配套改革试验区建设过程中探索了土地管理制度改革创新的七种模式，即城乡用地“一张图”模式、集体建设用地使用权流转模式、城乡建设用地增减挂钩模式、土地综合整理模式、宅基地承包地“双放弃一退出”模式、生态搬迁模式和耕地保护基金创设模式（严金明等，2011）。重庆市进行了设立农村土地交易所、“地票”试验、户籍制度改革下的农村土地使用权退出等方面的创新。这些创新有力地提高了农村土地的节约集约利用水平，优化了城乡土地资源的空间配置，促进了城镇化、工业化和农业现代化的协调发展。但是，这些创新存在行政分摊成本过高，驱动力机制不完善，还有待于形成“行政+市场”的双重机制等问题（梅哲等，2011）。

未来，完善我国土地制度的关键是：一是要坚持农村土地集体产权制度。集体土地产权为农民提供了基本的生存保障，同时对经济波动的影响起到了很好的“蓄水池”和“缓冲器”作用。因此，对于集体土地，不要简单地推行国有化或私有化，而应遵循现代土地产权制度发展的规律和趋势，结合我国的国情，重构集体土地产权制度。重点是要在法律上进一步明确土地产权制度，出台相应的法律措施来保障土地产权制度的实施；要按照现代产权制度优化资源配置的基本规律，探索解决因集体土地他物权制度结构缺陷带来的制度运行成本、效率、效益与风险等诸多难题（吴次芳等，2010）。二是要建立完善的土地登记制度。应加强土地登记立法、登记制度及运行机制的研究，借鉴国外的成熟经验，提高公众土地登记意识，发挥土地登记工作在土地产权管理及经济社会发展中的重要作用；建立土地管理资料数据库，将登记在案的数据资料全部录入数据库，供法人和自然人公开查询。这样，可减少政府官员在处理土地使用权出让、出租的寻租行为，减少暗箱操作，提高市场公正性和透明度（杨继瑞，2010）。三是要完善土地管理制度。应强化土地管理集中统一领导，改变地方土地管理部门只对本级政府负责的机制，实行双重领导和垂直领导相结合的土地管理领导机制；应建立和完善土地用途管制制度，重视土地用途管制制度的法律化和制度化建设（文华，2010）。四是要建立完善的土地征用征收制度。在征地改革和立法调整中，应充分考虑征地涉及的土地流转关系，通过增加租赁权补偿、干扰补偿和经营损失补偿等内容，切实保障土地流转双方的权益。此外，由于政府在征地中兼有受益者和仲裁者的双重身份，易造成政府利用其行政权力寻租，结果导致处于弱势地位的农民利益受损。为此，考虑到征地问题的重要性和广泛性，应在人民法院成立独立的土地司法仲裁机构，协调和裁决征地过程中的各种争议和纠纷。五是要构建农用地产权交易市场。根据各主体的利益诉求和我国农村土地制度变迁的历史趋势，今后我国农村土地制度变迁的方向是进一步明晰产权和建立高效、规范的产权交易市场，最终目标是建立与社会主义市场经济相适应的现代农村土地制度（余逢伯，2010）。

## 【2】 矿产资源经济与矿政管理

### 1. 矿产资源法制建设

#### 1）矿产资源所有权制度

目前，国外矿产资源所有权制度基于不同法系主要有三种类型：①土地所有制体系。矿产资源属于所依附的土地所有者，即地表权与地下权相统一，如美国、英国的非能源产品所有权制度。②特许权体系。国家授予并控制矿业权，矿产资源属国家所有，即地下权与地表权相分离，如法国、比利时、葡萄牙的矿产资源所有权制度。③要求权体系。任何一个合法主体都可以在公共土地上对其最先发现的矿产资源获得单一的采矿权利。该体系实际上鼓励了对新矿藏的勘探活动。如在加拿大、新西兰，澳大利亚等（李国平等，2011）。

在我国，矿产资源所有权具有国家主权和财产权双重属性，一方面是国家对自然资源拥有永久性主权，另一方面是国家对全民所有的矿产资源享有占有、使用、收益和处分的权利。

当前，我国矿产资源所有权法律规定的不足主要表现在：①矿产资源所有权的国家主权和财产权双重性未区分，其财产权属性没有得到充分体现；②对于地方政府授权行使矿产资源所有权和矿产资源管理权的法律缺乏相应的激励和监督机制；③矿产资源税费制度规定不合理，忽略了矿产资源的国家所有权益；④国内现有的矿产资源所有权制度中，矿产资源属地下权（即矿产资源所有权归国家所有），但地表权的产权主体不清晰（李国平等，2011）。另外，在国家所有权实现问题上也存在过度物权化和行政过度干扰的问题（文正益，2011）。

基于上述问题，学者建议：①在《中华人民共和国矿产资源法》修改中强调国家所有权（文正益，2011）。②强调矿产资源的统一管理，充分认识矿产资源的财产权属性，强调民事权利的保护，从立法上保障财产所有权及其衍生权利——矿业权的各项权能的实现。③建立多元化的资源产权体系。④对资源税费改革进行整体设计和同步推进（文正益，2011）、⑤理顺政府与经济主体间的关系（彭志红等，2010），以及与矿产资源管理者之间的关系。⑥完善矿产资源执法，强化国土资源管理部门监督检查和跟踪评估的职能（文正益，2011）。

#### 2）矿业权制度

矿业权制度是国家作为矿产资源所有权人，依据法律规定，将其享有的矿产资源所有权中的占有、使用、收益和处分的部分权能让渡给非所有权人，通过行政许可和收取一定的税费，实现所有权益和资源需求利用的法律安排。

据学者研究总结，我国矿业权立法存在如下问题：①矿业权的属性与定义不明确；②探矿权与采矿权的衔接不顺畅（李慧等，2010）；③矿业权的保护制度缺失。

另外，矿业权流转制度也存在一些问题：①未完全体现矿业权的财产权属性（王群英等，2010）；②流转市场体系不健全（李园，2010）；③矿业权转让限制条件复杂

（李园，2010）；④政府职能定位不准；⑤探矿权人优先制度不合理（王群英等，2010）⑥矿业权出让双轨制导致流转不公平现象。

鉴于上述矿业权在立法和流转上存在的问题，学者建议：①明确矿业权的属性与定义；②规范矿业权的流转，应规范和培育矿业权市场，规范管理矿业权中介组织，强化评估；③将矿业权与矿业权许可分开立法，借鉴“三权分立”模式重构我国矿业制度，制定以社会管制为核心的矿业管理法（康纪田，2010）；④强化矿业权的保护，健全民事责任制度，增加矿业权征收、权属争议、排他性权益保护的民事责任等方面规定。

#### 3）矿产资源有偿使用制度

国外现行的矿产资源有偿使用制度核心是由权利金、地表租金、耗竭补贴、资源租金税、取得和保持矿权有关的收费等构成（任海兵，2011）。而我国目前的矿产资源收益形式主要包括资源税、矿产资源补偿费、探矿权使用费、采矿权使用费和探矿权采矿权价款（韩丽丽，2010）。

大多数学者认为，我国矿产资源有偿使用制度主要存在以下问题：①设计缺陷。如矿产资源补偿费过低，资源税收益分配与国家立法不协调，以及矿业权使用费和矿业权价款分配缺乏法律依据等。②管理缺陷。如矿产资源补偿费征管权责不明（韩丽丽，2010），且收益分配混乱（朱永飞等，2010）。③立法缺陷。如内容凌乱，约束性和协调性差（董朝燕，2011）。

因此，学者建议：①理顺租、税、费之间的关系，以及对级差地租的征收（李国平等，2011）；②强化矿业权的有偿取得和市场化资源配置方式（晁坤等，2010）；③提出矿产资源有偿使用制度的具体方案，如建立以权利金为核心的矿产资源有偿使用制度等（韩丽丽，2010）。

#### 4）矿业用地法律制度

矿业用地改革措施主要包括：允许石油天然气钻井及配套建设用地先按照临时用地申请；对短期开采矿产的用地由原先的先征地后出让的方式，改为可以采用临时用地的方式；允许国有工矿企业将复垦耕地与拟新占耕地置换。

目前，学者认为，我国矿业用地使用权制度存在的问题主要包括：①矿业用地的取得方式不合理，采矿用地征地范围过大（乔繁盛等，2010）；②矿业用地缺乏退出机制，不利于土地的合理利用；③矿业用地与土地利用总体规划衔接不够，矿产资源开发利用受到限制；④矿业权与矿业用地土地使用权设置不同步，采矿权益受到制约；⑤采矿用地补偿形式较为单一，难以满足原土地使用权人的需求（苏志军，2011）；⑥取得矿业用地的征收制度违反国家规定的土地征收条件（李锴，2011）。

针对上述问题，学者就矿业用地使用权法律制度的完善提出如下建议：①创新采矿用地取得方式，缩小矿业用地征地范围；②做好矿业用地与土地利用总体规划的衔接，探矿权、采矿权与土地使用权的衔接，保障采矿权益；③货币与非货币补偿方式相结合，逐步完善矿业用地补偿制度（苏志军，2011）；④建立土地置换与用地退出机制，促进土地合理利用（赵淑芹等，2011）。

### 5）矿山环保法律制度

目前，国内虽已建立一些关于矿山环境保护的法规和制度，但未制定专门针对矿山环境治理的系统性法律规范。现有的《中华人民共和国环境保护法》和《中华人民共和国矿产资源法》只对矿山环境保护提出了原则性要求，针对矿业开发对周围环境造成的污染及其修复没有作出具体规定，缺乏切实有效的矿山环境保护法律制度（许珍，2010）。另外，企业基于盈利性目的，往往不愿投入过多资金进行矿山环境治理恢复，对此，更需要进一步完善相关法律法规体系，严格矿山开采准入。

鉴于现行环保方面法律法规存在的问题，众多学者提出：①修改《中华人民共和国矿产资源法》，明确矿山环保条款的可操作性和约束性（李海婷等，2011）；②完善矿山复垦法律；③完善矿山环境治理恢复保证金制度，明确征收范围及标准。对于矿产资源开发环节中相关的法律纠纷问题，学者则建议将刑事法律责任与行政法律责任合理衔接（李海婷等，2010），尤其要明确矿难事故中的刑事责任。

### 6）资源税费改革

资源税设立的初衷是为调节资源级差收入，体现国有资源的有偿使用。但目前其仍有欠缺，主要体现在：①计税范围不明确。资源税普遍征收的原则不能体现资源税调节“级差收益”的意义（王克群，2010）。②税目界限不清。③将资源税全额纳入地方收入导致利益方定位不明（傅晶晶等，2010）。另外，不少学者认为我国资源税负总体偏低（文正益，2010），应适当提高、改进计税方式、将资源税和资源补偿费合而为一（刘传庚等，2010）。而且，我国目前的资源价格体系并不能反映环境成本和资源稀缺程度，也不能充分反映市场供求情况，更不能有效弥补环境成本（谢海燕，2010）。

鉴于现行资源税费制度的不合理性，学者提出如下改革目标：①实现矿产资源可持续发展；②明确各方利益主体；③向地方政府倾斜。

而对于资源税费改革的具体措施，建议集中在：①将矿产资源税与资源补偿费合并为权利金，建立资源耗竭补贴机制，由特别收益税行使石油特别收益金、资源税的级差调节功能（李凤等，2010）；②设立其他资源税种，如碳税（鞠超，2011）等；③在资源税率定价方面，对耗竭性和不可循环资源的价格应反映其全部成本（即生产边际成本＋资源稀缺成本＋生态成本）；④建立以资源租金为主体的矿产资源收益获取体制（伍雪妙，2010）。

2．矿产资源经济与管理

### 1）矿产资源技术经济评价

矿产资源技术经济评价的发展是由地质工作程度逐步提高、找矿工作逐渐深入、科学技术不断进步所决定的。地理、地质、地球物理、地球化学、遥感等方法所获取的信息是地质体不同性质的反映，充分利用一切可能利用的信息提高矿产资源评价的准确性，这一点早已写入规范。在地质找矿工作已逐渐由地表矿转入隐伏矿、盲矿或难识别矿的今天，找矿难度越来越大，仅靠单一的信息类比预测找矿已难以奏效。这就要求充分利用以往积累起来的各类地学资料，将传统的地质找矿方法与新技术结合起来，应用新的理论，发现更多的有用信息为矿产资源评价服务，达到判别矿床存在与否、能否以较小的投入取得最大找矿效果的目的。

目前，从找矿途径的变化需求和成矿理论的进展看，未来矿产资源技术经济评价的发展方向主要集中在如下方面：①多种评价方法的综合运用，如非地质标志评价方法、主观评价方法、简单地质标志模式评价方法、成矿地质标志评价方法和定性地质评价方法等；②成矿评价正从以描述性为主向定量化、精细化方向转变；③ GIS 在矿产资源评价中的广泛应用，彻底改变了传统矿产资源评价的方法体系，极大地提高了预测效率，精确了评价过程。

**2）矿业权交易与矿业权管理**

研究表明，我国现行矿业权评估仍存在认识上的误解与不足、内部不正当竞争现象，以及部分评估机构内部管理不规范等问题。据此，学者提出：①对矿业权评估机构及评估师提出严格要求，即不准利用执业之便，索取、收受合同约定以外的酬金或其他财物等不正当利益；②针对拖延完成政府委托矿业权评估项目时限的，实行相应的惩罚机制；③建立矿业权评估机构的诚信档案。

目前我国矿业权市场的主要问题表现在出让制度、外界干预、市场体系、价款征收、出让前期经费落实等方面，据此，学者提出：①建立健全矿业权一级市场，改革矿业权出让方式（范振林，2010）；②规范矿业权二级市场，促进矿业权合理流转；③建立高效畅通的矿业权市场交易网络平台；④鼓励强强联合，实现探采一体化；⑤建立探矿权市场风险管理新机制，明确探矿质量标准。

关于矿业权管理制度，学者针对矿业权管理及维护过程中存在的三大问题，即矿业权管理制度执行存在偏差、地勘单位经济基础脆弱和单位人才缺乏装备落后，提出了地质勘查单位矿业权管理及维护的七点对策：①用好现有法律法规，做好新发现矿点的矿业权登记；②珍惜矿业权、加大对矿业权的勘探投入；③抢抓全球金融危机之机遇，回收矿业权；④加强现有矿业权的综合研究，分类开展工作；⑤专人管理，加强与国土资源管理部门的联系；⑥加强联系，建立良好和谐的地方关系；⑦顾全大局，重视区块整合，树立大地质观念。

关于矿业权管理信息化问题的研究主要有：探索并建立了矿政管理一张图的管理模式和机制，包括系统总体框架、系统设计、业务管理辅助系统功能设计、三维可视化系统功能设计；提出加强矿业权登记数据库管理、统一探矿权和采矿权的坐标表示形式、建立矿业权实地核查长效机制等措施，对矿政管理部门和相关人员在矿业权管理方面具有一定指导作用；基于矿政管理主要业务框架，针对矿政管理的薄弱环节，从信息综合监管出发，提出矿政管理信息化及信息综合监管的建设思路与内容等。

### 3）矿产资源供需

众多学者认为矿产资源消耗和能源生产与经济增长之间正相关极强。矿产资源的开发利用是矿业城市经济发展的依托，但可能对环境产生负面效应。学者建议建立多元化的产业结构，摆脱对单纯产业的依赖性，从而实现矿业城市的可持续发展。

就矿产资源开发中的利益分配问题，有学者认为，矿产开发的特殊性决定了其收益分配机制的特殊性，应建立矿产资源有偿使用制度、收益分配协调机制和环境治理责任机制，同时形成地质勘查单位智力投入，进而建立参与收益分配的激励机制，以此完善矿产资源收益分配政策。

就矿产资源获取海外投资的研究，学者一致认为，“走出去”获取矿产资源已成为我国矿产企业发展的必由之路，积极探索海外矿业市场，加快培养具有国际竞争力的矿业“航母”，是提高我国矿产资源安全的重要基础。

学者主要运用需求情景神经网络等数学模型，对矿产资产需求宏观情景进行了设定，测算出了中国未来的需求情景，包括单矿种和区域性矿产资源的需求研究。

对于矿产资源价格的研究，多数学者认为，目前我国的矿产资源价格形成机制不合理，具体表现在：①产权制度缺陷；②矿产资源税费制度缺陷；③损害权益补偿机制不完善。

针对这些问题，学者们提出了相关建议：①规范矿业权市场，明晰产权；②实现矿产资源有偿开采，减少政府特许垄断，实现矿业权的顺利流转；③以计征方式改变为载体，以提高税负为核心的资源税改革，形成完全的矿产资源价格，使资源价格达到一个合理的水平。

### 4）矿业经济发展

一些学者基于金融危机的背景研究我国矿业经济发展问题。徐贻赣等（2010）认为，在全球金融危机的影响下，中国矿业企业的机遇与挑战并存。中国及中国矿业企业应以金融危机为契机，加快中国能源价格改革、矿业企业改革，推进矿业企业的兼并整合，促进中国企业实施“走出去”战略。

另一些学者则从可持续发展、资源优化组合等方面提出促进我国矿业发展的措施。针对矿业发展中存在的问题，学者建议矿业企业着力促进资源优化组合，切实利用“两种资源、两个市场”，在经济危机中通过寻找新的发展机会，提高资本运作能力、加大实业开发力度等措施促进我国矿业发展（连民杰等，2010）。

关于矿业领域循环经济的发展，有的学者认为，问题主要表现在发展矿业循环经济观念不强、发展矿业循环经济的法律建设滞后、缺乏发展矿业循环经济的规划与指标、发展矿业循环经济的技术创新落后等。

据此，学者提出相关建议：建立发展矿业循环经济的法规体系；制定矿业领域发展循环经济的专项规划；构建矿产资源循环经济指标评价体系（薛亚洲等，2010）；优化勘查开发机制、鼓励技术创新；建立激励约束机制。

绿色矿山建设是发展矿业循环经济的一个内容，是矿产资源合理开发、利用、管理理念的一个飞跃（王一淑，2011）。实践证明，大力推进绿色矿山建设是中国矿业发展的必由之路（陈斌等，2010）。建设绿色矿山；就是从资源的开采、利用到废物处理全过程都贯彻科学和环保的理念，通过调整生产工艺，优化生产布局，开发应用新技术等手段实现资源效能的最佳化（王一淑，2011）。国土资源部下发《关于贯彻落实全国矿产资源规划发展绿色矿业建设绿色矿山工作的指导意见》（国土资发〔2010〕119号），要求发展绿色矿业、建设绿色矿山，坚持规划统筹、政策配套，试点先行、整体推进，开展国家级绿色矿山建设试点示范，促进矿业发展方式的转变（孟依然，2010）。

矿山公园依托矿业遗迹核心景观资源，整合矿山公园所在地的自然条件，最大限度地更新利用矿山废弃地，以最小的环境代价创造最佳的生态、社会和经济效益，充分实践了“绿色矿山”的发展理念。欧阳纯烈等（2008）则认为，矿山公园以展示矿业遗迹景观为主体，成为体现矿业发展历史内涵，充分融合的自然与人文景观。它具备研究价值和教育功能，是可供人们游览观赏、科学考察的特定空间地域。矿山公园的开发和建设，是近年提出的新的公园模式，它担负着恢复矿山生态环境、促进枯竭型矿山经济转型、保护矿业遗迹和地质遗迹，以及发挥旅游经济效益的多重使命；它既是矿山生命周期的延续，又是旅游产业中的“新生儿”，具有明显的复合经济模式特征。王同文等（2007）也认为，建立矿山公园是我国矿山灾害治理、地质环境保护和矿业旅游资源开发的一项新举措，更是企业和城市转型的新思维，是不可再生的重要矿业遗迹资源得到合理保护和永续利用的有效途径。

对于能源安全问题的研究，有学者认为，我国战略矿产资源对外依存度高，矿产资源进口渠道单一。应加快完善战略矿产资源储备体系，建立国家资源战略研究专门机构，加强国际合作，建立矿产资源供给突发事件应急机制。建立国家矿产资源安全三级评价指标（国内资源禀赋、供求状况、国家安全保障水平）体系。

#### 5）矿业投资

安永会计师事务所进行的研究显示，2008～2010年，中国共进行了370项海外矿业交易，交易总额达500亿美元。2010年，中国的并购交易额为128亿美元，较2009年的161亿美元下降20%，在全球的占比从2009年的近25%下降到11%，排名从第一下滑至第四，位于加拿大、澳大利亚和巴西之后。

针对全球矿业投资环境的研究显示，加拿大的矿业投资环境名列第一位。就中国而言，加拿大、美国、澳大利亚、新西兰等国家的矿业投资环境都相对适合中国企业，但考虑到人力成本、环境保护和治理成本等，我国对加拿大和美国的矿业投资较少，而对澳大利亚的矿业投资较多。尽管亚非拉地区的矿业投资环境存在较大的不稳定性，当地居民反对采矿，基础设施建设滞后，但从成本、主动权因素考虑，我国企业对拉丁美洲、非洲及亚太地区周边国家的投资较大。

对于矿业投资风险的研究，有的学者认为，由于矿业行业特定的属性，面临的主要风险可分为内在风险和外部风险。内在风险包括资源风险、资源品质风险和矿山开发风险；外部风险包括政治环境风险、经济环境风险和社会环境风险。据此，风险的防范措施为，把握国内外政治、经济发展的基本趋势，科学对待矿产资源的勘探，积极利用国内外资本市场，争取国家政策支持，与矿区民众保持良好关系，走园区化的矿业开发道路等（李元伟，2011）。

对于矿业投资决策方法的研究，国内普遍认为，层次分析法是目前确定项目概率较为完善的方法。决策树方法的应用可实现用不同的决策方法解决不同的决策问题（王德青等，2011）。基于实物期权的矿业投资决策模型，修正了其他决策方法在现实中无法应用和忽略所得税等重要因素的缺陷，认为当且仅当矿产资源投资临界价值大于矿产资源的投资时才可行（栋海燕等，2011）。另外，基于变权原理对海外矿业投资多目标柔性决策模型，修正了海外矿业投资评价模型中评价指标的权重固定不变等缺陷，根据实际情况对各指标权重进行调节，使得海外矿业投资多目标柔性管理更具有实际应用价值（郑明贵等，2011）。

### 6）矿产资源、资产、资本一体化管理

在矿产资源的资产化管理和资本化管理研究的基础上，近期对矿产资源管理的研究视角逐渐向“资源、资产和资本”三位一体的管理方向发展。

张玉梅等（2010）指出，资源开发整合对我国矿业经济的影响主要表现为：不断提高产业集中度；促进资源开发方式的转变；使传统的矿业经营模式发生变化。但是也带来了潜在风险和问题，主要有：①政府主导的规模化发展过于集中，加大了企业内部治理风险；②金融监管缺失、技术管理薄弱，更加凸显资本运营风险；③旧未破、新未立，使矿产资源管理风险加大。提出了完善资源管理的建议：①推进矿业企业股份制改造，建立现代企业制度；②加快矿业权制度改革，进一步细化交易规则；③转变管理职能，找准核心环节，加强监管和服务；④发展矿业资本市场，促进矿业健康发展。

仲冰（2011）认为，资本的逐利性及矿业行业高风险与高收益并存的特点，使得矿业企业通过矿业资本市场进行融资成为可能。但是，同时我国目前矿产勘查的商业性投入机制尚未完善，在高风险与高成本并存的矿产勘查阶段，矿业权人无法利用矿业资本市场筹集勘查资金。由此，学者提出建立“政府—矿产勘查企业—社会公众”三位一体的勘查风险分担机制。

付英（2011）认为，为有效应对国际矿业市场的新变化和破解国内矿政管理的难题，应构建矿产资源、资产、资本一体化管理新机制，建立以产权管理为核心、以储量管理为基础的矿产资源、资产、资本一体化管理的制度框架，从而提升矿业市场竞争力，促进矿业可持续发展。

### 7）矿产资源储备管理

战略性矿产资源作为不可再生资源一直被视为国防安全的基础（徐桂华，2005），

是资源安全、经济发展的考察重点（巴忠倓等，2003）。我国矿产资源储备分成四类：①矿产资源探明储量的储备，即只探不采；②形成生产能力后的矿山产能储备；③矿产品储备；④矿产品加工产品——原材料的储备。

矿产资源储备按照分类标准不同，可分为：国家储备与民间储备（按主体）；战略储备、经济储备与商业储备（按目的）；矿产地储备与矿产品储备（按形式）。矿产地储备按照分类标准不同，可分为规划与矿权回购（按手段）；优质矿产地与非优质矿产地储备（按赋存）；大型、中型、小型矿产地储备（按规模）；储量储备与远景资源（按勘查程度）。各种储备形式需要合理搭配。矿产地储备是后备矿产资源开发基地的一部分，后备开发基地是指经过地质勘查划定蕴藏有或可能蕴藏有矿产资源的地区，包括开发和储备两部分（薛亚洲等，2010）。

矿产地储备成本低，便于管理，储备安全；通过增储、轮换和梯次动用等方式，规模调节幅度宽；具有威慑作用；提高开发利用效益，减少资源浪费，保护环境；保障时效长，均衡资源和收益的时空分配，实现可持续发展；对短期的供应中断和价格变化的反应能力弱（薛亚洲等，2010）。因此，矿产地储备具有以下功能：资源持续供应，收益代际分享，时空均衡配置；与“银根”、“地根”一样可以作为宏观调控的手段，促进产业结构调整和增长方式转变；减少浪费，保护环境，提高资源开发利用效益；应对重大事件，增强话语权。短处主要是缓解资源约束，优势主要是把资源优势转换为经济优势；保障国家安全和经济中长期可持续、协调发展（薛亚洲等，2010）。

对于矿产资源储备量的预测，学者认为应考虑以下五个因素：综合国力——储备的基础条件；资源特点——储备的先决条件；国家发展战略——储备的运行条件；科技发展水平和市场形势——储备的技术经济条件；国际政治和经济环境——储备的外在条件（薛亚洲等，2010）。也有学者认为，应考虑四个因素，即储备规模的国际惯例、石油供给中断风险大小、进口石油的运输结构和国家经济实力。另有一些学者建议，中国应分步实施建立适合自身发展的矿产资源战略储备体系，其中作为基础的专项储备的合理确定应先行；利用战略性矿产资源的现实可供量与趋势可供量之间的变化关系，可较好地用于资源专项储备的确定；根据国家的实际情况，可分别采用不同的储备方案。

对于矿产资源储备管理机制及体系的建立，学者提出：①矿产资源储备管理应包括储备形式、储备运作和储备资金管理三个部分（张意翔，2011）。②建立矿产资源储备库管理信息系统，可解决不同类型矿产地的数据保存问题，实现矿区的说明文档、图件及其他相关信息的规范、统一的绑定管理（孙智宏，2010）。③构建静态局部均衡模型，考察最优战略石油储备规模，并根据中国的具体数据进行了数值模拟和敏感性分析。④从国家石油储备制度的功能定位、主体与机构、资金来源、种类与规模、储备方式等方面考虑建立石油储备法律制度（熊华丹等，2010）。另外，借鉴欧盟石油储备体系改革的经验，我国应采用与IEA（国际能源机构）一致的储备义务，加强政府对石油储备的控制能力，强化监督与统计报告制度，提高政府全局组织协调能力等。

薛亚洲等（2010）从矿产地战略储备的矿种和规模、布局、管理体制和运行机制、资金及运作等方面进行了系统研究，利用 AHP 法对国内 30 种重要资源展开定量分析，确定了首批开展矿产地战略储备的矿种，建立了三种储备规模数学模型。将影响储备的复杂因素，如国际收支及外汇储备、利率、通货膨胀、政治局势、供求关系、经济周期、政府政策、社会医素等，抽象成储备指数，作为矿产地储备规模和布局动态调整的依据；分阶段设计了国内矿产地储备进行布局，建立了布局的调整机制。建立了核算补偿的三个数学模垦，提出了开展矿产地储备的补偿机制和矿产地战略储备管理暂行办法及试点方案。

3. 资源环境承载力

### 1）资源环境承载力评价

李岩（2010）采用主成分分析法确定了反映资源与环境综合承载力的 10 项主要统计指标：土地面积、人口密度、地区生产总值、单位 GDP 能耗、播种面积、客运量、货物周转量、废水排放总量、工业废气排放总量和工业固体废物产生量。

董文等（2011）认为，对省级主体功能区划中资源环境承载力的评价指标体系应当包括空气、水、土地、能源和生态五类要素。

王志伟等（2010）提出的状态空间模型包括资源、环境和社会经济，用于开发区的资源环境承载力的评价，并据此研究发现，青岛经济技术开发区当前的资源环境承载力情况略微超载。

### 2）区域资源环境承载力

赵鑫霈（2011）对长江三角洲城市群核心区域的资源环境承载力评价发现，上海市的资源环境承载力状况最好，其次是南京市和苏州、杭州等地。建议建立统一的资源环境承载力预警系统、优化空间资源配置、提供全民环保意识等。

陈修谦（2011）对中部六省的资源环境承载力动态评价比较后发现：江西省得分最高，主要得益于资源使用效率和环境治理水平；山西省排名最末，湖北省、安徽省和湖南省居中。

吴振良（2010）对环渤海三省两市的资源环境承载力进行定量评价研究发现：①区域资源环境承载力禀赋存在结构性及功能性不均；②区域资源环境开发和污染强度受经济结构影响明显；③水资源短缺成为区域发展的瓶颈；④北京市、山东省资源环境承载力禀赋与发展保障度不协调；⑤老工业基地资源环境潜力巨大；⑥天津市的资源环境禀赋在环渤海五省（直辖市）中最差；⑦河北省和辽宁省资源环境的经济消耗率有待降低。

毕明（2011）通过主成分分析法对京津冀城市群（10 个城市）的研究表明，10 个城市资源环境承载力相差悬殊，人口与社会经济发展压力却没有相差太多。

刘玉娟等（2010）对四川省汶川地震灾区灾后的资源环境承载能力进行评价研究，结果表明总体上雅安市的资源环境能够满足其震后人口的小康社会建设需求。张娥等

(2010) 对地震灾区四川省汶川县的资源环境承载力进行分析后发现，汶川县水资源丰富，能满足灾后重建及未来经济的发展需要，但土地资源、粮食产量和社会经济资源将成为汶川县未来发展的瓶颈问题。

韩博（2010）开展了县域资源环境承载力评价研究，确定了单因素承载力评价的土地适宜性、生态系统重要性和脆弱性评价结果的分级标准。将评价结果直接落实到县域内各乡镇。吴珠（2011）通过构建状态空间模型，对长株潭城市群内不同区域（县、市）的资源环境承载力进行评价研究，发现各区（县）的承载力出现超载趋势。

邓伟（2010）发现，山区资源环境承载力具有“国家性”、“少数民族文化”和空间分异的特征。

### 3）城市资源环境承载力

白宏涛等（2010）认为，要建设生态型新城区，必须严格保证城区生态系统的完整性，对土地资源进行合理统筹规划，提高土地利用效率，在此基础上进行土地资源的优化配置和产业布局的优化调整。刘晓丽（2010）认为，生态城市规划具体指标的选择应与国家已颁布的这些城市的评价指标相衔接，选取能反映城市资源环境承载力情况、经济发展水平等的指标。

邬彬（2010）采用主成分分析方法对广东省深圳市资源环境承载力进行了综合评价，结果表明，深圳市社会经济发展状况对区域环境承载力的支持强度处于下降趋势，尤其在 2003 年后情况更为严重，原因主要是城市急剧扩张，人口与经济高速增长，资源快速消耗，环境容量先天不足，环境基础设施建设滞后于经济社会发展等。郭万达等（2010）的专题调研报告《关于深圳市资源环境承载力问题》，对深圳市构建了基于资源环境承载力的科学决策机制、平衡补偿机制和信用机制；建立了风险评估制度、指数检测体系、年度报告、绿色 GDP 财务核算与审计制度等。

类淑霞等（2010）的研究结果表明，山西省大同市煤炭的开采导致资源环境承载力值不断下降，对生态系统造成了破坏，不利于区域可持续发展。刘向东（2010）分析了山西省的资源环境承载力，从全省范围整体平衡二氧化硫和总悬浮颗粒物允许的环境承载力来看，仍有 25 万吨和 69 万吨的承载空间；从全省主要河流水环境承载水平的整体情况分析，化学需氧量已超载 8.1 万吨、氨氮超载 1.3 万吨。顾晨洁等（2010）将资源环境承载力评价、情景分析、强度因子估算、资源环境压力评价和 HSY 算法集成为一个完整的定量研究方法框架，以河南省平宝叶鲁地区为例，得出其主导产业为煤炭开采和选洗业，在土地资源约束下，2015 年产业适宜规模为 397 亿～ 458 亿元。

陶柯妃（2010）对目前已经审批通过的云南省昆明市“城中村”进行分析发现，城市洁净水资源可支撑已审批通过的“城中村”改造计划，但无法支撑全部改造；中水由于进入城市污水管网，水环境将得到改善；“城中村”改造后，车辆增加将给大气环境承载力造成影响；绿地总面积增加，但人均绿地面积减少，生态环境进一步恶化。

陈明曦等（2011）采用 AHP 法计算得出，由于矿产资源进行了开采分区规划、开发利用方向调控、重视矿山生态环境保护与恢复治理，四川省甘孜藏族自治州矿产开发近期和远期规划（2020 年）对资源环境承载力的改变在可接受范围内。

#### 4）资源环境承载力行业应用

王彤等（2010）基于水资源环境承载力对辽宁省铁岭市的工业结构调整进行研究，高污染行业得到控制，初步形成机械制造、食品加工、建材、能源四大主导产业。谢元博（2010）对 2015 年辽宁省阜新市发展模式进行对比预测发现，阜新市在发展循环经济基础上深化绿色转型，可实现承载力富余，这为中国其他众多转型城市相关研究提供了参考。董延涌（2011）提出，只有通过不断提升经济发展的质量和不断提升资源环境承载力，才能实现辽宁省沿海经济带可持续发展。

时进钢等（2010）基于资源环境承载力，通过规划产品结构优化，可以增加区域的经济效益，同时减小区域资源消耗、污染物排放水平。

谭映宇（2010）建立了海洋资源、生态和环境承载力系统动力学模型，对渤海湾区域 2008 ~ 2020 年的承载状态进行模拟分析预测发现，按照现状发展方式，该区域在“十三五”期间将从可承载状态进入超载状态，按照优化发展方式则趋于可承载的临界状态。

魏文侠等（2010）提出我国生态、环境、资源承载力及造纸行业发展都存在区域差异。我国 COD（化学需氧量）环境容量胁迫较大区域主要是辽河、海河、淮河、松花江、长江和黄河中下游流域。在造纸行业资源环境承载力分析的基础上，魏文侠等（2011）将遥感技术、地理信息技术相结合，实现资源环境统计、监测和辅助决策。

#### 5）资源环境承载力研究评述

有关资源环境承载力评价指标选取方面，大多围绕资源规模、环境影响因素和经济社会三个方面展开，通过专家打分法、主成分分析法、层次分析法和综合分析法等方法进行评价。

在研究内容方面，区域资源环境承载力、城市资源环境承载力的问题居多。资源环境承载力并不仅仅是一个单纯的数字，运用计量方法得出的资源环境承载力有许多实际用途。例如，资源环境承载力评价是进行主体功能区划分的重要依据。进行主体功能区划后，不同的主体功能区只能从事与自身的资源环境承载能力相适应的经济活动，这就从根本上避免了资源环境的过度开发，有利于促进区域的可持续发展。对优化开发区、重点开发区、限制开发区和禁止开发区实施区别化的区域政策。按照主体功能定位，调整完善区域政策和绩效评价，规范空间开发秩序，形成合理的空间开发结构。

通过对资源环境承载力的评价，进而发现区域承载力的优劣程度。近期的文献资料显示，对于资源环境承载力的应用主要体现在长江三角洲、中部六省、环渤海地区、京津冀地区、西部地区、地震灾区、矿产资源丰富地区及县域等。

在分行业应用方面，多与某一地区的产业相结合进行研究。目前已有的研究有能源产业、煤电化工产业、海洋生态和造纸行业等。通过对资源环境承载力的评价，探讨区域产业适宜的发展模式，进而拉动当地的经济，实现循环经济、可持续发展。以资源环境承载力为依据，合理调整产业结构和生产力布局，科学制定社会经济发展目标，协调人类发展与环境保护的关系。

但是，目前关于资源环境承载力的研究仍然存在不足，集中表现为缺乏能够同时描述环境承载力客观性、区域性及动态性的科学、系统的指标体系和综合评价模型。另外，在资源环境承载力的基础上进行区域、城市及行业的应用方面仍有待于进一步扩大研究范围和升华研究深度。

## 【3】 地质勘查经济与地质勘查工作管理

### 1. 地质找矿新机制

随着我国经济社会的快速发展，矿产资源需求迅猛增加，资源瓶颈日益显现。国际市场寡头垄断，海外资源成本飙升，立足国内提高矿产资源保障程度，已成为迫在眉睫的战略任务（李伟锋等，2010）。正是在这种严峻形势下，2009 年，由国土资源部倡导开展了“地质找矿改革发展大讨论”，全面梳理了当前制约我国地质找矿工作的种种弊端。

当前地质找矿改革面临的主要问题是：勘查体制制约地质找矿改革的深入；地质勘查机制不合理、不完善；投入机制不顺畅；准入门槛不够细化；找矿奖励机制缺乏可操作性；政策落实不到位。在讨论问题的基础上，找出了制约地质找矿突破的八个主要问题：①体制不顺，机制不活，改革滞后；②探矿权“招拍挂”出让方式与地质找矿风险大的规律不相适应；③国家对基础性地质工作的投入相对不足；④部分地方政府热衷于对矿产资源的掌控甚至直接经营；⑤缺少与境外矿产勘查相应的鼓励和扶持政策；⑥野外一线技术人才流失严重，技术装备落后，地质成果质量差；⑦相当部分技术规程规范已不能适应当前地质勘查的综合技术水平；⑧政府在矿产资源勘查与开发管理方面的越位和缺位现象突出（朱耀琪，2010）。

为此，《国土资源部关于构建地质找矿新机制的若干意见（国土资发〔2010〕59 号）》对地质找矿新机制的基本内容和总体部署作了全面阐述，即“建立中央和地方政府及企业联动，公益性地质工作、地质勘查基金与商业性矿产勘查有机衔接，地质找矿与矿产开发紧密结合，地质找矿与矿业管理及地勘单位改革发展协调配合的地质找矿新机制。”地质找矿机制改革的总体思路为：“公益先行，基金衔接，商业跟进，整装勘查，快速突破”。

经过“地质找矿改革发展大讨论”，总结了地质找矿改革的三个核心经验：①遵循社会主义市场经济规律，合理调整各种利益关系，共担风险，共享收益。②遵循地质工作规律，坚持“公益先行、商业跟进”，通过合理配置矿业权使资本与技术有机结合。

③解放思想、打破常规，持续推进改革开放，联合搭建地质找矿大平台（李伟锋等，2010）。新模式之一是“泥河模式”，其内涵是“政府指导，四方联动，公商结合，整装勘查，探采一体，企业运作”（吴玉龙等，2010）。新模式之二是“嵩县模式”，其具体做法是：把相邻而分散的探矿权加以整合；整合后的探矿权与勘查资本结合；勘查资本与勘查技术劳务结合；矿产勘查转入矿产资源开发。

**2. 地勘单位改革**

关于地勘单位的改革方向的主要观点有：①地勘单位企业化方向就是建立“地勘企业”，实行事业企业分开（罗小南等，2010；袁怀雨等，2010）；②对地勘单位进行企业化改革要分类进行；③地勘单位改革不是全面企业化，要循序渐进，发挥政府职能，创造良好的外部环境；④创设找矿权可以引导基础地质成果进入市场，实现地勘投资多元化，推动地勘单位生产经营方式转化。

科学合理的地质工作体制机制，是实现地质工作健康发展的重要保障。影响地勘单位发展的主要因素包括体制、机制、分配、离退休职工、项目竞争和财政项目潜规则等。因此，需要构建“和谐地勘”的管理体制机制。目前，地勘单位外力推动强劲，内生动力不足。要进行地勘单位机制改革，科学合理地制定地勘单位企业化经营模式；盘活存量资产，解决资本金瓶颈问题；做好传统产业，开辟新的发展领域；完善地勘单位企业化经营的外部环境。

**3. 地勘队伍建设**

对地勘队伍调研发现，近五成地质科技工作者平均月收入在 2000 元以下，30% 的家庭住房面积仍在 50 平方米以下，地质科技工作者各项保险的参保率不足 30%，65% 以上的地质科技工作者对生活基础保障不满意，近四成地质科技工作者表示难以安心本职工作。调查显示，地质科技工作者在收入、住房、医疗保障等方面存在一系列困难，生活压力较大，直接影响到地质科技工作者队伍的稳定。

对公益性地质队伍的调研发现：①公益性地质队伍规模较小，中央公益型地质调查队伍可以使用的事业编制只有 7773 名，与地勘体制改革当初设定的 2 万人规模差距很大；②“十一五”期间，中央公益性地质调查队伍平均每年投入的基础性、公益性地质调查和战略性矿产勘查人员 5370 人，只占总投入人数的 43.6%，没有真正成为主力军，离中央对公益性地质队伍建设的要求还有较大差距。地质人才一般素质结构包括动力素质、知识素质、能力素质、身心素质和品德素质五个方面，即所谓“5Q”素质结构；地质人才有三个典型而重要的职业岗位类型，即地勘企业经理、地质工程师和地质科学家，其分别对应三种不同的素质结构（曹希绅等，2011）。

研究认为，通过勘查要素市场化、市场招标来优选地勘项目的承担单位，充分利用各方面勘查力量和勘查资金同样能完成公益性地勘任务。省级地方政府完全没有必要单独组建公益性地质队伍。另一种观点认为，将公益性队伍划归国土资源厅（局）管理，将地勘单位人员按自愿原则进行公益性与商业性分流，对地勘局进行更名改制。

地质行业要遵循地质人才成长规律，有针对性地培养研究型、实践型和复合型人才，把建设世界一流地质强国作为长期目标，启动有效的地质人才培养模式，加强学校与科研生产单位联系、以项目为导向带动创新型地质人才的培养。采取定向培养、联合培养、订单式培养、委托培养等培养方式，加强后备专业人才培养基地建设，确保未来行业发展的人才需求。从源头把好人才入口关、提供施展才华机会和富于挑战性的工作，通过岗位交流、情感激励、多形式培训、全方位激励等七种途径，挖掘地勘科技人才潜质。

**4. 境外矿产勘查**

我国境外矿产勘查开发经过10余年的努力和实践，取得一定成效。地勘单位拓展海外市场已经从最初的只承担勘查业务，发展到现在的合作风险勘探、开办独资公司、独立开采矿山等方式。通过“走出去”，不仅培养了人才、锻炼了队伍、积累了经验，而且与合作国家的政府和企业建立了良好的关系，更重要的是，还带来了自身业务收入的逐年增加。然而，与国外地质勘查上市公司相比，我国“走出去”勘查开发国外资源尚处于起步阶段，无论是技术手段还是资金实力都尚处于较低水平。我国在矿产勘查开发“走出去”过程中遇到很多难题。例如，“走出去”的软件、硬件相对缺乏，整体规划和统筹协调不足，有效的融资机制等尚未建立。并且会有种种困难，例如：遭遇国际舆论的围攻；在发达国家的投资受到抵制；在发展中国家的项目遭遇各种风险和困难；国际货币基金组织等也干涉中国境外战略等。

要开展境外矿产勘查，需要构建境外战略联盟共同体，搭建境外矿产资源信息平台，成立境外矿产资源勘查开发的管理机构或建立联席会议制度，加大资金和政策支持，科学定位境外投资的性质，建立灵活多样的运行机制等。从国家层面，积极转变政府策略，由主导变为政策支撑；政府主导推进各方面资源整合；阶段性地对风险勘查项目作全盘清理；健全并完善境外勘查开发投资的配套体系；遵循国际惯例，改善国内投资环境（陈丽萍等，2010）。

总体上，矿产资源紧缺已经成为影响我国经济发展的重要因素，进行地质找矿改革已经成为地质发展的重要战略目标，地质单位改革和地质队伍建设是实现地质改革战略目标的重要途径，实施境外矿产勘查是资源需求的重要补充。

## 【4】 国土资源综合管理

**1. 国土资源管理制度改革**

在国土资源管理制度改革方面，以重点领域和关键环节工作新突破为切入点，积极稳妥地推进“三项改革”：一是有序推进农村土地管理制度改革；二是深化国土资源审批制度改革；三是稳步推进地勘单位改革（张启生，2010）。

深化国土资源管理制度改革包括：明晰土地产权主体，加强土地产权管理；调整土地价格机制，规范土地市场行为；完善土地储备制度及建立城乡统一的土地市场等方面（张益项，2010）。需要按照要求，结合国土资源管理工作的实际，建立健全科学民主决策制度，提高国土资源服务意识和水平，推进“开门决策”、“开门立法”，实现全民参与、全程参与，保证公众对涉及国土资源决策的知情权与参与权，加强重大决策跟踪反馈和责任追究，更好地推动依法民主决策（甘藏春，2011）。

目前，围绕着“管理体制、管理方式、管理创新”，从国土资源部到各省（自治区、直辖市）国土资源厅、市国土资源局，已经将国土资源管理制度改革作为一项重要工作在贯彻落实。首先，业务是根本。国土资源管理制度改革最核心的目标是促进国土资源工作有序、高效进行。因此，不论采取什么样的改革措施和方法，最终的目的还是满足土地、矿产审批交易等业务需求。其次，服务是保障。在服务型政府转型过程中，国土资源系统也需要始终以“服务”促“改革”，加强服务型组织的建设和服务意识的形成，从而推动管理制度改革的有序进行。再次，信息是趋势。在信息化时代，信息工具是提高政府办事效率、降低人为因素干扰、提升业务水平的有效手段，不论从后援保障还是从业务办理都离不开信息化支持。最后，廉政是准则。作为政府公务人员，廉政公平是政府阳光形象的重要准则，在管理制度改革过程中，需要通过相应的制度保障，引进细节管理和项目监督措施，降低各环节的风险，全面增强业务实施过程中的透明和廉政。

作为第二次国土资源管理制度改革的起步期，目前，各省（自治区、直辖市）还没有形成统一的改革标准和细则，还需要建立自上而下和自下而上的双向沟通机制，推动国土资源管理制度改革的有效实施。

**2. 国土资源管理共同责任机制**

国土资源共同责任机制以政府为责任主体。横向上，有关部门明确分工，密切协作，齐抓共管，联管联动；纵向上，各级政府及其国土资源部门分清责任，把握重点，层层监管，层层负责；充分发挥人大、政协、社团、民众参与国土资源监管的积极性，构建起全方位、多层次的国土资源监管网络体系。

关于国土资源管理共同责任机制的内涵，学者和管理工作者基本上都认同各级人民政府是本行政区域的土地管理责任主体，其他部门紧密配合，各司其职，共同管理；关于国土资源管理共同责任实施绩效或现状，认为共同的经验是，政府处于主导地位，精心组织，具备良好的制度和合作机制；关于国土资源管理共同责任机制存在的问题，认为各部门协调不够、机制有待完善、执行有困难是主要方面；关于国土资源管理共同责任机制的途径与方法，普遍认为，领导重视是根本，建立健全监察网络是关键，巡查、打击是手段，保护耕地是目的，部门联动才能出效果。

现有研究成果的特点体现在：①经验总结为主，理论研究偏少。研究主要集中在国土资源管理共同责任机制在地方上的实施效果，文献来源主要是各个地方在国土资源管理共同责任机制的构建方面的一些经验交流和问题探讨。②定性描述为主，定量研究没有。现有研究几乎都是对国土资源管理共同责任机制内涵、意义、存在问题及构建途径的经验提炼与描述，而对国土资源管理共同责任机制的影响因素、绩效评价及其对国民经济的影响等成果缺乏，特别是相关定量研究几乎没有。③理论未成体系，还处于摸索阶段。国土资源管理共同责任机制还处于一个概念和摸索阶段，主要的材料局限在各地国土资源管理共同责任机制建设的经验总结，缺乏系统研究，更无理论体系。

**3. 国土资源战略与相关规划**

从可持续发展的角度出发，由国土资源部、中国工程院、中国科学院、国务院发展研究中心等部门共同完成的《国家可持续发展国土资源战略研究报告（2010）》研究表明，保障资源供应、推进资源保护和节约集约利用、优化国土空间战略布局、推进科技创新、发展战略性新兴资源产业、加强三维综合调查等战略任务，是当前我国资源管理迫切需要解决的重大问题。国土资源管理要树立新型资源观和资源管理观，完善资源法制体系、深化资源产权改革，构建保障和促进科学发展的国土资源管理新机制，建立供需双向调节和差别化的资源政策体系等，以实现国土资源的可持续发展。

国土资源规划的主要制度设计包括：一是建立系统化的规划体系，明确国土资源规划地位，将规划目标设定、区域性规划和具体项目开发计划系统地组合在一起；二是健全和完善国土资源参与宏观调控的手段，建立有效的国土资源管理“闸门”，完善与不同行政部门之间的沟通、交流、协调机制；三是国土资源的保护要通过规划明确重大保护性工程和整治性工程，实现主动保护，重大工程的实施必须首先建立起适合市场经济的投融资机制；四是设立国土资源规划的裁量责任机制，建立责任体系，明确责任主体和内容，建立责任监管渠道和方式，明确违反责任的后果追究机制；五是建立国土资源的调查统计和监测机制，建立统一的国土资源调查统计系统，对国土资源调查和监测数据实行信息化管理，实现信息的实时监控和信息共享，提高信息的社会化服务水平；六是在规划编制、审批和实施中建立公众参与机制，由国土资源行政主管部门根据城市土地储备基金的规模，会同发展改革、建设、规划、财政等部门拟定年度土地收储和供应计划，设立土地征收储备机构，土地供应由国土资源行政主管部门代表政府实施，建立严格的土地储备基金使用和收益分配监管制度（王峰，2010）。

自然资源主要包括土地资源、气候资源、水资源、生物资源、矿产资源五大类。从不同类别看，目前，国内学者对土地资源规划研究较为深入；其次是水资源规划；相比之下，矿产资源规划和海洋资源规划研究较少；而对气候资源规划和生物资源规划的研究则几乎处于空白。

**4. 国土资源统一监管平台建设**

“一张图”综合监管平台是指按照《国土资源部关于加强建设用地动态监督管理的通知》（国土资发〔2008〕192号）的要求，建立“一张图”国土资源核心数据库，在全面、快速和准确掌握土地资源数量、质量、结构和空间布局的基础上，结合国土资源管理各项业务信息，将遥感影像和监测信息进行集成，系统管理，准确记录资源开发利用生命周期中各个阶段的信息，在此基础上实施“批、供、用、补、查”的全面监管，推进资源监管方式的改革，提高国土资源监管的质量和效率。

在国土资源信息化高度增长的同时也存在一些问题。首先，国土资源空间数据利用情况并不是很好，主要原因有两点：一是各地的数据现势性不强，很难满足国土资源管理业务的应用需要；二是国土资源空间数据共享程度不高，数据管理分散，数据格式及存储方式不一致，导致综合利用困难。其次，在信息系统的建设方面，政务过程和业务处理没有实现有效融合。一种是比较重视政务应用，而在政务系统中业务处理的功能不强，不能很好地完成业务信息的数字化和持续更新；另一种是只注重业务系统建设，业务系统之间相对孤立，信息集成度不高（张爱明，2010）。

# 专题三 2011年国土资源领域热点、难点问题调查

研究

为进一步把握国土资源领域热点、难点问题，有效回应社会舆论关注和提升国土资源管理应对能力及服务水平，我们结合各类政府文件、政策法规和媒体新闻等信息资料，初选出2011年度国土资源领域15项热点、难点问题。在此基础上，采用各类网络平台进行调查统计，评出本年度国土资源领域十大热点问题，并对各热点问题及其他重点难点问题进行了分析评论，提出相应的对策建议，以期能够有针对性地为国土资源管理工作提供第一手材料。

## 【1】 当前国土资源领域热点问题调查

**1. 研究方法**

结合各类信息资料，初步筛选出国土资源领域15项热点、难点问题，分别是土地调控房地产、中央领导讲话（国土资源）、资源税改革、稀土调控、地质灾害防治、重庆“地票”制度、境外勘查（“走出去”）、“高尔夫”用地、资源节约优先战略、违法圈地（香河案）、找矿突破战略行动、管理体制（“何耘韬”难题）、“两整治一改革”、矿业权有形市场建设、地勘单位分类改革。

以百度、谷歌和雅虎三大搜索引擎为平台，通过搜索频度对各热点问题的“媒体曝光度”进行调查统计；以天涯论坛和百度知道为平台，通过首帖点击率对各热点问题的“公众参与度”进行调查统计。通过对调查数据的无量纲化处理，得出各热点问题的“媒体曝光度”和“公众参与度”排名，并在此基础上得出国土资源领域十大热点问题综合关注度排行榜。

**2. 调查结果**

经过综合测算，按照社会关注程度高低将国土资源领域热点问题综合关注度、媒体曝光度和公众参与度排序如下。

其中，综合关注度位居前十位的分别是土地调控房地产（4.13）、重庆“地票”制度（1.68）、中央领导讲话（国土资源）（1.39）、资源税改革（0.64）、境外勘查（“走出

| 国土资源领域热点问题综合关注度、媒体曝光度和公众参与度排名前十位 | | | | | |
|---|---|---|---|---|---|
| 综合关注度 | | 媒体曝光度 | | 公众参与度 | |
| 排名 | 综合关注度 | 排名 | 搜索频度 | 排名 | 首帖点击率 |
| 1 | 土地调控房地产 | 1 | 土地调控房地产 | 1 | 土地调控房地产 |
| 2 | 重庆“地票”制度 | 2 | 中央领导讲话（国土资源） | 2 | 重庆“地票”制度 |
| 3 | 中央领导讲话（国土资源） | 3 | 资源税改革 | 3 | 境外勘查（“走出去”） |
| 4 | 资源税改革 | 4 | 稀土调控 | 4 | 中央领导讲话（国土资源） |
| 5 | 境外勘查（“走出去”） | 5 | 地质灾害防治 | 5 | “高尔夫”用地 |
| 6 | 稀土调控 | 6 | 重庆“地票”制度 | 6 | 地质灾害防治 |
| 7 | 地质灾害防治 | 7 | 境外勘查（“走出去”） | 7 | 资源节约优先战略 |
| 8 | “高尔夫”用地 | 8 | “高尔夫”用地 | 8 | 资源税改革 |
| 9 | 资源节约优先战略 | 9 | 资源节约优先战略 | 9 | 稀土调控 |
| 10 | 违法圈地（香河案） | 10 | 违法圈地（香河案） | 10 | 违法圈地（香河案） |

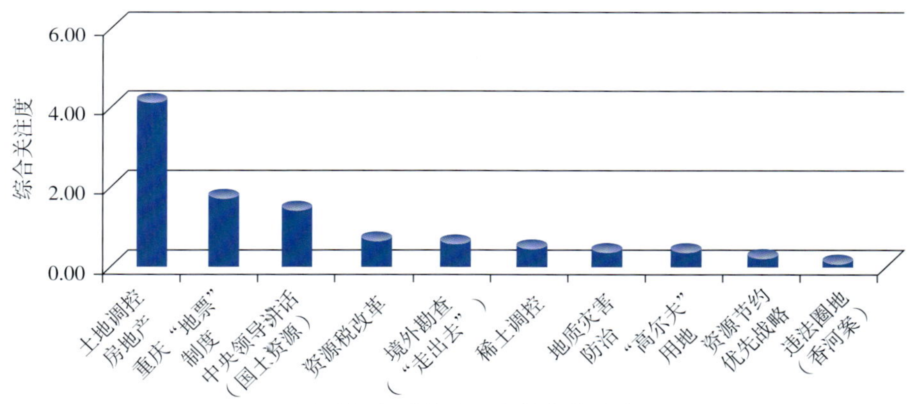


国土资源领域热点问题综合关注度

去”）（0.60）、稀土调控（0.45）、地质灾害防治（0.40）、“高尔夫”用地（0.39）、资源节约优先战略（0.23）、违法圈地（香河案）（0.10）。媒体曝光度排名前三位分别是土地调控房地产、中央领导讲话（国土资源）、资源税改革；公众参与度排名前三位分别是土地调控房地产、重庆“地票”制度、境外勘查（“走出去”）。“土地调控房地产”无论综合评分还是单项评分都高居第一。

## 【2】 国土资源领域热点、难点问题分析

### 1. 土地与房价的关系仍是当前民众最为关注的热点问题

通过调查统计，在搜索频度、首帖点击率和综合关注度各指标方面，关于土地与房价的分值遥遥领先于其他热点问题，说明当前房价问题仍然是百姓最关心的问题之

一。土地供应与调控问题因与房地产价格有着密切的联系，从而获得较高的媒体曝光度和首帖点击率。

从当前实际情况来看，一方面，在房地产调控政策的累积作用下，一线城市销售低迷，随着二线、三线城市限购政策的推进，全国商品房销售量持续下滑。在国家对房地产进行宏观调控的影响下，土地市场也进入寒冬，很多炙手可热的土地出现无人竞价或者竞价低于底价的现象，导致大量的土地流标。另一方面，为落实保障性住房用地政策，国土资源部先后就加强土地供应调控、切实落实保障性安居工程用地等作出部署，要求各地加大土地供应结构调整力度，做好保障性安居工程建设用地供应管理，对列入年度供地计划的保障性住房用地要应保尽保。

房价问题始终是关系民生的首要话题，今后关于地价、房价及土地供应与调控等问题的讨论仍将在国土资源相关信息中占据较大比重，相应地，土地管理应当时刻跟踪相关信息，有针对性地出台相关政策。

**2010年中国十大热点问题**

| 类型 | 2010年经济十大热词（中国社会科学院） | 2010年中国时政十大热点（中国文明网） | 2011年十大热点前瞻（凤凰网） | 2011年社会问题十大关键词（幸福与财富网） |
|---|---|---|---|---|
| 1 | 经济总量超日本 | 盛会 | 共产党90华诞 | 通胀 |
| 2 | CPI升至5.1% | 救灾 | “十二五”规划 | “十二五” |
| 3 | 货币政策调整 | 党建 | 四级党委集中换届 | 换届 |
| 4 | 人民币“汇改” | 转变 | 稳定物价 | 信仰 |
| 5 | 外贸恢复元气 | 人才 | 胡锦涛访美 | 分配 |
| 6 | 楼市调控日严 | 增收 | 航天交汇对接 | 安全感 |
| 7 | 粮食大丰收 | 楼市 | 纪念辛亥革命百年 | 风险 |
| 8 | 高铁“更快更长” | 物价 | 反腐 | 网购 |
| 9 | 车多引发治堵 | 医改 | 医改 | 国考 |
| 10 | 上海世博会 | 教改 | 教改试点 | 教育改革 |

**2. 中央领导讲话凸显国土资源工作受到空前重视**

中共中央政治局第三十一次集体学习、国务院第164次常务会议、国务院总理温家宝视察国土资源部这一系列会议和活动中，党和国家领导人对国土资源工作发表了密集讲话。在搜索频度和综合关注度两项指标中，中央领导关于国土资源的讲话这一热点的得分值都位居前三，说明耕地保护、资源节约等问题与民生关联越来越密切，也越来越受到国家和舆论关注。

土地资源是民生之本、矿产资源是发展之基，国土资源的稀缺性决定了国土资源管理工作在国家经济社会发展中的重要地位和作用，中央领导讲话表明了对国土资源工作的肯定和重视。目前，部分地方存在不关注节约集约用地、用地粗放浪费甚至违法违规用地的现象。而现实是，我们实现可持续发展面临着巨大的土地资源压力，过度消耗和粗放利用土地资源的发展方式已经难以为继。这些现实对国土资源工作提出了新的更高要求，因此，中央领导讲话指出了今后国土资源工作的方向、方法和目标，是推进国土资源工作的重大机遇。

**3. 重庆市“地票”制度获得广泛关注和认可**

重庆市“地票”创新是农村土地管理改革的一次重要尝试，在综合关注度和公众参与度方面都仅次于“土地调控”问题排在第二位。

“地票”交易制度是“先造地后用地”，农村闲置土地资源依法有序退出，先把农村建设用地转化成耕地之后，才在城市新增建设用地，对耕地的保护力度更大、保护效果更好。“地票”模式在解决城市建设用地紧张矛盾的同时，也降低了拆迁成本，减少了拆迁矛盾。“地票”模式实现了在远郊区县偏远地区进行拆迁安置，在近郊区县用地。在远郊偏远地区，农户对集体建设用地的增值收益预期不高，降低了拆迁难度。总体来看，“地票”交易制度创新可以有效缓解当前城镇化和工业化加速期城市建设用地紧张的矛盾，而保持城乡建设用地总量不增加、耕地总量不减少。

**4. “地质灾害防治”受关注度下降**

尽管2011年国家出台了《国务院关于加强地质灾害防治工作的决定》(国发〔2011〕20号)，但与往年的调查统计相比，地质灾害防治的综合关注度排名仍明显下滑。分析原因，这与2011年自然灾害总体规模和数量减少有很大关系。地质灾害防治资金投入有明显增长，开展抗旱找水打井等民生工程，加大被淹耕地排涝力度，这一系列措施对防治地质灾害起到了重要作用。

由于前几年我国自然灾害发生频率较高，规模和破坏性极大，给我国社会经济发展和百姓生产、生活造成了巨大的损失，引起了舆论的广泛关注，为进一步加强地质灾害防治工作，国家出台了《国务院关于加强地质灾害防治工作的决定》(国发〔2011〕20号)。这是继2006年国务院出台《关于加强地质工作的决定》(国发〔2006〕4号)之后，专门针对地质灾害防治工作出台的国土资源领域又一纲领性文件。该决定以保护人民群众生命财产安全为根本，体现了综合生态系统管理的理念，说明国家越来越重视将“以人为本”的理念贯穿于国家管理的各个环节。

**5. 更加重视资源安全和资源节约**

资源税改革、资源节约优先战略、稀土调控和境外勘查都列入国土资源领域十大热点问题，集中反映了无论是政府、媒体还是公众都对资源节约和资源安全问题高度重视和关注。这其中既有我国本身的资源禀赋条件和资源利用现状的原因，也有国际舆论对我国资源政策（如稀土总量控制政策）产生外部影响的原因。资源税改革保障国家所有权益，资源节约优先促进资源高效利用，稀土调控保障国家资源利益，境外勘查维护国家资源安全，这些问题都与国家利益、社会发展和百姓生活息息相关，因此产生了较高的搜索频度，相关文章也获得了较高的点击率。

**舆论热议“何耘韬案”**

- 5 月 20 日，光明网“光明观察”发表评论《出现“替罪羊”是法治之痛》，指出“何耘韬案并非个案”。
- 红网的评论认为，“何耘韬案”的深层次原因是地方政府急于招商，从而不惜慷公共资源之慨，舍公共财政之利。
- 网友评论认为，“何耘韬案”的问题症结是领导的权力过大，缺乏约束，使基层工作陷入“不办不行，办了又违法”的两难境地。
- 6 月 14 日，《中国国土资源报》发表评论《两名基层国土员对何耘韬案的思考》指出，体制不顺、机制不畅，部分政府领导“拍脑袋决策”、遇事“拍屁股走人”的现状，让我们这些在执法监察巡查路上来回奔波的人有种找不到“点”的感觉。

**6. 典型热点案例曝露深层次体制问题**

在今年的媒体报道中，一些热点问题引人沉思。“何耘韬”难题凸显了当下国土资源垂直管理与属地管理的体制冲突；“高尔夫”球场屡禁不绝，一些地方在上项目时可以规避审查获得审批；河北香河“圈地”案，地方政府被牵涉其中。这些问题归根到底有两个方面的原因。一是目前的垂直体制不彻底，导致基层国土资源部门事实上身处地方政府与上级国土资源行政管理部门的双重管理中；另一方面，共同责任机制尚未建立起来，在“保资源”与“保发展”的选择中，地方往往优先考虑“保发展”。

此外，找矿突破战略行动、矿业权有形市场建设、地勘单位分类改革等问题虽然民众关注度不高，却是国土资源领域的重点或难点工作。“找矿突破战略行动”时间表已经明确，在规定时间内实现地质找矿新突破，时间紧、任务重。矿业权有形市场建设方面，一些地方已建的矿业权有形市场存在体制不顺、规则不一，推进矿业权有形市场建设的任务艰巨。地勘单位改革中，属地化的地勘单位行业归口于国土资源，国土资源部门又不便直接干预地方事业单位改革，使改革面临着不小的挑战。

## 【3】 加强国土资源工作的对策建议

结合对国土资源热点、难点问题的调查统计及分析，我们认为应加强以下七个方面的工作：

**深入落实中央领导讲话精神，推进资源管理责任共担。**中央领导提出，国土资源问题重大、复杂、紧迫，是根本性、全局性、战略性问题。从中央领导对国土资源的定位和作用、工作方针、工作机制、工作要求、面临挑战等方面的要求看，都表明国土资源管理工作正处于里程碑式的关节点上。因此，要把贯彻中央领导同志重要讲话精神与国土管理工作改革发展实际结合起来，瞄准重点领域和关键环节难题，找准推进工作的有效方法和抓落实的具体措施。继续致力于构建国土资源管理共同责任机制，通过构建“政府主导、国土搭台、部门联动”的共同责任机制，把国土资源管理责任落实到地方党委、政府一把手，落实到政府各职能部门负责人，落实到市、县、乡、村，细化责任，追究到人，不断推动国土资源“一家管大家用”向“大家管大家用”转变。

**加快国土资源管理体制改革，破解“何耘韬”难题。**我国现行的国土资源管理体制自2003年开始改革以来，已经过了8年的历程。期间，国土资源管理工作面临的形势不断发生着新的变化，国土资源管理工作承担的历史使命也面临着新的转变。因此，现行的国土资源管理体制对当前经济形势发展需求的适应度需要我们重新考量，对现行的省级以下国土资源管理体制改革进行评估，研究探索如何采取有效的措施和办法，进一步理顺国土资源管理体制，为提高国土资源管理水平、推进经济建设提供体制保障。

**落实节约优先战略，推进矿产资源节约与综合利用和土地节约集约。**《中华人民共和国国民经济和社会发展第十二个五年规划纲要》将“加强资源节约与管理”作为“加快建设资源节约型、环境友好型社会，提高生态文明”的重要手段之一，作为落实资源优先战略的重要抓手。2011年胡锦涛总书记和温家宝总理有关国土资源的重要讲话均将资源节约提高到非常明显、非常重要的位置。因此，加快实施《矿产资源节约与综合利用“十二五”规划》是贯彻落实国家“十二五”规划与胡锦涛总书记和温家宝总理有关国土资源的重要讲话的重要举措。提高建设用地的利用强度，加强监督管理力度，严格限制用地企业调低建设规划指标。推进节地技术相关工作，力争尽早出台节地技术规范标准，作为指导各领域土地利用的指导性文件。

**管好农村集体土地，让农民分享土地增值收益。**河北省香河“圈地”案，确实起到了深刻的警示作用：中国房地产市场要想健康发展，地方政府自身应当具有权威性和一致性，唯有如此，其他市场基础条件才可能健康发展。

香河“圈地案”也给三四线城市的房地产市场敲响了警钟。这除了警示要三四线城市房地产市场逐步走向透明和正规，更要保护农民利益，让农民分享土地增值溢价的利益。同时，必须进一步规范好土地市场制度，让企业和个人不至于因为政府自身的违规行为受到重大的损失。

**加强重点城市土地资本市场监测监管，提高反应能力。**房地产行业是国内从上到下普遍关心的热点问题。在中央政府加大宏观调控措施和执行力度的压力下，对银行信贷资本依赖程度较高的房地产企业将面临越来越大的资金压力。在这种情况下，尤其要注重对房地产融资的监管，从各个方面提高土地市场监测监管的水平和能力，尤其是加强对重点城市、重点区域的土地供应和地价监测。

当前要严格地产项目信贷管理，确保银行掌握信息的充分性、及时性和可靠性。应定期对供地总量、结构、价格、变化趋势进行监测，建立房地产市场风险预警机制，提高对敏感区域、敏感问题的反应能力。应进一步加强与中国银监会、中国证监会的协同合作，在房地产资本市场监管的具体职责分工上，国土资源部要做好对中国证监会送审的企业用地的合规性予以审核，涉及事项主要是针对企业是否存在违法取得土地、土地闲置、拖欠地价款、违规调整土地用途或规划条件等问题予以核查，并据此出具是否支持融资的意见。

**完善找矿突破战略行动工作机制，协调不同主体间利益分配关系。**合理组织找矿突破战略行动组织架构，明确相关实施主体的目标、利益、职责及相互关系等；按照找矿突破战略行动方案的总体布局和目标任务，研究设定科学的工作机制，促进各种工作程序、规则的有机联系和高效运转，不断推进找矿突破战略行动深入实践。

不断跟踪了解地质找矿战略行动运行情况，分析中央、地方、企业、勘查单位和科研院校在地质找矿战略行动中的目标定位、职责和经济利益关系，研究地质找矿战略行动中各主体之间的利益冲突、利益协调方式和利益协调内容；从利益引导、利益约束、利益调节和利益补偿等方面，建立地质找矿战略行动中相关者利益协调和激励机制，调动各主体的积极性。

**与事业单位改革衔接，推动地质勘查单位改革与发展。**党中央、国务院关于事业单位改革的思路已经明确，地质勘查单位必须加快改革的步伐，与国家事业单位分类改革作好衔接，将地质勘查单位原有行政审批、公共服务职能剥离，做好经营性地质勘查单位改制工作，有条件的省（自治区、直辖市）对事业部分的地质勘查队伍进行重组，实现局与局的合并，鼓励改制后的地质勘查单位联合或参与大型企业集团的重组，对地质勘查行业勘查力量进行整合，进一步提高其专业资质与技术实力，杜绝行业无序竞争，促进地质勘查行业健康发展。

当前全国事业单位的体制改革还没有全面展开，地质勘查单位改革总体步伐较为缓慢，部分省（自治区、直辖市）先行先试，积极探索。地质勘查行业主管部门要跟踪地质勘查单位改革进展实践，不断了解情况，深入总结改革中存在的困难与问题，避免其他省份在改革中重走弯路，指导地质勘查行业健康发展。

# 专题四　2011年国土资源管理重大改革述评

改革开放30余年来的经验已经证明，很多重大制度改革成果来自基层的大胆探索、先行先试，如广东省深圳市土地拍卖的第一槌，拉开了土地有偿使用的序幕。近年来，国土资源领域来自基层的改革探索经验也非常多，比如四川省成都市的城乡统筹、重庆市的“地票”制度、广东省的“三旧”改造、稀土区域联动监管、矿业权设置等，都为推动国土资源改革不断向纵深发展提供了鲜活经验。

## 【1】 统筹城乡土地管理制度改革

### 1. 成都样本：轰轰烈烈的“还权赋能”试验

#### 1）主要经验及成效

成都市作为全国统筹城乡综合配套改革试验区，深入实施城乡统筹、“四位一体”科学发展总体战略，积极探索适应城乡经济社会一体化发展的土地管理新体制机制，其突出做法和经验是：

**以确权为基础，推进农村土地产权制度改革。**成都市结合第二次全国土地调查，以明晰产权为目的，坚持制度先行、村民自治、总量控制和规范操作的原则，基本完成农村集体土地确权登记颁证工作。截至2010年底，成都市共颁发集体土地所有证3.38万本、集体土地使用证（宅基地）165.79万本，除存在权属争议等允许暂缓确权的类型外，实现了“应确尽确”。目前，成都市集体土地所有权、宅基地使用权确权登记颁证工作已基本完成，城乡统一的土地产权登记制度已基本建立，为促进农村土地产权交易和农村发展奠定了坚实基础。

**以经济补偿为手段，建立耕地保护新举措。**成都市积极探索由市、县两级按50%比例，共同将来源于两级政府的部分土地出让收益、新增建设用地土地有偿使用费和耕地占用税等资金，筹集专项用于实际承担耕地保护义务的农户的养老。按基本农田400元/（年·亩）、一般耕地300元/（年·亩）的标准发放耕保金，做到分类保护与补贴。一是明确耕保基金用途。耕保基金的90%用于已履行耕地保护责任的农民现金补贴，10%用于耕地流转担保和农业保险补贴。二是细化了耕保金发放程序，建立起耕地保护合同“五年一签，据实变更，逐年拨付”耕保金发放制度。三是完善了耕保基金数据系统，实现了业务管理的数字化、网络化、自动化、科学化和规范化，确保耕保基金发放情况准确高效，建立了全市耕保基金发放数据交换共享系统，实现相关部门数据系统的有效对接。耕地保护基金制度的实施，切实调动了广大农民保护耕地的积极性，是对规划为耕地的农村地区土地发展权的补偿，建立起“发达支援落后、城市反哺农村”的土地收益分享机制，是维护社会公平的现实体现。

**以农村土地综合整治为平台，促进农业发展、农民增收**。从2004年开始，特别是2008年国土资源部和四川省人民政府、成都市人民政府开展部、省、市合作试点以来，成都市将农村土地综合整治作为统筹城乡发展的重要平台，大规模开展农村土地综合整治。一是坚持土地综合整治与推进农业产业化相结合。成都市实施的整治项目，项目区高产、稳产、优质农田比例达到整治面积的80%以上，农田产出率提高20%以上。在土地整治基础上，各地均积极引入农业龙头企业和农业产业化项目，推动土地承包经营权流转和规模经营，大力发展现代农业。二是坚持土地综合整治与改善农民生产、生活条件相结合。成都市一些地方通过实施土地整治和增减挂钩项目，将农村减少的建设用地挂钩到县城和小城镇使用，产生的级差收益全部返还农村，用于农民住房和集中居住区水、电、气、道路、村务活动中心等配套公共服务设施和公益事业建设，极大地改善了农村面貌和农民生产、生活条件，形成了一批集村落民居、产业发展、公共服务、社会建设于一体的新农村综合体。通过土地综合整治，增加了有效耕地面积，改善了农业生产条件，同时优化了城乡建设用地布局，推动了节约集约用地，加快了成都市灾后重建步伐，助推了城乡统筹发展。

**2）述评**

**充分尊重农民的自主意愿**。成都市在充分尊重农民的主体地位的基础上，充分依靠基层自治组织及村民“议事会”，村民自主协商，有效化解了历史遗留的涉及土地权属的诸多难题。

**探索建立城乡统一的土地产权登记制度**。成都市积极探索包括土地产权在内的跨部门产权管理运行机制，整合现有国土资源所、房屋管理所，充实人员力量，在全市以乡镇为单位，筹备设置集国土资源、房屋管理、农业等部门职责为一体的综合产权管理所，把城市产权管理向农村延伸，实现城乡产权统一登记管理。

**加强了耕地保护基金的管理**。成都市耕地保护基金的理论意义在于，建立了一种政府出资补偿农地发展权受限的机制。成都市耕地保护基金与养老保险结合的做法，也符合当地实际，效果很好。虽然成都市实践中耕地发展权的补偿标准和资金来源等细节还需要进一步探索完善，但对创新耕地保护思路具有重大实践意义。

**规范推进土地增减挂钩及收益**。成都市创造性运用土地整理和增减挂钩政策，盘活了农村闲置建设用地，促进了“三集中”（工业向园区集中，农地向适度规模经营集中，农民向城镇和新农村居住区集中）。推广成都市经验，既要鼓励有条件的地方实行宅基地有偿使用，明确宅基地有偿使用的条件、方式、程序、补偿标准等，鼓励在农民集体内部通过民主自治程序，探索运用有偿手段，合理配置宅基地，促进超标、闲置和废弃宅基地退出；要认真规范城乡建设用地增减挂钩试点，将增减挂钩限制在试点范围内，严格控制增减挂钩规模，要求挂钩周转指标使用所获收益必须返还农村。

**3）政策建议**

**尽快制订完善土地管理制度改革专项方案。**认真总结综合改革试验区土地配套改革经验，统筹设计土地产权制度、土地用途管制制度、耕地保护制度、征地制度、集体建设用地流转制度等农村土地管理制度的改革思路，完善土地管理制度改革专项方案，做好政策储备。

**深化确权颁证，进一步"还权"于民。**深化确权颁证工作，开展未到户土地使用权确权颁证工作，包括集体农用地确权登记（农村自留地、自留山、养殖水面及坑塘水面、未纳入集体建设用地及耕园地范围的设施农用地等土地利用现状为农用地的集体土地）和集体建设用地确权登记（所有集体公益事业及公共设施用地、乡镇企业用地以及其他集体建设用地），进一步尝试将集体产权股份量化到户，建立完整意义的"归属清晰，权责明确、保护严格、流转顺畅"的农村土地产权制度。

**实现自由流动，在"赋能"上下工夫。**进一步优化土地利用总体规划、城镇建设规划和产业发展规划，进一步探索流转新机制、新办法和新举措，完善交易平台、交易规则和价格体系，进一步激活农村土地产权市场。深化农民的产权意识，真正放活经营权，落实处置权，探索集体建设用地（个人宅基地）使用权、农民承包经营权等生产要素在城乡之间自由流动。

**继续探索建立长久不变的产权关系。**坚持农村土地集体所有，赋予农民更加充分而有保障的土地承包经营权，促进现有土地承包关系保持稳定并长久不变。充分发挥农民的主体作用，鼓励农民集体通过自主、自愿、自治方式，形成长久不变决议，土地承包经营权、宅基地使用权实行"增人不增地、减人不减地"，土地征收、征用按照"占谁补谁"的原则进行，不再为土地被征收的农户调整土地。

**培育和发展农村市场主体。**一方面，要充分发挥市场化配置资源的基础性作用，进一步建立和完善农村有形市场，吸引更多社会资金投向农业和农村，建立健全农业、农村投资的支持服务体系和风险防范体系。另一方面，要引导和鼓励农民采取集体建设用地使用权、土地承包经营权入股等形式，以产权为纽带、以农户自愿联合为基础、按照现代企业制度要求，组建"产权清晰、权责明确、政企分开、管理科学"的现代农业企业，促进农业增效、农民增收，大大提高农民的生活水平。

**继续探索提高耕地保护的利益激励机制。**一方面，要充分发挥中央、地方政府、社会和农民等保护耕地的积极性，通过加大财政转移支付力度，对保护耕地特别是基本农田任务较重的基层政府和农民给予适当补贴，有效提高基层政府和农民保护耕地的积极性。另一方面，在国家综合改革试验区等地，要继续开展耕地保护补偿试点，进一步探索完善补偿资金的筹集、使用和监管方式，推进耕地保护补偿激励机制建设。

**探索推进集体建设用地流转。**成都市在集体土地产权界定和土地统一登记上的试验，为“十二五”期间在全国范围内推动农村土地确权工作提供了经验。但是，由于集体土地产权的权能残缺，集体土地流转并没有实现真正意义上的与国有土地“同地同价”，如成都市锦江区集体建设用地的出让价格虽已接近200万元/亩，但与位置相近的国有土地900万元/亩的出让价格相比仍低不少；集体土地的抵押只能在市属的成都银行、农村商业银行办理，且抵押价格明显偏低，还需要继续探索，规范引导。因此，进一步明确集体土地所有权的权能，完善有效管理方式，促进集体建设用地有序、规范、顺畅流转。

**2. 重庆样本：小小“地票”撬动城乡统一土地大市场**

**1）主要经验与成效**

**“地票”的提出。**2008年12月4日，重庆市成立了农村土地交易所，按照《国务院关于推进重庆市统筹城乡改革和发展的若干意见》（国发〔2009〕3号）的规定，开展土地实物交易和“地票”试验。两年多来，重庆市出台了《重庆农村土地交易所管理暂行办法》，构建了“地票”制度框架。所谓“地票”，是指将农村宅基地及其附属设施用地、乡镇企业用地、农村公共设施和农村公益事业用地等农村建设用地复垦为耕地而产生的可易地使用的建设用地指标。它的运行分为复垦、验收、交易和使用四个环节。主要做法是：以规划管控、保障投入、规范实施、严格验收和加强利用管理“五条规定”切实保护耕地；以自愿申请复垦、有其他稳定居所、全程公开信息、保障农村发展空间、价款全部用于“三农”、复垦耕地所有权不变、新建居民点满足农民生产生活需要和推行地票价款直拨“八个必须”切实维护“三农”权益；以严格用途管制、控制复垦规模、调控交易规模“三个管控”，以及统筹建设用地指标管理、统筹城乡土地利用“两个统筹”，切实规范“地票”管理。

**地票的作用。**“地票”制度与统筹城乡综合配套改革联动，逐步显现出“保耕地、保民生、保发展、促改革”的政策效果，发挥了六个方面的重要作用：①创新了“占补平衡”模式，保护耕地更加有效；②量化土地权利，充分保障了“三农”利益；③显化农村土地价值，构建了城市反哺农村的新途径；④优化用地布局，统筹了城乡土地利用；⑤加快城乡建设用地市场一体化步伐，促进了城乡统筹发展；⑥提供宅基地“变现”路径，还助推了户籍、增减挂钩、征地制度等改革工作。截至2011年3月底，重庆市农村土地交易所共组织成交“地票”5.6万亩，成交价款86.6亿元。共办理10宗1500亩“地票”质押，质押金额1.43亿元。已有53宗“地票”1.35万亩获征（转）用批复，其中9宗1836亩土地已“招拍挂”出让，正在开发建设中。

**2）述评**

尽管城乡建设用地增减挂钩和“地票”都是以农村建设用地减少指标置换城镇建设用地增加指标，原理基本相同。“地票”与增减挂钩相比优势主要有：①指标置换的空间距离上，“地票”交易的置换范围更广、距离更远，产生的级差收益也就更高，受惠农民更多，为广大偏远地区的农村闲置建设用地也提供了有偿退出机制，有利于促进农村土地节约集约利用，优化城乡土地利用结构；②在复垦耕地的程序上，“地票”交易采取先补后占方式，规避了占后不补的风险；③市场化程度上，“地票”交易通过建立有形市场，显化了农村建设用地指标价值，带动了农村土地要素市场的发育。

但是，“地票”制度仍然有以下重要问题需要进一步研究解决：

**农民和集体经济组织如何有效参与土地增值收益分配。**目前，“地票”提供地农民和集体经济组织获得的是“地票”交易收入，“地票”落地区被征地农民和集体经济组织获得的是征地补偿收入。两部分农民和集体经济组织实际上都没有直接参与土地增值收益的分配，而是由操作“地票”交易的地方政府独享。“地票”提供地的农民和集体经济组织获得的“地票”交易价格，也存在被地方政府和开发企业合谋操纵的道德风险。地方政府可以通过控制进入“地票”交易市场的地块大小、数量、时序等来影响价格，造成交易的不公平性。

**土地地票化后的农民如何获得稳定的收益来源。**将土地地票化的农民，除了因各种原因在农村有多处宅基地需要退出的农民外，一部分是已经彻底进城不再需要宅基地的农民，还有一部分是通过村镇规划、搞新农村建设集中居住的农民。对于后两种农民，一些人往往会因为离自己的承包地远了、或者上楼居住后不再方便从事农业生产，而将承包地转包或转租出去，自己进城务工或从事其他非农生产活动。这部分农民在经济繁荣、劳动力需求旺盛的市场环境下其收入来源基本可以保障，但是，在经济萧条、失业率高的市场环境下其收入来源将受到严重冲击，即使退回农村也已无地可种，农村土地不再起到就业“蓄水池”的作用，这对社会稳定将是一个重大威胁。因此，如何保障土地地票化后的农民有稳定收益，是值得思考的一个重要课题。

**“地票”交易后打乱的土地产权如何分割和延续。**为了增加“地票”指标，一些地方规划将村社合并集中居住，以便腾退宅基地，产生了宅基地权属划分的新问题。由于几个集体经济组织合并居住在原属其中一个集体经济组织的土地上，这几个集体经济组织之间的宅基地权属如何重新分配，还需要进一步研究。同时，还有复垦后的老宅基地变成耕地后，其承包权益在农户和集体经济组织之间如何重新划分，也需要研究。

**复垦后的耕地数量和质量如何得到权威鉴定。**由于耕地数量是一个单纯的数字概念，鉴定起来并不困难，难点主要是耕地质量的认定。目前，耕地质量一般由国土资源部门负责牵头验收鉴定。这种鉴定方式存在两方面缺陷：一是国土资源部门一家主导的鉴定方式缺乏足够的公信力；二是地方政府作为“地票”交易制度的直接受益者，存在指使国土资源部门降低鉴定标准以加快“地票”上市交易的可能。因此，必须为复垦耕地设计一个更加权威的质量鉴定方式。

**3）政策建议**

**严格限定“地票”交易试点范围，科学制定预案。**“地票”交易制度虽然在统筹城乡发展和优化土地利用结构等方面发挥了重要推动作用，但毕竟是一个新生事物，还需要在实践中不断总结经验、拾漏补缺、发展完善，才能形成制度化设计，在更大范围内推广。因此，目前还应严格限定在特定范围内，在科学、封闭、可控的环境下试点运行，并针对各种可知和未知的风险制定预案，积极探索解决产权界定、收益分配等重大问题。

**进一步探索维护农民权益，统筹城乡发展。**要进一步研究完善土地级差收益在政府、“地票”提供地农民和集体经济组织、“地票”落地区被征地农民和集体经济组织之间的合理分配。可以采取两种分配方式：一是从“地票”指标获得的土地出让收益中提取一定比例分别返还给两类地区农民和集体经济组织；二是考虑采用划拨、定向回购等方式，赋予两类地区农民和集体经济组织优先使用部分“地票”指标的权利，以维护他们的发展权。两种方式获得的收益都应专项用于购买社保、壮大集体经济组织或分成，以保证农民的生活水平不降低、长远生计有保障。

**严格监管确保复垦耕地数量质量。**为消除耕地质量验收标准上的争议，国土资源部应联合相关部门，组织专家制订统一的耕地质量检测技术标准。按照这一标准，在验收过程中可设置两道“闸门”：一是由上级政府或人大常委会牵头组织专家验收耕地的数量质量；二是应吸收国土资源、农业、发展改革、财政、审计等不同部门及科研院所的专家参与验收，增强复垦耕地质量验收鉴定的权威性和有效性。国土资源部门还要根据鉴定结果，对补充耕地进行等级评价、质量折抵。

### 3. 广州样本：集体建设用地流转助推城乡统一土地市场

**1）主要经验与成效**

2001年，国土资源部和国务院法制办公室批准广东省顺德市为农村集体土地管理制度改革试点。在试点地区经验的基础上，广东省于2005年由省政府签发出台了《广东省集体建设用地使用权流转管理办法》，并逐步将试点地区扩大至全省21个地级市。2011年11月，广州市发布了《广州市集体建设用地使用权流转管理试行办法》。该市目前的经验及做法相对比较成熟和典型，主要有以下方面：

**集体建设用地流转采取竞争性出让方式。**集体建设用地流转在全市统一交易平台进行。工业用地和商业、旅游、娱乐等经营性集体建设用地，以及同一宗地有两个以上意向用地者的，都需要通过招标、拍卖、挂牌方式取得。

**规范了集体建设用地流转的形式。**在集体建设用地所有权不变的前提下，集体建设用地使用权流转，包括出让、出租、转让、转租、抵押等形式。集体建设用地出让、出租，必须召开经济组织成员会议或成员代表会议，取得2/3以上成员或成员代表同意、进行公示、进行公证后方可取得同意流转书面证明材料。集体建设用地使用权转租时，应当持有集体土地使用证或已经办理租赁登记手续，以及取得原租赁合同出租方同意再次流转的证明文件。

**严格集体建设用地的用途和方向。**使用权人按照批准的土地用途使用土地，确需改变土地用途的，应当经集体建设用地所有权人和国土资源行政主管部门同意，报原批准用地的人民政府批准。集体建设用地用于商品房开发，或不按照批准的用途使用集体建设用地的，将按照违法用地和违法建设相关规定进行查处。集体建设用地使用权人延迟开发建设构成土地闲置的，在土地闲置期间，集体建设用地使用权不得转让、转租。

**明确了集体建设用地流转年限、价格及收回程序。**集体建设用地使用权出让、出租的最高年限，执行国有建设用地使用权出让、租赁的最高年限规定。出让价格不得低于同区域、同类别国有土地使用权基准地价的30%。集体建设用地因各种原因导致需要收回的，其地上建筑物、附着物按照集体建设用地使用权流转合同的约定处理或集体建设用地所有权人给予使用权人合理补偿。

**集体建设用地流转的收益分配。**政府作为流转行为的监管者不参与流转的收益分配，收益归拥有集体土地所有权的集体经济组织成员集体所有，纳入其集体财产统一管理。其中50%以上应当存入规定的银行专户，专项用于本集体经济组织成员的社会保障支出，不得挪作他用。集体建设用地有偿使用收益扣除集体经济组织成员社会保障支出后，剩余部分的使用，按照优先用于发展壮大集体经济的原则，由集体经济组织按法定程序提交成员大会讨论决定，使用情况应当向集体经济组织的成员公开。

**2）述评**

推动集体建设用地流转，是构建城乡统一土地市场的重要举措，主要表现在以下方面：

**从法律层面保障集体建设用地流转。**集体建设用地隐形市场大量存在，已经是不争的事实。通过规范集体建设用地流转，将自发的隐蔽式流转变为公开的规范型交易，将集体建设用地纳入监管范围，通过规划调控、市场配置手段，方能促进土地资源合理利用，保障流转主体的合法权益。

**促进了城乡统一土地市场的建立。**党的十七届三中全会明确要求建立城乡统一市场，作为我国社会主义市场经济发展的必然要求。推动集体建设用地在符合规划的前提下入市，与国有建设用地享有平等权益，实现“同地同价同权”，构建合理的价格形成机制，可以充分发挥市场配置土地的基础性作用。

**打破政府对一级市场的垄断。**众多集体经济组织成为建设用地一级市场的供给者，打破了地方政府对城镇建设用地供给的长期垄断，土地一级市场供给主体呈现多元化，有利于供需双向调节，促进土地价格回归理性。

**提高集体建设用地利用效率。**我国面临保护耕地和保障发展的双重压力，同时大量“空心村”、废弃砖瓦窑等集体建设用地处于闲置、低效利用状态。允许集体建设用地流转后，既可以促使这些闲置的、低效利用土地得到充分利用，也限制高耗能的低端产业进入我国农村，拓展了工业用地的新空间。

在看到规范集体建设用地流转的有利之处的同时，也应看到在一些根本性问题尚未实现突破的情况下，推动集体建设用地流转存在一定不确定因素。主要表现在以下方面：

**集体土地所有权产权不清。**集体土地产权主体不清，是造成集体建设用地流转首要障碍。集体经济组织语意模糊、内涵多解，集体土地边界纠纷多、争议大，土地管理权和所有权的实现形式不明，为今后集体建设用地流转中相关权益纠纷留下一定的隐患。

**集体建设用地流转权益有被少数内部人占有的风险。**集体建设用地可以直接入市的目的在于让农民分享土地级差收益的成果。但是集体经济组织组成员有可能无法真正从中获益，代表集体经济组织的少数“内部人”才是真正的受益者，将有悖于改革的初衷。

**集体建设用地出让并不完全适用于“招拍挂”。**集体建设用地流转，既有直接土地出让，也有房屋租赁等间接流转。如果是以房屋租赁的形式出现，多以短期为主，倘若强制推行“招拍挂”形式，程序繁琐，造成需求主体锐减，将会把潜在的承租者排除在外。

**盘活集体存量建设用地可能存在资金困难。**从历史上看，大部分集体建设用地来源于20世纪90年代乡镇企业用地，这些土地上往往有现成的建筑物和构筑物。推动集体建设用地流转，必须首先进行土地拆迁、平整、规划、出让或建设，这就需要大量的启动资金，依赖于当地农村集体经济组织的经济实力或融资能力。如果资金难以到位，势必影响集体建设用地的出让效益和效率。

**增加了耕地保护的管理压力。**集体建设用地流转所蕴含的巨大利益，无形中形成对耕地保护的负向激励。土地收益遽然增大后，不可避免出现个别村集体为谋求利益而侵占耕地资源，而现有广大农村点多面广，对政府监管能力提出了不小的挑战。

**政府土地财政下降而导致公益支出锐减。**尽管土地财政备受诟病，但是土地出让收入也是各类公益事业的重要资金来源，如土地出让收入的15%用于农村建设，10%用于教育资金等。集体建设用地流转后，依赖“征地—卖地”模式积累的土地财政，必将大幅缩水，导致国有土地收益能力下降，必将影响政府对城市基础设施建设和公益事业的财政投入。

**3）政策建议**

**重新审视城乡二元结构下土地管理改革的方向。**城乡二元结构是我国历史延续下来，仅仅是城市和农村及其经济发展战略的不同而已。推动土地资源优化利用，应将以符合规划和节约集约用地的要求为标准，不能以所有制差异为由，长期将集体建设用地排斥在合法的轨道之外，从而滋生大量的隐形市场。

**从试点中总结经验上升为国家法律制度。**十几年来，广州市、东莞市、成都市、上海市等土地分别开展了集体建设用地流转的试点工作，在实践操作中积累了较多经验。应加强对经验的总结和提炼，落实党的十七届三中全会关于建立城乡统一市场的要求，从国家法律层面确立集体建设用地流转的合法地位。在此之前，可以鼓励地方政府及其国土资源管理部门制定相应的地方法规。

**以确立集体建设用地产权为基础**。进一步建立和完善村民自治制度，保证集体建设用地公开、公平地进行流转。细化集体建设用地权能，比照国有建设用地，集体建设用地流转应包括出让、转让、出租、作价入股、抵押等方式。集体建设用地流转尽量采用备案制，不作实质性审查，并进行公示，对于明显低于周边价格可行使否决权。

**做好集体建设用地规划计划管理**。加强与建设部门协调，加快村庄规划编制，优化集体建设用地布局，合理配置集体建设用地。在城市建设用地规划区外，探索建立集体建设用地供应计划和指标管理，控制集体建设用地投放的数量、规模、结构和时序。

**加强城乡统一市场建设**。将集体建设用地流转纳入土地有形市场进行交易，实现“同地同价同权”。集体建设用地出让应以公开招标、拍卖、挂牌、网上竞价等方式进行，保证出让环节的公平透明。对于短期出租集体建设用地的行为，不宜强行要求“招拍挂”，应采取灵活的出租方式。在流转程序上可以规定集体建设用地的流转须经村民会议讨论同意，并在依法成立的土地交易机构尝试以农户或农民以自愿入股形式从事厂房的投资与开发。构建农村集体建设用地的基准地价体系，规范地价评估行为。

**保障农民的土地出让收益**。按照集体建设用地初次流转收益主要归集体，集体建设用地流转收益扣除政府应当收取的相关税费外，主要收益应当归于集体经济组织，并按村民自治的要求，由集体经济组织成员自行决定如何分配。在制度上严格约束集体经济组织对集体资金的使用，加强对集体建设用地流转收益分配使用监管，避免土地收益使用和分配中的违法违规问题发生。

**建立集体建设用地基金**。集体建设用地出让，是将一定年期的土地出租收入进行贴现。因此，不能让一届的村委会用尽几十年的出让或转让收益，应将出让收益的 50% 以上作为基金保存下来，按照出让和转让年限平均分配年度使用比例。同时，将土地流转收益中的集体部分最大限度地运用于农民的社会保障，以保障农民的长远生计。

**实行“轻流转、重保有”的税费模式**。在集体建设用地流转过程中，政府作为公共品的供给者，应适度参与收益分配增加财政收入。通过相应的税费调节机制来合理平衡政府、集体与农民之间的利益，同时是试点探索一种新模式，改变现有的“重流转、轻保有”的城市土地管理模式。首先，降低集体建设用地的流转税费。对于集体建设用地出让、转让，采取低税率的政策，如对于集体建设用地出让，不宜提取超过 10% 的收益比例，降低用地者的一次购置成本。其次，加大保有环节的税费比重，在城镇土地使用税的基础上提高税率，加大用地者的保有成本，促使用地者节约集约用地。

## 【2】 节约集约用地管理制度改革

1. “三旧”改造：存量建设用地可做大文章

#### 1）经验及主要成效

2008年以来，广东省以对旧城镇、旧厂房、旧村庄（合称“三旧”）改造作为节约集约用地示范省建设的重要内容和突破口，按照“全面探索、局部试点、封闭运行、结果可控”的原则，积极探索、全力推进，取得了阶段性成效。

**引导和鼓励工业项目集中布局发展。**将国家、省（自治区、直辖市）设立的各类开发区、园区纳入新一轮土地利用总体规划，落实用地规模。将省产业转移工业园节约集约用地指标纳入对省产业转移工业园所在地市政府和省产业转移工业园的产业转移目标责任考核内容，推动了开发区和产业转移园的集约用地。建立大项目用地保障机制，对符合条件且被列为重大外商投资项目的，优先安排建设用地指标。2010年，国家奖励调剂的4.02万亩新增建设用地指标中，61%用于全省产业转移工业园、重点园区建设。

**完善土地使用权公开交易制度。**组织开展深化国有土地使用权有偿使用制度改革和完善土地使用权公开交易制度的专题调研，指导和督促深圳市、广州市开展“综合评标”、“一次竞价”、“双向竞价”等出让方式改革的试点工作，进一步完善了“招拍挂”出让制度。

**强化土地税费对集约用地的促进作用。**修订了《广东省非农业建设补充耕地管理办法》、《广东省耕地占用税征收管理实施办法》和《广东省城镇土地使用税实施细则》，调整了耕地开垦费、耕地占用税和城镇土地使用税的缴纳标准，提高建设用地取得和保有成本。

**探索了不同形式的“三旧”改造模式。**如广东省佛山市在“三旧”改造试点中，已探索形成多种模式，包括引入港资运作、由房地产公司投标承揽，旧城镇统一改造的禅城区祖庙“东华里片区模式”；由村集体投入、产出利益归村集体的“夏西村模式”；以土地入股、引入开发商联合改造的“石头村模式”；以地引资、以租抵建的“风池村BOT模式”；有不拆不建、在保留厂房原貌基础上，进行创造性的整治改造，引入新兴产业的“佛山创意产业园模式”等，形成了“政府引导、规划引领、属地实施、市场运作、分步推进、各方受益”的总体思路。

#### 2）述评

目前，“三旧”改造的政策创新主要集中在土地管理方面，受上位法和政策的制约，规划、财政、发展改革、金融、拆迁管理等方面的政策支撑力度还不够，特别是在国有房屋拆迁上现行规定对实际操作仍有一定影响；又如涉及土地及其他不动产统一登记、城乡节约集约用地评价体系、各类建设用地定额标准等方面的制度有待进一步完善，闲置地和“批而未供”土地的处置措施还有待完善，等等。

**3）政策建议**

**做好存量建设用地调查**。应结合第二次全国土地调查成果，摸清存量建设用地现状，做好存量建设用地的标图建库等基础性工作。

**完善和细化“三旧”改造规划**。建立“三旧”改造规划的实施机制，增强规划的可操作性，确保规划落到实处，确保综合效益得到最大限度的发挥。

**加强对“三旧”改造的监管**。应继续完善和公开“三旧”改造操作规范，运用信息化手段，加强预防违法违纪行为的工作力度，强化对“三旧”改造的全程监管，确保实现“封闭运行，结果可控”。

**突出抓好政策储备与制度创新**。重点围绕规划编制实施、产权制度、公开市场建设、交易程序规范、利益共享机制等方面开展专题研究；积极探索节约集约用地评价体系，制定出台各类建设用地定额标准；制定出台农村宅基地管理、国有地上地下建设用地使用权管理和围海造地等方面相关政策措施；探索建立有效促进存量建设用地开发利用的管理制度，为不断深化土地管理制度改革提供经验借鉴与政策支持。

**进一步加强建设用地批后监管**。抓好土地市场动态监测与监管系统的运行和维护，对“批、供、用、补、查”进行全程监管。加大闲置地和“批而未供”土地的处置力度，建立新增建设用地计划指标分配与“批而未供”土地处置情况挂钩制度。

**2. 低丘缓坡和未利用地开发：增量建设用地有新空间**

在土地供需矛盾压力巨大和经济发展达到一定水平的前提下，各地对出台差别化用地管理政策的呼声越来越高。具体来说，就是东部发达地区要求支持城市土地二次开发的政策、沿海地区要求支持围海造地的政策、中西部地区要求支持城镇“上山上坡”的低丘缓坡土地开发政策，西北地区要求支持工业“进滩开荒”的未利用地开发政策，等等。

**1）低丘缓坡地开发利用**

为了更好地推动低丘缓坡开发利用，浙江省的金华市、丽水市、福建省的龙岩市、湖北省的十堰市等地均开展了低丘缓坡的改造工作。

**福建经验**。福建省也于2009年出台政策采取“以奖代补”方式鼓励地方政府开发利用低丘缓坡地。福建省经过科学测算，设立了严格的奖励标准，对于符合规定条件的地方按照5000元/亩的标准给予奖励，这一举措极大地调动了各地开发低丘缓坡地的积极性，激发了集约用地的活力。

**浙江经验**。早在2008年，浙江省政府办公厅就出台了《关于进一步做好低丘缓坡综合开发利用工作的通知》（浙政办发〔2008〕84号），主要做法和经验：一是加大土地指标支持力度。根据各地低丘缓坡综合开发利用情况给予专项安排，在安排年度非耕地计划指标和林地征占用指标时，对低丘缓坡重点地区给予适当倾斜。二是加大资金投入。省级造地改田资金中的“土地开发项目”、“省级委托造地项目”专项资金，对低丘缓坡重点区块予以政策补助倾斜，促进这类区块加快开发利用。近三年来，浙江省政府加大了低丘缓坡开发利用的支持力度，在规划编制、制度建设、指标奖励等方面想了很多办法，提出了依法依规、有序有度、科学合理等开发利用原则。

**2）未利用地开发利用**

西北一些省（自治区）则把目光投向了广阔的未利用地。西北地区共有未利用地16235万公顷，占土地总面积的53.91%。2010～2020年，有90.11万公顷可开发为建设用地。通过因地制宜、积极探索，西北各省（自治区）形成了多样化的未利用地开发模式。

**建设能源基地**。如宁夏回族自治区宁东能源化工基地，已建和在建项目共占沙地、荒草地、荒沟等未利用地2850公顷，占基地规划总面积的82%。

**拓展生态城市**。如陕西省府谷县在县城新区建设过程中，通过劈山造地、回填沟渠沟壑等方式整理成建设用地，目前，已累计开挖山体8座、回填沟渠4条，动用土石方2800万立方米，开发整理土地5000余亩，为山区城市建设创出了一条新路。

**兴建设施农业**。如甘肃省嘉峪关市利用裸岩石砾地建设紫轩葡萄庄园，使5万亩戈壁变“绿洲”。

**打造湿地公园等旅游休闲产业**。如甘肃省张掖市依托200余万亩湿地资源，建设黑河流域湿地国家级自然保护区、国家湿地公园、生态新区，成为一座名副其实的“湿地之城”。

**3）述评**

低丘缓坡荒滩等未利用地开发利用，是从我国山地丘陵面积较大、耕地资源稀缺的国情出发，探索不同地形、地类土地利用模式的新举措，目的是有效减少工业和城镇建设占用城镇周边和平原的优质耕地，切实保护耕地特别是基本农田。拓展建设用地新空间，推动农村城镇化和城乡统筹发展，促进区域协调发展，努力化解征地矛盾。

**4）政策建议**

我们建议，应在深入开展环境影响评价的基础上，积极支持、规范引导未利用地开发，并尽快研究出台相关配套政策，开展未利用地开发利用试点。主要开展以下方面工作：

**科学推进低丘缓坡荒滩等未利用土地综合开发利用**。要以科学发展观为统领，充分发挥荒山、荒坡、荒滩的土地的资源优势，因地制宜创新土地利用和管理模式，探索完善政策支撑体系，推动未利用土地规范、科学、有序开发利用，提高土地资源利用的经济、社会和生态综合效益。

**开展未利用地适宜性评价**。要以第二次全国土地调查数据为基础，开展未利用地开发适宜性评价，建立未利用地开发数据库。

**加强对未利用地规划计划的管控**。科学编制未利用地开发利用专项规划和未利用地开发利用年度计划，合理确定未利用地开发规模和布局，并实行向上级国土资源部门报备管理。

**运用税费政策促进未利用地的开发利用**。制定鼓励未利用地开发的税费政策，如适当降低未利用地的土地分等定级等级、减征未利用地有偿使用费和出让金等。

**建立并完善未利用地使用标准**。在现有工业用地标准的基础上，根据未利用地的实际情况，适当调低未利用地的用地定额标准。

**正确看待未利用地的生态价值**。我国土地分类将土地分为农用地、建设用地、未利用地三大类，主要是为了适应 1998 年《中华人民共和国土地管理法》而做的修改。其中关于未利用地的提法，存在诸多争议。从现有的未利用地来看，还包含着生态用地，如滩涂。因此，未利用地开发一定要重视生态文明，注意生态效益。

**3．评价考核：土地集约利用指标引导新型政绩观**

**1）主要经验及成效**

开展土地节约集约利用评价考核，是各级党政领导落实工作的“助推器”、施政的“风向标”和干部考核的“指挥棒”。

2008 年，浙江省政府出台《关于切实推进节约集约利用土地的若干意见》（浙政发〔2008〕3 号），把节约集约用地考核纳入市、县经济社会发展综合评价体系，作为市、县政府领导干部政绩综合考核评价的重要内容。同年，省政府提出实施“365”节约集约用地行动计划，明确要求建立节约集约用地组织保障体系，强化集约用地目标考核。在实施过程中，浙江省土地集约利用评价选择了土地利用强度、用地弹性、经济增长耗地和土地利用管理绩效四个层次 17 项指标。并于 2010 年将土地集约利用综合指数在党政领导班子实绩分析评价指标体系中属于发展性指标、权重占 4 分，调整为约束性指标、权重增加到 5 分。每年第二季度由省国土资源厅对 11 个市的土地集约利用评价指标进行测算与分析，并将评价指标数据及实绩分析意见报送至省委组织部。省委组织部将评价结果直接纳入各市党政领导干部班子实绩分析评价报告。通过这些举措，浙江省提高了地方政府节约集约用地的积极性，避免了经济发展中的土地低效利用问题。

其他省份纷纷探索将节约集约作为硬约束贯穿于土地管理工作中。湖南省对各市州开展单位 GDP 和固定资产增长的新增建设用地消耗考核，考核结果与计划安排和干部政绩挂钩。云南省实施 GDP、固定资产投资增长与用地消耗挂钩考核制度。辽宁省在每年安排全省用地指标时，同时向各地下达相应的节约集约用地指标，并将年度考核结果与各城市下一年度新增建设用地计划指标分配挂钩。安徽省芜湖市政府加大县（区）年度目标责任制考核中国土资源管理工作所占权重，占考核分值的 26%，其中节约集约用地占 16%，农村土地整治占 10%。

**2）述评**

胡锦涛总书记强调，各级党委和政府要把土地管理工作纳入重要议事日程，建立健全“党委领导、政府负责、部门协同、公众参与、上下联动”的工作格局，严格土地管理责任追究制。党委政府司责，是加强土地资源节约和管理工作的关键一步。各地党委负责人是地方上的“一把手”，政府负责人只是“二把手”。地方上的大政方针（包括重大经济和社会建设项目）必须经过地方党委常委会研究通过，地方政府才能执行。出了问题，只查处政府负责人，不追究党委负责人，就等于放过了主要责任人，这样的查处起不到足够的震慑和警醒作用。浙江推行的节约集约用地党委政府领导同考核抓住了解决问题的“牛鼻子”，值得推广。

**3）政策建议**

**将耕地保护、节约集约利用纳入干部核心考核指标。**深入总结浙江等地经验，商请中组部，将耕地保护、节约集约用地等国土资源管理的核心指标，纳入地方党政领导班子和领导干部绩效考核体系，向全国推广。

**制定科学合理的节约集约用地考核办法。**以耕地保护、节约集约用地为核心，构建科学的指标体系，明确合理的考核程序，促进考核科学化、常态化。

## 【3】 矿业权管理制度改革

### 1. 矿业权设置方案：优化矿业权合理布局的重要保障

**1）主要做法及成效**

**煤炭国家规划矿区成为矿业权设置方案制度的“试验田”。**为增强国家对煤炭资源的调控和监管能力，2004 年 9 月和 2006 年 1 月，国土资源部会同国家发展改革委分两批在煤炭资源分布集中的山西省、内蒙古自治区、陕西省等 13 个省（自治区）划定了 45 个煤炭国家规划矿区。2004 年以来，国土资源部先后下发《关于加强国家规划矿区内矿权管理的通知》（国土资发〔2004〕206 号）、《关于进一步加强煤炭资源勘查开采管理的通知》（国土资发〔2006〕13 号）及《关于印发 < 煤炭国家规划矿区矿业权设置方案编制要求 > 的通知》（国土资厅发〔2006〕26 号）等规范性文件，要求煤炭国家规划矿区必须编制矿业权设置方案，煤炭国家规划矿区探矿权、采矿权的出让、转让要严格按照批准的矿业权设置方案进行。按照有关要求，各有关省（自治区）组织编制了煤炭国家规划矿区矿业权设置方案，报国土资源部批准后实施；此后，为促进煤炭矿业权合理布局，部分省（自治区）在煤炭国家规划矿区以外的一些煤炭矿产地也开始组织编制矿业权设置方案。

从实施效果来看，通过实行煤炭国家规划矿区管理制度，编制并按矿业权设置方案出让煤炭矿业权，基本上做到了从源头上杜绝新设矿业权布局不合理问题；对已设煤炭探矿权、采矿权按照矿业权设置方案进行调整重置和整合，优化了矿业权布局，提高了煤炭资源勘查开发规模化、集约化程度。在煤炭开发领域初步建立起主要按照地质规律布置矿业权，管理部门主动公开出让的管理模式，在一定程度上强化了管理部门对煤炭资源配置的调控能力。

**区域优势矿产由试点范围自发拓展。**2007 年，湖北省出台了《关于编制与实施矿业权设置方案的通知》（鄂土资发〔2007〕40 号），建立了矿业权设置方案备案制度、矿业权设置方案公告制度、矿业权设置方案审查制度和矿业权设置方案滚动修编制度四个制度。在全省设立了20余个磷矿矿业权设置方案编制区域。通过对矿业权设置方案的编制实施实行严格管理，湖北省调整了一大批历史遗留的矿业权设置不合理问题。一些重点矿区矿业权布局得到明显改善，矿产资源配置方向更加明晰，特别是下游产业的资源供给紧张状况得到缓解，企业发展后劲得到明显增强。

河北省从2006年起，在全省全面实行矿业权设置方案制度，明确要求按照“一个矿体（矿区、矿带）只设一个矿业权”的原则编制矿业权设置方案，并根据方案按计划投放矿业权；“新设探矿权、采矿权，已有探矿权、采矿权扩大勘查区块或矿区范围，必须按批准的矿业权设置方案进行”。矿业权设置方案由市级政府组织编制，经省级国土资源厅审查后报省政府批准实施。

各省自行出台矿业权设置方案制度，对方案编制的思路、方法、技术路线规定不尽相同。矿业权设置方案在规范矿业权布局的同时，自身也面临规范的问题。

**制度全面建立，突出整装勘查区优先实施**。2011年4月，国土资源部出台了《关于进一步完善矿业权管理促进整装勘查的通知》（国土资发〔2011〕55号。以下简称55号文），要求全面实施矿业权设置方案制度。矿业权设置方案制度从试点到突出重点推开，迈过了关键的一步。作为促进找矿突破和完善矿业权管理的重中之重和当务之急，该通知印发后，矿业权设置方案制度在整装勘查区首先实践推开。22个部署了整装勘查区的省（自治区、直辖市）按照要求，配合整装勘查工作部署，抓紧编制矿业权设置方案。云南、贵州等20个省（自治区、直辖市）完成了39个整装勘查区矿业权设置方案的编制工作，并通过国土资源部组织的专家审查，已完成数量占全国整装勘查区总数的80%以上，部分方案已经批复实施。与此同时，攀西地区两个铁矿国家规划矿区也编制完成矿业权设置方案，并通过国土资源部组织的专家审查。在地质成矿条件最为复杂的高勘查风险矿种的矿业权设置方案已通过编制审查，实践初步证明矿业权设置方案制度的可行性。

**2）评述**

煤炭资源开采总量占到全部固体矿产的1/3以上，是我国最重要的能源化工资源；整装勘查区是我国紧缺和战略性资源最具找矿突破潜力的区域，是典型的战略性区域。矿业权设置方案制度先后在煤炭国家规划矿区和整装勘查区顺利推开，并在调控煤炭国家规划矿区矿业权布局方面取得初步成效，证明了其制度的可行性，也为其他区域加快推进实施矿业权设置方案制度积累了管理实践经验。但从当前整装勘查区为代表的高风险勘查矿种矿业权设置方案编制情况来看，矿业权设置方案制度还存在以下问题：

**矿业权设置方案相关理论研究基础仍显薄弱**。当前矿业权设置优化综合性理论研究较少，研究程度还不够深入，矿业权设置优化缺乏充分的理论支持，例如，如何妥善平衡对国民经济具有重要价值的主攻矿种与对地方经济社会发展影响较大的低风险、无风险矿种的设置。同时，多矿重叠富集区、优势和保护性开采矿产聚集区、砂石粘土矿等大宗普通建筑矿产矿业权设置方案编制的理论、方法基本上是空白，方案编制审查工作流程与管理办法亟待研究制订。

**编制要求线条略粗，技术规范亟待研究。**55号文针对各种矿产各类矿区首次统一提出了矿业权设置编制审查的政策规定和技术要求，整装勘查区矿业权设置方案因此有规可循、有据可依。但因为要兼顾各种情形，矿业权设置方案编制要求只是原则性、框架性的，整装勘查区矿业权设置优化技术性较强，具有区别于一般矿区的时间、技术和政策要求，急需研究提出更为明确具体的编制技术规范。同时为全面推行矿业权设置方案制度，需要针对不同成矿类型、不同类型矿种、不同的已设探矿权、采矿权情形和不同的发证权限，制定不同的编制要求和技术规范。

**方案实施评估制度体系缺失。**各国家规划矿区和整装勘查区情况千差万别，矿业权设置优化必然产生大量技术性、政策性问题，需要全面跟踪、系统分析。矿业权设置方案实施后，对整合常态化管理、资源节约和综合利用、勘查开采及深加工技术进步、环境保护和安全生产、和谐矿区建设和社会经济发展等方面的效果、效益和影响，急需建立评估体系，进行跟踪评估，为矿业权设置方案调整论证、滚动修编等工作提供理论和技术依据。

**相关制度空间尚可进一步扩展。**全面实施矿业权设置方案制度的构想，主要来源于矿产资源开发整合工作常态化管理的需要。近年来，对于高风险勘查矿种的矿业权设置调整不断探索实践，初步积累起一定的经验和制度，但55号文作为一个规范性文件，只提出了矿业权整合常态化管理的思路，而部分整装勘查区矿业权设置十分密集，合理设置整装勘查主攻矿种，不得不面临大量调整已设矿业权，其矿业权优化设置受到现行的矿业权管理制度的限制，急需对相关现行矿业权管理制度进行完善和创新，建立矿业权设置及调整优化的长效管理机制。

**3）政策建议**

为确保矿业权设置方案制度真正成为矿业权管理的“纲领”制度和调控抓手，需要在国家规划矿区和整装勘查区实践的基础上，及时跟踪总结，加强理论研究，完善实施机制，加快制度推广。

**建议加强研究，分类完善矿业权设置方案相关制度。**一是在整装勘查区矿业权设置方案编制审查基本完成的基础上，抓好组织实施工作。二是系统梳理总结国家规划矿区和整装勘查区矿业权设置方案编制、审查、实施的经验和存在的问题，评估制度执行情况，提出完善建议。三是尽快研究制订矿业权设置方案编制实施管理办法，进一步细化矿业权设置方案的管理程序和编制审查权限，为各级管理部门依据矿业权设置方案实现矿业权按计划投放、促进整合工作常态化管理提供法律依据。四是有必要同步研究细化矿业权设置方案编制技术规范，明确方案编制的结构、内容和技术要求，为科学规范编制矿业权设置方案提供技术依据。

**建议突出重点，加快推进落实矿业权设置方案制度**。首先，应重点研究推进矿产富集型区域矿业权设置方案编制。鄂尔多斯油气煤炭放射性矿产富集盆地等重点矿产富集区，是地质成矿条件和利益关系双重复杂型地区，也是我国最重要的矿产资源基地，编制矿业权设置方案既存在一定难度，又存在大量政策性问题。可与综合开发利用规划相结合，优先编制此区域矿业权设置方案，并探索以时间换空间，次序开发资源的措施，丰富计划投放的内容。此外，砂石粘土矿业权设置方案编制也应提到重要日程。一方面，因为此类矿产矿业权量大，涉及土地、社会经济、环境和安全生产等因素，影响面大；另一方面，此类矿产管理的调控手段最弱，部分地方基层政府积极干预，甚至连“乡镇也在批矿”，发证的计划性、规划性比较差，容易引发秩序问题，此类区域编制技术力量薄弱，方案实施可控性难以把握，方案编制审查时需要引起足够的重视。

**建议做好矿业权设置方案与矿产资源规划和矿业权计划投放的衔接**。矿业权设置方案是矿产资源规划和矿业权投放的中间环节，做好相关衔接，有助于实现矿产资源管理从产业布局和总量控制到开发布局、计划投放、调整优化等具体管理的全线调控，为实现“把权力和责任放下去，把服务和监管抓起来”提供有力抓手。初步考虑，矿业权设置方案在编制过程中，以矿产资源规划确定的勘查开发规划区块作为矿业权设置方案编制单元，并主要根据地质成矿条件和地质工作程度细分矿业权拟设置区块。在矿业权设置方案颁布实施后，可根据方案中确定的矿业权投放目标和时序，按年度分解矿业权投放区块，编制矿业权年度投放计划，并按投放计划分期出让矿业权。凡矿业权有必要或可能进行整合的，应与矿业权投放计划一并编制年度整合实施方案。

**建议加强编制单位资质管理，规范方案编制**。国家规划矿区、整装勘查区矿业权设置方案原则上要委托具有甲级勘查资质或矿山设计资质的单位编制；其他由省级国土资源行政主管部门负责组织编制的矿业权设置方案，其委托的编制单位原则上须有乙级以上资质；矿业权设置方案编制工作由省级以下国土资源行政主管部门负责的，其委托的编制单位可由省级管理部门根据本地实际自行研究确定。在出台明确的编制实施管理办法和编制技术规范的基础上，应组织对全国方案编制单位和管理部门，尤其是基层管理部门和技术支撑力量进行培训，切实提高矿业权设置方案编制和管理水平。

**建议加强方案跟踪评估和实施监管，实行动态管理滚动修编**。矿业权设置方案颁布实施后，应结合矿业权配号系统，加强综合监督管理和跟踪评估工作。矿业权设置方案组织实施单位应定期分析评估矿业权设置方案实施效果，形成评估报告。当方案依据的矿产资源规划出现重大调整时，或经评估矿区地质工作程度和矿业权设置出现重大变化时，方案应予修编调整。方案审批单位可根据方案实施单位提交的评估报告和修编建议，决定方案是否修编。通过持续跟踪、定期评估、动态修编，实现矿业权合理设置与持续优化的目标。

2. 矿业权计划投放：调控矿业权设置时序

**1）主要做法及成效**

**三省试点，下放煤炭审批权限。**为加强煤炭矿业权宏观调控，转变管理职能，国土资源部于2010年9月印发《关于开展煤炭矿业权审批管理改革试点的通知》(国土资发〔2010〕143号)，在黑龙江、贵州、陕西三个省国土资源厅启动煤炭矿业权审批管理改革试点。全面授权试点省国土资源厅审批登记煤炭矿业权。对原属于部级审批登记的，国土资源部依据批准的年度投放计划，授权试点省国土资源厅审批，由项目所在地试点省国土资源厅依法受理和审查，报国土资源部备案后，通过矿业权统一配号系统进行配号，由试点省国土资源厅颁发勘查许可证或划定矿区范围、颁发采矿许可证。

**编制投放计划，合理设置投放时序。**试点省国土资源厅积极承担试点任务，及时编制全省煤炭矿业权年度投放计划，在2011年开展了第一年度的管理实践。2011年2月17日，国土资源部分别向黑龙江、贵州、陕西三个试点省下发了2011年度煤炭矿业权投放计划批复意见。其中，黑龙江省2011年度批复探矿权项目13个，划定矿区范围项目6个，采矿登记项目4个；贵州省2011年度批复探矿权项目28个，划定矿区范围项目21个，采矿登记项目36个；陕西省2011年度批复探矿权项目探矿权项目14个，划定矿区范围项目21个，采矿登记项目10个。

**2）评述**

目前，煤炭国家规划矿区矿业权设置方案和投放计划制度已经结合矿业权配号综合监管平台，在试点的三个省全面铺开。投放计划批复后，试点省份总体执行情况良好，相关工作开展得较为顺利。通过下放审批权限和加强配号监管，部省矿业权审批事权划分迈出了关键的一步。"部控省批"的矿业权审批机制运行较为顺畅，既调动了省级管理部门的积极性，基本实现新设矿业权有序设置、合理布局，又探索了有序可控下放审批权限的操作途径，为我国矿业权审批制度改革积累了经验。

遇到的主要问题包括：①《国土资源部关于开展煤炭矿业权审批管理改革试点工作的通知》(国土资发〔2010〕143号)中未具体规定矿业权投放计划项目的申报原则，三个试点省国土资源厅在上报2011年度投放计划时为照顾当地政府或企业的要求，上报了一些尚不符合条件的探矿权、采矿权项目。②三个试点省在遴选2011年度投放计划中，对部分探矿权、采矿权项目的基本情况和实施条件研究不足，造成部分已批复的投放计划项目执行延期或无法执行。总体上其投放计划执行率要低于预期。

**3）政策建议**

建议试点省在遴选探矿权、采矿权项目时，加强对拟列入投放计划的每一个项目的基本情况和实施条件进行研究，保障投放计划切实可行。进一步加强理论研究，做好矿业权投放计划与矿产资源规划、矿业权设置方案的衔接。

### 3. 跨区域联合监管：加强优势矿产资源调控

#### 1）主要经验及成效

2010 年以来，国土资源部联合工业和信息化部、国家发展改革委、商务部等部门联合部署开展稀土等优势矿产开发秩序专项整治。在多年来实行开采总量控制指标调控的基础上，国土资源部积极创新工作机制，协调推动稀土主产区地方人民政府签订联动方案，共同对区域内稀土开发联查联打、联合监管。

**区域联防、联合动态巡查和互查监督机制得到有效探索。**2010 年 8 月，国土资源部在广东省河源市组织召开了广东、福建、江西、湖南、广西五省（自治区）15 个市稀土开发监管区域联合行动启动仪式暨第一次联席会议，提出建立共同责任机制，在湖南省、广东省、广西壮族自治区、福建省、江西省等稀土矿产分布集中的地区，探索建立区域联防、联合动态巡查和互查监督机制，协调行动，联合打击，使乱采滥挖无处可遁。

**相关制度建设引导"联合监管"有效前行。**2011 年 5 月，国务院印发《关于促进稀土行业持续健康发展的若干意见》（国发〔2011〕12 号）提出加强对重点稀土产区的联合监管。5 月底，国土资源部组织南方五省（自治区）15 个市在广西壮族自治区贺州市举行稀土矿产开发监管区域联合行动第二次联席会议，15 市人民政府负责人共同签署了离子型稀土矿产勘查开采准入条件、离子型稀土矿产采矿权人联盟方案等五项制度，进一步加强稀土矿产开发区域联合监管。

按照联合行动方案要求，通过统一规划、协调行动、严查严打、区域联动，进一步强化地方人民政府领导、部门联动的监管责任，建立由 15 个市人民政府组成的联席会议制度，实行轮值主席制；立足政府、部门、企业三个层面，开展多方位、多目标、多内容的区域联动与合作，建立平等对话、统一协调的地区联动机制，推动南方五省（自治区）稀土等矿产资源产业经济协调规范、健康有序地发展。

继重稀土开发监管区域联动之后，2011 年 9 月，在国土资源部的协调推动下，内蒙古自治区包头市、山东省济宁市、四川省凉山彝族自治州等轻稀土主要聚集地的三市（州）人民政府启动开展了轻稀土开发区域联合监管行动，形成了三市州稀土矿产开发监管区域联合行动建议方案。

**巩固成效，拓宽思路，从稀土向磷矿联合监管延伸。**2011 年 9 月，在厦门市召开的矿产勘查开采处长培训班上，研究提出了磷矿主产省份探索区域联动调控和联合监管的思路。10 月和 11 月，国土资源部连续召开两次研讨会、座谈会，研究推动落实。通过对稀土的联合监管行动，吸收有效经验，巩固发展，进一步拓宽思路，争取向磷矿等其他矿种推开，完善联合监管体系。

**通过联合监管，有利于从源头制衡下游产业产能扩张过快的压力，促进产业链条结构合理化。**我国稀土产业下游的冶炼扩张过快的压力一直存在，相关部门一直在作监管的努力，也取得不少的成效。但从产业链管理的原理上看，多管齐下，从产业链条的不同层次进行监管，协调同步，更加有利于促进产业的健康发展。区域联合监管正好弥补了稀土下游产业监管的压力，从源头上对资源进行节流，冶炼企业将不得不承受原料供应紧缩的局面，有利于其自发压缩产能，进而减少环境污染等指标压力。从长远看，有利于促进产业链条结构的合理化。

2）述评

**探索稀土区域联合监管，是贯彻落实中央重要部署的重要体现。**稀土是我国最重要的战略性优势矿产，长期以来一直面临着产能过剩、过度开发、破坏环境、压价竞争、过度出口等现象，严重影响了其作为我国战略性矿产资源的开发与保护秩序。开展区域联合行动，是贯彻落实国务院《关于促进稀土行业持续健康发展的若干意见》（国发〔2011〕12号）精神，全面推进稀土资源开发秩序根本好转的重要举措。在稀土开发方面，以区域联合监管模式，更加有效地落实了该文件精神，并在实践摸索中，稀土重点区域形成联合机动，快速反应的协调机制；形成举措联合，有效地打击了盗采、环境破坏等违法乱纪行为，稀土开发秩序得到较大程度的理顺。

**联席会议制度和机制的建立，构建了以地方政府为主导的稀土开发监管新模式。**为进一步规范我国稀土矿产开发秩序，我国南方五省（自治区）15个市2011年5月举行了稀土矿产开发监管区域联合行动第二次联席会议。会议共同签署了《南方五省（区）15市离子型稀土矿产勘查开采准入条件》、《南方五省（区）15市离子型稀土矿产采矿权人联盟方案》等五项制度。这标志着南方五省（自治区）15个市的联席会议制度和机制的建立，形成了跨区域的联合行动，促进了稀土等矿产勘查开发秩序的好转。此次联席会议的召开，构建了以地方政府为主导的稀土开发监管新模式，有利于各地交流经验、协调配合、提高监管效果。

**开创了区域监管力量与经验共享、分工协作，高效推进的开发管理模式。**通过联合监管，有利于发挥各自在监管方面的优势与长处，取长补短；通过合理的分工协作，可以有效防治稀土盗采、贩卖等流窜型违法违规行为，有利于信息共享同步，提高查处能力，高效推进稀土行业秩序整治。以南方五省（自治区）采取联合行动的主要目标要求为例，协作过程中重点围绕平等协商、部门协作、责任共担、企业同盟的联合精神，有效促进了地区间稀土资源合理开发，推进建立区域联控、联查、联动的共同责任机制，形成了企业同盟，进行使稀土企业向产业方向推进，有利于形成稀土产业集群。

**区域联合监管有待向保护性开采的特定矿种推进。**充分发挥区域联合监管的效用与经验，扩大成果应用到钨、锡、锑等特定矿种。2009年，国土资源部印发了《保护性开采的特定矿种勘查开采管理暂行办法》，明确提出了加强对特定矿种的监管与保护措施，而区域联合监管出现，可与相关的政策措施配合，有效推进政府管理部门对保护性开采的特定矿种的监管，促进政策文件的执行与实践工作的有效结合。

**有待加强社会力量的融入，扩大效率范围**。开展区域联合监管的目的是搞好矿业开发的秩序，促进资源开发的可持续性。因此，在加强相关政府部门力量投入的同时，应当加大宣传，发动群众，使社会力量得到有效进入，进一步加强社会力量的支持与监督，发展区域联合监管的力量与基础。巩固已有的监管成果，并继续扩大成效区域，实现“点线结合“向“面面结合”转变。

**3）政策建议**

**区域联合监管向信息化、网络化推进**。稀土资源分布不均，地域空间的差异给监管带来难度，如何更加有效地发挥区域联合监管作用，需要在构建软实力的同时，加强在硬实力方面的基础建设，其中信息化、网络化是一个重要方面，应当构建相应的监管信息网络平台，共享数据；借助平台，有利于提升监管的机动联合，形成快速反应机制。

**南北监管区别对待，部委引导，有效衔接**。我国稀土资源品种丰富，南北稀土类型不同，产业特点区别大，在产业发展过程出现问题与矛盾不尽相同。对区域联合监管，要针对产业特点区别对待，同时也要加强沟通，以求同存异，有效分工。在宏观上，要以部委引导为主线，全国稀土资源保护“一盘棋”，横向与纵向都有效衔接，使监管的全局性科学化、布局合理化，体现监管机制的灵活性与强能力。

**区域联合监管应与市场调控深入结合**。区域联合监管主体是政府，属行政力量，其监管是政府调控行为；而稀土供需属市场行为。为保证稀土行业的健康发展，在对稀土行业开展区域联合监管的同时，要促进监管队伍深入洞悉微观市场动态，宏观调控手段与微观市场机制相结合，使区域联合监管机制逐步完善，科学化、常态化，大力推进稀土行业的健康发展。

**构建区域联合长效机制**。在目前开展的区域联合监管工作中，已形成一定的协作机制与工作方法，下一步应当充分吸收成功经验，寻找不足；持续巩固这项目工作，并不断创新，形成可持续性的联合监管机制，彻底消灭稀土盗采、污染、走私等不良现象，切实提高并巩固我国在这一战略新兴矿产市场上的话语权和影响力。

**大力开展稀土储备、平抑市场泡沫**。要加强规划，实施矿产地储备，推进资源合理利用与保护的力度。加强对已经采掘分离出来的稀土矿产品储备工作研究，重点建立收储与动用工作机制。在遵循市场规律的前提下，以保护资源、维护市场稳定为根本目标，开展具体的收储与动用工作，合理平抑稀土市场泡沫。

**建议深入研究磷矿区域联合监管调控措施并加快推进落实**。与稀土资源相同的是，我国磷矿资源也相对集中，主要赋存于湖北、湖南、四川、贵州、云南五省。从统计情况来看，目前我国矿业权管理数据库里的磷矿产能 1 亿 t，但在终端消费市场，我国国内磷矿资源使用不到 1000 万禾 t，大量出口。但在国际市场上，磷矿资源并不是我国的优势资源，同时，我国大多数地方磷矿资源品位不高，开采成本和资源环境代价较高，因此，制定具体措施，适度调控开采总量，非常必要。

## 【4】 国有地质勘查单位改革

2011年3月23日，《中共中央国务院关于分类推进事业单位改革的指导意见》（以下简称指导意见）正式下发，拉开了事业单位分类改革的序幕。该指导意见对改革的指导思想、基本原则、改革目标、事业单位分类标准、分类改革的具体政策以及改革的组织实施等重大问题提出了明确的指导意见。

多年来，我国地质勘查工作管理体制改革走过了一段艰苦的探索历程，很有成绩，可圈可点。站在全国事业单位的全局看，这只是局部的、部门的改革，是行业内自我探索性改革；从改革深度和难度上讲，也是浅表层的改革。本轮全国事业单位分类改革，是全国层面、全体事业单位的改革，是解决深层次矛盾的改革，是生产关系的综合改革，也是解决体制、机制问题的改革，对于地质勘查单位来说，是一种适应性改革。

2011年，各地继续积极探索地质勘查单位改革，部分改革先行一步，具有典型意义。其中，陕西省政府积极推进省内地质勘查行业改革进程，明确改革时间表；有色金属华东地质勘查局（以下简称华东有色）积极申请作为全行业改革试点。

### 1. 陕西模式：全面推进国有地质勘查单位企业化改革

#### 1）主要经验及成效

2008年12月20日，陕西省政府办公厅下发了《关于印发我省地质勘查单位改革有关文件的通知》（陕政办发〔2008〕128号）（以下简称《通知》），正式启动国有地质勘查单位改革。《通知》明确了地质勘查单位改革的目标、原则和措施。

**两步改革目标**。按照国家对地质勘查单位企业化改革的总体目标，结合陕西省地质勘查单位的现状和特点，采取两步走的方式：第一步，以局为单位，按照事企分开的原则，组建局领导下的企业化地质勘查公司。改革管理体制，转换经营机制，使组建的经济实体按照市场规则运行。第二步，各地质（勘）局在实行企业化经营的基础上，剥离事业管理职能，组建省公益性地调机构，各地质勘查公司可组建地质勘查开发集团公司，也可参与省内大型企业集团整合重组。

**六项改革内容**。一是改革管理体制。以局为单位，成立公司，自主经营，保留地质（勘）局牌子。二是改革人事和劳动制度。身份按“老人老制度，新人新政策”；分配制度实行以岗位、绩效和股权分配为主的企业工资。三是改革地质勘查费管理和财务管理模式。地质勘查费扣除事业单位与离退休经费后切块下达企业；改革后公司实行企业财务管理制度。四是逐步剥离办社会职能。五是建立现代企业制度，实行企业化运作与管理。六是组建事业性质的陕西省地质调查院，其主要职责是负责统一部署和组织实施陕西省基础性、公益性、战略性地质矿产勘查工作。

**四项不变政策**。坚持事业单位的牌子不变，老职工的事业身份不变，事业单位的经费标准不变，今后中央财政安排的对地质勘查单位的政策性补贴不变。

**五项扶持措施**。一是矿业权处置政策。改革前地质勘查单位持有的矿业权，转让时价款经批准全部或部分可转增资本金，属前期国家出资尚未形成矿产地的矿业权，由改制后的企业自主经营。二是改制企业优先承担省地质勘查基金项目。可获得出让价款省内留成投资增值部分成果奖励分成，并有优先购买权。三是土地税收等支持政策。改制企业享有国有划拨土地转用、经济适用住房建设用地和部分税收优惠政策。四是提前退休政策。截至 2008 年 12 月 31 日前符合规定年龄或工龄的员工，可提前退休。五是老职工社会保障政策。老职工享受的养老、住房等补贴和社会保障金与陕西省其他事业单位的同类人员同等待遇。

**2）述评**

陕西省地质勘查单位改革是在政府统筹领导下的较为彻底的企业化改革，陕西省政府的改革实施方案经过充分酝酿论证，在改革的方向上得到了地质勘查单位的普遍认可，有利于促进地质勘查单位做大做强。但仍然有不少问题让地质勘查单位担心和忧虑。一是建立分公司不利于发展。地质勘查单位经营涉及范围比较大，改为分公司后很难管理，原地质勘查单位的资质很难保住，也会降低地质勘查单位竞争力。二是资质、矿权更换主体问题。原先以局、队名义申请的资质、矿权，转换到企业名下需要在较长时期内完成，但陕西省政府规定统一的时间，面临衔接不上的问题。三是担心产业难以持续、发展后劲不足。目前地质勘查单位获取新增探矿权难，部分地方政府把探矿权年检变成了审批，勘查单位合法权益缺乏保障。四是担心先改革会处于不利地位。在其他省（自治区、直辖市）地质勘查单位没有完全改革到位的情况下，陕西省地质勘查单位担心改革后在全国的地质勘查市场竞争中处于不利地位。五是对于保留的事业单位局的定位不明确，等等。

**3）政策建议**

**关注陕西省国有地质勘查单位改革进展，及时跟进、加强指导。**党中央、国务院关于事业单位改革的思路已经明确，地质勘查单位必须加快改革的步伐。虽然当前全国事业单位的体制改革还没有全面展开，各省地质勘查单位改革总体步伐较为缓慢。陕西省政府高度重视地质勘查单位改革，并结合本省的特点，充分考虑地质勘查单位的利益诉求，大力推进地质勘查单位的改革，为陕西省地质勘查单位的发展和实现地质找矿重大突破奠定了基础，也对全国的地质勘查单位改革产生了一定的影响和借鉴。同时，也要深入总结改革中存在的困难与问题，避免其他省份在改革中重走弯路。目前陕西省地质勘查单位改革已经取得阶段性进展，各项改革措施正在有序推进。随着地质勘查单位事业部分与勘查企业的彻底分离，陕西省地质勘查单位改革将会有一定的成功经验，但同时也存在一些问题和困难，国土资源管理部门要及时跟进，跟踪陕西省地质勘查单位改革进展，不断了解情况，总结经验，加强指导。

**积极做好与国家事业单位分类改革的衔接，做强商业性勘查企业。**国有地质勘查单位改革发展必须与国家事业单位分类改革做好衔接，将地质勘查单位原有行政审批、公共服务职能剥离，做好经营性地质勘查单位改制工作，有条件的省（自治区、直辖市）对事业部分的地质勘查队伍进行重组，实现局与局的合并，鼓励改制后的地质勘查单位联合或参与大型企业集团的重组，对地质勘查行业勘查力量进行整合，进一步提高其专业资质与技术实力，避免行业无序竞争，促进地质勘查行业健康发展。

**积极为改革后的勘查企业创造良好的发展环境**。国家有关部门要积极为改革后的勘查企业的发展创造良好的政策环境，继续加大中央和地方财政对地质勘查工作的投入，进一步完善和提高地质勘查工作预算标准，建立健全地质找矿新机制。省级人民政府要搞好区域内地质勘查行业经济，积极做好地区性和部门间的协调工作，努力改善和优化地质勘查工作环境。在优化地质勘查环境工作中要充分考虑地质勘查单位管理体制的特殊性，建立以政府为主导、各利益主体共同参与的综合协调机制，为地质勘查工作的有序开展创造良好的外部环境。

**加大对省政府部门间的工作协调力度**。为进一步加大国有地质勘查单位改革协调力度，统筹解决地质勘查单位改革中的问题，建议省（自治区、直辖市）建立由分管省长或秘书长为组长的地质勘查单位改革发展协调小组，政府相关部门主管领导为协调小组成员，国土资源部门作为行业主管部门牵头，确保各项扶持政策的落实。同时，地质勘查单位改革中有关问题的解决不可能“毕其功于一役”，对于其中的关键问题需要反复研究，要建立部门间定期协商会议机制。地质勘查单位可以及时反映改革进展及其中存在的问题，各有关部门可以了解相互间的工作进展、反馈问题解决的程度及下一步的安排，使地质勘查单位改革推进在纵向上得到理顺，横向上得到协调。

**加强对地质勘查单位改革的分类指导**。国土资源管理部门要从行业管理的角度出发，进一步加强对地质勘查单位改革的分类指导，鼓励部分有条件的省份和地质勘查单位先行试点，支持和引导一部分有实力的地质勘查单位优先发展起来。鼓励地质勘查单位因地制宜，按照分类改革的基本原则，积极探索探采一体化、建立勘查服务公司以及组建股份制公司等发展模式。

**调动地质勘查单位在整装勘查工作中的积极性**。要充分调动地质勘查单位在整装勘查中的积极性与能动性，一方面，政府要为地质勘查单位找矿创造条件、做好服务，发挥地质勘查单位找矿主力军的作用，弥补当前矿产勘查技术力量不足的问题；另一方面，还要鼓励、引导地质勘查单位通过找矿积累资本，引导地质勘查单位在企业化的道路上与大企业联盟，解决部分国有地质勘查单位资金能力不足和体制机制落后等问题。

### 2. 华东有色：积极推进地质勘查单位企业化改革试点

#### 1）主要经验及成效

**积极探索内部改革**。从2007年开始，华东有色调整发展战略，以“事企分离”为基础，转变工作重心，创新体制机制打造国际资源型公司。

**产业结构调整**。根据市场发展需要，开展以“主辅分离、产业分离”为主要内容的改革。将原地质队非经营性业务与经营性业务分离，经营性业务全部与事业费脱离，实行市场化运作；同时，将地质勘查作为主业恢复，将矿业开发作为新产业发展，积极拓展地质勘查新领域，构建“大地质”新格局。

**内部资源整合**。按照“两分离”的思路，对局属的地质勘查单位技术力量、地质勘查资质、矿权、资金等进行整合，由局统筹管理各类资源，建立以资源、资本、资质为纽带的组织体系。

**企业运行机制**。改造传统“队为基础”的传统体制，实现集团化的企业组织架构。除承担非经营性职能的地质队仍保留事业身份外，其他所有的企业均改造为现代企业，按照现代企业制度的要求，完善法人治理。同时成立华东有色投资控股有限公司，专门进行矿权运作与资本运作，对下属公司行驶股东权利。

**资本运作与国际化经营**。华东有色以矿权运作为基础，靠资本运营滚动发展，不断拓展国际化经营。一是构建上市融资平台，积极筹划买壳上市。二是多渠道开展资本运营，尝试内保外贷的新融资模式，同时发行中期票据。三是境内外设立矿产资源私募基金的工作取得了实质性进展。四是积极筹备地质勘查系统第一家设备融资租赁公司，五是实施国际并购，加快国际化经营步伐。

**未来改革发展方向**。改革思路。通过实施管理企业化、发展市场化、资产证券化、探采一体化，使华东有色的综合经济实力、自主创新能力、国际竞争能力、抗风险能力和可持续发展能力不断提升，全力把华东有色改造提升为以现代企业制度为架构、探采一体化为核心、国际化经营为理念的跨国矿业公司；发展目标。以构建探采一体化为核心的产业链来优化产业结构，以资源、资产、资本一体化来提升产业规模，将目前事业单位彻底改造成为以矿产勘查和开发为主业的大型资源类集团公司。

**2）述评**

**地质勘查单位企业化改革是大势所趋**。华东有色认为，当前是地质勘查单位企业化发展的机遇，尽早实现企业化改革有利于抢占市场先机，通过不断扩张兼并，进一步做大做强，内部已经实现企业化运作；地质勘查单位企业化改革应该顺应形势，在国家关于事业单位改革的总体框架稳步推进。

**地质勘查单位改革需要分类指导、区别对待**。由于省情与局情的差异，虽然近年来各地质勘查单位积极探索企业化改革，但发展不平衡，要充分认识国家分类改革的总体思路，结合省内实际情况，形成地质勘查单位分类改革的整体思路，实现行业力量整合，推进行业整体改革。地质勘查单位分类改革思路形成的前提是政府对省内地质工作要求，结合地区经济社会发展阶段，根据各地地质勘查单位的具体情况提前谋划。

**地质勘查单位改革发展关键在省级政府**。地质勘查单位属地化管理以后，其资产、债权债务、人事、劳动工资关系一并交由省级人民政府管理。地质勘查单位企业化改革过程中所涉及的、总体思路、时间安排、优惠政策等都需要省级政府统筹考虑。

**华东有色改革中需要注意的问题**。一是改革后职工的利益问题。华东有色的核心是华东有色投资控股公司，掌握着全局的资金、矿权，下属企业均为其子公司，子公司与其他社会主体共同竞争华东有色投资控股公司的项目，如何使职工成为地勘单位改革的利益主体，需要加以研究。二是充裕的资金是华东有色快速发展的关键。近年来，华东有色快速扩张，进行大量投资，实现跨越式发展。从投资的资金来源看，主要是银行授信贷款（3 年期 8 亿元），目前看来，项目进展顺利，部分矿山已经产生收益，但考虑到地质勘查的规律性，从勘查到矿业开发是一个较长期的过程，如果在上市融资等方面出现延误，将会导致资金链紧张。三是改革后的企业发挥地质找矿主力军作用。从调研情况来看，将来华东有色的发展方向为国际性资源公司，通过资本与矿权运作不断发展。如何将华东有色的发展与发挥地质找矿主力军作用、实现地质找矿“358”目标结合起来，需要进一步研究。四是地质勘查质量问题。近年来，华东有色地质勘查技术人员比例增长较快，但总体数量有限，同时新进技术人员的成长也需要一个过程。华东有色在快速扩张的过程中需要进一步思考如何在现有地质勘查技术人员的基础上促进地质勘查质量的提高。

**3）政策建议**

**要加强对地质勘查单位分类改革的指导和试点**。根据《中共中央国务院关于分类推进事业单位改革的指导意见》，国有地质勘查单位作为地质勘查行业的事业单位也将要按照社会功能划分为承担行政职能、从事生产经营活动和从事公益服务三个类别，其中绝大部分要改革为从事生产经营活动的企业。由于地质勘查行业的特殊性，作为行业主管部门，国土资源要加强分类改革的指导，促进地质勘查行业健康发展。对于公益性地质勘查队伍，要在预测“十二五”时期及更长一段时期内公益性地质工作量的基础上，提出队伍的建设发展规模及相关保障措施；对于企业化改革，要不断总结地方实践，根据区域发展、自身条件等，提出企业化分类改革的指导意见。对于地质勘查行业分类改革，可以选择一两个省作为综合试点，先行先试，及时分析研究并解决遇到的困难和问题，加强指导，不断总结完善，做好试点期间改革和发展典型的总结推广工作。

**支持华东有色整体改革的试点**。近年来，华东有色积极探索企业化经营，将地勘行业事业单位改制为大型企业集团，走在全国地勘行业企业化改革前列，具有积极的引领示范效应。建议国土资源部将华东有色作为地勘单位企业化改革的试点单位，在与江苏省签订的部省合作协议进一步明确。同时，华东有色作为地勘单位企业化改革的模式之一，地勘行业主管部门要进行跟踪指导，不断了解实践做法及存在的问题和困难，通过边实践边总结，为我国地勘行业改革发展提供借鉴。

**扶持华东有色重点科研项目**。华东有色为提高找矿能力，不断开展自主创新活动，积极开发“智慧探矿”软件、研制“金属矿地震成像系统”，进一步强化科技对地质工作的支撑作用。建议将有关科研项目列入省部级重点科技研发专项，争取财政资金支持，加强与科研院所的合作。

**加大境外矿产资源风险勘查支持力度。**华东有色积极开展境外矿权收购与申请，加快国际化经营步伐，为降低境外矿产资源风险，建议对于华东有色为获取矿业权而开展的前期地质矿产调查与评价，以及综合研究、信息服务和管理，已取得矿业权的矿产资源预查、普查和详查，矿产资源勘探和矿山建设等项目，利用境外矿产资源风险勘查专项，加大财政资金支持力度，推动华东有色境外业务的发展，实现国有资产在境外的保值增值。

**需要进一步研究地质勘查单位企业化改革后如何加强行业管理。**继续加强行业发展情况的调查研究。在了解与掌握国有地质勘查单位改革发展进程的基础上，进一步加强对民营勘查企业经营现状的调研。尽管民营企业规模较小，但在商业性地质工作中发挥着重要作用，是地质勘查行业不可或缺的组成部分。从加强行业管理的角度进一步了解民营地质勘查企业的发展对于未来的行业管理有一定的借鉴意义。同时，加强理论研究，明确未来地勘行业管理工作的方式方法。在研究企业为主的地质勘查行业发展规律的基础上，借鉴国外关于勘查主体的管理经验，探索符合国情，符合行业特点的行业管理方式，充分发挥行业管理职能，促使整个地质勘查行业健康发展。

# 主要参考文献


李国娟，沈晓梅 .2011. 国家永佃制：我国农村土地产权制度改革的方向 [J]. 燕山大学学报：哲学社会科学版 (2).

巴忠倓，糜振玉，王国忠 .2003. 中国国家安全战略问题研究 [M]. 北京：军事科学出版社 .

白宏涛，王会芝，乔盛 .2010. 土地资源承载力在城市发展战略环境评价中的应用研究 //2010 中国环境科学学会学术年会论文集第二卷 [C].

白晓东 .2010. 矿业用地方式可以多样 [J]. 中国土地 (7).

白云飞 .2008. 矿产资源资产化管理之浅谈 [J]. 山西焦煤科技 (12).

本刊记者 .2011. 统筹兼顾 税制改革稳步推进 [N]. 中国财政 (1).

毕宝德 .2008. 土地经济学 [M]. 北京：中国人民大学出版社 .

毕岑岑，王铁宇，吕永龙 .2011. 基于资源环境承载力的渤海滨海城市产业结构综合评价 [J]. 城市环境与城市生态 (2).

毕金星，谭旭红 .2005. 矿产资源资本化问题研究 [J]. 财会月刊 (9).

毕明 .2011. 京津冀城市群资源环境承载力评价研究 [D]. 北京：中国地质大学 .

卞琦娟，周曙东，葛继红 .2010. 发达地区农地流转影响因素分析——基于浙江省农户样本数据 [J]. 农业技术经济 (6).

蔡继明，方草 .2010. 对农地制度改革方案的比较分析 [J] . 社会科学研究 (4).

蔡立东，李晓倩 .2011. 行政审批与矿业权转让合同的效力 [J]. 政法论丛 (5).

蔡伟伟，刘富荣 .2011. “联动”执法凸显监管优势 [J]. 中国土地 (4).

曹爱红，韩伯棠，齐安甜 .2011. 中国资源税改革的政策研究 [J]. 中国人口 · 资源与环境 (6).

曹岚宇，李华勇 .2010. 经济可行实施小矿山自然生态环境治理方案探索 [J]. 西部探矿工程 (12).

曹庆奎，陆俊虎，刘开第 .2010. 基于隶属度转换算法的矿业投资决策模糊评价 [J]. 河北工程大学学报：自然科学版，27(1).

曹松彦 .2010. 我国石油企业资源税费存在问题及对策 [D]. 郑州：郑州大学 .

曹玮 .2010. 矿山生态环境的保护与治理对策 [J]. 绿色科技 (7).

曹文斌 .2009. 土地股份合作制：中国农地制度的创新与实践 [J]. 现代农业 (7).

柴志春，赵松，李众敏，等 .2009. 土地价格与经济增长关系的实证分析——以东部地区为例 [J]. 中国土地科学 (1).

晁坤，荆全忠 .2010. 对我国矿产资源有偿使用制度改革的思考 [J]. 中国煤炭 (1).

陈斌，张有乾，艾聪 .2010. 基于绿色开采的绿色矿山建设 [J]. 山西焦煤科技 (6).

陈朝光 .2011. 浅析我国土地管理制度的现状及改革策略 [J]. 才智 (26).

陈德敏，胡耘通 .2010. 法治视野中的矿产资源规划研究 [J]. 资源科学 (9).

陈海燕，谢志勤，蔡嗣经 .2011. 基于实物期权的矿业投资时机分析 [J]. 金属矿山 (421).

陈家泽，周灵 .2009. 确权固化、长久不变的农村产权制度安排及其评价 [J]. 社科论坛 (6).

陈嘉佳 .2010. 关于我国资源税功能转变的思考 [D]. 大连：东北财经大学 .

陈立定 .2010. 不同级土地市场地价形成机制和地价水平研究 [J]. 浙江科技学院学报 (4).

陈立双，张玉龙，吴迪 .2008. 辽宁省城市地价状况及影响因素分析 [J]. 国土资源 (12).

陈立新 .2011. 对我国矿山环境保护与治理的若干建议 [J]. 中国矿业 (2).

陈丽萍，孙春强 .2010. 国外矿业权交易相关制度简述 [J]. 国土资源情报 (5).

陈敏 .2010. 土地流转中的政府责任思考 [J]. 农村经济 (8).

陈明曦，杨玖贤，孙大东 .2011. 矿产资源总体规划对四川省甘孜州资源——环境承载力影响分析研究 [J]. 四川环境 (3).

陈荣 . 2009. 城市土地利用效率论 [J]. 城市规划汇刊 (4).

陈世权 .2010. 加强土地管理 建设资源节约型社会 [J]. 中国科技信息 (13).

陈先伟，辜寄蓉，杨海龙 .2010. 城市土地集约利用与土地供需关系研究 [J]. 资源市场与开发 (8).

陈修谦，夏飞 .2011. 中部六省资源环境综合承载力动态评价与比较 [J]. 湖南社会科学 (1).

程前 .2010. 我国矿业创新融资模式研究 [D]. 北京：中国地质大学 .

陈哲，欧名豪，李彦 .2010. 政府行为对城市土地利用的影响 [J]. 城市问题 (12).

陈志新，江胜蓝 .2010. 城市化进程中农村集体产权制度改革 [M]. 北京：化学工业出版社 .

程立晶 .2011. 关于土地管理制度创新的思考 [J]. 才智 (26).

程秀娟 .2010. 国土资源部：开展“两整治一改革”专项行动 . 国土资源 (9).

戴斌 .2010. 我国矿产资源税费制度的演进和改革前景 [J]. 榆林学院学报 (1).

邓海峰，王希扬 .2010. 户籍制度对土地承包经营权流转的制约与完善 [J]. 中国人口 · 资源与环境 (7).

邓伟 .2010. 山区资源环境承载力研究现状与关键问题 [J]. 地理研究 (6).

邓泽贵 .2009. 浅论土地价格的形成与影响因素 [J]. 决策管理 (7).

董朝燕 . 2011. 矿产资源有偿使用法律制度研究 [D]. 北京：中国政法大学 .

董文，张新，池天河 .2011. 我国省级主体功能区划的资源环境承载力指标体系与评价方法 [J]. 地球信息科学学报 (2).

董文宣，冯玉春，于晓英，等 .2011. 金属矿山采选项目的环境管理制度执行情况及问题分析 [J]. 环境科学与管理 (3).

董延涌 .2011. 辽宁沿海经济带资源环境承载力问题研究 [J]. 辽宁工程技术大学学报：社会科学版 (5).

董昀 .2011. 推进体制改革 加快经济发展方式转变 [J]. 中国市场 (14).

杜朝晖 .2010. 我国农村土地流转制度改革——模式、问题与对策 [J]. 当代经济研究 (2).

杜官印，蔡运龙 .2010. 1997—2007 年中国建设用地在经济增长中的利用效率 [J]. 地理科学进展 (6).

杜辉，陈德敏 .2012. 论《矿产资源法》制度重构的模式选择与具体路向 [J]. 资源科学 (1).

杜江，许多，李恒 .2011. 中国大中城市地价对房价影响的实证研究 [J]. 重庆大学学报，(1).

杜青松 .2011. 基于循环经济的煤矿类矿山公园建设模式研究——以开滦国家矿山公园为例 [D]. 北京：中国地质大学 .

杜婷婷 .2009. 加强矿产资源的战略储备 [J]. 宏观经济管理 (11).

段炼 .2011. 浅论土地管理信息化问题 [J]. 才智 (10).

樊春辉 .2011. 矿业权审批登记中几个问题的讨论 [J]. 中国矿业 (8).

樊玲，张清华 .2011. 云南省矿产资源有偿使用的税费现状 [J]. 企业导报 (3).

繁鸿瑜，王良健 .2006. 我国矿产资源资产化管理研究现状综述 [J]. 国土资源科技管理 (1).

范继涛，贾文龙，薛亚洲 .2010. 浅析矿产资源储备基地选择的影响因素 [J]. 中国矿业 (8).

范振林 .2011. 浅论矿产资源资产资本“三位一体”管理 . 中国矿业 (4).

方芳，周国胜 .2011. 农村土地使用制度创新实践的思路——以浙江嘉兴市“两分两换”为例 [J]. 统计研究 (4).

房芳 .2011. 探析我国矿产资源有偿使用制度 [J]. 才智 (22).

封志明 .2007. 中国未来人口发展的粮食安全与耕地保障 [J]. 人口研究 31(2).

冯芳莲 .2010. 山西省矿区生态环境保护的法律规制 [J]. 山西煤炭管理干部学院学报 (1).

冯晓曼 .2011. 当前完善农村土地流转制度的思考 [J]. 河南农业 (3).

冯艳芬，董玉祥，刘毅华，王芳 .2010. 基于农户调查的大城市郊区农地流转特征及影响因素研究——以广州市番禺区 467 户调查为例 [J]. 资源科学 (3).

付斌 .2011. 基于可持续发展的我国油气资源税费制度改革研究 [D]. 北京：中国石油大学 .

付路解 .2010. 积极利用好财政杠杆 推进经济跨越式发展 [J]. 今日新疆 (16).

付英，袁国华，冯聪，等 .2011. 西藏自治区甲玛铜多金属矿勘查开发情况调研报告 [EB/OL].http://www.calre.net.cn/cys/2011dyby4.html.

付英 .2011. 论矿产资源、资产、资本一体化管理新机制 [J]. 中国国土资源经济 (4).

付志旗 .2010. 关于我国土地管理改革的思考 [J]. 财经界 (2).

傅晶晶，卫德佳 .2010. 资源型城市资源开发补偿法律制度研究——以四川省达州地区天然气开发为例 [J]. 资源开发与市场 (8).

盖静 .2010. 中国矿产资源税费金制度研究综述 [J]. 经济研究导刊 (18).

甘藏春 .2010. 土地管理法制建设若干问题 [J]. 中国土地 (6).

甘藏春 .2011. 服务法治国土建设目标，努力实现国土资源普法工作的新提升 [J]. 国土资源通讯 (6).

高广明 .2011. 浅析矿山地质环境恢复治理及综合利用 [J]. 安徽农学通报，17(14).

高慧丽，赵玲玲 .2011. 地勘单位改革发展研讨会与会专家的提出落实“两个更加”要求着眼地勘行业发展 [R]. 中国国土资源报 (08-01).

高洁，廖长林 .2011. 英、美、法土地发展权制度对我国土地管理制度改革的启示 [J]. 经济社会体制比较 (6).

高明森，李广泳，王东宏 .2011. 青海矿产资源有偿使用调研报告 [R]// 青海省社会科学院，探索、创新、求实——青海省“十一五”时期理论和实践研究成果汇编 ( 上 )[C].

高萍 .2009. 我国矿产资源开发收益分配实践与改革建议 [J]. 中国矿业 (18).

高世宝 .2010. 关于加快推进资源税费改革的思考 [R]. 山西经济日报 (09-25).

高文静，赵国浩 . 2011. 煤炭资源税费改革对工业“三废”排放的影响——基于山西的实证研究 [J]. 生态经济 (3).

郜雪梅 .2011. 矿业权登记的法律适用 [J]. 中国矿业 (2).

郜雪梅 .2011. 矿业权登记制度研究 [D]. 北京：中国地质大学 .

耿雁冰 . 2010. 资源税费改革新疆先行 .21 世纪经济报道（05-21）.

弓晓鹏，白明英，张爱国，等 .2010. 农村土地流转中存在的主要问题 [J]. 山西师范大学学报：自然科学版 (6).

宫文，周进生 .2011. 遥感监测技术在土地利用监管中的作用分析 [J]. 中国国土资源经济 (5).

顾晨洁，李海涛 .2010. 基于资源环境承载力的区域产业适宜规模初探 [J]. 国土与自然资源研究(2).

关林涛，孙克楠，赵小宇.2010.浅谈承德市矿山自然生态环境治理[J].林业实用技术(9).

关伟，张明波.2011.我国矿山地质环境问题现状与管理情况[J].黑龙江科技信息(8).

郭立勤，于学军，朱华.2011.泰安市岱岳区土地信息监管系统建设[J].山东国土资源(5).

郭万达，辛华，刘喜耕，等.2010.以承载力谋划发展 以科学发展提高承载力——《关于深圳市资源环境承载力问题》调研总报告.综合开发研究院（中国·深圳）.

郭晓鸣.2011.中国农村土地制度改革：需求、困境与发展态势[J].中国农村经济(4).

郭正模.2010.统筹城乡发展中的土地[J].当代经济(9).

韩博.2010.县域资源环境承载力评价研究[D].昆明：云南大学.

韩丽丽.2010.矿产资源有偿使用制度研究[D].乌鲁木齐：新疆财经大学.

郝瑞娟，闫鉴.2010.我国矿山环境问题分析及治理对策[J].煤，19(8).

何立胜.2011.我国城乡二元土地产权特性与农民土地权益的制度保障[J].贵州社会科学(10).

何淼.2011.中国矿地使用权法律制度研究[D].北京：中国地质大学.

何萍，张文秀.2010.城乡统筹试验区农户农地流转意愿研究——基于成都市296户农户调查[J].资源与产业(5).

何琼峰.2009.矿产资源资产化管理创新研究——以湖南省为例.社科论坛(8).

何政伟，刘峻杉，赵银兵，等.2011.西部矿产资源开发的地质生态环境承载力理论与方法探讨[J].地球与环境(2).

侯百曙，许亮.2011.关于加强工业用地批后监管的政策研究与对策建议[J].浙江国土资源(2).

胡贲.2011.部委“约谈”——刚柔兼具的监管新概念[J].价格与市场(7).

胡隽秋.2010.油气资源税对新疆经济社会的影响[J].中国能源(8).

胡能灿.2007.市县级国土资源管理体制的调查与思考[J].国土资源(4).

胡炜，魏本宁，赵江涛.2011.国外矿山环境治理管理制度研究及对我国的启示[J].中国矿业(4).

胡小明.2011.科学发展背景下土地管理立法的完善[J].重庆科技学院学报(12).

华文，范黎，吴群，等.2009.城市地价水平影响因素的相关性分析——以江苏为例[J].经济地理(2).

黄繁生.2010.采矿对地质环境的影响及治理设想[J].工业技术(13).

黄国良，许之前 .2002. 矿产资源资本化问题的研究 [J]. 煤炭学报 (12).

黄京鸿，刁承泰 .2009. 重庆市城市用地供需状况研究 [J]. 经济地理 (4).

黄霞，肖攀 .2011. 土地登记在建设用地动态监管中的应用 [J]. 中国国土资源经济 (3).

黄小虎 .2010. 解决土地管理失控应从“根”入手 [J]. 国土资源导刊，7(8).

黄小虎 .2011. 几项关于土地管理重大改革的建议 [J]. 资源管理 (6).

黄亚平，丁烈云 .2008. 城市规划对地价的作用机制研究 [J]. 城市发展研究 (4).

黄瑜 .2010. 土地价格、居民收入对商品住宅价格影响的动态分析——基于状态空间模型的实证 [J]. 经济与管理研究 (10).

季金华，徐骏 .2011. 土地征收法律问题研究 [M]. 济南：山东人民出版社 .

贾艳慧 .2010. 城乡二元土地制度存在的问题及对策研究 [J]. 理论探讨 (7).

贾引狮，朱志国 .2008. 环境资源法学的法经济学研究 [M]. 北京：知识产权出版社 .

蒋承菘 .2009. 资源环境地质与行政管理 [M]. 北京：地质出版社 .

蒋辉，罗国云 .2011. 可持续发展视角下的资源环境承载力——内涵、特点与功能 [J]. 资源开发与市场 (3).

蒋辉，罗国云 .2011. 资源环境承载力研究的缘起与发展 [J]. 资源开发与市场 (5).

蒋满元 .2008. 城市土地价格异化问题探析 [J]. 福建行政学院学报 (5).

蒋仲安 .2009. 矿山环境工程 [M]. 北京：冶金工业出版社 .

经济日报社产经新闻部，中国经济网产经部 .2011. 中经产业景气指数专栏 .http://www.ce.cn/cysc/ztpd/09zjzs/gt11Q4-1/index.shtml.

矫晓宏 .2011. 农村土地产权制度现状问题分析与建议 [J]. 中国对外贸易 (10).

金传梁 .2010. 中国石油资源税费问题研究 [D]. 大连：东北财经大学 .

金家鼎 .2008. 房地产开发中的地价因素分析 [J]. 中南财经大学学报 (4).

靳晓东 .2010. 我国矿产资源法完善的对策探讨 [J]. 法学杂志 (S1).

鞠超 .2011. 低碳经济背景下我国石油资源税费改革研究 [J]. 北京：中国石油大学 .

康虎彪，刘传庚，谭玲玲，等 .2010. 能源产业基地综合环境承载力评价研究——以内蒙古锡林郭勒盟煤炭资源开发为例 [J]. 中国能源 (3).

康纪田 .2010. 矿产资源绝对有偿制度初探 [J]. 中国煤炭 (9).

赖光亮，郑明贵，袁怀雨 .2010. 基于实物期权的海外矿业投资柔性决策模型 [J]. 煤炭学报，35(6).

类淑霞，郝晋珉，杨立，等 .2010. 煤炭型城市土地生态环境及资源承载力定量研究——基于土地利用总体规划视角 [J]. 国土资源情报 (11).

李成博 .2011. 浅谈砂石土矿业权市场监管 [J]. 黑龙江科技信息 (7).

李恩平 .2010. 中国城市土地制度改革回顾与展望 [J]. 改革与战略 (5).

李凤，汪安佑 .2010. 资源开发的经济补偿机制研究——矿产资源的税费改革 [J]. 中

国矿业 (2).

李刚 .2007. 矿产资源资产化管理研究 . 矿产快报 (5).

李国平，李恒炜，龚杰昌 .2011. 矿产资源税计征公式改革研究 [J]. 资源科学 (5).

李国平，李恒炜 .2011. 基于矿产资源租的国内外矿产资源有偿使用制度比较 [J]. 中国人口 · 资源与环境 (2).

李国平，张海莹 .2010. 煤炭资源开采企业税费负担水平研究——以某县煤炭资源开采企业为例 [J]. 统计与信息论坛 (9).

李海婷，王世虎 .2011. 我国矿山环境保护政策法规的展望 [J]. 山东国土资源 (6).

李洪华 .2010. 资源税费改革使新疆财力大增 [R]. 中国税务报（06-04）.

李洪嫔 .2011. 国外矿业权出让方式研究及对我国的借鉴 [J]. 中国矿业 (9).

李继刚 .2011. 中国农地制度变迁：复归抑或常态 [J]. 经济学家 (4).

李继平 .2010. 中国农地制度变迁：复归抑或常态—— 一个经济解释 [J]. 经济地理 (4).

李嘉碧，朱一中 .2010. 土地市场中的地方政府行为分析 [J]. 财会月刊 (8).

李俊丽 .2011. 宏观经济非平稳运行的原因解析：地方政府土地出让行为的视角 [J]. 改革与战略 (3).

李锴 .2011. 矿业用地使用权取得方式的改革 [J]. 湖南社会科学 (3).

李玲，朱道林，胡克林 .2011. 北京市城区房价与地价关系初探 [J]. 资源科学 (9).

李玲 .2009. 中国地产价格评估 [M]. 北京：中国人民大学出版社 .

李孟然 .2010. 划拨土地管理谋变 [N]. 中国土地 (7).

李名峰，胡继亮 .2010. 不完备法律理论对完善我国土地管理法治的启示 [J]. 探索与争鸣 (2).

李男 .2010. 我国矿产资源有偿使用制度的改革研究 [D]. 北京：中国地质大学 .

李少萍 .2010. 土地纠纷与土地管理问题探讨 [J]. 吉林农业 (12).

李松青，刘异玲 .2010. 矿产资源价值成因及其产权效应分析 [J]. 矿冶 (19).

李显冬，刘宁 .2011. 矿业权物权变动与行政审批之效力研究 [J]. 国家行政学院学报 (1).

李向前，王莹莹，夏继忠，等 .2011. 安徽省萧县牛头山水泥用石灰岩矿矿山地质环境治理方案 [J]. 安徽地质 (9).

李昕，关众，李岚 .2011. 浅析矿山生态环境的保护和恢复治理 [J]. 露天采矿技术 (4).

李鑫，张海莹 .2010. 完善我国油气资源有偿使用税费制度探析 [J]. 河南师范大学学报：哲学社会科学版 (6).

李秀娥，杨照清 .2010. 建立耕地保护长效机制的探讨 [J]. 吉林农业科技学院学报 (4).

李学明，石磊 .2011. 国家节约集约用地约束下的土地管理制度创新模式研究——以合肥为例 [J]. 预测 (5).

李岩 .2010. 资源与环境综合承载力的实证研究 [J]. 产业与科技论坛 (5).

李燕芳，白丽华 .2011. 地方政府在土地征用中的行为分析 [J]. 经济研究导刊 (3).

李玉娥，张晓惠 .2011. 中国土地管理的发展研究 [J]. 管理研究 (26).

李元伟 .2011. 有色金属矿业投资风险分析 [J]. 中国金属通报 (24).

李园 .2010. 矿业权流转法律问题研究 [D]. 重庆：重庆大学 .

李振远，郑传芳 .2011. 推进土地管理制度创新，破解开发区土地制约难题 [J]. 福建农林大学学报，14(3).

李志学，彭飞鸽，吴文洁 . 2010. 国内外石油资源税费制度的比较研究 [J]. 国土与自然资源研究 (1).

连民杰，马毅敏 .2000. 矿产资源资产化管理初探 . 金属矿山，284.

梁冬梅，周博敏，王晓彤，等 .2011.《物权法》视野下《矿产资源法》的局限性——兼论其法典化立法模式确立的可行性 [J]. 黄金 (4).

梁太波 .2010. 论我国土地征收制度的完善 [J]. 广西警官高等专科学校学报 (2).

梁维维 .2010. 我国矿产资源有偿使用制度法律问题研究 [D]. 上海：华东政法大学 .

廖进中，韩峰，张文静，等 .2010. 长株潭地区城镇化对土地利用效率的影响 [J]. 中国人口 · 资源与环境 (7).

林璐 .2010. 采矿权取得法律制度探析 [J]. 潍坊教育学院学报 (5).

令狐义强，屠龙海 .2011. 县级国土资源“一张图”综合监管平台的研建——以台州市椒江区为例 [J]. 浙江国土资源 (6).

刘传庚，王发明 .2010. 煤炭行业资源税费改革研究：基于可持续发展视角 [J]. 兰州学刊 (12).

刘传明，李红，贺巧宁 .2010. 湖南省土地利用效率空间差异及优化对策 [J]. 经济地理 (11).

刘东伟，张文秀，郑华伟 .2011. 四川省城市土地利用经济效率分析 [J]. 资源与产业 (2).

刘峰 .2011. 对于我国土地面临的问题及土地管理措施的探讨 [J]. 中国外贸 (10).

刘海滨，邵震杰 .1999. 矿产资源价值评估的理论与方法研究综述 [J]. 地质科技情报 (6).

刘浩波 .2010. 农村土地集体产权制度的缺陷分析 [J]. 湖南人文科技学院学报 (3).

刘红梅，肖平华，王克强 .2010. 中国县级土地财政收入问题研究 [J]. 中国土地科学 (8).

刘辉 .2011. 破解地方政府土地财政的制度安排 [J]. 经济研究导刊 (2).

刘会和，吴海平，肖敏 .2011. 应放大“省直管县”改革的正效应 [J]. 管理 (8).

刘建芬 .2011. 矿产资源合理利用规制综述 [J]. 中国国土资源经济 (7).

刘杰 .2010. 我国土地征收法律制度的思考 [J]. 中国证券期货 (5).

刘娟，傅兆君 .2009. 南京市城市地价分布特征与区位影响因素研究 [J]. 南京审计学院学报 (1).

刘克春，苏为华 .2010. 农户资源禀赋、交易费用与农户农地使用权流转行为——基于江西省农户调查 [J] . 统计研究 (5).

刘莎，王高尚，陈晨，等 .2010. 基于层次分析法的全球矿业投资环境分析 [J]. 资源与产业，12(2).

刘卫柏，李中 .2011. 新时期完善土地管理制度的思考 [J]. 经济管理研究 (4).

刘向东 .2010. 让资源大省的“载舟之水”更充沛——山西省环境承载力与经济可持续发展形势分析 [J]. 环境保护 (16).

刘晓迪，石莉莉 .2010. 浅谈我国新的土地管理制度的优势 [J]. 黑龙江科技信息 (22).

刘晓丽 .2010. 基于资源环境承载力的生态城市规划指标体系研究 [A]// 经济发展方式转变与自主创新——第十二届中国科学技术协会年会（第四卷）[C].

刘彦随，邓旭升，甘红 .2005. 我国城市土地利用态势及优化对策 [J]. 重庆建筑大学学报，27(3).

刘艳军 .2010. 严格土地管理努力实现保护资源与保障发展双赢 [J]. 中国房地产 (357).

刘洋，刘惠君 .2011. 基于 Logistic 模型的农地流转农户意愿影响因素研究 [J]. 安徽农业科学 (2).

刘玉娟，刘邵权，刘斌涛，等 .2010. 汶川地震重灾区雅安市资源环境承载力 [J]. 长江流域资源与环境 (5).

刘煜瑞 .2011. 试论“均地安民”的土地管理思想 [J]. 管子学刊 (2).

刘运松 .2011. 矿山环境存在的主要问题及治理方法研究 [J]. 中国科技信息 (7).

刘振伟 .2011. 完善土地管理，保障农民权益 [J]. 农村工作通讯 (6).

柳建平 .2011. 中国农村土地制度及改革研究——法律与产权角度的解读 [J]. 生产力研究 (10).

龙拥军，杨庆媛，陈琳琳，等 .2011. 省域土地利用效率空间差异分析——以重庆市为例 [J]. 改革与战略 (8).

鹿爱莉 .2010. 矿产资源税费体系改革方案设计 [EB/OL].[12-17].http://www.clr.cn/front/read.asp?ID=215503.

吕宾 .2010. 资源资产资本一体化提速 [J]. 国土资源导刊 (1).

吕杰，宁金萍，张文婷 .2011. 农户农地流转行为及其影响因素研究——基于辽西北三县 170 户农户的调查与分析 [J]. 农业经济 (7).

吕萍，姜东升 .2010. 城乡结合部土地价格变动及变动机制探析——以北京市城乡

结合部为例 [J]. 中国土地科学 (1).

吕雁琴，李旭东，宋岭 .2010. 改革现行矿产资源税费制度，加快建立生态补偿机制 [J]. 经济研究参考 (24).

罗菲，钱峰，曹银 .2010. 浅议我国土地登记代理制度管理和完善 [J]. 科技创业月刊 (8).

罗小南，岑况 .2010. 探矿权“招拍挂”出让制度引发的问题及政策建议 [J]. 资源与产业 (6).

马淑兰 .2010. 矿山环境问题及其对策 [J]. 煤炭技术 (9).

梅哲，陈霄 .2011. 城乡统筹背景下农村土地制度创新——对重庆农村土地制度改革的调查研究 . 华中师范大学学报 (5).

孟宏斌，郑风田 .2010. 我国农村土地征用中的制度缺陷与主体利益冲突演化 [J]. 陕西师范大学学报 (7).

孟依然 .2010. 国土资源部力推绿色矿山建设工作 [N]. 中国矿业报 (08-24，A01).

苗利梅，钟太洋 .2011. 土地市场应城乡统一 [J]. 中国土地 (3).

莫永明，刘珊 .2011. 浅谈如何有效规范集体土地管理 [J]. 华章 (18).

欧阳纯烈，陈宏德，朱创业 .2008. 矿山公园实例、特征及建设意义探讨 [J]. 地质学报，28(1).

潘一娜 .2011. 我国土地管理存在的问题及完善措施 [J]. 中国科技财富 (3).

彭松，童青 .2008. 土地征用价格的制度缺陷及改革路径思考 [J]. 湖南冶金职业技术学院学报 (4).

齐艳茗 .2010. 城市化与土地管理政策 [J]. 当代经济 (9).

钱堃，朱显成 .2010. 基于能值分析的辽宁省土地资源效率研究 [J]. 辽宁工程技术大学学报：自然科学版 (6).

乔繁盛，栗欣 .2010. 矿用土地改革势在必行 [J]. 中国矿业 (8).

秦剑军 .2011. 建国我国农村土地制度的嬗变 [J]. 经济问题探索 (2).

秦兴龙，章波，黄贤金，等 .2005. 长江三角洲地区工业地价形成的内在机理与博弈分析 [J]. 中国土地科学 (3).

曲钢，崔振民 .2010. 浅析矿业权市场出让制度建设 [J]. 中国国土资源经济 (7).

曲士军 .2010. 以科学发展观为统领转变城市土地管理和利用方式促进区域经济快速发展 [EB/OL]. [08-06].http://www.hzgtj.gov.cn=81/jpm/portal?action=infoDetail Action & eventSUbmit_doInfodetail=doInfodetail&id=17904708.

屈红刚，王史堂，李录朝 .2010. 新形势下矿业权有偿竞争出让的意义和主要做法 [J]. 中国矿业 (9).

任海兵 .2011. 矿产资源有偿获取研究 [D]. 北京：中国矿业大学 .

任晓峰.2010.矿产资源开采对环境及环境管制的影响[D].乌鲁木齐：新疆财经大学.

任忠宝.2011.构建我国稀土资源储备体系设想.国土资源经济参考(20).

荣庆.2011.关于土地管理中决策的不可行性论证[J].华章(20).

邵欣，张丽丽.2010.对我国土地管理体制的思考及建议[J].管理科学(35).

沈伟烈，陆俊元.2001.中国国家安全地理[M].北京：时事出版社.

沈振宇，何旭东.1999.矿产资源资本化.中国地质矿产经济(4).

师小丽.2011.矿业用地法律制度研究[D].南昌：江西理工大学.

石赛荣.2011.土地管理职能运作探讨[J].现代商业(5).

时进钢，王亚男，祝晓燕，等.2010.基于资源环境承载力的规划结构优化方法探讨[J].环境科学与技术(09).

时颖.2010.矿产资源流转中的国有资产保护困境与调整——以采矿权流转为视角考评[J].宁夏社会科学(5).

史学庆，李博文，付强.2010.我国矿业权出让方式的法律思考[J].今日南国：理论创新版(1).

宋国明.2011.2010—2011年度全球矿业投资环境调查评价[J].资源与人居环境(8).

宋佳楠，金晓斌，唐健，等.2011.中国城市地价水平及变化影响因素分析[J].地理学报(8).

苏珊珊.2011.我国矿产资源税费改革制度浅析[J].山东纺织经济(04).

苏志军.2011.矿业用地存在的问题及对策——以广西为例[J].中国土地(9).

孙大超，魏晓平，卢南.2010.基于累计开采量的资源税费改革分析[J].商业研究(08).

孙桂春.2011.浅谈土地管理信息化的研究[J].黑龙江科技信息(21).

孙津.2011.中国农村土地制度的现代化转型[J].中国发展(1).

孙莉.2010.从法的内外部体系论矿产资源法律体系的完善[J].华北电力大学学报：社会科学版(4).

孙天壮.2009.城市规划对城市地价影响研究[J].黑龙江科技信息(12).

孙燕君.2010.土地管理问题分析与对策探讨[J].价值工程(3).

孙英辉，肖攀.2011.完善矿业用地使用权的法律设置[J].理论月刊(6).

孙佑海.2009.依法解决建设用地的供需矛盾[J].中国土地科学(3).

孙智宏.2010.基于GIS的矿产资源储备库管理系统的设计与开发[D].成都：电子科技大学.

谭敦阳.2010.促进我国石油资源合理开发的税费制度研究[D].北京：财政部财政科学研究所.

覃一冬.2010.20世纪以来我国农村土地制度变迁及创新路径[J].理论月刊(6).

谭善凯 .2011. 土地管理与经济发展 [J]. 河南科技 (3).

谭信铭 .2011. 浅谈基层国土资源执法 [J]. 资源与人居环境 (5).

谭映宇 .2010. 海洋资源、生态和环境承载力研究及其在渤海湾的应用 [D]. 青岛：中国海洋大学 .

唐茂华，陈丹 .2011. 农村土地制度变迁的政策过程及现实困境 [J]. 农业经济 (3).

唐焱 .2010. 区域经济一体化背景下城市土地价格影响因素的理论与实证研究 [J]. 华中农业大学学报 (5).

唐跃文，燕淘金，王辉 .2010. 我国矿山地质环境现状与保护的新思路 [J]. 西部探矿工程 (6).

唐子来，寇永霞 .2009. 面向市场经济的城市土地资源配置——珠海实证研究 [J]. 城市规划 (10).

陶柯妃 .2010. 昆明城中村改造对资源环境承载力和基础设施的影响 [D]. 昆明：昆明理工大学 .

陶信平，赵丽娜 .2011. 西北地区矿山环境保护法制探析 [J]. 集体经济（下）.

田光进，刘纪远，庄大方，等 .2009. 基于遥感与 GIS 的 20 世纪 90 年代中国城镇用地时空特征 [J]. 第四纪研究，23(4).

田光明，曲福田 .2010. 中国城乡一体土地市场制度变迁路径研究 [J]. 中国土地科学 (2).

田静怡 .2010. 我国采矿业资源税费制度的国际比较研究 [J]. 中国集体经济 (16).

田玉福 .2011. 土地整治监管：既要集中统一也要全程全面 [J]. 中国土地 (2).

涂志凌 .2010. 民革助推新疆资源税费改革 . 团结报 (05-29).

万会，万贵龙，张德会 .2011. 我国矿业税费制度与矿产资源国家所有权益研究 [J]. 中国矿业 (10).

万亚辉，沈越 .2011. 我国矿山地质环境问题 [J]. 北方环境 (7).

王边莲 .2011. 浅谈我国矿产资源储备战略 [J]. 矿产保护与利用 (4).

王承武 .2010. 新疆能源矿产资源开发利用补偿问题研究 . 乌鲁木齐：新疆农业大学 .

王春芝，仲少 .2009. 区位因素对商业用地地价的影响——以烟台市为例 [J]. 鲁东大学学报 (2).

王德青，李东，李喜凤 .2011. 有色金属矿山投资开发决策研究 [J]. 国土与自然资源研究 (2).

王东梅，申菲 .2010. 论土地管理中的价值标准 [J]. 科技传播 (6).

王芳 .2011. 攀钢集团矿业用地与制度研究 [D]. 北京：中国地质大学 .

王福祥，向文远，徐有光，等 .2011. 大峡煤田矿山地质环境恢复治理研究 [J]. 四川地质学报 (5).

王广成，李祥仪 .1996. 矿产资源资本化管理理论和方法的分析与展望 [J]. 中国人口 · 资源与环境 (12).

王军 .2010. 我国能源价格改革的机制探讨 [J]. 经济问题 (10).

王克强，赵露，刘红梅 .2010. 城乡一体化的土地市场运行特征及利益保障制度 [J]. 中国土地科学 (12).

王克群 .2010. 我国资源税发展演进及未来改革取向 [J]. 地方财政研究 (1).

王灵慧 .2011. 土地监管的制度缺陷和创新路径探析 [J]. 法制与社会 (4).

王萌 .2010. 中国资源税研究综述 [J]. 经济研究导刊 (33).

王宁，付梅臣，郑新奇 .2008. 数字地价模型的研究现状及展望 [J]. 安徽农业科学 (32).

王群英，吴静 .2010. 对我国探矿权与采矿权流转立法的分析 [J]. 中国矿业 (2).

王书香 .2011. 加强土地管理，推进土地节约集约利用 [J]. 科技传播 (49).

王同文，田明中 .2007. 中国国家矿山公园建设的问题及对策研究 [J]. 矿业研究与开发，27(2).

王彤，夏广锋 .2010. 基于水资源环境承载力约束的工业结构调整模型研究——以辽河上游铁岭段为例 [J]. 四川环境 (6).

王文刚，宋玉祥，庞笑笑 .2011. 基于数据包络分析的中国区域土地利用效率研究 [J]. 经济问题探索 (8).

王先柱 .2008. 现阶段我国土地价格变化因素分析——基于马克思地租、地价理论 [J]. 价格理论与实践 (2).

王雪松，张绍良，王雪梅 .2008. 中国城市土地价格虚高的成因及危害 [J]. 中国矿业大学学报 (3).

王一淑 .2011. 推进煤矿环保，构建和谐绿色矿山 [J]. 煤矿环保，17(4).

王岳龙，张瑜 .2010. 基于中国省级面板数据的房价与地价关系研究 [J]. 山西财经大学学报 (1).

王岳龙 .2011. 地价对房价影响程度区域差异的实证分析——来自国土资源部楼盘调查数据的证据 [J]. 南方经济 (3).

王志伟，耿春香，赵朝成 .2010. 开发区资源环境承载力评价方法初探 [J]. 价值工程 (26).

韦帆 .2008. 土地资本的虚拟化——土地价格上涨之原因小析 [J]. 知识经济 (10).

韦华强 . 2011. 广西矿山地质环境问题及其治理的对策 [J]. 广西科学院学报，27(3).

魏静，郑小刚，葛京风，等 .2007. 征地片区综合地价影响因素的相关系分析——以河北省冀州市为例 [J]. 中国土地科学 (4).

魏文侠，程言君，王洁，等 .2010. 造纸工业资源环境承载力评价指标体系探析 [J]. 中国人口 · 资源与环境 (S1).

魏文侠，祝秀莲，江雅丽，等 .2011. 空间信息在造纸资源环境承载力分析中的应用 [J]. 环境科学与技术 (2).

温国勇 .2010. 城镇化进程中的土地管理战略 [J]. 热点聚焦 (8).

温海珍，吕雪梦，张凌 .2010. 房价与地价各内生性及其互动影响——基于联立方程模型的实证分析 [J]. 统计研究 (2).

文贯中 .2010. 结构性失衡、内需不振、过时的土地制度和走出困局之路 [J]. 南开经济研究 (2).

文茂林 .2010. 土地管理制度改革的主要走向 [J]. 决策探索 (10).

文锐，吴宇哲 .2010.《土地利用现状分类 2010》实施对中国土地管理影响之管见 [J]. 资源科学 (4).

文正益 .2011. 厘清税费制度关系 推进资源税费改革——关于资源税与矿产资源补偿费制度关系的思考 [J]. 中国国土资源经济 (7).

邬彬 .2010. 基于主成分分析法的深圳市资源环境承载力评价 [A] 载于：2010 中国可持续发展论坛 2010 年专刊 ( 二 )[C].

吴次芳，谭荣，靳相木 .2010. 中国土地产权制度的性质和改革路径分析 [J]. 浙江大学学报：人文社科版 (6).

吴得文，毛汉英，张小雷，等 .2011. 中国城市土地利用效率评价 [J]. 地理学报 (8).

吴迪，关宏达，毕继业，等 .2009. 土地收购价格的测算方法分析与比较 [J]. 国土资源 (4).

吴华 .2010. 激动之后还要“激活”[J]. 今日新疆 (12).

吴军，龚珉，卢卫阳 .2011. 浅析我国土地管理工作 [J]. 中国城市经济 (6).

吴雪飞，毛艳梅 .2010. 论新形势下土地管理存在的问题及对策 [J]. 黑龙江科技信息 (30).

吴振良 .2010. 基于物质流和生态足迹模型的资源环境承载力定量评价研究 [D]. 北京：中国地质大学 .

吴珠 .2011. 长株潭城市群资源与环境承载力研究 [D]. 长沙：湖南师范大学 .

伍雪妙 .2010. 中国矿产资源开发税费体系的经济学分析 [D]. 太原：山西财经大学 .

武钧琦，王丽艳 .2011. 矿业权出让合同法律属性探析 [J]. 中国矿业 (S1).

武盈盈 .2009. 资源产品利益分配问题研究——以油气资源为例 [J]. 中国地质大学学报：社会科学版 (9).

先福军 .2010. 对新疆实施油气资源税改革与可持续增加地方财力的思考 [J]. 新疆社会科学 (6).

先福军 .2010. 资源税率先改革促新疆经济跨越发展 [J]. 中国税务 (12).

肖得意 .2011. 土地管理之日韩经验 [J]. 国土资源导刊 (6).

肖更生，李贞玉 .2009. 我国城市工业地价影响因素及力度的计量分析 [J]. 中南林业科技大学学报 (1).

谢冬连，小花 .2010. 浅谈如何有效规范集体土地管理 [J]. 科技传播 (27).

谢海燕 .2010. 反映环境成本的资源性产品定价机制研究 [J]. 宏观经济管理 (7).

谢芒芒，赵敏娟 .2011. 陕西省城镇土地效率评价 [J]. 山东农业大学学报：自然科学版 (6).

谢青霞，花明 .2010. 建国以来我国矿产资源法发展与研究述评 [J]. 中国矿业 (11).

谢元博 .2010. 资源枯竭型城市绿色转型的资源环境承载力研究——以阜新为例 [A]// 第八届博士生学术年会论文摘要集 .

熊光楷 .2006. 国际形势与安全战略 [M]. 北京：清华大学出版社 .

徐桂华 .2005. 中国经济安全的国家战略选择 [M]. 上海：复旦大学出版社 .

徐培根 .2010. 我国农村土地产权制度改革研究 [J]. 中国集体经济 (9).

徐绍涵，朱红梅，周斯黎，等 .2011. 基于熵值法的县级城市土地集约利用评价——以耒阳市为例 [J]. 湖北农业科学 (9).

徐绍史 .2011. 土地与转变发展方式——促节约，守红线，惠民生，纪念第 21 个全国“土地日”. 中国国土资源报（06-25）.

徐小华，吴仁水 .2010. 房价与地价的动态调整关系 [J]. 中国土地科学 (4).

徐晓军 .2010. 矿山环境工程与土地复垦 [M]. 北京：化学工业出版社 .

徐忆梅，叶春明 .2008. 层次分析法在地价影响因素分析中的运用 [J]. 安徽农业科学 (36).

徐跃红，吕萍，袁文麟 .2009. 北京工业园区地价形成机理分析 [J]. 商业研究 (1).

许大纯 .2010. 我国矿产资源税费制度改革与发展的历程与经验 [J]. 中国矿业 (4).

许佳立，孙进臣 .2011. 基于“一张图”管理模式的县级国土资源数据中心建设 [J]. 国土资源信息化 (2).

许珍 .2010. 我国矿山环境治理法律制度研究 [D]. 南昌：江西理工大学 .

薛亚洲，王世虎 .2011. 从中国矿业投资看矿业发展 [J]. 中国矿业，20(9).

薛亚洲，张寿庭，贾文龙 .2009. 中国矿产地战略储备的基本内涵和规模研究 [J]. 中国矿业 (8).

严金明，王晨 .2011. 基于城乡统筹发展的土地管理制度创新模式评析与政策选择——以成都统筹城乡综合配套实验区为例 [J]. 中国软科学 (7).

杨钢桥 .2008. 我国城市土地供需状况、原因及对策 [J]. 城市问题 (6).

杨光 .2011. 我国农村土地承包经营权流转制度的缺陷与完善对策 [J]. 当代经济研究 (10).

杨继瑞 .2009. 地价上涨机制探析 [J]. 经济研究导刊 (5).

杨继瑞 .2010. 中国农村集体土地制度的创新 [J]. 学术月刊 (2).

杨建，黎勇，胡坚 .2009. 城镇宗地地价影响因素指标在地价评估中的应用研究 [J]. 西南农业学报 (1).

杨强，万会 .2010. 完善我国矿产资源法律制度，促进矿业发展 [J]. 矿产保护与利用 (3).

杨庆媛，刘智勇 .2010. 城市土地价格与政府行为的相关机制研究 [J]. 西南师范大学学报 (2).

杨世同 .2011. “两型”背景下的土地管理制度改革探索 [J]. 国土资源导刊 (4).

杨希 .2010. 省以下国土资源管理体制改革研究——以山东省东营市为例 [D]. 济南：山东大学 .

杨志勇 .2010. 资源税费改革新疆先行：意义与问题 [J]. 西部论丛 (6).

姚华军 .2010. 建立完善地质环境保护经济制度体系的思考 [J]. 中国国土资源经济 (7).

姚华军，贺冰清，鹿爱莉 .2011. 赴贵州省关于“一法三令”修改专题调研报告 [R]. 国土资源经济参考 (21).

姚勇 .2011. 构建共同机制破解农村土地违法监管难题 [J]. 浙江国土资源 (5).

叶浩，濮励杰 .2011. 我国耕地利用效率的区域差异及其收敛性研究 [J]. 自然资源学报 (5).

叶剑平，蒋研，丰雷 .2009. 中国农村土地流转市场的调查研究——基于 2005 年 17 省调查的分析和建议 [J] . 中国农村观察 (4).

叶莉娜，姜素红，陈朝晖 .2011. 资源税费改革的生态价值分析 [J]. 中南林业科技大学学报 (7).

叶莉娜 .2010.WTO 规制下的我国资源税法改革 [J]. 湖南税务高等专科学校学报 (5).

衣吴鹏，姜震 .2010. 矿山地质灾害原因及防治措施 [J]. 科技创新导报 (4).

佚名 .2010. 南方五省稀土等矿产 ( 区 ) 探索联动监管模式 [J]. 稀土信息 (7).

佚名 .2011.“十二五”期间将推进资源税费和环境税改革 [R]. 中国资源综合利用 (7).

殷爱贞，李林芳 .2011. 我国矿产资源税费体系改革研究 [J]. 价格理论与实践 (8).

尹永焕 .2011. 矿山生态环境的保护、预防及治理 [J]. 吉林地质 (3).

于琪 .2010. 煤炭税费政策改革建议 [J]. 煤炭经济研究 (9).

于晓华，冯东海 .2010. 辽宁省中小型矿山生态环境保护管理及对策 [J]. 辽宁工程技术大学学报：社会科学版 (7).

余逢伯 .2010. 农村土地制度的非均衡及其变迁 [J]. 改革 (2).

余良晖，吴强，贾文龙，等 .2011. 优势矿种保护性开发管理模式分析 . 国土资源经济参考 (20).

俞海，黄季焜，等 . 2003. 地权稳定性、土地流转与农地资源持续利用 [J]. 经济研

究 (9).

袁怀雨，李克庆 .2010. 资源税与矿产资源补偿费制度改革 [A]. 载于：汪贻水，彭觥 . 中国实用矿山地质学 ( 上 )[C]. 北京：冶金工业出版社 .

岳大鹏，董美云 .2010. 资源开采中环境税的构成分析——以矿产资源为例 [J]. 干旱区资源与环境 (3).

岳建忠 .2011. 发展低碳经济，打造绿色矿山 [N]. 山西经济日报 (09-28).

曾敏，彭红霞，刘凤梅 .2011. 安远新龙稀土矿山地质环境综合治理研究 [J]. 金属矿山 (3).

张斌 .2010. 新疆资源税费改革 6 月 1 日起开始施行 [J]. 金属矿山 (6).

张斌 .2010. 资源税费体系中的资源税改革 [J]. 中国税务 (9).

张娥，谢永刚 .2010. 汶川县灾后资源环境承载力分析 [A]//2010 中国可持续发展论坛 2010 年专刊（二）[C].

张海莹 .2010. 我国煤炭采选业税费负担水平研究 [A]//2010 中国可持续发展论坛暨中国可持续发展研究会学术年会 [C].

张赫 .2011. 我国优势矿产资源保障立法研究 [D]. 北京：中国政法大学 .

张红宇 .2010. 中国农地调整与使用权流转：几点评论 [J]. 管理世界 (5).

张会广，刘忠原 .2011. 中国普通住宅房价与地价关系的理论及实证研究 [J]. 资源科学 (5).

张继祥，吕萍 .2010. 构建城乡统一的土地市场 [J]. 兰州学刊 (2).

张建斌 .2011. 农地征收过程中的政府规制改革 [J]. 税务与经济 (5).

张舰，于金富 . 2010. 深化农地产权改革建立农地现代产权制度 [J]. 经济研究导刊 (34).

张金香，万宝春 .2011. 矿山环境保护立法体系研究 [J]. 法制与社会 (7).

张金香，张红保，冯海波，等 .2011. 矿山环境保护法律制度体系研究 [J]. 石家庄经济学院学报 (4).

张进德 .2009. 我国矿山地质环境调查研究 [M]. 北京：地质出版社 .

张娟锋，贾生华 .2009. 城市间住宅土地价格差异的决定因素——基于长江三角洲城市的实证研究 [J]. 中国软科学 (5).

张娟锋，刘洪玉 .2010. 住宅价格与土地价格的城市差异及其决定因素 [J]. 统计研究 (3).

张林山 .2011. 我国土地管理制度主要问题分析与政策展望 [J]. 研究与展望 (3).

张岐山 .2010. 中国房屋销售价格、土地价格和租赁价格的关系研究 [J]. 吉林大学社会科学学报 (1).

张启生 .2010. 持续推进管理改革 主动参与宏观调控 进一步提升我省国土资源管理和服务水平——在全省国土资源工作会议上的报告（摘要）[J]. 资源导刊 (2).

张淑晶 .2011. 关于土地管理中土地征用问题探讨 [J]. 华章 (21).

张所续 .2010. 矿产资源战略储备与国家安全 [J]. 中国矿业 (10).

张文 .2010. 海外矿业投资的风险分析及对策防范——中国投资者的视角 [J]. 中国矿业，19(12)，增刊 .

张文宁 .2010. 我国矿山环境治理法律制度问题研究 [D]. 北京：中国地质大学 .

张晓芳 .2010. 城乡一体化建设中土地管理问题研究 [J]. 黑龙江科技信息 (15).

张晓玲，朱兰艳，金宝轩 .2011. 中国西部地区土地集约利用评价研究——以昆明市为例 [J]. 测绘科学 (7).

张昕 .2011. 论土地征收中公共利益的界定与政府角色的定位 [J]. 阜阳师范学院学报 (3).

张雪梅 .2010. 我国环保投资机制及决策方法研究 [M]. 北京：地质出版社 .

张亚明，夏杰长 .2010. 我国资源税费制度的现状与改革构想 [J]. 税务研究 (7).

张亚婷，王珠妮 .2011. 广东房价与地价的关系 [J]. 特区经济 (8).

张彦英，樊笑英 .2011. 生态文明建设与资源环境承载力 [J]. 中国国土资源经济 (4).

张彦英 .2010. GDP 核算应兼顾资源环境承载力 [N]. 中国国土资源报 (8-13).

张彦英 .2010. 以资源税费改革促进节约集约 [EB/OL]. [02-14].http://www.clr.cn/front/read/read.asp?ID=219319.

张晏吕，苑鹃 .2010. 徐绍史在全国国土资源工作会议上提出 2010 年重点做好七项工作 [J]. 国土资源通讯 (2).

张益项，赵利斌，侯雪 .2011. 我国土地管理制度剖析 [J]. 经济师 (4).

张益项 .2010. 强化国土资源管理调控土地交易行为 [J]. 经济师 (9).

张意翔 .2011. 浅析中国金属矿产资源储备的管理 [J]. 中国矿业 (2).

张银银，陶振华 .2010. 试论我国城乡二元土地制度的弊端与对策 [J]. 商业经济研究 (29).

张玉梅，马宁 .2010. 资源开发整合与资源资产资本“三位一体”管理 . 中国国土资源经济 (10).

张照新 .2010. 中国农村土地流转市场发展及其方式 [J]. 中国农村经济 (10).

张中新 .2009. 土地供应在经济宏观调控中的政策运用 [J]. 特区经济 (10).

张忠金，陈理凤 .2010. 土地管理出硬招，保障发展谱新篇 [J]. 江苏农村经济 (12).

章波，苏东升，黄贤金，等 .2010. 容积率影响城市地价的作用机理及实证分析——以江苏省南京市为例 [J]. 洛阳师范学院学报 (6).

赵成功，师磊，方敏，等 .2011. 陕西省国有地勘单位企业化改革进行实质阶段——赴陕西省地勘单位改革发展调研报告 [EB/OL].http://www.calre.net.cn/cys/2011dybg3.html.

赵崔莉，刘卫新 .2011. 基于城镇化视角的中国农村土地制度改革 [J]. 中国人口 · 资源与环境 (1).

赵宏庆，曹连刚，张秀敏，等.2011.实施矿山地质环境保护措施势在必行[J].科技信息(8).

赵淑芹，刘树明，唐守普.2011.我国矿业用地退出机制研究[J].中国矿业(10).

赵文杰.2010.论我国矿产资源税费制度的改革[J].中国集体经济(25).

赵鑫霈.2011.长三角城市群核心区域资源环境承载力研究[D].北京：中国地质大学.

赵英臣，陈海莹.2003.资源战争与中国石油安全[J].理论导刊(9).

郑华伟，刘友兆，王希睿.2011.中国城镇化与土地集约利用关系的动态计量分析[J].长江流域资源与环境(9).

郑景骥.2009.中国农村土地使用权流转的理论基础与实践方略研究[M].成都：西南财经大学出版社.

郑明贵，赖亮光，袁怀雨.2011.基于变权原理的海外矿业投资多目标柔性决策模型[J].中国矿业，20(2).

郑云峰，朱珍.2010.城乡建设用地的二元结构及其市场构建[J].重庆社会科学(2).

中国地质科学院.2009.矿山地质环境保护规定与矿山自然环境生态环境保护及治理标准实施手册[M].北京：地质出版社.

中国人民大学课题组.2008.2005年中国农村土地使用权调查研究[J].管理世界(7).

中国土地矿产法律事务中心.2011.第二届国土资源法制与市场学术研讨会论文集[C].

钟帅.2011.城市土地价格影响因素分析——基于全国35个大中城市的面板数据分析[J].经济研究导刊(3).

钟涨宝，狄金华.2010.农村土地流转与农村社会保障体系的完善[J].社会科学研究(1).

钟涨宝，汪萍.2009.农地流转过程中的农户行为分析——湖北、浙江等地的农户调查问卷[J].中国农村观察(6).

仲冰.2011."资源－资产－资本"视角下我国矿产资源价值实现路径研究[D].北京：中国地质大学.

仲丛生.2005.论矿产资源资产化管理的对策[J].煤炭经济研究(1).

周诚.1989.土地经济学[M].北京：农业出版社.

周刚华.2009.城市土地价格微观影响因素研究[M].北京：经济科学出版社.

周浩，陈其慎.2011.日本矿产资源储备及对我国的启示[J].中国矿业(4).

周京奎.2009.城市土地价格波动对房地产业的影响——1999—2005年中国20城市的实证分析[J].当代经济科学(4).

周素红，周冰艳.2008.城市土地市场的"蛛网"分析及其在用地管理中的借鉴初探[J].现代城市研究(5).

周天勇，张弥 .2011. 中国土地制度的进一步改革和修法 [J]. 财贸经济 (2).

周银燕 .2010. 我国农村土地征收法律制度研究 [J]. 广东省社会主义学院学报 (2).

朱利明，沐择凤，魏娜 .2011. 区域矿业投资环境评估体系建设研究 [J]. 矿山机械，39(8).

朱学义，张亚杰 .2008. 论中国矿产资源的资本化改革 [J]. 资源科学 (1).

朱学义 .2010. 论我国矿产资源资本化改革的新思路 [J]. 中国地质大学学报：社会科学版 (11).

朱耀琪 .2010. 长效防灾要研究资源环境承载力 . 中国国土资源报 (8-27).

朱永飞，马革非 .2010. 地勘单位矿业权取得及流转问题探讨 [J]. 中国煤炭地质 (11).

朱志国 .2010. 我国矿产资源有偿使用制度探讨 [J]. 改革与开放 (8).

朱中，曹裕 .2011. 珠江三角洲地区城市土地集约利用评价 [J]. 山东农业大学学报：自然科学版 (9).

祝遵宏 .2010. 基于可持续发展视角的资源税配套税费改革 [J]. 税务研究 (7).

本刊 .2010. 资源税改革若干问题解答 . 今日新疆 (12).

宗建岳 .2011. 土地整治监管：财务验收是重要环节 [J]. 中国土地 (6).

邹洋 .2010. 简析土地管理联合执法 [J]. 农技服务 (6).

邹钟星，祝平衡 .2009. 土地发展权价格的测算方法 [J]. 统计与决策 (4).

Liu Jiyuan, Zhuang Dafang, Zhang Zeng xiang et al. 2009. Study on spatial pattern of land-use change in China during1995-2000. Science in China：Series D, 46(4).